教育部哲学社会科学系列发展报告
MOE Serial Reports on Developments in Humanities and Social Sciences

中国政府发展研究报告
2017

主　编　朱光磊
副主编　宋林霖　王雪丽

Research Report on the Development of
Chinese Government
2017

南开大学出版社
天　津

图书在版编目(CIP)数据

中国政府发展研究报告.2017/朱光磊主编.—天津：南开大学出版社，2018.7
ISBN 978-7-310-05622-4

Ⅰ.①中… Ⅱ.①朱… Ⅲ.①国家行政机关－研究报告－中国②国家机构－行政管理－研究报告－中国 Ⅳ.①D630

中国版本图书馆 CIP 数据核字(2018)第 141523 号

版权所有　侵权必究

南开大学出版社出版发行
出版人：刘运峰
地址：天津市南开区卫津路94号　　邮政编码：300071
营销部电话：(022)23508339　23500755
营销部传真：(022)23508542　　邮购部电话：(022)23502200

*

天津市蓟县宏图印务有限公司印刷
全国各地新华书店经销

*

2018年7月第1版　　2018年7月第1次印刷
170×230毫米　16开本　25印张　4插页　472千字
定价：80.00元

如遇图书印装质量问题，请与本社营销部联系调换，电话:(022)23507125

目 录

第一部分 政府职能转变与公共文化服务体系建设

行政审批制度改革与行政服务中心建设情况报告 ... 3
    一、行政审批制度改革与行政服务中心建设的现状综述 ... 3
    二、行政审批制度改革与行政服务中心建设的研究现状综述 ... 15
    三、行政审批制度改革与行政服务中心建设的展望与建议 ... 20
    四、报告要点 ... 22

城乡统筹社会保障体系建设研究报告 ... 24
    一、2016 年城乡统筹社会保障体系建设发展现状综述 ... 24
    二、2016 年城乡统筹社会保障体系建设研究现状综述 ... 30
    三、分析与展望 ... 33
    四、报告要点 ... 41

政府公共文化服务体系建设研究报告 ... 43
    一、政府公共文化服务体系建设情况梳理 ... 43
    二、2016 年政府公共文化服务问题研究现状综述 ... 53
    三、分析与展望 ... 62
    四、报告要点 ... 65

第二部分 政府职责体系构建与府际关系

在全面深化改革中持续调整：横向府际关系研究报告 ... 69
    一、2016 年横向府际关系发展现状综述 ... 69
    二、2016 年横向府际关系研究现状综述 ... 73
    三、横向府际关系发展展望 ... 87
    四、报告要点 ... 88

行政区划调整研究报告 89
　一、现阶段行政区划调整的体制背景 89
　二、2016年行政区划改革的具体实践 91
　三、2016年行政区划研究现状综述 97
　四、分析与展望 103
　五、报告要点 105

第三部分　政府能力建设与公务员制度改革

中国政府公信力建设研究报告 109
　一、中国政府公信力建设概况 109
　二、中国政府公信力问题研究现状综述 114
　三、中国政府公信力发展的内部逻辑与未来趋势 117
　四、结语：在坦然接受与积极作为中发展中国政府公信力 132
　五、报告要点 133

政务督查研究报告 135
　一、2016年中国政府政务督查发展现状综述 135
　二、2016年中国政府政务督查研究现状综述 145
　三、分析与展望 148
　四、报告要点 149

公务员制度研究报告 151
　一、2016年公务员制度发展现状综述 151
　二、2016年公务员制度研究现状综述 156
　三、公务员制度发展展望 167
　四、报告要点 168

第四部分　政府公共财政与政府绩效管理

地方政府预算监督研究报告 171
　一、2016年地方政府预算监督的进展情况 171
　二、2016年地方政府预算监督研究现状综述 181
　三、分析与展望 186
　四、报告要点 188

地方政府债务管理研究报告 189
- 一、地方政府债务管理发展现状综述 190
- 二、地方政府债务管理研究现状综述 195
- 三、分析与展望 197
- 四、报告要点 200

中国政府绩效管理研究报告 203
- 一、2016年中国政府绩效管理发展现状综述 203
- 二、2016年中国政府绩效管理研究现状综述 209
- 三、分析与展望 217
- 四、报告要点 219

第五部分 政府治理方式变革与城市治理

政府与社会资本合作（PPP）发展研究报告 222
- 一、2016年政府与社会资本合作（PPP）发展情况 222
- 二、2016年政府与社会资本合作（PPP）研究现状综述 233
- 三、分析与展望 240
- 四、报告要点 242

中国城市商品房社区治理报告 244
- 一、中国商品房社区发展综述 244
- 二、中国商品房社区治理研究现状综述 246
- 三、中国城市商品房社区治理面临的十大问题 249
- 四、中国商品房社区治理问题的原因与出路 259
- 五、报告要点 262

第六部分 政府改革热点与地方政府创新

智慧政府建设研究报告 267
- 一、2016年智慧政府建设现状综述 267
- 二、2016年智慧政府建设研究现状综述 273
- 三、分析与展望 281
- 四、报告要点 283

深圳市基层政府与民间社会的互动关系研究 285
- 一、深圳市基层"政府—社会"关系发展现状综述 285
- 二、深圳市基层政府与民间社会关系的研究现状综述 293
- 三、分析与展望 295
- 四、报告要点 298

杭州桐庐县智慧政务调研报告 300
- 一、杭州桐庐县智慧政务发展现状综述 300
- 二、智慧政务研究现状综述 314
- 三、分析与展望 319
- 四、报告要点 322

第七部分 地方政府发展能力指数研究报告

中国地方政府发展能力指数报告（2017）......327
- 一、地方政府发展能力指标体系与评价方法的进一步完善 328
- 二、城市地方政府发展能力指数分析 334
- 三、年度热点：京津冀城市地方政府发展能力的现状和协同提升路径 353
- 四、结论与展望 370

附 录

- 附录1 中国政府发展基础数据 375
- 附录2 2016年中国政府发展政策法规一览 381
- 附录3 2016中国政府大事记 383
- 附录4 2016年中国政府发展研究概览 385
- 后 记 391

第一部分

政府职能转变与公共文化服务体系建设

行政审批制度改革与行政服务中心
建设情况报告

宋林霖

  2016 年的行政审批制度改革以"放管服"改革为主要线索展开。2016 年 5 月 9 日,在全国推进简政放权放管结合优化服务改革电视电话会议上,李克强发表重要讲话《深化简政放权放管结合优化服务 推进行政体制改革转职能提效能》。为进一步将讲话内容落到实处,5 月 23 日,国务院又颁布了《2016 年推进简政放权放管结合优化服务改革工作要点》(以下简称《要点》),《要点》要求从投资审批、职业资格、商事制度改革、收费清理、扩大高校和科研院所自主权、政务公开七个方面细化"放",从"公开、审慎、综合"的角度加强"管",从"双创、公共服务、政务服务"的角度推进"服",并明确了各项任务的部门责任主体。11 月 22 日,李克强在上海主持召开深化简政放权放管结合优化服务改革座谈会,各试点城市总结"放管服"改革经验,并进行深入交流。回望 2016 年的"放管服"改革,审批事项的精简、监管方式的创新、服务质量的提升收效显著。本报告将全面梳理 2016 年行政审批制度改革中的重要事件,深入分析和解读政府审批改革与地方行政服务中心实践与理论上出现的新情况、新成果,总结规律,提出建议,并进行宏观趋势的把握。

一、行政审批制度改革与行政服务中心建设的现状综述

(一)中央行政审批项目的取消力度持续加大

  2016 年,行政审批制度改革取得了显著成效。随着行政审批制度改革的深入推进,简政放权已形成在部门、专家和行政相对人代表充分论证、反复协商的基

础上，分批次取消行政审批项目的惯例。截至2016年底，中央政府累计分6批取消行政审批事项579项，其中，取消13项国务院部门行政许可事项，取消152项中央指定地方实施行政审批事项，取消职业资格许可和认定事项222项，清理、规范192项国务院部门行政审批中介服务事项。简政放权改革有力地解放和发展了生产力，激发了市场活力和社会创造力。新增市场主体快速增长，2016年，我国新登记市场主体1651.3万户，同比增长11.6%，平均每天新登记4.51万户。全年新登记企业552.8万户，同比增长24.5%，平均每天新登记1.51万户。众创空间、孵化器等新兴服务业呈现快速增长态势，同比分别增长47.3%、40.9%，为创新创业提供了良好的发展环境。① 2016年，全国城镇新增就业1314万人，城镇失业人员再就业554万人，就业困难人员实现就业169万人，超额完成全年目标任务。2016年四季度末全国城镇登记失业率为4.02%，低于4.5%的年度调控目标，就业局势保持总体稳定。② 至2016年底，我国每千人中有18.89户企业，而2015年每千人是15.9家，同比增长了18.8%。全国个体私营经济从业人员实有3.1亿人，比2015年底增加2782.1万人。其中，第三产业个体私营经济从业人员最多，实有2.3亿人，占增加总量的83.2%。③ 审批效率明显提升，例如，国务院审改办减少两项建设工程防雷资质许可，合并一项许可，每年可使20多万个工程项目避免重复许可，约缩短办理时间40天。企业交易成本大幅减少，例如，安徽省取消安监、气象部门有关行政审批前置服务收费项目等企业反映负担较重的收费标准19项，降低4项过高行政审批前置服务收费标准，合计约减轻企业负担34.2亿元；通过开展涉企保证金清理、规范工作，取消工程建设领域诚信保证金等9项，自查取消设立的涉企保证金项目，共减轻企业流动资金占用负担约21.45亿元。④ 企业营商环境大幅改善，世界银行《2017年营商环境报告》显示，在190个经济体中，中国营商环境排名第78位，比2013年第96位上升了18位。⑤

表1 中央政府深化行政审批制度改革历程回溯表（2016.1—2016.12）

	发布时间	文件名称	取消和下放事项	改革重点
1	2016-1-22	《国务院关于取消一批职业资格许可和认定事	取消职业资格许可和认定事项目录共61项。专业技术人员职业资格有43项，其中，准入类5项，水平评价类38项，涉及	切实转变管理理念和管理方式，加强对职业资格实施的评估、检查，建立事中、事后监管机制，营造更好激励人才发

---

① 参见余颖：《去年日均新登记企业1.51万户》，载《经济日报》，2016-01-19。
② 参见白天亮：《去年城镇新增就业1314万人》，载《人民日报》，2017-01-24。
③ 参见《工商总局发布2016年度全国市场主体发展等情况》，见中国政府网，2017-01-19。
④ 参见汪乔：《2016年安徽累计减轻企业负担约790亿》，见中安在线，2017-04-20。
⑤ 参见《2017年营商环境报告：人人机会平等》，见世界银行网站。

续表

	发布时间	文件名称	取消和下放事项	改革重点
		项的决定》国发〔2016〕5号	公路水运工程、民航、考古、物流与采购、石油化工等多个专业领域；技能人员职业资格有18项，均为水平评价类，涉及服务、影视、林业等领域。	展的环境，推动大众创业、万众创新。人力资源社会保障部要会同有关部门抓紧制定、公布国家职业资格目录清单并实行动态调整，在目录之外不得开展职业资格许可和认定工作，逐步建立科学合理的国家职业资格体系，让广大劳动者更好地施展创业、创新才能。
2	2016-2-19	《国务院关于第二批取消152项中央指定地方实施行政审批事项的决定》国发〔2016〕9号	共取消行政审批事项152项。依据法律、法规和国务院决定设定的有65项；依据部门规章、规范性文件设定的有87项，涉及33个部门。一是与投资、生产经营、促进就业等相关的审批事项有87项。取消这些事项，有利于缩短投资审批周期、减少环节，给企业松绑，激发市场活力。二是多数由省、市、县三级实施，量大面广，与人民群众联系密切。取消这些事项，有利于推动地方开展工作，方便群众办事。三是由地方实施"初审"和"预审"的有53项，取消后能进一步理顺国务院部门和地方审批事项的责权关系，明确各自的法律责任，减少管理层级，提高效率。	以部门规章、规范性文件等形式设定的面向公民、法人和社会组织的审批事项已清理完毕。自此，行政许可只能依据《中华人民共和国行政许可法》（以下简称《行政许可法》）的规定设定，不得把已取消的中央指定事项作为行政许可的设定依据。尚未制定法律、行政法规的，地方性法规可以设定行政许可；尚未制定法律、行政法规和地方性法规的，因行政管理的需要，确需立即实施行政许可的，省、自治区、直辖市人民政府规章可以设定临时性的行政许可。
3	2016-2-23	《国务院关于取消13项国务院部门行政许可事项的决定》国发〔2016〕10号	共取消13项国务院部门行政许可事项，涉及国家发改委、工业和信息化部、中国人民银行等10个部门。	清理、规范国务院各部门的行政审批事项。

续表

	发布时间	文件名称	取消和下放事项	改革重点
4	2016-2-28	《国务院关于第二批清理规范192项 国务院部门行政审批中介服务事项的决定》国发〔2016〕11号	清理、规范国务院部门行政审批中介服务事项目录共计192项。清理、规范的事项，主要分为三类：第一类是全部取消事项，清理规范后不再要求申请人提供相关评估、论证、鉴定、证明等材料，共94项；第二类是由原来的申请人委托中介机构提供相关材料，改为审批部门根据审批工作需要委托开展技术性服务，共53项；第三类是经清理规范后，改为既可由申请人自行编制相关材料，也可由申请人继续委托中介机构编制，共45项。	清理、规范行政审批中介服务事项的落实工作，加快推进配套改革和相关制度建设，切实加强事中、事后监管。对于涉及公共安全的行政审批事项，中介服务清理规范后，要进一步强化相关监管措施，确保安全责任落实到位。
5	2016-6-13	《国务院关于取消一批职业资格许可和认定事项的决定》国发〔2016〕35号	取消47项职业资格许可和认定事项。	国务院要求，人力资源社会保障部公布实施国家职业资格目录清单，接受社会监督，清单之外一律不得许可和认定职业资格，清单之内除准入类职业资格外一律不得与就业创业挂钩。要依法依规加强对职业资格设置和实施的监管，逐步构建国家职业资格框架体系，推动职业资格科学设置、规范运行、依法监管。
6	2016-12-8	《国务院关于取消一批职业资格许可和认定事项的决定》国发〔2016〕68号	决定取消的职业资格许可和认定事项共计114项，其中，取消的专业技术人员职业资格许可和认定事项（共计7项，其中准入类3项，水平评价类4项），取消的技能人员职业资格许可和认定事项（共计107项，均为水平评价类）。	加大职业资格许可和认定事项清理力度，不断降低人才负担和制度成本，持续激发市场和社会活力，促进就业创业。对已经取消的职业资格许可和认定事项，人力资源社会保障部要会同有关部门加强跟踪督查，及时组织"回头看"，确保清理到位，防止反弹。要妥善处理职业资格许可和认定事项取消后续工作，研究制定职业标准和评价规范，搞好政策衔接，确保人才队伍稳定。

资料来源：根据政府相关文件进行整理。

（二）线上与线下政务服务结合发展

2016年9月25日，国务院印发《关于加快推进"互联网＋政务服务"工作的指导意见》，意见提出，适应"互联网＋政务服务"发展需要，各级政府应进一步提升实体政务大厅服务能力，加快与网上服务平台融合，形成线上线下功能互补、相辅相成的政务服务新模式，旨在建设好政务服务中心，通过中心这个集中性、现代化的场所，为企业、群众提供"一站式""无差别""标准化"的政务服务、公共服务、社会服务。有关数据显示，目前，我国已建立各级各类综合性政务服务大厅40 451家，其中，省市级政务中心377家、区县级政务服务中心2 740家、乡镇（街道）便民服务中心37 334家，其服务功能从最初单纯的投资项目审批逐步扩展到便民服务、政务公开、热线电话、电子政务、公共资源交易、行政投诉等直接面向社会公众且内在联系紧密的政务服务领域，成为集行政权力运行、政务公开、便民服务、法制监督、效能监察、政民互动等于一体的综合性政务服务平台。[①]

2016年11月28日至29日，全国推进"互联网＋政务服务"工作现场会在江苏南京召开，国务院明确了政府服务和管理需要使用新技术，积极应对公众对于政务服务日益多样的新诉求。截至2016年6月，浙江、广东、贵州等15个省（自治区、直辖市）建成或正在建设覆盖省、市、县三级的互联网政务服务平台，此外，有10多个省级政府建设了政务服务的移动客户端（APP）或移动门户。2015年，全国有72个城市入驻微信城市服务，47个城市入驻支付宝城市服务。[②]但在网上平台建设快速推进的同时，长期以来限制技术发展的"信息孤岛"问题仍然存在。显然，中央与地方政府之间、各部门之间、其他条块之间的互联互通、系统开发、应用共享和业务协同的问题仅通过技术倒逼是难以解决的，还应通过深化改革推进在重点领域和关键环节的突破来彻底解决。

（三）国务院各部委政务大厅进一步完善

2003年6月，农业部党组决定成立农业部行政审批综合办公室，设立农业部行政审批综合办公大厅，统一受理和回复行政许可申请，接受申请人咨询，做到行政许可"一个窗口对外"。2003年11月17日，农业部行政审批综合办公大厅开始试运行，至2004年7月正式运行，成为国家部委中最早成立实体大厅的部门。2006年6月30日，商务部举行了行政事务服务中心揭牌仪式，中心包括商务部外贸司、机电和科技产业司、市场运行司、外资司、许可证配额事务管理局5家单位，在行政事务服务中心设立14个办事窗口、2个咨询服务台，办理涉及配额、

[①] 参见《〈政务服务中心运行规范〉系列标准发布》，载《大众标准化》，2015（10）。

[②] 参见彭树杰：《适应互联网时代发展要求 推动政务服务工作再上新台阶——在推进"互联网+政务服务"工作现场会上的讲话》，内部文件2016-11-29。

资格、招标、展会等27项行政事务，占当时商务部对外行政事项的56%。[①] 2006年10月23日，国家质检总局政务大厅正式开始对外受理业务。2007年，民政部设立了社会组织服务大厅，统一受理和答复行政审批事项。据统计，大厅年平均接待咨询量8万余件，其中，受理电话咨询达到了6万余次，接待登门咨询2万余件。[②] 国土资源部政务大厅于2007年8月1日正式开始运行，是承担国土资源部行政审批事项申请材料接收、形式审查、过程督办、结果送达和政府信息依申请公开等工作的综合办事机构，事业编制12名，成立之初共有11名工作人员，有2名博士、6名硕士、3名本科，全部是党员，平均年龄35岁。[③] 2015年9月4日财政部行政审批服务大厅正式运行。国家发改委政务服务大厅2014年12月1日开门试运行，2015年1月1日正式运行，是部委中政务大厅工作较为突出的单位，获得团中央"2015—2016年度全国青年文明号"的光荣称号，其微信服务号于2016年8月1日上线试运行，微信服务号下设"申报指引""我的大厅""阳光政务"三个栏目。"申报指引"栏目集纳办事指南、常见问题等信息，并提供实体大厅路线定位导航服务；"我的大厅"栏目提供进度查询、在线预约、办件记录等功能；"阳光政务"栏目向社会公开行政许可事项办理结果和政务服务大厅运行情况等信息，主动接受社会监督，微信号使用方便、内容充实、更新及时，为行政相对人提供了"看得见、摸得着"的便利。

（四）行政审批局模式在试点省市基础上推进发展

2016年，相对集中行政许可权试点省市（包括天津、河北、山西、江苏、浙江、广东、四川、贵州）全部成立了行政审批局，其他非试点省（自治区、直辖市），例如辽宁省、宁夏回族自治区和海南省等也进行了积极的尝试和探索（见表2）。但因其尚处于试点阶段，中央并没有后续的指导也没有细化的文件，各地区的审批局虽然名称相同或相近，但运行模式差别不小。按照是否将审批权和审批人员实质性划归审批局，可将其分成三类：第一类是实体型——将多数审批权划归至局内统一行使，相应的人员编制全部从原部门剥离。其中，以天津滨海新区最为典型，将18个部门的审批权整合，由原来的18枚印章合并成一枚行政审批局专用章。负责人数由600人减至118人，人事关系也划转至局内。第二类是虚体型——仅将行政服务中心加挂一块行政审批局的牌子，只是名称有所改变，其实还是"新瓶装旧酒"，审批权属和人员编制都在原职能部门，发挥的仍是行政服务中心的职能。第三类是半实体型——主要是介于实体型和虚体型之间，有一定程度的突破，但改革不到位：或是审批权没有应进必进，或是审批人员的编制部

---

① 参见《商务部新闻发言人崇泉就近期商务领域热点问题答记者问》，见人民网，2016-06-30。
② 参见《依法行政 热情服务 民政部树立行政服务大厅新风尚》，见人民网，2015-05-18。
③ 参见《全心全意为民服务 打造优质国土资源窗口》，见人民网，2015-05-18。

分纳入审批局。由于改革的速度较快,部门阻力较大,目前,大部分新成立的审批局属于这种类型。另外,需要注意的是,在实践中,并不是所有的审批权都适宜划归至行政审批局,例如,生猪屠宰检验检疫、船舶检修等,一般都是现场盖章,集中到审批局并不合适。因此,在审批权"应归必归"的原则之外,还需要进一步明确"应该进"与"适合进"的审批权类型。

表2 全国新增行政审批局基本情况统计表(2016)

序号	省(自治区、直辖市)	名称	建成时间(年.月)	进驻单位数(个)	进驻审批事项数(项)
1	辽宁	锦州市行政审批局	2016.8	28	349
		鞍山市行政审批服务局	2016.7	40	318
		朝阳市行政审批局	2016.8	28	188
		沈阳市行政审批局	2016.6	26	290
		辽阳市行政审批局	2016.9	25	102
		盘锦市兴隆台区行政审批局	2016.9	31	—
		营口市行政审批局	2016.12	30	—
		盘锦市行政审批局	2016.9	—	—
		朝阳市龙城区行政审批局	2016.10		
2	四川	成都市双流区行政审批局	2016.12	29	173
		绵阳江油市行政审批局	2016.4	24	245
3	湖北	荆门市行政审批局	2016.8	26	108
		湖北小池滨江新区行政审批局	2016.8	32	152
		武汉市新洲区行政审批局	2016.8	18	151
		武汉市洪山区行政审批局	2016.7	20	86
		武汉市青山区行政审批局	2016.12		
		武汉市江夏区行政审批局	2016.12		
		武汉市蔡甸区行政审批局	2016.12	21	150
4	河北	辛集市行政审批局	2016.9		
		邢台市所辖的21个县(市、区)全部组建行政审批局	2016.6月前	—	—
		深泽县行政审批局	2016.12	17	121
		衡水市11个县(市、区)成立行政审批局	2016.6月前	—	—

续表

序号	省（自治区、直辖市）	名称	建成时间（年.月）	进驻单位数（个）	进驻审批事项数（项）
5	宁夏	固原市行政审批服务局	2016.10	24	145
6	海南	海口国家高新区行政审批服务局	2016.7	—	—
7	浙江	绍兴市柯桥区行政审批局	2016.8	25	397
		天台县行政审批局	2016.7	22	178
		杭州大江东产业集聚区行政审批局	2016.4	40	650
		嘉兴南湖区行政审批局	2016.7	16	188
		温州经济技术开发区行政审批局	2016.8	—	—

资料来源：根据政府相关文件与实际调研情况进行整理。

（五）全国首个《行政许可标准化指引（2016版）》正式发布

中央编办（国务院审改办）、国家标准委及依托于中国标准化研究院成立的全国行政审批标准化工作组大力推动行政许可标准化，以标准化促进行政审批规范化建设。2016年7月29日，全国推进行政许可标准化现场会在四川省成都市武侯区召开。会上，由中央编办（国务院审改办）与国家标准委共同编制的全国首个《行政许可标准化指引（2016版）》正式发布。这次会议是贯彻落实党中央、国务院关于进一步简政放权、深化行政审批制度改革的重要举措，也是标准化服务于审批制度改革，以标准化促进行政审批规范化的重要部署。全国31个省、自治区、直辖市及新疆生产建设兵团的审改办、行政服务中心、质量技术监督局有关负责同志，四川省各市州相关负责同志参加了会议。现场会上，全国行政审批标准化工作组解读了最新发布的《行政许可标准化指引（2016版）》的制定背景、制定过程和主要内容。四川省编办、成都市武侯区、北京市西城区、山东省新泰市和江苏省南通市分别做了经验交流和典型发言。2016年10月27日，国务院审改办在中央编办召开了国务院部门行政许可标准化培训和工作推进会。中央编办、国务院推进职能转变协调小组办公室副主任、国务院审改办负责人吴知论出席会议并讲话。吴知论强调推进行政许可标准化是行政审批制度改革的重要任务，指出了当前推进行政许可标准化工作需要重点解决的几个问题，并对如何推动《行政许可标准化指引（2016版）》的贯彻落实提出了具体要求。国家发展和改革委员会、农业部、商务部、质检总局等部门做了经验介绍。来自59个国务院部委的150余名负责行政审批制度改革工作的同志参加了会议。行政审批标准化工作在国家部委层面的工作依此正式展开，各地方政府依托国家和省市的项目也积极推进行政审批标准化建设（见表3）。

表3 部分省市行政审批标准化情况一览表（2016.1—2016.12）

序号	名称	文件/项目	内容与特色	目标与成效
1	天津市	《天津市行政许可事项操作规程总则》2016年4月20日发布，6月1日实施	内容丰富，涵盖了天津市行政许可事项操作的术语和定义、行政审批主体、业务主管部门、行政许可事项名称、审批类别、依据、审批程序、时限、收费和效能投诉等11个方面，并附有《行政许可材料接受凭证》《委托书》等10个行政许可文书的统一模板，对天津市级、自贸试验区、各区（县）实施的行政许可事项操作提出了具体要求。重点是对申请条件、申请材料和审查标准等内容进行了统一规范，实现了申请材料表格化、审批表格数据化。凡是申请人自行提供的材料，行政审批部门统一提供材料模板和说明，最大限度地减少环节，简化手续，方便群众办理。	该标准以规范行政许可办理程序为核心，细化、量化了行政审批各个环节的内容和标准，最大限度减少了行政机关的自由裁量权，形成了全事项、全过程、全环节的标准化审批。
2	佛山市	《佛山市政务服务体系审批服务事项通用指导目录》（2016年11月版）	明确全市审批服务标准化的事项清单。按照事项目录、审批要素、审批流程、审批服务、监督检查等5大类编制形成《办事指南》和《业务手册》：《办事指南》对外公开，为企业、群众办事提供指引；《业务手册》对内印发，统一规范部门工作程序和裁量标准。据统计，市、区两级共涉及58个部门1 930个行政审批和公共服务事项，其中，行政审批事项851项，公共服务事项1 079项。	将实施机关、审批条件、申请材料、审批流程、审批时限5个中类标准作为量权、限权的重点内容。按照事项目录、审批要素、审批流程、审批服务、监督检查等5大类、14中类、356小类编制审批服务事项标准，对审批流程6个环节21个具体节点的"办理要求"进行统一规范，每个节点统一具体操作程序，"兜底条款"一律清除，"模糊条款"具体明细。据统计，全市共取消"兜底条款"268项。

续表

序号	名称	文件/项目	内容与特色	目标与成效
3	上海市	2015年12月1日实施上海市质监局和市审改办组织制定并发布的《行政审批办事指南编制指引》和《行政审批业务手册编制指引》两项地方标准	借鉴国际质量管理体系标准ISO9000的理念和技术架构，提出了上海市行政审批标准化管理体系框架。	至2006年12月上海1000余项行政审批都已按照两项地方标准要求编制了《办事指南》和《业务手册》，有效优化了全市投资营商环境。行政审批100%实现标准化管理。
4	铜陵市	2016年9月全市政务公开政务服务系统开展"标准化深化年"活动	2016年市、县（区）政务服务中心标准化建设工作全面启动，构建科学完善的标准体系，标准贯彻实施率95%以上，市级政务服务中心启动国家级标准化试点建设申报工作。同时，铜陵市还将根据上级的相关部署要求，拓展政府信息公开标准的建立、实施范围，提升政务公开标准化水平。	将选取1个县级政务服务中心为标准化建设标杆，市政务服务中心选取2—3个标准化示范窗口，4—6名标准化示范员，通过压力传导，树立标杆引领，发挥典型示范带动效应。
5	漳州市	大力推进三级行政服务体系标准化建设	一是强化服务平台。规范组织架构，在市、县、镇（街道）三级建立行政服务体系，统一形象标志，统一机构名称，统一机构设置，实现"一门式受理""一站式服务"。二是完善硬件建设。完善行政服务中心建设，打造"线上线下、虚实一体"的政务服务平台，实现市、县、乡三级行政机关、所有行政权力、电子监察监控"三个网上全覆盖"。三是建立标准体系。将三级政府公布实施的行政审批和公共服务事项统一纳入目录库管理，对纳入目录清单的统一编码管理，实施刚性约束。四是提升服务	构建便捷、高效的市、县、镇（街道）三级行政审批标准化体系。营造科学发展、跨越发展的营商环境。

续表

序号	名称	文件/项目	内容与特色	目标与成效
			功能。全面落实"三个集中、三个百分百",健全完善联审联办、联合踏勘、联合会审、联合验收等审批方式,推广"一审一核、现场办结、后方无审批"经验做法,实现最短审批流程。	
6	江苏省	2016年11月16日江苏省政府召开权力清单标准化工作推进会	省、市、县三级权力清单标准化审核和省级权力事项办事指南编制工作正式完成。2016年11月底前,市、县两级政府将依据标准化的权力清单,参照省级权力事项办事指南,编制完成本地区的办事指南,努力实现行政审批扁平化、便利化、规范化。	权力清单标准化后,不仅实现行政权力"三级四同",即省、市、县三级政府部门相同的行政权力事项,其权力名称、类型、依据、编码统一,还全面梳理了驻苏垂管部门的权力清单及转报中央审批的事项清单。经过梳理、审核,确定15家部属及部、省双重领导单位权力事项1 392个大项、43个子项;省政府部门保留审核转报事项127个大项、55个子项,垂管部门保留68个大项、7个子项;49个省级部门编制的办事指南6 310份,15个垂管部门编制的办事指南1 301份,共7 611份。
7	新泰市		"全程标准化"实施。清理各行政权力4 000多项,清单之外无权力。授权服务窗口相关事项审批权,行政许可和行政确认"一窗办理"。每项审批服务标准统一规范,并面向市场实施中介服务网上竞价比选。同时,建立四级量化考核体系,办理超时等问题将被严肃追责。	"直通快办"服务机制、中介监管平台建设、一次性告知单打印等做法富有创新性。

续表

序号	名称	文件/项目	内容与特色	目标与成效
8	台州市	2016年6月出台《台州市行政服务标准化试点工作方案》 2016年7月"台州市民营经济创新发展综合配套改革试验区行政审批服务标准化试点"获得国家立项，成为国家级试点单位	台州行政审批服务标准化是以问题为导向，以企业和公民两个全生命周期需求为主轴，从政府、中介、企业自身三个维度出发，再优机制，再优流程，再优服务。	台州行政审批服务标准化体系可分为通用基础标准、服务提供标准、管理标准、岗位工作标准四大分体系；其中，服务提供标准分体系下又有服务规范和服务提供规程两个子体系。
9	濮阳市	2016年5月6日《濮阳市行政审批服务标准化实施方案》颁布	行政审批事项和服务事项底数清晰，内容统一，公开透明。各级行政服务中心、便民服务场所、审批服务窗口服务水平整体提升，窗口建设、审批业务、服务行为、服务环境、绩效评估、信息化建设、监督评议等实现标准化。	以方便企业和群众办事、提升审批效率为出发点，着重对行政权力事项的申请材料、审批条件、审批时限等要素予以优化，提出简化申请材料、压减办理时限、优化审批流程的措施和意见，切实解决审批环节多、时间长等问题，积极推进网上审批和并联审批，努力提高政府工作效率和服务水平，逐步实现审批流程的标准化运作。
10	焦作市	2016年9月28日发布《焦作市人民政府办公室关于印发焦作市创建国家级行政审批服务标准化试点市实施方案的通知》（焦政办〔2016〕126号）	推行行政许可事项标准化建设，实现县（市）区保留事项数量、名称大致一致；加强信息化建设，完善网上大厅系统，实现网上审批透明化；全面实行阳光审批，接受社会监督；审批环节更加精简，流程更加优化。	进一步压缩审批时限，提高行政审批服务综合效能，审批承诺时限压缩到法定时限的30%之内，项目审批按期办结率达到100%，客户满意率达到95%以上。

资料来源：根据政府相关文件与实际调研情况进行整理。

二、行政审批制度改革与行政服务中心建设的研究现状综述

（一）关于简政放权的研究

2016年《中国行政管理》期刊中，以审批为主题词搜索，共有15篇文章，足见学界对行政审批制度改革研究的高度重视。研究大体可以分为两类，一类是具体的个案研究，一类是宏观研究。个案研究有5篇，主要来自具有实践经验的一线改革者。赵宏伟对于天津市创新"互联网＋中介服务"管控机制进行了详尽的描述和分析。①艾琳、王刚以天津、银川行政审批局改革为例，研究认为行政审批局以行政体制改革为撬杆，促使政府在弱审批、严监管、重信用、强服务中走向现代治理。②殷飞、申海平以成都市武侯区为例，对组织法下的相对集中行政许可权改革进行研究，认为2008年开始的成都市武侯区相对集中行政许可权改革，具有组织法上的依据。③周小平、田志强、贾子赫认为我国按审批、核准、备案分类审批管理的具体建设项目审批仍然存在诸多问题，是在法律法规冲突、多部门规划依据相互矛盾、基础数据无法共享等因素共同影响下形成的，其中，多部门规划的不统一是问题的关键。文章以"多规合一"的试点城市榆林市为例，分析了榆林市创建统一的规划实施与项目审批信息联动平台、"一本规划"的"规划控制线"初审、审批流程优化以及加强监督等创新机制。④敖四江、郭国祥认为行政审批作为一种行政执法行为，是经济契约关系和法律规范关系的体现。并以南昌市为例，指出南昌市顺应全面深化改革的形势与要求，以改革创新为动力，以强化服务为宗旨，着力探索深化行政审批制度改革，营造了优质、高效的政务环境。⑤

宏观研究有9篇，分别从行政法、政府职能转变、体制机制变革等方面提出了及时、务实、理论与实践密切结合的分析与建议。石亚军认为，涉及行政审批权设定和运行的原有法律法规存在两个部分和两种作用：一部分是合法、合理的法律法规，对简政放权发挥着正当的法律依据作用；另一部分是要么合法但不合理，要么既不合法又不合理的部分，对简政放权形成了阻碍。其对行政审批权依

---

① 参见赵宏伟：《天津市创新"互联网+中介服务"管控机制》，载《中国行政管理》，2016（2）。
② 参见艾琳，王刚：《行政审批制度改革中的"亚历山大绳结"现象与破解研究——以天津、银川行政审批局改革为例》，载《中国行政管理》，2016（2）。
③ 参见殷飞，申海平：《组织法下的相对集中行政许可权改革研究——以成都市武侯区相关改革为例》，载《中国行政管理》，2016（4）。
④ 参见周小平，田志强，贾子赫：《基于"多规合一"的建设项目审批制度改革研究——以陕西省榆林市为例》，载《中国行政管理》，2016（3）。
⑤ 参见敖四江，郭国祥：《南昌市行政审批制度改革的实践与思考》，载《中国行政管理》，2016（5）。

据法律法规生成、行使情况，行政审批改革在法律法规前面临的困惑进行了分析，提出适应简政放权、提质增效要求推进法律法规"立改废"的对策建议。①张定安、吴余龙认为本届政府从"剪"事项到"减"流程再到"简"服务，从相对内部的行政审批制度性改革逐渐发展到利用"互联网＋政务服务"全面提升政府管理和服务质量，经历了一个从点到线、从线到面以及由面到体的发展过程，改革不断深化，举措更加务实。②宋林霖运用公共组织的分析框架，回应了行政审批局的定位不清与趋势不明等诸多问题，认为行政审批局作为横向型、跨部门组织，能够承载"简政放权、放管结合和优化服务"的多项改革目标，其成立代表了中国现代政府治理的良好开端和发展方向，是全能政府向有限政府转变的必由之路。③刘晓洋认为在推进政府治理现代化进程中，审批制度改革必须要在现代市场经济体制环境下，以政府与市场、社会间的权力关系动态平衡为切入点，利用制度力量来约束审批范围、审批过程和审批信息。同时，行政审批制度改革必须在互联网2.0新常态下，利用技术力量来优化审批途径、审批流程、审批信息和审批监察，从而构建"互联网＋审批"的服务体系，落实审批服务供给侧结构性改革。④

关于简政放权研究的论著与前三年相比数量增长较快，近20部著作从经济学、法学、行政学等方面给予了充分的论证。厉以宁的编著中将简政放权与中国发展道路相结合，分为第一篇理论篇，其包括四个方面的内容：简政放权必要性和重要性分析、简政放权的核心内容、国家宏观调控与简政放权以及社会主义市场经济体制的完善与简政放权；第二篇实践篇，包括农业改革、财税改革、政府改革以及教育改革等一系列简政放权的改革。⑤龙海波与王雄军根据行政审批改革特点和重点方向，构建了行政审批制度改革分析的总体框架，进一步解析了改革面临的突出问题及内在原因。以投资类行政审批事项为切入点，综合运用深度访谈、问卷调查和案例比较分析方法，对当前行政审批制度改革的总体成效进行了评价。在此基础上，提出新时期深化行政审批制度改革的总体思路、主要经验及相关政策建议。⑥全国行政审批标准化工作组秘书处集体著书，对《行政许可标准化指

---

① 参见石亚军：《简政放权提质增效须加速法律法规的立改废》，载《中国行政管理》，2016（10）。
② 参见张定安，吴余龙：《建设现代政府和服务型政府的有力抓手》，载《中国行政管理》，2016（11）。
③ 参见宋林霖：《"行政审批局"模式：基于行政组织与环境互动的理论分析框架》，载《中国行政管理》，2016（6）。
④ 参见刘晓洋：《制度约束、技术优化与行政审批制度改革》，载《中国行政管理》，2016（6）。
⑤ 参见厉以宁，程志强：《中国道路与简政放权》，上海：商务印书馆，2016年。
⑥ 参见龙海波，王雄军：《行政审批改革红利与绩效评价（2013—2015）》，北京：中国发展出版社，2016年。

引（2016版）》中各章节进行理论上的分析与实践上的指导。[①]陆月星认为法律是标准化管理的依据，信息技术的应用为行政许可标准化管理提供了手段，标准化管理旨在通过行政许可流程再造和规范化管理，推进依法行政，提高行政效能，建设服务型政府。著作在理论分析的基础上，以上海绿化市容局推行行政审批标准化改革实践为蓝本，对标准化实施的制度和措施进行总结分析，提出我国行政许可标准化管理基本框架和标准体系。[②]

（二）关于放管结合的研究

王伟主要着眼于在商事制度改革过程中出现的与传统的市场监管大为不同的机制，并试图从法治的角度，对其学理逻辑进行分析。商事制度改革背景下所产生的新型监管体制，之所以"新"，主要是因为其较好地平衡了公与私、政府与市场、政府与社会之间的关系。政府需承认自身的不足，并切实地借助于个人、社会、市场的力量来促进经济社会的可持续发展，提高政府监管的效率和有效性。因此，商事制度改革背景下的新型市场监管体制，具有不同于传统监管体制的逻辑：市场主体的自我责任、市场监管的有效性、社会共治、信息公示、信用约束、安全监管、价格监管及公有制下的市场监管。[③]范柏乃、张鸣以政府职能转变的实现路径为研究主题，考察和分析了浙江"四张清单一张网"（政府权力清单、政府责任清单、企业投资负面清单、财政专项资金管理清单及浙江政务服务网）改革的主要做法、实施成效及影响因素，并提出了深化改革的保障机制。[④]

徐双敏着重研究了国外监管的经验，认为加强事中、事后监管是本届政府深化改革的显著特点。为了深化改革，我们有必要借鉴国外的相关经验。发达国家的主要经验包括：一是国家立法机构直接参与对国有企业的监管，包括议会直接任命国企董事会成员，或者由政府主管部门通过设置双重委员会间接监管；二是政府授权第三方机构监管市场，包括授权独立机构监管和组建调查委员会监管；三是行业组织、行业自律实现监管，这种行业自律，既包括严格入会资质，也包括制定和实行行业规范。[⑤]

胡重明认为大部制是中国政府治理体系改革的一项重要选择，然而，现有研究对地方大部制改革中组织运行逻辑和任务环境对改革的影响缺乏深入研究。该

---

① 参见全国行政审批标准化工作组秘书处：《〈行政许可标准化指引（2016版）〉实施指南》，北京：中国标准出版社，2016年。
② 参见陆月星：《行政许可标准化管理理论与实践：以上海市绿化林业行政审批改革为例》，北京：中国政法大学出版社，2016年。
③ 参见王伟：《市场监管的法治逻辑与制度机理：以商事制度改革为背景的分析》，北京：法律出版社，2016年。
④ 参见范柏乃、张鸣：《加快政府职能转变的实现路径：四张清单一张网》，杭州：浙江大学出版社，2016年。
⑤ 参见徐双敏：《市场监管的国际经验初探》，载《中国行政管理》，2016（2）。

研究以官僚制理论和中国官僚制组织研究成果为基础,提出任务环境与作为官僚制化的地方大部制改革间关系的分析框架,并以浙江省地方食药监管大部制改革为案例加以论证。研究发现:政策模糊、制度缺失及组织任务的膨胀与冲突加剧了以压力型体制这一结构性因素为基础的任务环境的不确定性,使行政组织的官僚化与专业化产生张力。这突出呈现为一种反官僚制化现象,从而降低了改革的有效性。除了完善统一权威的组织体系,走出困境的关键在于强化公务人员责任落实,持续推进专业化建设,而这依赖于任务环境提供更系统、有效的支持,特别是更科学、规范的政策和制度体系的支持。①

周燕认为,近年来,产品质量问题频发,人们往往归咎于政府监管不力。与"政府监管论"不同,该研究回顾了经济学中有关市场价格的形成机制及其理论发展,指出在竞争的条件下,市场价格会对产品的质量进行认证与监管。产品质量问题的实质不是"质量"问题,而是因为中国市场巨大,导致不同产品间"质量—价格"差异大,撇开价格谈质量是毫无意义的。比较政府与市场的监管作用发现,市场竞争能够降低信息费用,而政府与之相比在三个方面具有劣势。因此,加强政府监管的结果有可能是减少市场选择,迫使企业由竞争转向合谋,共同应对监管指标,甚至是破坏竞争规则、催生利益集团。②

(三)关于优化服务的研究

2016年《中国行政管理》期刊中,以政务服务为主题词搜索共有30篇文章,其中包括政策文本解读、会议通知与综述8篇,其他论文主要从互联网、大数据和第三方评估等维度进行论述。③张翔认为《关于加快推进"互联网+政务服务"工作的指导意见》将"互联网+政务服务"在逻辑上区分为"一个中心,三个支撑",一个中心是"优化政府服务",这是"互联网+政务服务"的核心环节,也是发展目标。"三个支撑"则包括"融合升级平台渠道""夯实支撑基础""加强组织保障",它们分别从平台建设、配套措施与组织保障三个方面为"互联网+政务服务"提供支持。从政府改革的角度上看,"互联网+政府服务"是服务型政府建设中的一次全局性的调整,同时也是政府职能转变的一次重要突破。④陈潭、邓伟认为随着互联网和大数据技术的迅猛发展,"互联网+"和"大数据×"利用信息通信技术以及互联网平台,积极开展与经济、文化、社会等领域和行业的深度融合,充分发挥互联网和大数据在社会资源配置中的集成和优化功能,全面提

---

① 参见胡重明:《任务环境、大部制改革与地方治理体系的反官僚制化——对浙江省地方食品药品监管体制改革的考察》,载《中国行政管理》,2016(10)。
② 参见周燕:《政府监管与市场监管孰优孰劣》,载《学术研究》,2016(3)。
③ 参见王克稳:《论行政审批的分类改革与替代性制度建设》,载《中国法学》,2015(2)。
④ 参见张翔:《"互联网+政务服务"是政府职能转变的重要突破》,载《中国行政管理》,2016(11)。

升了社会生产力和创新力。"互联网＋"的增量效应与"大数据×"的乘数效应毫无疑问地成为推进国家治理体系和治理能力现代化的重要驱动力量。①

张育英、明承瀚、陈涛认为，行政审批作为政府对社会公共事务进行规范管理的一种手段，在建设服务型政府的过程中发挥着越来越重要的作用，现代化的行政审批离不开信息技术与电子政务的具体应用，行政服务中心有效连通了线上申请、办理与面对面办结等各个环节。但关于行政审批的研究绝大部分都以定性分析为主，缺乏定量研究，对于电子政务服务质量的测量也没有统一的维度标准。针对行政审批服务质量及用户满意度，该文面向行政服务中心的服务群体开展了实证研究，引入 D&M 信息系统成功模型，从信息质量、系统质量、服务质量三个维度对电子政务服务质量进行度量，研究结果对于提高行政审批服务质量具有重要的参考价值。②于秀琴、吴波、姜文芹认为，各地新建行政服务中心的绩效，可以说明"大厅式大部制"的运行能否进入新常态，也为未来行政审批、行政服务改革提供了依据。"整体性治理"理论为探索行政服务中心绩效评价提供了理论支撑，以此构建"整体性治理"下的行政服务中心绩效评价主体模型、组织和公务员绩效评价指标模型，可以明确评价主体职责，凸显行政服务中心组织绩效和公务员绩效特点，客观、全面、科学地评价行政服务中心的绩效。③

王浦劬、竹立家从"国家治理现代化"新理念入手，深入分析国家治理、政府治理、社会治理的区别，以及推进国家治理现代化的具体手段；围绕国家治理新理念，分析政府机构、事业单位、干部人事制度、公务员制度的改革以及社会改革。并指出，通过改革，转变政府职能，提高政府执政能力；通过建立长效机制，打击腐败，改善基层权力生态，重塑政府的执政理念与执政方法。④唐鹏从互联网产业发展出发，结合"互联网＋"理念的兴起，通过分析互联网技术、模式、思维对各实体行业的渗透和熏染，揭示出"互联网＋政务"的必然性和紧迫性；通过对"互联网＋政务"背景、理念、现状、趋势、挑战、案例等的分析与解读，全面揭示了"互联网＋政务"对政府、企业、公众的影响及未来发展路径，并为"互联网＋政务"的重要参与主体——政府机构提供了具体发展建议。⑤

---

① 参见陈潭，邓伟：《大数据驱动"互联网+政务服务"模式创新》，载《中国行政管理》，2016（7）。
② 参见张育英，明承瀚，陈涛：《行政审批服务质量与用户满意度的实证研究》，载《中国行政管理》，2016（1）。
③ 参见于秀琴，吴波，姜文芹：《"整体性治理"下行政服务中心绩效评价研究》，载《中国行政管理》，2016（3）。
④ 参见王浦劬，竹立家：《重塑政府："互联网+政务服务"行动路线图（理念篇）》，北京：中信出版社，2016年。
⑤ 参见唐鹏：《互联网+政务：从施政工具到治理赋能》，北京：电子工业出版社，2016年。

三、行政审批制度改革与行政服务中心建设的展望与建议

（一）行政审批制度改革发展中需要关注的问题

1. "放管服"改革要克服唯"新技术"论

技术是手段，而体制改革是目的，不能本末倒置。与企业的发展相比，我们的政府在运用新技术方面尚有巨大的提升空间。"互联网＋"、大数据和智能机器人，为行政提效、政务公开等各方面的改革，奠定了非常重要的技术基础。显然，政府改革的技术支持是必须加强的。但是，就审批改革本身而言，理念的凝练、概念的清晰、流程的优化、裁量权的把握等并不是简单的技术运用就能解决的问题，需要在行政体制改革中敢于啃"硬骨头"、解决真问题。而部门之间的信息公开与共享、合作与定责，尤其是垂管部门之间的打通等，是提及多年但都没有解决的痼疾。如何推进部门之间的系统整合，不仅是技术问题，更要突破部门利益和行为习惯进行顶层谋划，是更大层面的治理决策的难点。一些地方政府在改革的过程中过分地强调技术，比如，广州市财政收入较高，改革意愿也比较强烈，行政服务中心尝试用智能机器人代替人工服务，事实上，因为目前的机器人只能做简单的工作，这可能更多的是一种符号的意义，在相当长的时间内，人工服务是很难被真正替代的。台湾地区的行政服务中心用了许多老年人和学生做义工，这个做法更有借鉴和实操价值。另外，各地的大数据平台不仅要开发，更要有专业的大数据分析师及时梳理和分析数据。现在的情况是，设置有大数据平台，但缺乏通过数据的更新来实时调整改革的机制。因此，高科技要素与政府治理过程的深度结合不能过分乐观，相当多的旧问题和新问题都有待进一步的理论研究和实践推进。

2. 权力清单制度中各种权力的界定仍然模糊

2016年，从中央到地方都对权力清单进行了积极的探索，力图做到政府"法无授权不可为"，市场主体"法无禁止即可为"。中央提出了行政权力清单依据"9+X"的权力分类，即行政许可、行政处罚、行政强制、行政征收、行政给付、行政检查、行政确认、行政奖励、行政裁决和其他类别。对应行政审批的权力项主要是行政许可，但是部分审批事项，特别是部分取消的非行政许可审批事项，因为不属于行政许可而被归并到行政确认或其他类别中，以审批属性的痕迹变相保留下来，这就与行政服务中心关于行政审批事项"应进必进"的基础性原则出现了矛盾。各部门依据权力清单，有了充分的理由，将游离在行政许可权力之外的，但实质上仍然行使着行政审批职能的权力和事项留在原部门，这样就增加了行政服务中心管理的难度，同时，也成为行政审批制度改革继续深化落地的阻滞

因素。

（二）行政服务中心发展的新趋势

1. 重构组织架构：从行政服务中心转型至公共服务中心

适应政府治理现代化的需求，应以推进政府职能转变，深化行政审批制度改革为契机，逐步完成从以集中和协调行政审批为主的行政服务中心，转型至以公共服务为主的公共服务中心，并进行重新的机构框架设计。将公共服务中心定位于一个具有行政级别，享有法律主体资格，具有实质性权力，负有监管、考核职能的政府行政机构。建议根据中心职能定位和发展趋势，成立"公共服务中心"，构架是"一委一办多中心"，最上级设置公共服务工作管委会，管委会主任应由常务副省（市、州、区县）长兼任，负责对公共服务事务进行宏观领导，管委会常务副主任是执行主任，可以是现政务服务中心的主任，并兼任同级政府的副秘书长，组织协调推动日常具体工作。"多中心"是指多个"服务中心"，包括行政审批服务中心、便民专线服务中心、公共资源交易中心、政务网络运行中心等，审批局局长、便民中心主任、公共资源交易中心主任可以兼公共服务中心副主任，作为党委班子成员，服务中心应直接隶属于政府序列，统一管理。

2. 重构服务体系：打造立体的多功能公共服务中心

未来实体的行政服务中心一定存在，其原因不仅在于政府需要实体中心对虚拟中心进行后台管理与投诉处理，更为重要的是，公众办事也需要讨论和对话，虚拟中心代替不了人的互动，尤其是，随着中国城镇化进程的加快与老龄化社会的到来，不会使用网络的老年人和低文化群体仍将在相当长的时期内存在，他们对于实体中心的服务是有大量需求的。另外，考虑到实体大厅相较于网上交易的权威性、安全性与多样性，对于投诉和建议的服务也需在线下完成。单纯的实体大厅，由于时间和空间的限制、信息流通的速度限制，有些许可审批可能效率低一些，但是实体大厅的服务体系好，审批事项办理因人工的在场帮助会更流畅，它还可以唤起、回应和满足公众的特殊需求。国务院副秘书长彭树杰在全国推进"互联网＋政务服务"工作会上强调"建设互联网＋政府服务，要筑牢实体大厅这个基础"，并举出了国外类似的例子——"欧盟从2004年开始施行公共服务网上办理，一些国家取消了实体办事大厅，但是到2008年，又陆续恢复线下服务，并向社区基层下沉"。随着政务服务质量的提升，行政服务中心的服务不再是一个点，而是一条线，并且会发展成一个面的立体服务体系，中心的硬件比较好，服务更直接，过程更可控，可以开发做各种各样的公共服务，包括图书文化、咖啡文化、政企的交流和会商，目前，在广州、上海、杭州等较发达城市的政务服务中心已经具备了相应的功能。公众在去中心办事之余，还可以交友，进行社会组织活动等①,形成类似于多功能购物中心(shopping mall)式公共服务中心(Public Servicing Mall)。

四、报告要点

本报告对 2016 年度全国行政审批制度改革与行政服务中心建设的最新进展情况和理论研究成果进行了初步的梳理总结,并在此基础上,从理论和实践两个层面提出了几个需要重点关注的问题。本报告要点总结如下:

1. "放管服"改革是全面深化改革特别是供给侧结构性改革的重要内容,是转变政府职能的重要抓手,是促进双创的重要举措,也是推进经济体制改革、处理好政府和市场关系的关键所在。截至 2016 年底,中央政府累计分 6 批取消行政审批事项 579 项,其中,取消 13 项国务院部门行政许可事项,取消 152 项中央指定地方实施行政审批事项,取消职业资格许可和认定事项 222 项,清理、规范 192 项国务院部门行政审批中介服务事项。简政放权改革有力地解放和发展了生产力,激发了市场活力和社会创造力。国务院印发《关于加快推进"互联网+政务服务"工作的指导意见》提出,适应"互联网+政务服务"发展需要,进一步提升实体政务大厅服务能力,加快与网上服务平台融合,形成线上线下功能互补、相辅相成的政务服务新模式。

2. 我国已建立各级各类综合性政务服务大厅 40 451 家,其中省市级政务中心 377 家、区县级政务服务中心 2 740 家、乡镇(街道)便民服务中心 37 334 家,其服务功能从最初单纯的投资项目审批逐步扩展到便民服务、政务公开、热线电话、电子政务、公共资源交易、行政投诉等直接面向社会公众且内在联系紧密的政务服务领域,成为集行政权力运行、政务公开、便民服务、法制监督、效能监察、政民互动等于一体的综合性政务服务平台。2016 年,相对集中行政许可权试点省(自治区、直辖市),包括天津、河北、山西、江苏、浙江、广东、四川、贵州,全部成立了行政审批局;其他非试点省(自治区、直辖市),例如辽宁省、宁夏回族自治区和海南省等也进行了积极的尝试和探索。2016 年 7 月 26 日,由中央编办(国务院审改办)与国家标准委共同编制的全国首个《行政许可标准化指引(2016 版)》正式发布。

3. 2016 年,简政放权、放管结合和优化服务成为行政管理领域的研究重点,相关研究包括论文,尤其是著作数量稳定增长,著作多以编著为主,主要是改革

---

① 参见宋林霖:《论地方行政服务中心培育社会组织的作用——基于杭州"市民之家"的调研与思考》,《南开学报(哲学社会科学版)》,2017(1)。

实践的案例总结与过程梳理，对于零散的经验材料进行深入论述的专著较少。简政放权方面的研究主要包括推进政府职能转变、行政审批制度改革与规制改革三个大主题，当然主题之间并不能进行绝对的分类，行政审批制度改革中的体制机制创新是研究的聚焦点；优化服务的研究主要围绕着《关于加快推进"互联网＋政务服务"工作的指导意见》进行论证，官方和民间对审批制度改革的热切期望恰好与新技术相遇，扩展了理论界对政务服务提升可能的想象空间，相较而言，市场监管方面的研究因牵涉各个具体领域的专业知识，行政管理方面的理论准备显然不足，这方面的研究亟待通过多领域的合作来加强。

4. 行政审批制度改革发展中有两个需要关注的问题：第一，"放管服"改革要克服"唯新技术"论。技术是手段，而体制改革是目的，不能本末倒置。与企业的发展相比，政府改革的技术支持是必须加强的。但是，就审批改革本身而言，理念的凝练、概念的清晰、流程的优化、裁量权的把握等并不是简单的技术运用就能解决的问题，需要在行政体制改革中敢于啃硬骨头、解决真问题。第二，中央提出了行政权力清单依据"9+X"的权力分类，但由于分类标准模糊，成为行政审批制度改革继续深化落地的阻滞因素。

5. 行政服务中心发展的两个新趋势：一是适应政府治理现代化的需求，以推进政府职能转变，深化行政审批制度改革为契机，逐步完成从以集中和协调行政审批为主的行政服务中心转型至以公共服务为主的公共服务中心，并进行"一委一办多中心"重新的机构框架设计。二是重构服务体系。随着政务服务质量的提升，行政服务中心的服务不再是一个点，而是一条线，并且会发展成一个面的立体服务体系，中心的硬件比较好，服务更直接，过程更可控，可以开发做各种各样的公共服务，包括图书文化、咖啡文化、政企的交流和会商，目前在广州、上海、杭州等较发达城市的政务服务中心已经具备了相应的功能。公众在去中心办事之余，还可以交友，进行社会组织活动，形成类似于"Shopping mall"式的"Public Sevicing Mall"。

作者单位：天津师范大学政治与行政学院，南开大学中国政府与政策联合研究中心

城乡统筹社会保障体系建设研究报告

高连欢　张旭

《宪法》规定，我国"公民在年老、疾病或者丧失劳动能力的情况下，有从国家和社会获得物质帮助的权利。国家发展为公民享受这些权利所需要的社会保险、社会救济和医疗卫生事业"。随着我国二元户籍制度改革的深入推进，需要建立、完善与统一城乡户口登记制度相适应的社会保障制度，这使得无论曾经是城镇户口还是农村户口的公民，都可以享受机会均等的社会保障制度。从目前的制度运行情况看，我国社会保障体系建设应以增强公平性、适应流动性、保证可持续性为重点，适应城乡统筹的发展趋势，改革制度内部制约制度可持续发展的深层次问题，有效保障城乡居民的基本生活。

一、2016年城乡统筹社会保障体系建设发展现状综述

（一）社会保险

社会保险是社会保障的主要支柱，2016年，社会保险以制度改革为引领，围绕城乡统筹的发展目标，进一步织密、扎牢社会保障安全网。全年五项社会保险（含城乡居民基本养老保险）基金收入合计53 563亿元，比2015年的46 012亿元增加7 551亿元，增长16.4%。基金支出合计46 888亿元，比上年38 988亿增加7900亿元，增长20.3%。[①] 2016年，国际社会保障协会第32届全球大会将"社会保障杰出成就奖（2014—2016）"授予中华人民共和国政府，以表彰中国近年来在扩大社会保障覆盖面工作中取得的卓越成就（如表1、图1所示）。

[①] 参见《2016年人力资源和社会保障事业发展统计公报》，见人力资源和社会保障部网，2017-05-31。

表1　2011年以来社会保险参保人数情况　　　　　　单位：万人

年度	基本养老保险	基本医疗保险	失业保险	工伤保险	生育保险
2011	61 573	47 343	14 317	17 696	13 892
2012	78 797	53 641	15 225	19 010	15 429
2013	81 968	57 073	16 417	19 917	16 392
2014	84 232	59 747	17 043	20 639	17 039
2015	85 833	66 582	17 326	21 432	17 771
2016	88 777	74 392	18 089	21 889	18 451

资料来源：参见历年人力资源与社会保障事业发展统计公报。

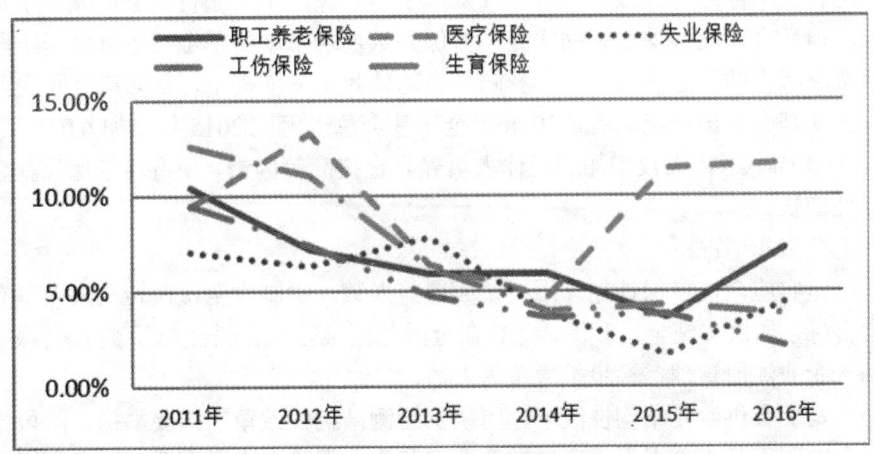

图1　2011年以来主要社会保险参保人数增幅

资料来源：参见历年人力资源与社会保障事业发展统计公报。

1. 养老保险

参保人数情况：截至2016年末，全国参加基本养老保险人数为88 777万人，比2015年末增加2 943万人。其中，参加城镇职工基本养老保险人数为37 930万人，比2015年的35 361万人增加2 569万人，增幅7.27%。①值得关注的是，"十一五"末，全国参加城镇职工基本养老保险人数为25 707万人，"十二五"以来年均增幅为6.7%。2016年，全国参加城镇职工基本养老保险人数增幅比"十二

---

① 参见《2016年人力资源和社会保障事业发展统计公报》，见人力资源和社会保障部网，2017-05-31。

五"以来年均增幅高 0.57 个百分点。这样的成绩是在近年来经济下行压力不断增大的情况下取得的，突出体现了全国养老保险工作的实际成效。2016 年末，参加城镇职工基本养老保险的农民工人数为 5 940 万人，比 2015 年的 5 585 万人增加 355 万人，增幅 6.36%。2016 年末，城乡居民基本养老保险参保人数 50 847 万人，比 2015 年的 50 472 万人增长 375 万人，增幅 0.74%。

基金收支情况：2016 年全年城镇职工基本养老保险基金总收入 35 058 亿元，全年基金总支出 31 854 亿元，当年基金结余 3 204 亿元。从基金收入情况来看，2016 年全年城镇职工基本养老保险基金总收入比 2015 年的 29 341 亿元增长 5 717 亿元，增幅 19.48%。[①]"十一五"末，全年城镇职工基本养老保险基金总收入为 13 420 亿元，"十二五"以来年均增幅为 17.36%。2016 年全年城镇职工基本养老保险基金总收入增幅比"十二五"以来年均增幅高 2.12 个百分点。虽然 2016 年为了配合供给侧结构性改革，阶段性降低了养老保险单位缴费费率，减少了基金收入，但配合全民参保计划的实施，参保人数增加带动的基金增收抵消了阶段性降低费率减少的基金收入，在不影响基金总体收支的前提下，切实减轻了企业的负担。从基金支出情况来看，2016 年全年基金总支出比 2015 年增加 6 041 亿元，增幅 23.40%。退休人数增加和退休人员养老金提高等因素，使得养老保险基金支出刚性增长。

主要工作情况：

一是实施全民参保计划。围绕扩大覆盖人数，由制度全覆盖转向人人享有的发展目标，加快实施全民参保计划，在全国范围推行"五证合一"，将社会保险登记纳入企业注册管理，稳步扩大覆盖人数。

二是配合供给侧结构性改革，围绕供给侧结构性改革的重要举措，阶段性降低了企业职工基本养老保险单位缴费费率和失业保险个人缴费费率，在不影响个人待遇的前提下，减轻企业负担。

三是连续第 12 次提高企业退休人员基本养老金，也是首次实现企业与机关事业单位同步调整。企业职工基本养老保险的基本养老金月平均水平 2016 年达到 2 362 元[②]，是 2011 年 1 531 元的 1.5 倍[③]。

四是深入推进机关事业单位养老保险制度改革，出台《职业年金基金管理暂行办法》，推动基本养老金投资运营。

五是实施基本养老金投资运营。出台《基本养老保险基金投资管理办法》，各省（自治区、直辖市）在确保本地区收支平衡的前提下，将基本养老保险基金委

---

① 参见《2016 年人力资源和社会保障事业发展统计公报》，见人力资源和社会保障部网，2017-05-31。
② 参见《织密世界最大民生保障安全网》，见《新闻联播》，2017-06-04。
③ 参见《人力资源和社会保障部 2011 年第四季度新闻发布会实录》，见人力资源和社会保障网，2012-01-30。

托给全国社保理事会投资运营,使基金保值增值,提高保障能力。

2. 医疗保险

参保人数情况:截至 2016 年末,全国参加城镇基本医疗保险人数为 74 392 万人,比 2015 年的 66 582 万人增加 7 810 万人,增幅 11.73%,比"十二五"以来的年均增幅 9.46%高出 2.27 个百分点。其中,参加职工基本医疗保险人数 29 532 万人,比 2015 年的 28 893 万人增加 639 万人,增幅 2.21%;参加城镇居民基本医疗保险人数为 44 860 万人,比 2015 年的 37 689 万人增加 7 171 万人,增幅 19.03%。2016 年末参加城镇基本医疗保险的农民工人数为 4 825 万人,比 2015 年的 5 166 万人减少 341 万人,降幅 6.60%。①

基金收支情况:2016 年全年城镇基本医疗保险基金总收入 13 084 亿元,比 2015 年的 11 193 亿元增加 1 891 亿元,增幅 16.89%,比"十二五"以来的年均增幅 20.34%低 3.45 个百分点。全年基金总支出 10 767 亿元,比 2015 年的 9 312 亿元增加 1 455 亿元,增幅 15.63%,比"十二五"以来的年均增幅 20.38%低 4.75 个百分点。2016 年末城镇基本医疗保险统筹基金累计结存 9 765 亿元,比 2015 年的 8 114 亿元增加 1 651 亿元,增幅 20.35%,比"十二五"以来的年均增幅 19.74%高出 0.61 个百分点。②

主要工作情况:

一是出台《健康中国"2030"规划纲要》(以下简称《纲要》)。按照中共中央政治局 2016 年 8 月 26 日会议精神,该纲要是今后 15 年推进健康中国建设的行动纲领。其明确了健全医疗保障体系的规划,主要包括:完善基本医疗保障、补充保险和商业健康险为补充的多层次全民医保体系,整合城乡居民基本医疗保险制度,健全基本医疗保险稳定可持续筹资和待遇水平调整机制,实现基金中长期精算平衡;健全医保管理服务体系,全面推进医保支付方式改革,加快推进基本医保异地就医结算,全面实现医保智能监控,逐步引入社会力量参与医保经办;丰富健康保险产品,鼓励开发与健康管理服务相关的健康保险产品;促进商业保险公司与医疗、体检、护理等机构合作,发展健康管理组织等新型组织形式。

二是出台《整合城乡居民基本医疗保险制度的意见》。按照统筹规划、协调发展,立足基本、保障公平,因地制宜、有序推进,创新机制、提升效能的原则,从统一覆盖范围、统一筹资政策、统一保障待遇、统一医保目录、统一定点管理、统一基金管理 6 个方面将城镇居民医疗保险和新农合保险实行了政策上的统一。通过整合经办机构、允许政府购买服务的方式创新经办管理,理顺了管理体制。

---

① 参见历年人力资源和社会保障事业发展统计公报,见人力资源和社会保障部网。
② 参见历年人力资源和社会保障事业发展统计公报,见人力资源和社会保障部网。

通过提高统筹层次、完善信息系统、完善支付方式、加强医疗服务监管等措施，提升了服务效能。

三是出台《关于开展长期护理保险制度试点的指导意见》。探索对与已经参加职工基本医疗保险的人员，可根据实际参加长期护理保险，对于长期处于失能状态的基本生活照料和与基本生活密切相关的医疗护理等所需费用予以保障。

3. 失业、工伤和生育和保险

参保人数情况：截至 2016 年末，全国失业保险参保人数为 18 089 万人，比 2015 年的 17 326 万人增加 763 万人，增幅 4.40%，比"十二五"以来 5.16%的年均增幅低 0.76 个百分点。参加失业保险的农民工人数为 4 659 万人，比 2015 年的 4 219 万人增加 440 万人，增幅 10.43%。全国工伤保险参保人数为 21 889 万人，比 2015 年的 21 432 万人增加 457 万人，增幅 2.13%，比"十二五"以来 5.19%的年均增幅低 3.06 个百分点。参加工伤保险的农民工人数为 7 510 万人，比 2015 年的 7 489 万人增加 21 万人，增幅 0.28%。全国生育保险参保人数为 18 451 万人，比 2015 年的 17 771 万人增加 680 万人，增幅 3.83%，比"十二五"以来 6.94%的年均增幅低 3.11 个百分点。[①]

基金收支情况：2016 年，全年失业保险基金收入 1 229 亿元，比 2015 年的 1 368 亿元减少 139 亿元，降幅 10.16%，比"十二五"以来的年均增幅 11.20%降低了 21.36 个百分点。主要由于单位缴费费率降低至 1%、阶段性降低个人缴费比例至 0.5%导致，减少的基金收入转化为增加单位利润和职工个人的现金收入。2016 年，全年基金总支出 976 亿元，比 2015 年增加 240 亿元，增幅 32.61%，比"十二五"以来的年均增幅 14.95%高 17.66 个百分点。2016 年末，失业保险基金累计结存 5 333 亿元，比 2015 年的 5 083 亿元增加 250 亿元，增幅 4.92%，比"十二五"以来的年均增幅 20.41%降低 15.49 个百分点。[②]

2016 年，全年工伤保险基金收入 737 亿元，比 2015 年的 754 亿元减少 17 亿元，降幅 2.25%，比"十二五"以来的年均增幅 17.16%降低了 19.41 个百分点。全年基金总支出 610 亿元，比 2015 年的 599 亿元增加 11 亿元，增幅 1.84%，比"十二五"以来的年均增幅 21.25%降低 19.41 个百分点。2016 年末，工伤保险基金累计结存 1 411 亿元，比 2015 年的 1 285 亿元增加 126 亿元，增幅 9.81%，比"十二五"以来的年均增幅 19.73%降低 9.92 个百分点。[③]

2016 年，全年生育保险基金收入 522 亿元，比 2015 年的 502 亿元增加 20 亿元，增幅 3.98%，比"十二五"以来的年均增幅 21.78%降低了 17.8 个百分点。2016

---

① 参见历年人力资源和社会保障事业发展统计公报，见人力资源和社会保障部网。
② 参见历年人力资源和社会保障事业发展统计公报，见人力资源和社会保障部网。
③ 参见历年人力资源和社会保障事业发展统计公报，见人力资源和社会保障部网。

年,全年基金总支出 531 亿元,比 2015 年的 411 亿元增加 120 亿元,增幅 29.20%,比"十二五"以来的年均增幅 30.00%降低 0.81 个百分点。2016 年末,生育保险基金累计结存 676 亿元,比 2015 年的 684 亿元减少 8 亿元,降幅 1.17%,比"十二五"以来的年均增幅 17.19%降低 18.36 个百分点。①

主要工作情况:

一是出台《关于授权国务院在河北省邯郸市等 12 个生育保险和基本医疗保险合并实施试点城市行政区域暂时调整实施〈中华人民共和国社会保险法〉有关规定的决定》。为了促进社会保险一体化运行,提升社会保险基金互济能力,更好地增强生育保险保障功能,提高行政和经办服务管理效能,降低运行成本,经全国人大常委会授权国务院,在河北省邯郸市、山西省晋中市、辽宁省沈阳市、江苏省泰州市、安徽省合肥市、山东省威海市、河南省郑州市、湖南省岳阳市、广东省珠海市、重庆市、四川省内江市、云南省昆明市实行生育保险和基本医疗保险合并,将生育保险基金并入职工基本医疗保险基金征缴和管理。试点实施期限为二年。

二是自 2016 年 5 月起,阶段性降低失业保险个人缴费比例,由 1%降至 0.5%,以提高职工现金收入。

(二)社会救助、福利及优抚

扶贫工作取得明显进展。2011 年以来,城镇低保户数明显下降,由 2011 年的 1 145.7 万户降低至 2016 年的 855.4 万户,年均降幅 5.68%;城镇低保人数由 2011 年的 2 276.8 万人降低至 2016 年的 1 479.9 万人,年均降幅 8.26%;城镇低保标准由 2011 年的每人每月 287.6 元提高到 494.6 元,年均增幅 11.45%。2013 年以来,农村低保户数明显下降,由 2013 年的 2 931.1 万户降低至 2016 年的 2 632.4 万户,年均降幅 3.52%;农村低保人数由 2013 年的 5 388 万人降低至 2016 年的 4 576.5 万人,年均降幅 5.3%;农村低保标准由 2013 年的每人每月 202.83 元提高到 312 元,年均增幅 15.44%。②

慈善事业有效发展。2008 年,受到汶川地震因素影响,接受社会捐赠数额由 2007 年 132.8 亿元增加到 744.5 亿元。此后一直维持较高水平,2015 年,接受社会捐赠数额达到 1 346 亿元。③

主要工作情况:

一是《中华人民共和国慈善法》正式实施。作为中国首部慈善法,这部法律明确了慈善活动中,关于慈善组织、慈善募捐、慈善捐赠、慈善信托、慈善财产、

---

① 参见历年人力资源和社会保障事业发展统计公报,见人力资源和社会保障部网。
② 参见数据来源:Wind 咨讯。
③ 参见中国社会科学院社会政策研究中心:《中国慈善发展报告(2017)》,北京:社会科学文献出版社,2017 年。

慈善服务等内容,并对慈善活动的信息公开、促进措施、监督管理和法律责任做了规定。特别是对于个人公开募捐、捐赠人悔捐、单位强行摊派募捐等行为做出了严格的法律约束,也对慈善财产的应用、分配、保值增值、管理费提取等做了明确规定。

二是编制《"十三五"加快残疾人小康进程规划纲要》。明确了困难残疾人生活补贴目标人群覆盖率、重度残疾人护理补贴目标人群覆盖率、农村建档立卡贫困残疾人脱贫率、农村贫困残疾人家庭存量危房改造率、残疾人基本康复服务覆盖率、残疾人辅助器具适配率、残疾儿童少年接受义务教育比例共7项约束性指标,以及残疾人家庭人均可支配收入年均增速、残疾人城乡居民基本养老保险参保率、残疾人城乡居民基本医疗保险参保率3项预期性指标的具体数值。部署了保障残疾人基本民生、大力促进城乡残疾人及其家庭就业增收、提升残疾人基本公共服务水平、依法保障残疾人平等权益、凝聚加快残疾人小康进程的合力等共5大项、28小项的具体任务。

三是出台《关于进一步健全特困人员救助供养制度的意见》。对无劳动能力、无生活来源等特殊困难的城乡老年人、残疾人以及未满16周岁的未成年人,在基本生活、日常照料、疾病治疗、丧葬、住房、教育等方面给予救助。

四是出台《关于加强农村留守儿童关爱保护工作的意见》和《关于加强困境儿童保障工作的意见》,明确了农村留守儿童和困境儿童的救助政策和保障措施。

二、2016年城乡统筹社会保障体系建设研究现状综述

2016年,围绕社会保障的研究主要集中在四方面:一是社会保障的再分配作用的研究,二是社会保障发展的地区不平衡的研究,三是对医疗保险制度改革的专项研究,四是社会保障数据应用研究。

(一)关于社会保障的再分配作用研究

中国社会科学院王延中教授认为,我国社会保障制度调节收入分配的效果还不理想,应从五个方面着手,增强社会保障再分配作用[①]:一是加强政策宣传引导,明确缴费和待遇标准,降低参保顾虑,积极扩大社会保障覆盖面;二是以居民养老保险制度的城乡统筹为突破口,深入推进医疗保险制度、最低生活保障制度、社会救助制度的城乡统筹发展,打破户籍壁垒,推进社会保障的城乡统筹与制度整合;三是强化基本社会保障制度的公平属性;四是完善社会保障财政投入与转移支付机制,明确财政投入的重点方向和领域,加强社会救助和社会福利体

---

① 参见王延中:《中国社会保障收入再分配效应研究——以社会保险为例》,载《经济研究》,2016(2)。

系建设,加强对农村社会保障和中西部地区的财政转移支付;五是完善社会保险的制度设计,在筹资方面,适当降低缴费负担,特别是照顾中低收入人群,探索"累进"的缴费方式,收入越高,征缴的比例越高。在待遇享受方面,以养老保险为例,由于边际效用递减,探索待遇享受与待遇适度关联的"累退"型待遇享受机制。

(二)关于养老保险制度改革的研究

社科院社保研究中心主任郑秉文围绕养老保险制度改革中,国有资本划转、基础养老金全国统筹、企业年金发展等方面的问题提出了观点。①

在国有资本划转方面,郑秉文在《经济观察报》发表文章,明确了国有资本划转并非"找钱"运动,而是社保制度改革进程中的一个组成部分,应与社保改革有机结合起来。文章建议,将国资划转作为一次重要的社保改革契机,进行顶层设计,将短期、中期、长期的三个目标统统纳入国资划转的"一揽子"之中:一是将国资划转作为财政补贴的主要替代性方案。厘清财政补贴和养老保险的边界,减轻财政的直接注入,旨在使每年的投资收益能够满足资金注入的需要。二是将精算手段和测算结果作为改革的主要依据,以国资划转需求为导向,预测未来每年收支缺口及其对外部注入的需求,摸清"家底",提供决策依据。三是完善全国社保基金理事会的改革与两层社保基金理事会的结构。理论上讲,各省可以有个地方国资划转的承接主体。因此,地方可以成立社保基金理事会,与全国社保基金理事会共同实行完全的企业化和市场化的运营模式。

在基础养老金全国统筹方面,郑秉文在"2016财经战略年会"上表示,建立中央调剂金制度,养老金的统筹层次并没有提高,很多问题也无法得到解决,例如,按全国和北京公开数据计算,住房公积金的缴费费基大概是社会平均工资的106%,而社保的费基大概是60%。这意味着大家在缴纳养老保险金的时候,有刻意降低收入基础的冲动。部分机构确实在缴社保时,会跟会计协商降低缴费基数。真正意义上的全国统筹,应该是实现养老金在中央层面的大收大支。

在企业年金发展方面,郑秉文主持编写的《中国养老金发展报告2016》中,对境外最新的企业年金的发展做了研究,建议内地企业年金引入合格默认投资工具(QDIA),同时,也要引入生命周期基金(TDFs)。这不但会简化企业年金在选择投资管理人时的流程,而且能够根据企业年金计划的人员结构,设定年金基金的投资政策,提高基金收益,减小波动。同时,合格默认投资工具也是降低职业年金基金管理成本的有效措施。

---

① 参见郑秉文:《中国养老金发展报告(2016)》,北京:经济管理出版社,2016年。

(三)关于医疗保险改革

世界银行对医疗保险改革提出建议:一是医保门诊报销由个人账户支付逐步调整为统筹基金支付。二是缩小城镇职工、城镇居民、新农合医保制度之间的缴费、待遇差距,或者,先将城镇居民与新农合医保合并,当农民工迁入城镇时,利用政府对新农合的补贴,参加城镇居民医保。三是调整医保受益包,明确厘清基本医保服务包(目录),将基本医保服务包进行细化、标准化。对于新农合参保人员,取消报销上限。同时,划分基本医保和补充医保受益包的区别,对于基本医保服务包(目录)以外的医疗服务,服务提供方必须向病人提供书面理由陈述,由本人签字后才可提供。对于误导性陈述的医生应严肃追责。四是改革城镇居民医保,为了扩大参保范围,建议调整目前自愿参保的规定,保障范围不仅限定于住院。五是建立以家庭为单位参加医保的参保制度,对于家庭成员中既有参加职工医保又有参加居民医保的家庭,以家庭为单位参保,能够在家庭内部实现交叉补贴,降低职工和居民医保基金转移的成本。六是为承包人制定药品政策,特别是强制实施最佳生产实践(GMP),以确保基本药物、防治药物的质量。七是推进省级统筹,逐步探索医保调剂金制度。①

中国人力资源和社会保障部社会保障研究所所长金维刚指出,探索建立长期护理保险制度主要是满足全国的失能、半失能人员对护理服务的社会需求。目前,全国失能、半失能人口 3 750 万人,其中老年人口超过 3 500 万人,所以,非常需要通过社会的制度安排解决这些失能、半失能老年人护理的需求。建议在建立长期护理保险方面,以建立具有社会保险性质的长期护理保险为基础,并以建立商业性的长期护理保险为辅助。②

清华大学杨燕绥教授认为,改革医疗服务供给体制需要从宏观(政府)、中观(卫计部门和医保)、微观(医疗机构和医生)三个方面建立医疗服务综合治理机制(含医务人员及其药物、医技和管理的补偿机制),具体建议:一是将医疗费用增长和地方经济发展匹配度列为政府考核范围;二是规范医疗行为,另外建立医生薪酬制度,不将医院的医疗诊断相关分类(DRGs)的收入直接与医生收入挂钩;三是医保基金通过智能审核逐步实现事前指导,再基于医疗服务绩效进行财政预算和制定医保预付值(PPS),基于健康评估结果奖励家庭医生;四是推进医疗机构管理职业化、规范化。③

---

① 参见世界银行:《中国通向综合的医疗保险体系之路》(*The Path to Integrated Insurance Systems in China*),2016。

② 参见金维刚:《探索建立长期护理保险制度》,首届中国医养保险高峰论坛,2016 年 8 月。

③ 参见杨燕绥:《医保支付改革与医院发展》,见健康界网,2016-11-23。

(四)关于社会保障数据应用研究

国家社会科学基金重大项目"工业化国家国民财富分配制度的重大改革、调节机制和政策体系比较研究"(批准号:12&ZD042)从大数据挖掘视角,对中国"互联网+社会保障信息系统"构建提出建议:一是依托云计算技术完善社会保障信息系统平台建设。系统构成分为三层,即基础设施层、信息平台层和应用服务层。特别是在信息平台层,利用"公共云"与"私有云"的结合运用,在"公共云"与"私有云"之间转化和共享数据信息,达到信息资源利用最大化。二是加强宏观决策支持系统建设,不断探索建立共享、安全的数据库,完善各种分析研究模型与方法,对收集产生的海量数据进行加工提炼、分析预测,从而使决策更科学、更及时。三是完善社会保障信息安全防护措施,从数据处理和数据存储两大方面入手,在实现社保系统与互联网物理隔离的基础上,首先,要对操作人员的身份进行严格认证,限制登录权限和数据应用修改权限,防止操作人员因误操作、恶意篡改等行为造成数据损失。其次,在数据存储方面要按照人社部统一标准建设数据机房中心和数据库服务器,以及完备的备份恢复系统,定期对备份数据进行恢复测试,保障数据的安全性和可恢复性。四是建设社会保障领域复合专业型人才队伍。①

三、分析与展望

(一)基本养老保险制度的问题分析和建议

1. 问题的提出

基本养老保险基金收入正在发生结构性变化,从近年来基本养老保险运行的数据来看,基金收入对财政的依赖程度有所提高。2012年以来,财政补助占比由13.2%逐年上升至2016年的18.57%。与此相对应,征缴收入占比由2012年的82.3%降低至2016年的76.35%(见图2)。从征缴收入和财政补贴这二者的增速对比来看,也能印证基本养老保险基金收入的结构性变化(见图3)。

---

① 参见郜凯英,杨宜勇:《中国互联网+社会保障信息系统构建——基于大数据挖掘视角》,载《经济与管理研究》,2016(5)。

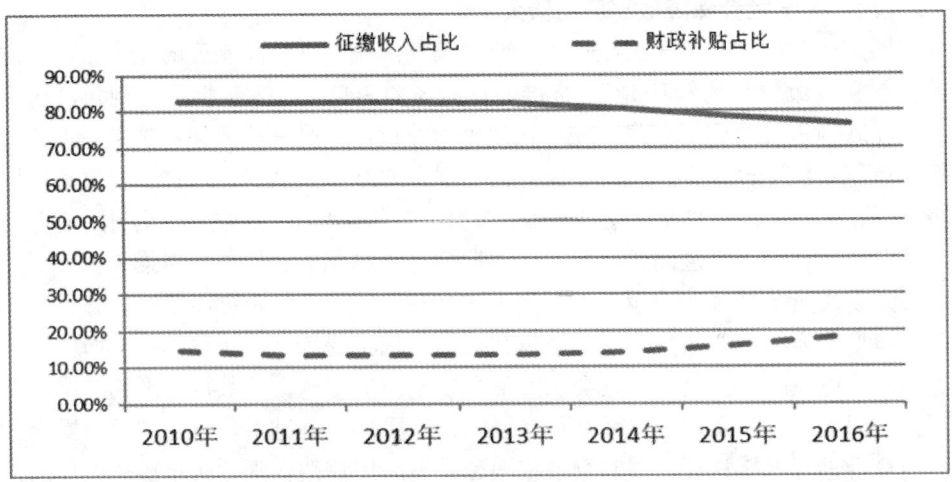

图 2 2010 年以来职工养老保险基金收入中征缴收入和财政补贴占比

资料来源：参见历年人力资源和社会保障事业发展统计公报。

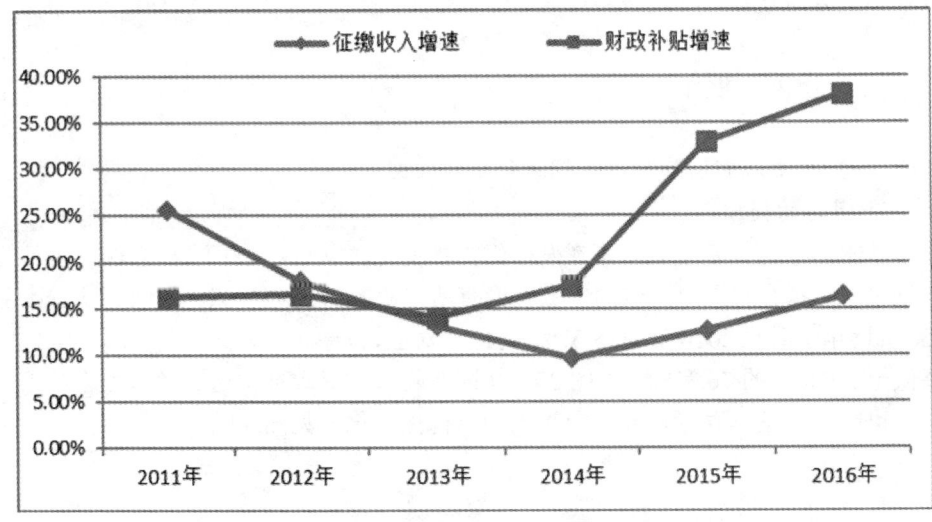

图 3 2011 年以来职工养老保险基金收入中征缴收入和财政补贴增速

资料来源：参见历年人力资源和社会保障事业发展统计公报。

这一变化需要引起高度重视，社会保险基金的收入结构是否健康，是决定制度能否实现长远发展的重要因素。征缴收入占比的弱化，或者说明缴费负担过重、制度门槛太高，或者说明制度内部出现了逆选择现象。这样下去，为了确保享受待遇人员的待遇水平，确保待遇资金的购买力，政府需要不断调高待遇金额，会进一步增大财政资金的支出负担。希腊的教训值得我们吸取。

2. 问题的分析

(1) 从缴费负担的角度来看

征缴收入是受参保单位和参保人员的缴费能力和缴费意愿影响的。虽然社会保险制度是强制性参保缴费，但一方面，由于我国社会保险费征收机构不统一、执法监察力量薄弱、为保投资而忽略社保费征收等因素影响，社会保险费征收的强制性较弱，特别是对于"小门小户"的民营企业，征缴工作难度更大，强制征收的效果很弱，征收机构往往"靠天吃饭"。另一方面，企业缴费的负担能力也在逐渐减弱。从劳动力市场配置的角度来看，在充分竞争的市场环境下，劳动者的报酬（包括社会保险缴费）是供给和需求平衡的结果。也就是说，用人单位如果给付的劳动报酬低，或不给劳动者参加社会保险，用人单位就雇不到人，或者留不住人。在劳动者报酬较低的情况下，用人单位提高劳动者报酬，会吸引和留住人才，提高生产效率，其投入转化率较高。因此，在劳动者报酬不高的情况下，用人单位是具有缴费意愿的。并且，由于这项投入的转化率高，用人单位也有能力为劳动者参保缴费。但是，当劳动者报酬提高到一定程度时，由于边际效用递减，每增加投入一定的劳动者报酬，其转化收益的增量相应降低，用人单位的参保缴费意愿相应降低。随着边际效用递减作用的不断显现，用人单位盈利的增量可能由正转负，也就相应没有了缴费能力。对于上述分析，我们通过用收入法分解国民生产总值（GDP）来解释。2006年至2015年，我国GDP由23.1万亿元增加到72.3万亿元，其中劳动报酬的占比由40.6%提高到47.9%，而营业盈余却由30.7%下降至24.1%，生产税净额、固定资产折旧两项占比几乎没有大的变化（见图4）。

这说明，劳动报酬提高的边际递减效用已经显现，劳动报酬的提高正在挤压企业的盈利空间，而不是提高劳动力资源对企业盈利的转化率。企业经营者要么选择瞒报、漏报、少报等方式逃避参保，要么选择放弃实体经济，转而向不需要雇佣很多劳动者的虚拟经济发展。

(2) 从逆选择的角度来看

现行企业养老保险制度的激励机制存在逆选择的套利空间。理论上讲，现行养老保险制度，既考虑公平，又兼顾效率，对低收入人员，加大了财政补贴力度；对高收入人员加大了共济的因素。对这一点的解释可以从现行养老金计发办法中看出。按照现行养老金计发办法规定，退休人员的养老金由基础养老金和个人账户养老金两部分构成（为了方便研究，在此只考虑1998年1月1日以后参加工作的人员，也就是"新人"的养老待遇计发），基础养老金（$PENSION_b$）按照以下公式计发：

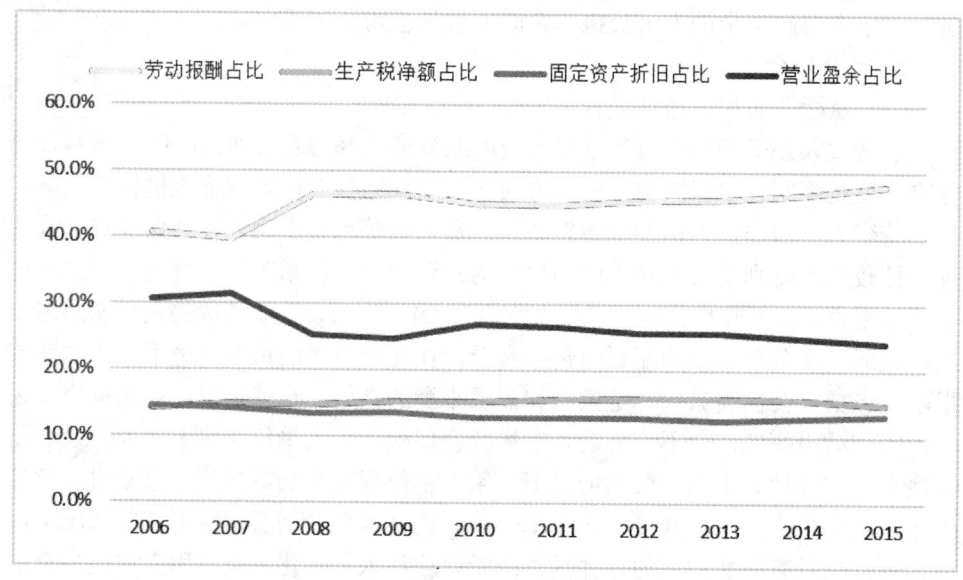

图 4　2006 年以来 GDP 构成（收入法）

资料来源：参见 Wind 资讯。

$$\text{PENSION}_b = \left(\frac{\sum_{i=1}^{n}\left(\frac{a_i}{A_i}\right)}{n} + 1 \right) \div 2 \times A_1 \times (n+d) \times 1\% \qquad ①$$

其中：a_i 为本人退休前 i 年的平均工资，也就是退休当年向前推至第 n+1 年的月平均缴费基数；

A_i 为本人退休前 i 年的当地在岗职工月平均工资；

A_1 为本人退休上年度当地在岗职工月平均工资；

n 为应缴纳基本养老保险费的缴费年度；

d 为实行养老保险制度以前的视同缴费年限。

个人账户养老金（PENSION_a）按照以下公式计发：

$\text{PENSION}_a = V_a \div$ 计发月数 ②

其中：V_a 为本人退休时个人账户储存额；

计发月数为按照国家规定，根据本人退休年龄、城镇人口平均预期寿命、利息等因素确定的数值，如果 60 周岁退休，计发月数为 139。

这样的计发办法会导致两种逆选择：一是缴费基数的逆选择，二是缴费年限的逆选择。

缴费基数是指在计发基础养老金时，将参保人员历年缴费基数与在岗职工平均工资进行了算数平均，也就是公式①中"$\left[\dfrac{\sum_{i=1}^{n}\left(\dfrac{a_i}{A_i}\right)}{n}\right]+1\div 2$"的部分。换句话说，缴费基数低，计发办法不会让参保人员的基础养老金过低；相反，缴费基数高，其基础养老金待遇也不会太高，这一定程度上鼓励了参保人员低基数缴费。

缴费年限的逆选择并非指的待遇水平绝对值，而是缴费现金流在退休时点的终值（FV_C）和待遇现金流在退休时点的现值（PV_P）进行比较，计算一个净收益率（$NV=PV_P/FV_C-1$），缴费年限越长，这个净收益率越低。这一现象的核心原因是个人账户记账利率低于工资增长率。目前，各省个人账户利率往往参照一年定期存款基准利率确定，远低于工资增长率。这就导致养老保险缴费中，个人账户部分的资金与基础养老金统筹部分相比，增值速度较慢，并且缴费年限越长，相差越大。可以用一个例子来解释：

假设在岗职工平均工资增幅为 5%，无风险收益率为 5%，个人账户记账利率为 3%，第一年在岗职工平均工资为 5 000 元，参保人员第一年缴费基数同样为 5 000 元。参保人员缴费 30 年，按照 60 岁退休，80 岁身故计算，缴费现金流在退休时点的终值（FV_C）为 207.5 万元，待遇现金流在退休时点的现值（PV_P）为 215.91 万元，其净收益率（NV）为 4.05%。如果这个参保人员不在第 1 年缴费，而是等到第 16 年再缴费，只缴纳 15 年，缴费现金流在退休时点的终值（FV_C）为 103.7 万元，待遇现金流在退休时点的现值（PV_P）为 113.3 万元，其净收益率（NV）为 9.26%。缴费 15 年比缴费 30 年资金效率更高（计算结果略）。

小结一下，从缴费能力的角度看，企业经营者盈利受挤压，不愿或没有能力为职工参保缴费；从逆选择的角度看，缴费基数高、缴费年限长，其资金运用效率反而更低。当前，对基本养老保险的功能进行重新认识十分必要。基本养老保险的主要功能，是保障基本待遇兜底制度，还是权利与义务对等的保险制度？如果是保障基本待遇的兜底制度，那么应大力加强对高收入人群的征缴强制措施，待遇政策应该更加倾向于低收入人员；如果是权利与义务对等的保险制度，那么就应该有个更加基本的保障支柱，对低收入人员进行兜底保障，并且加大待遇政策的激励性，避免逆选择。

3. 有关建议

首先需要明确"税"与"费"的不同。"税"的缴纳额与获得公共资源多少无关，而是根据纳税主体的收入或行为确定。比如，个人所得税的缴纳，并不是根据自己享受多少公共资源而确定纳税金额，而是根据所得额实行累进税率。"费"的缴纳额则是与获得公共权利的多少紧密相关。比如高速通行费，根据使用高速公路的距离收费。

按照我国《宪法》《社会保险法》等法律规定，基本养老保险是确保公民在年老后获得物质帮助的重要制度。可见基本养老保险的首要目标是保障公民年老后的基本生活，其兜底保障的责任是首要功能。这一规定，需要基本养老保险制度具有再分配功能，不能做到完全的权利与义务对等。既然是有再分配功能，那么基本养老保险待遇中保障基本生活的部分，其资金来源不能是费，而应该是税。

因此，建议之一，是厘清税与费的责任。仍然实行目前社会统筹与个人账户相结合的模式，社会统筹由税来代替，实行税务部门强制性征收，企业报税时一并扣缴，但缴费额和待遇水平"低进低出"，发放国民待遇，保障基本生活。个人账户由费来完成，实行自愿缴纳，完全的权利与义务对等，企业缴费向职工个人账户划转，提高退休后收入水平。

建议之二，税的部分实行现收现付制，公民达到法定退休年龄缴税累计满15年按月领取，不足15年的待缴税满15年后按月领取。待遇水平根据当地物价水平确定，也相应进行调整，只保障基本生活。根据待遇水平和缴税人数确定纳税额。

建议之三，费的部分实行实账积累，积累资金进行市场化投资运营。根据缴费人员的年龄、职业等特点匹配合适的风险控制目标。缴费人员退休后，根据本人账户储存额和每年的预期余命计算每月养老金，其余部分继续参与投资运营、产生收益。也就是每年根据预期余命和账户余额重新计算一遍养老金，作为本年度领取待遇水平。

（二）基本医疗保险制度的问题分析和建议

1. 问题的提出

由于基本医疗保险与基本养老保险往往统一征缴，基本医疗保险在征收环节与基本养老保险面临相同的问题，这里不再赘述。基本医疗保险所特有的问题，或者说核心问题在于支出方面。门诊人次均医疗费的上涨是基本医疗保险基金支出上涨的主要因素；门诊人次均医疗费上涨是由于"量"导致的，而非"价"导致；出院人次均医疗费上涨一定程度上由于"价"导致。

2. 问题分析

（1）基本医疗保险基金支出上涨的主要因素

相关性：从数据上看，医保基金支出与门诊、出院人次均医疗费的上涨显著性相关，与医疗保健类居民消费价格指数（CPI）不具有显著性相关。可以理解为，医疗保险基金支出的增加，主要原因是人次均医疗费的上涨，并非医疗保险价格的上涨。根据 Wind 公开数据，我们梳理了 2008 年至 2015 年门诊人次均医疗费增幅、2006 年至 2015 年出院病人人次均医疗费增幅和医保基金支出（职工和居民）增幅。利用 SPSS 软件，分别分析医保基金支出增幅和门诊人次均医疗费增幅、医保基金支出增幅和出院病人人次均医疗费增幅的相关性。

医保基金支出增幅和门诊人次均医疗费增幅的相关性结果：$r=0.893, p=0.003$。

医保基金支出增幅和出院病人人次均医疗费增幅的相关性结果：$r=0.698, p=0.037$。

在此基础上，我们又做了曲线估计，因变量选择医保基金支出增幅，自变量选择 CPI（医疗保健类）增幅，二者无论线性、对数、倒数、二次、三次、幂、复核、指数函数关系，sig 值均大于 0.5，拟合程度都不高，二者不具备显著相关性。

可以得出结论，门诊人次均医疗费增幅与医保基金支出增幅在 0.01 水平上显著相关，出院病人人次均医疗费增幅和医保基金支出增幅在 0.05 水平上显著相关。

回归分析：基本医疗保险基金支出增幅（F）作为因变量，门诊人次均医疗费增幅（x）、出院病人人次均医疗费增幅（y）作为自变量，如果用强制进入分析，方程 sig 值 0.006，R 方 0.874，调整 R 方 0.823，回归方程式为：

$$F = -0.037 + 5.776 \cdot x - 0.024 \cdot y$$

如果用逐步进入分析，回归方程排除了出院病人人次均医疗费增幅这个自变量，方程 sig 值 0.003，R 方 0.797，调整 R 方 0.764，回归方程式为：

$$F = -0.034 + 3.495 \cdot x$$

通过数据的推导，可以得出结论，门诊人次均医疗费的上涨是基本医疗保险基金支出上涨的主要因素。

（2）门诊人次均医疗费上涨是由于"量"导致的，而非"价"导致

从数据上看，门诊人次均医疗费与 CPI（医疗保健类）不具有显著性相关。也就是说，人次均医疗费上涨的主要原因不是医疗保健产品或服务的"价"上涨，门诊人次均医疗费增幅和 CPI（医疗保健类）增幅的相关性结果：$r=0.149, p=0.724$。

用同样的方法，我们分别分析了门诊人次均医疗费增幅与 CPI（医疗保健类）、城镇居民可支配收入、农村居民纯收入、医疗机构数、卫生人员人数这几个指标的增幅，发现门诊人次均医疗费增幅与这几个指标的增幅均不具备明显相关性。

可以推理出，门诊人次均医疗费上涨的主要原因是"量"的上涨，简言之就是过度医疗，或者医疗产品、服务存在"浪费"。

（3）出院人次均医疗费上涨一定程度上由于"价"导致

相关性：从数据上看，出院病人人次均医疗费增幅和 CPI（医疗保健类）增幅的相关性结果：$r=0.716, p=0.020$，出院病人人次均医疗费增幅和 CPI（医疗保健类）增幅在 0.05 水平上具有相关性。

回归分析：出院病人人次均医疗费增幅（Y）作为因变量，CPI（医疗保健类）

增幅（z）作为自变量，方程 sig 值 0.02，R 方 0.512，调整 R 方 0.451，回归方程式为：

$$Y = 2.249 + 2.304 \cdot z$$

可以得出结论，CPI（医疗保健类）增幅是出院病人人次均医疗费增幅的重要因素。

（4）上述指标在制度运行中的现实意义

从基本医疗保险基金自身的收支角度来看，上述指标对于基金收支具有重要的影响意义：

一是基本医疗保险基金支出受门诊医疗费上涨的影响更为明显。

二是门诊医疗费上涨的主要原因并不是医疗价格的上涨，而是医疗服务或药品的超量提供，换句话说，存在着过度医疗导致的公共资源浪费现象。

三是住院医疗费用上涨，一定程度上影响着基本医保基金支出，而住院医疗费用上涨一定程度上受医疗服务或药品价格上涨影响。也就是说，对于需要住院的大病，控制医疗服务或药品价格，能够控制基本医疗保险基金支出。

在这里需要说明的是，基本医疗保险制度的目标，并非控制医保基金支出，而是从整体社会的角度，优化医疗资源配置，避免公共医疗资源浪费，将有限的医疗资源、基本医疗保险基金资源应用到更加需要的人身上。上述数据的分析，只是为了清晰地找到可能存在公共资源浪费的具体环节，以便更有针对性地实施改革。

3. 有关建议

我国医改的目标，是努力保障国民看得起病，看得好病，而不是全民免费医疗。保障贫穷的人看得起病、看得好病；让普通人拿一部分，政府或所在单位拿一部分，共同承担看病的费用；让先富起来的那部分人，自己多拿些钱，享受高端诊疗服务。从这个目标看，医改的目标并非全民免费医疗，而是分层次的供给、分层次的保障。简单来讲，还是解决百姓"看病难""看病贵"问题。

基本医疗保险制度改革，在整体医疗体制改革中，应扮演引导基金、经济调节的作用，通过经济手段，改善和优化整个社会上医疗资源的配置。通过过去几年的事实证明，基本医疗保险基金在解决"看病难"问题上，为医疗资源加大供给提供了重要的资金支持。

根据 Wind 公开数据，利用杜邦分析法的思路，先简要地分析一下我国医疗机构的财务指标。由于公开数据有限，只能做简要的趋势性分析，用医疗机构收入与支出的差额模拟代替净利润，并非精确测算：2006 年至 2015 年，全国医疗机构净资产收益率（ROE）由 1%提高到 6%，分开来看，毛利率维持在 4%—5%的水平；资产周转率由 65%提高到 89%；财务杠杆系数由 28%提高到 43%。这说明医疗加大了财务杠杆，扩大了医疗资源的供给，目的是缓解百姓"看病难"的问题。作为医疗机构来讲，扩大医疗资源的供给，需要有人"买单"。再看另外两组数据，第1组是根据Wind公开数据显示，2009年基本医疗保险基金支出（含职工和居民）与卫生机构总收入的比值为24%，2015年，这一比值提高到32%。第2组是根据人社部年报数据显示，基本医疗保险基金支出（含职工和居民）占基本医疗保险基金总收入的比值由2009年的73.1%提高到2015年的83.2%，2014年最高达到84.0%，而累计结余的可支付能力始终维持在10个月左右的水平。

上面两组数据说明，在确保基本医疗保险基金自身收支平衡和安全的前提下，不断加大对医疗机构的输出保障能力，其在医疗机构的总收入中占据越来越重要的位置，医疗机构其他收入的比例正在降低。概括起来，基本医疗保险基金在确保自身收支平衡的前提下，尽力地提供了保障，着力缓解百姓"看病难"的问题。

在解决"看病贵"的问题方面，重点解决的是两方面问题：严控门诊过度医疗，引导住院医疗服务和药品价格适度合理调整。

建议之一：严控门诊过度医疗。积极推进分级诊疗、家庭医生和医疗联合体建设，通过报销比例和支付限额的调整，引导百姓在社区首诊。建立"三医"联动信息共享平台，促进数据信息互联互通、共享共用，百姓在一家医疗机构做完的检查化验项目，其结果可以互认。加强医师用药监控，对于超量开药、频繁开药的医院医师予以处置。严厉打击回流药品，避免通过刷卡套现的方式套取医疗保险基金。

建议之二：引导住院医疗服务和药品价格适度合理调整。在确保医疗质量和效果的前提下，适度鼓励创新，鼓励药品和医疗服务提高质量，统筹做好药品招采管理改革，对于治疗重大疾病的药品实行带量采购、以量换价，运用市场化手段，建立一整套药品采购机制，降低药品价格和医疗成本。推行按病种付费、人头付费等多种付费方式改革，将基本医保服务包进行细化、标准化。

四、报告要点

1. 2016年，在经济下行压力下，社会保障工作取得重要成效，保障人数、基金规模有效扩大，保障能力不断增强，重大制度改革和重点政策实施实现突破性进展，总体运行平稳，取得良好效果。

2. 基本养老保险基金收入发生结构性变化，征缴收入占比下降。主要原因：一是劳动报酬提高已经出现边际效用递减，并且挤压了企业的盈利空间，企业缺乏缴费能力和意愿；二是制度本身存在着逆选择的导向，缴费年限短、缴费水平低的参保人员，其参保资金的使用效率更高，参保人员不愿缴费。改革的建议是在目前统账结合的模式下,将统筹部分由社会保障税完成,缴费根据收入确定,由税务部门征收,待遇完全相同,保障基本生活,体现公平。账户部分由养老保险费构成,体现激励性。企业和职工各负担一部分,企业效益好,缴费多,个人账户储存额也就多。个人账户实行市场化运营,每年根据预期余命和账户余额重新计算一遍养老金,作为本年度领取待遇水平。

3. 基本医疗保险制度在逐渐解决"看病难"问题后,重点是解决"看病贵"问题。主要原因是基本医疗保险基金在扩大医疗资源供给方面切实起到了"买单"的作用,逐渐解决了"看病难"问题。通过数据分析可以发现,门诊的过度医疗仍然是导致医疗保险基金上涨的重要因素,住院医疗服务和价格的上涨也在一定程度上影响了基金的支出。为了促进和引导医疗资源的合理有效配置,避免"浪费",建议严格控制门诊过度医疗,减少不需要的、重复的医疗服务和药品,严厉打击刷卡套现行为;在保证医疗效果的前提下,鼓励创新,引导住院医疗服务和药品价格适度合理增长。

作者单位:天津市人力资源和社会保障局,南开大学中国政府与政策联合研究中心

政府公共文化服务体系建设研究报告

王雪丽

构建现代公共文化服务体系，是满足人民群众公共文化需求、保障和改善民生的重要举措，是全面深化文化体制改革、促进文化事业繁荣发展的必然要求，是弘扬社会主义核心价值观、建设社会主义文化强国的重大任务。近年来，在党中央、国务院高度重视下，我国公共文化建设投入稳步增长，覆盖城乡的公共文化服务设施网络基本建立，公共文化服务效能明显提高，人民群众精神文化生活不断改善，公共文化服务体系建设取得显著成效。梳理和总结 2016 年度公共文化服务体系建设领域的最新进展情况和理论研究情况，对于进一步加强和完善现代公共文化服务体系，提高公共文化服务水平，推动实现文化事业大发展大繁荣具有重要意义。

一、政府公共文化服务体系建设情况梳理

2016 年是公共文化服务体系建设进程中具有里程碑意义的重要一年。这一年，全国人大常委会审议并通过了公共文化服务领域的基本法——《中华人民共和国公共文化服务保障法》，在公共文化服务立法领域取得了突破性进展，而且，党中央和国务院及有关部门还相继出台了一系列保障和促进公共文化服务体系建设的法规、政策，为进一步推动现代公共文化服务体系的建立与发展创造了良好的法律与政策环境。

（一）公共文化服务领域相关立法及重要政策

1. 2016 年之前公共文化服务领域相关立法与重要政策

2003 年 6 月 18 日国务院常务会议通过的《公共文化体育设施条例》是有关公共文化服务体系建设的第一个行政法规。2009 年 6 月 26 日，国务院发布《全

民健身条例》。2009 年 9 月 25 日，文化部发布《乡镇综合文化站管理办法》。2011 年 10 月 18 日，中国共产党第十七届中央委员会第六次全体会议通过《中共中央关于推动文化大发展大繁荣若干重大问题的决定》（以下简称《决定》），该《决定》明确提出要"加强公共文化服务，构建公共文化服务体系"。2014 年国家公共文化服务体系建设协调组正式成立。此后，公共文化服务领域的相关立法和重要政策加快了出台的进度，详见表 1。

表 1　2011—2015 年公共文化服务领域相关立法与重要政策出台情况统计表

法律、行政法规、规范性文件名称	发布机构	发布时间
《中共中央关于推动文化大发展大繁荣若干重大问题的决定》	中共中央	2011-10-18
《国家基本公共文化服务体系十二五规划》	国务院	2012-7-11
《关于加快构建现代公共文化服务体系的意见》（附件：《国家基本公共文化服务指导标准（2015—2020 年）》）	中共中央办公厅、国务院办公厅	2015-1-14
《国务院办公厅转发文化部等部门关于做好政府向社会力量购买公共文化服务工作意见的通知》	国务院办公厅	2015-5-5
《国务院办公厅关于推进基层综合性文化服务中心建设的指导意见》	国务院办公厅	2015-10-2
《文化部、财政部关于开展国家公共文化服务体系示范区（项目）创建工作的通知》	文化部、财政部	2010-12-31
《全国地市级公共文化设施建设规划》	国家发展改革委、文化部和国家文物局	2012-2-7
《文化部"十二五"时期公共文化服务体系建设实施纲要》	文化部	2013-1-21
《"十三五"时期贫困地区公共文化服务体系建设规划纲要》	文化部、国家发改委、国家民委、财政部、国家新闻出版广电总局、国家体育总局、国务院扶贫办	2015-12-11
《中央补助地方公共文化服务体系建设专项资金管理暂行办法》（附件：《国家公共文化服务体系示范区（项目）创建工作方案》《国家公共文化服务体系示范区（项目）创建标准》）	财政部	2015-12-24

资料来源：根据全国人大常务委员会、中华人民共和国国务院、文化部、新闻出版广电总局等官方网站相关资料整理而来，发布主体级别优先，其次按发布时间顺序排列。

2. 2016 年公共文化服务领域相关立法及重要政策

2016 年公共文化服务立法领域的标志性成果就是：2016 年 12 月 25 日由第十二届全国人民代表大会常务委员会第二十五次会议通过的《中华人民共和国公共文化服务保障法》（以下简称《公共文化服务保障法》），该法于 2017 年 3 月 1 日起施行。这是 2016 年度政府公共文化服务体系建设的最大成果之一。此前,广东省、上海市、江苏省分别于 2011 年 9 月 29 日、2012 年 11 月 21 日、2015 年 12 月 4 日相继通过了《广东省公共文化服务促进条例》《上海市社区公共文化服务规定》《江苏省公共文化服务促进条例》3 个地方性法规。《公共文化服务保障法》的颁布,必将加快推进各省级人大相关地方性法规的出台进度,进而为保障和促进各地方公共文化服务体系建设迈向新台阶奠定更为坚实的法律基础。

2016 年,公共文化服务领域相关立法和重要政策涉及的主要内容包括:文化志愿者服务管理、公益广告管理、公共文化设施服务、特殊群体公共文化服务、全民阅读规划、县级图书馆文化馆总分馆制建设、公共文化服务科技创新等。2016 年度公共文化服务领域相关法律、法规及重要政策出台情况详见表 2。

表 2 2016 年公共文化服务领域相关立法与重要政策出台情况统计表

法律、行政法规、规范性文件名称	发布机构	发布时间
《中华人民共和国公共文化服务保障法》	全国人大常委会	2016-12-25
《国务院关于印发〈全民健身计划(2016—2020 年)〉的通知》	国务院	2016-6-23
《公益广告促进和管理暂行办法》	国家工商行政管理总局、国家互联网信息办公室、工业和信息化部、住房城乡建设部、交通运输部、国家新闻出版广电总局	2016-3-1
《社区图书馆服务规范》	文化部	2016-3-11
《文化志愿服务管理办法》	文化部	2016-7-18
《关于进一步做好为农民工文化服务工作的意见》	文化部	2016-2-3
《国务院办公厅关于加快推进广播电视村村通向户户通升级工作的通知》	国务院办公厅	2016-4-27
《关于公共文化设施开展学雷锋志愿服务的实施意见》	中宣部、中央文明办、教育部、民政部、文化部、国家文物局和中国科协	2016-10-20
《"互联网+中华文明"三年行动计划》	国家文物局、国家发展和改革委员会、科学技术部、工业和信息化部、财政部	2016-11-29
《国家"十三五"文化遗产保护与公共文化服务科技创新规划》	科学技术部、文化部、国家文物局	2016-12-7
《全民阅读"十三五"时期发展规划》	国家新闻出版广电总局	2016-12-17
《关于推进县级文化馆图书馆总分馆制建设的指导意见》	文化部、新闻出版广电总局、体育总局、发展改革委、财政部	2016-12-29

资料来源:根据全国人大常务委员会、中华人民共和国国务院、文化部、新闻出版广电总局等官方网站相关资料整理而来,发布主体级别优先,其次按发布时间顺序排列。

（二）2016年公共文化服务领域的主要工作

2016年3月15日李克强总理在十二届全国人大四次会议上所做的《政府工作报告》中，明确提出2016年要"深化群众性精神文明创建活动，倡导全民阅读，普及科学知识，提高国民素质和社会文明程度。引导公共文化资源向城乡基层倾斜。推进数字广播电视户户通。做好北京冬奥会和冬残奥会筹办工作，形成全民健身新时尚"。归纳一下，2016年公共文化服务领域的主要工作包括：

1. 提高国民素质和社会文明程度

2016年，国务院印发了《全民健身计划（2016—2020年）》（以下简称《计划》），该《计划》指出，"全民健康是国家综合实力的重要体现，是经济社会发展进步的重要标志。全民健身是实现全民健康的重要途径和手段，是全体人民增强体魄、幸福生活的基础保障"。《计划》要求"县级以上地方人民政府制定本地《全民健身实施计划（2016—2020年）》"，"要把全民健身公共服务体系建设摆在重要位置，纳入当地国民经济和社会发展规划及基本公共服务发展规划，把相关重点工作纳入政府年度民生实事加以推进和考核，构建功能完善的综合性基层公共服务载体"。

2016年，国家新闻出版广电总局发布《全民阅读"十三五"时期发展规划》（以下简称《规划》），这是我国制定的首个国家级"全民阅读"规划。《规划》提出，"十三五"时期，我国将推出重点主题出版物、重大出版工程、文艺原创精品、未成年人出版物、少数民族文字出版物、古籍、辞书、社会科学与人文科学出版物、自然科学与工程技术出版物等3 000种左右。到2020年，所有省（自治区、直辖市）、计划单列市、地级市都将设立"书香中国"系列品牌活动，80%以上的县（区）有品牌活动。根据《规划》，"书香中国e阅读"推广工程将以政府购买服务的方式，定期向全国进城务工人员、边疆民族地区手机用户推送国家新闻出版广电总局组织推荐的各类优秀图书、报刊等，该工程2016年覆盖人群1 000万人，到2020年将覆盖5 000万人。[①] 2016年底，国家图书馆175个数据库面向全国读者实行无年限限制免费开放。

2016年，国家文物局等五部委联合发布《"互联网＋中华文明"三年行动计划》（以下简称《行动计划》）。该《行动计划》提出了"互联网＋文物教育"的创新模式，即针对不同年龄、不同区域青少年特点，研究提炼文物博物馆资源与教育的有机结合点，利用网络与多媒体技术表现形式丰富多样、信息获取方便快捷等优势，鼓励通过社会力量开发数字化、网络化的文物教育课程及其他教学资

---

① 参见《全民阅读"十三五"规划发布》，见中国政府网。

源[①],进而达到激发学生对文物历史的兴趣爱好的目的。

2. 公共文化服务资源向城乡基层倾斜

党的十八届三中全会明确提出"建设综合性文化服务中心"的改革任务。2015年10月2日,国务院办公厅下发《关于推进基层综合性文化服务中心建设的指导意见》(以下简称《意见》)。《意见》指出,推进基层综合性文化服务中心建设,有利于完善基层公共文化设施网络,补齐短板,打通公共文化服务的"最后一公里"。《意见》提出,"到2020年,全国范围的乡镇(街道)和村(社区)普遍建成集宣传文化、党员教育、科学普及、普法教育、体育健身等功能于一体,资源充足、设备齐全、服务规范、保障有力、群众满意度较高的基层综合性公共文化设施和场所,形成一套符合实际、运行良好的管理体制和运行机制,建立一支扎根基层、专兼职结合、综合素质高的基层文化队伍,使基层综合性文化服务中心成为我国文化建设的重要阵地和提供公共服务的综合平台,成为党和政府联系群众的桥梁和纽带,成为基层党组织凝聚、服务群众的重要载体"。根据该《意见》,2016年国务院办公厅和文化部相继出台了《国务院办公厅关于加快推进广播电视村村通向户户通升级工作的通知》《关于开展乡镇综合文化站服务效能抽查工作的通知》和《社区图书馆服务规范》等规范性文件,加快提升了基层公共文化设施建设水平和服务效能。2016年,文化部在全国范围内大面积抽查基层综合文化站公共设施利用和服务效能情况,督促各地方政府重视和加强基层综合性文化服务中心建设工作,要求各地方注意盘活"存量"资源,因地制宜,实现资源优化配置和共建共享。

3. 推进县级文化馆、图书馆总分馆制改革

2016年,文化部等五部委联合印发《关于推进县级文化馆图书馆总分馆制建设的指导意见》(以下简称《指导意见》),推进有关县级文化馆、图书馆总分馆制建设与改革工作,建立健全公共文化机构法人治理结构。《指导意见》指出,"推进以县级文化馆、图书馆为中心的总分馆制建设,是构建现代公共文化服务体系的重要任务",要积极"推动具备条件的地方因地制宜推进县级文化馆、图书馆总分馆制建设,发挥县级总馆在县域公共文化建设中的中枢作用,通过分馆把优质公共文化服务延伸到基层农村,增加公共文化产品和服务供给,为更好地满足广大群众基本文化需求创造良好条件,提供有力保障"。《指导意见》还提出,"到2020年,全国具备条件的地区要因地制宜建立起上下联通、服务优质、有效覆盖的县级文化馆、图书馆总分馆制"。

---

① 参见《国家文物局、国家发展和改革委员会、科学技术部、工业和信息化部、财政部 关于印发〈"互联网+中华文明"三年行动计划〉的通知》,中国政府网,2016-12-06。

4. 落实文化精准扶贫工作

2015年12月，文化部等七部委联合印发《"十三五"时期贫困地区公共文化服务体系建设规划纲要》（以下简称《纲要》），该《纲要》明确了"十三五"时期贫困地区公共文化服务体系建设的指导思想、主要任务和保障措施。文化部部长雒树刚2016年3月13日在两会"部长通道"表示，要通过文化扶贫，最终在"十三五"末实现文化小康。① 2016年6月30日，中宣部、文化部、新闻出版广电总局联合召开全国文化精准扶贫工作视频会议，研究部署"十三五"时期文化精准扶贫工作，山东省、贵州省、青海省海西州、广西壮族自治区崇左市、湖北省竹溪县、江西省寻乌县分别介绍了本地区文化精准扶贫工作情况。②

5. 第二批国家公共文化服务体系示范区和示范项目创建情况

根据文化部、财政部《关于开展第二批国家公共文化服务体系示范区（项目）验收工作的通知》（文公共函〔2016〕75号）要求，2016年1月至5月，文化部、财政部组织开展了第二批国家公共文化服务体系示范区（项目）验收工作。经验收、公示等环节，并报国家公共文化服务体系示范区（项目）创建工作领导小组同意，确定将北京市东城区等32个城市列入第二批国家公共文化服务体系示范区名单，北京市海淀区"高新技术企业园区构建公共文化服务长效机制研究"等57个项目列入第二批国家公共文化服务体系示范项目名单（详见表3、表4）。

表3 第二批国家公共文化服务体系示范区名单（按行政区划排序）

序号	示范区名称
1	北京市东城区
2	天津市河西区
3	河北省廊坊市
4	山西省朔州市
5	内蒙古自治区包头市
6	辽宁省沈阳市沈河区
7	吉林省延边朝鲜族自治州
8	黑龙江省哈尔滨市南岗区
9	上海市浦东新区
10	江苏省无锡市
11	浙江省嘉兴市
12	安徽省安庆市
13	福建省三明市

---

① 参见《"十三五"末实现文化小康》，见新华网，2016-03-14。
② 参见《中宣部等三部门联合部署全国文化精准扶贫工作》，见人民网，2016-07-01。

续表

序号	示范区名称
14	江西省新余市
15	山东省烟台市
16	河南省洛阳市
17	湖北省襄阳市
18	湖南省岳阳市
19	广东省深圳市福田区
20	海南省保亭黎族苗族自治县
21	广西壮族自治区玉林市
22	重庆市北碚区
23	四川省南充市
24	贵州省贵阳市
25	云南省楚雄彝族自治州
26	西藏自治区山南市
27	陕西省渭南市
28	甘肃省张掖市
29	青海省西宁市
30	宁夏回族自治区石嘴山市
31	新疆维吾尔自治区克拉玛依市
32	新疆生产建设兵团农八师（石河子市）

表4 第二批国家公共文化服务体系示范项目名单（按行政区划排序）

序号	省份	示范项目名称
1	北京市	海淀区"高新技术企业园区构建公共文化服务长效机制研究"
2		延庆区村级群众文化组织员建设工程
3	天津市	宝坻区"挖掘传统文化资源 促进公共文化发展"项目
4	河北省	张家口市张北县城乡文艺演出服务体系项目
5		石家庄市井陉县文化广场项目
6	山西省	晋中市民办文化扶持引导与规范管理项目
7		大同市"红领巾艺术团再建设"项目
8	内蒙古自治区	乌海市"书法五进"项目
9		兴安盟乌兰浩特市少数民族地区公共文化产品供给机制建设
10	辽宁省	丹东市"打造具有地域特色的传统节日文化"项目
11		本溪市群众文化"双进双建"项目
12	吉林省	吉林市松花江河灯文化节

续表

序号	省份	示范项目名称
13		白城市"歌舞鹤乡 放飞梦想"群众文化系列活动
14	黑龙江省	黑河市北安红色文化系列活动
15		哈尔滨市阿城区版画艺术园区项目
16	上海市	松江区万部图书、千场电影、百场文艺下农村、进社区、到工地、入军营
17		普陀区苏州河文化品牌打造
18	江苏省	南京市文化惠民"百千万工程"
19		常州市电视图书馆项目
20	浙江省	杭州市余杭区乡镇综合文化站服务效能提升工程
21		绍兴市电视图书馆绍兴模式
22	安徽省	宣城市村级文化广场建设
23		蚌埠市"花鼓灯"特色文化建设
24	福建省	福州市激情广场大家唱活动
25	江西省	九江市文化亲民"八个一"工程
26		吉安市农村文化"星火"工程
27	山东省	淄博市张店文化协管员项目
28		济宁市"政府搭台,百姓听戏,激情广场大家唱"文化惠民工程
29	河南省	信阳市"关爱留守儿童:信阳市平桥区农村公共图书馆一体化建设"
30		漯河市"幸福漯河健康舞"项目
31	湖北省	孝感市楚剧展演活动
32		黄冈市"激情新黄冈,欢乐大舞台"东坡广场大型文化活动
33	湖南省	郴州市东江旅游摄影艺术惠民公益平台建设
34		株洲市"乡村大舞台"文化服务点项目
35	广东省	广州市越秀区"中心城区公共文化服务体系创新工程"
36		惠州市文化惠民卡制度
37	海南省	琼中黎族苗族自治县乡村大舞台项目
38		三亚市城市休闲娱乐文化广场项目
39	广西壮族自治区	柳州市"鱼峰歌圩"建设项目
40		桂林市临桂五通农民画引领文化致富模式
41	重庆市	南岸区社区图书馆标准化服务项目
42		九龙坡区企业共建共享公共文化服务项目
43	四川省	达州市全国新农村文化艺术展演平台建设项目
44		乐山市"文瀚嘉州·百姓直通车"项目
45	贵州省	黔南布依族苗族自治州"幸福进万家——文化精品乡村行"
46		六盘水市公共文化服务机构的队伍拓展模式
47	云南省	昭通市"送文化百千万工程"

续表

序号	省份	示范项目名称
48		红河哈尼族彝族自治州"开远自然村四位一体阵地建设工程"
49	西藏自治区	江孜县基层群众自办文艺团队建设
50		昌都市公共图书馆服务拓展与创新项目
51	陕西省	安康市"汉剧兴市"创新公共文化服务体系建设
52		西安市高陵公共文化服务"110"示范项目
53	甘肃省	定西市"百姓舞台"机制建设
54		酒泉市"图书漂流志愿服务活动"
55	宁夏回族自治区	吴忠市公共文化服务进慈善产业园区
56	新疆维吾尔自治区	巴音郭楞蒙古自治州"幸福家园·特阅服务"公共图书阅览及文化信息共享服务
57	新疆生产建设兵团	第六师文化信息资源共享工程"进连入户"

（三）2016年地方政府公共文化服务工作的创新与探索

2016年，地方政府在公共文化服务领域进行了卓有成效的探索，其中，北京、上海、天津、重庆四个直辖市都结合本地实际情况，形成了各自的标志性创新成果。

1. 盘活文化资源，繁荣文艺舞台的"北京样本"

作为全国最活跃、最具影响力的演艺之都，北京市在盘活文化资源、建立资源共享平台、鼓励民营院团创作优秀公共文化产品、参与公共文化服务提供等方面进行了实践探索，并初步形成了繁荣文艺舞台的"北京样本"[1]。北京市虽然有文艺院团685家，但90%以上为民营院团，大多缺场地、缺资金，陷入"排戏难、排戏贵"的困境。针对这一现象，北京市改变过去直接投入到特定院团、特定剧目的扶持方式，建立了全国首个公益性剧目排练服务平台——北京剧目排练中心，以政府租赁的方式，低价提供给在京文艺院团。低廉的租金、专业化的服务，吸引了众多文艺院团汇聚于此，运营仅一年，就有181家院团、218个剧目进驻，207个剧目成功演出，被业界称为"戏剧界的横店"。许多优秀剧目在这里排练后，走上国内国际舞台，推动了文化"走出去"，也增强了北京文化的影响力、辐射力。与此同时，为了满足人民群众多样化的公共文化需求，让更多的民营院团参与到公共文化服务提供中来，北京市文化局整合了首都文艺资源，推出集院团、剧场、观众三方受益的"剧院运营服务平台"。优秀文艺作品经过严格评审后，

---

[1] 参见《繁荣文艺舞台的"北京样本"》，载《光明日报》，2017-02-06。

可以享受零场租、低场租和演出售票补贴三种方式的扶持。①这样既降低了文艺院团的演出成本，又提高了剧场的利用率，同时也惠及了广大观众，可谓"一箭三雕"。

2．"文化上海云"

"文化上海云"是全国第一个实现省级区域全覆盖的"互联网＋"公共文化平台，由上海市文广局主导，创图科技建设，是上海公共数字文化综合服务互动集成平台。平台汇聚了上海市 16 个区县的文化馆、图书馆、美术馆、文化活动中心，以及中华艺术宫、上海市群众艺术馆、上海少年儿童图书馆、上海博物馆、上海当代艺术博物馆等 529 个公共文化场馆的公共文化服务资源，每年提供近 3 000 万人次的活动订单。各区县互联互通，市民足不出户，便可以知晓并预约上述所有公共文化场馆的活动。②自 2016 年 3 月 26 日正式上线以来，平台平均每月为市民推送 1 万场活动信息，每月访问量达 1 500 万人次，活跃用户量近 100 万。③"文化上海云"以大数据精准记录市民文化消费需求，2016 年市群众艺术馆依托文化云平台采购 3 000 场节目，吸引近 2 000 家社会机构参与比选，230 万人次参与投票。"文化淘宝"的一站式设计，促使公共文化资源配送更加精准，推动上海公共文化服务从政府"端菜"向百姓"点单"提档升级。④上海市文广局副局长王小明说："上海要率先建设现代公共文化服务体系，不仅要加强内容和机制建设，更要实现服务手段和方式的现代化，实现文化与科技的融合。"⑤

3．天津启动"农民点戏、戏进农家"活动

为了让农民群众在家门口就能欣赏到专业文艺院团的精彩演出，天津市于 2016 年 6 月 12 日启动"农民点戏、戏进农家"活动。该活动是将看什么戏的选择权交给农民群众自己，由农民群众参考"剧目册"再根据自己的喜好和意愿点戏，确定演出剧目和演出时间。⑥作为一项文化惠民举措，该活动拓展了群众参与公共文化服务的广度和深度，把群众"要"文化和政府"送"文化匹配起来，实现了公共文化服务的供需对接。

4．重庆市实现公共文化物联网区县全覆盖

2014 年，重庆市在九龙坡区、南岸区等 8 个区县试点推行公共文化物联网建

---

① 参见《北京"剧院平台"创建一年来帮 115 台剧目对接剧场》，见新华网，2016-11-17。
② 参见《整合全市资源以大数据记录市民需求 "文化上海云"堪比"文化淘宝"》，见上海网上政务大厅。
③ 参见《整合全市资源以大数据记录市民需求 "文化上海云"堪比"文化淘宝"》，见上海网上政务大厅。
④ 参见《整合全市资源以大数据记录市民需求 "文化上海云"堪比"文化淘宝"》，见上海网上政务大厅。
⑤ 参见《"文化上海云"上线》，见新华网，原载于《光明日报》，2016-04-05。
⑥ 参见《天津启动"农民点戏、戏进农家"活动 每年向各乡镇免费送上一台剧目》，见新华网，2017-06-12。

设,以促进市、区县、镇(街道)多个层面的公共文化资源集聚。①重庆市搭建的全市公共文化服务物联网平台,将微信公众号、热线电话、电子书屋平台等统一纳入服务体系。平台由服务中心、服务点和服务项目三部分构成:服务中心由区县文化馆工作人员兼任,或通过政府购买服务等方式聘请专业人员负责管理;服务点设在各乡镇(街道)综合文化站,负责汇总群众需求点单、配送落地保障、服务情况反馈等工作;服务项目包括演出、展览、培训、讲座等。②截至2016年,重庆市公共文化物联网实现区县全覆盖,实施配送服务20 177次,超额完成3.3万场公共流动文化进村服务民生实事,举办各类文化活动2.5万场,基本打通了公共文化服务"最后一公里"。③

二、2016年政府公共文化服务问题研究现状综述

2016年以来,在中央政策的持续推动下,理论界对"公共文化服务体系"相关问题研究的热度依旧不减。本报告将从专著和论文两个方面对2016年度"公共文化服务体系"相关问题的理论研究动态做简要综述。

(一)专著出版情况与主要学术观点

2016年共出版与公共文化服务体系相关的专著15部,其中,既有对公共文化服务体系建设的一般性研究,也有对特定地区公共文化服务体系创新实践和公共文化相关领域改革进展情况的总结提炼。

1. 公共文化服务体系的一般性研究④

作为公共文化政策实践领域的年度重要成果,由傅才武撰写的《2015—2016中国公共文化政策研究实验基地观察报告》,介绍了近年来我国图书馆、博物馆、文化馆(站)、文艺院团等公共文化行业的新进展,重点关注了基层文化单位的体制改革、服务创新、发展绩效等重大理论和现实问题。⑤

陆晓曦撰写的《"公共文化服务保障法"立法支撑研究》,通过梳理国内外公共文化服务保障立法情况,厘清了中国公共文化服务保障立法过程中的关键问题,同时,以国内外较为先进的立法或制度成果为我国公共文化服务保障立法研究提

---

① 参见《重庆"互联网+公共文化服务"平台:有效对接群众文化需求》,载《中国文化报》,2016-02-19。
② 参见《重庆"互联网+公共文化服务"平台:有效对接群众文化需求》,载《中国文化报》,2016-02-19。
③ 参见《2016年我市公共文化服务效能不断提升》,见重庆市文化委员会官网,2017-01-25。
④ 按出版时间先后顺序介绍。
⑤ 参见傅才武:《2015—2016中国公共文化政策研究实践基地观察报告》,北京:社会科学文献出版社,2016年。

供了有益启示。①

王亚南撰写的《中国公共文化投入增长测评报告（2016）》一书，对我国2000—2014年文化投入情况进行了综合评价，并分别从西藏、青海、北京、吉林、海南、山西选取6个城市进行了专题分析。该书旨在通过对全国及各地文化投入增长相关态势及数据的分析，重点研究文化投入增长与经济发展、财政支出、居民消费、教育之间的关系，并对2020年全国文化投入增长目标进行预测。②

孙逊撰写的《2014年中国公共文化服务发展报告》，分为上、下两编，上编为"2014年中国公共文化服务发展指数研究"，下编为"2013年中国公共文化服务深度分析报告"。该书从《中国统计年鉴》《中国文化文物统计年鉴》等年鉴中，采集全国31个省、自治区、直辖市关于公共文化投入、公共文化机构、公共文化产品、公共文化活动、公共文化队、公共文化享受的相关数据，运用主成分分析模型，对其公共文化服务指数进行分析，并对每个省、自治区、直辖市分别进行了"诊断书"式的深度分析，具有非常重要的学术价值。③

由刘京晶撰写的《互联网时代：公共文化服务的治理变革》一书，以"互联网"对于公共文化服务的意义为中心内容，分别从思维变革、内容变革、管理变革三个方面深入分析互联网时代对公共文化服务提出的机遇与挑战。最后，作者还通过与文化工作者的访谈，分别从管理者、从业者和社会参与者的角度，探讨交流了互联网时代公共文化服务的新趋势和新变化。④

由吴理财撰写的《文化治理视域中的公共文化服务体系建设》一书，以文化治理为视角，对我国当前公共文化服务的运行机制、社会参与，基本文化权益保障，基层公共文化服务标准化、均等化和可及性，公共文化服务效能提升，乡村个体化转型中的公共文化服务体系建设等基本内容进行了理论探讨。作者认为，我国当前公共文化服务体系建设的着力点是体制机制创新，其主旨是改善城乡人民群众的公共文化生活、培育民众公共精神。⑤

2. 公共文化服务体系创新实践的具体研究⑥

阮可等编著的《县域公共文化服务——制度设计与理论探索》，对浙江省杭州市下辖的萧山区在省级公共文化示范区建设过程中摸索出的经验进行了总结，重点从设施建设标准化、服务供给均等化、管理机制长效化、文化队伍专业化、文

---

① 参见陆晓曦：《"公共文化服务保障法"立法支撑研究》，北京：国家图书馆出版社，2016年。
② 参见王亚南：《中国公共文化投入增长测评报告（2016）》，北京：社会科学文献出版社，2016年。
③ 参见孙逊：《2014年中国公共文化服务发展报告》，上海：商务印书馆，2016年。
④ 参见刘京晶：《互联网时代：公共文化服务的治理变革》，北京：知识产权出版社，2016年。
⑤ 参见吴理财：《文化治理视域中的公共文化服务体系建设》，北京：高等教育出版社，2016年。
⑥ 按出版时间先后顺序介绍。

艺创作精品化、理论研究本土化等方面，为县域公共文化服务体系建设提供有益借鉴。①

阮可、郭怡编著的《公共文化服务协调机制研究：以浙江拱墅"三联模式"为样本》一书，是国内新近研究公共文化服务协调机制的前沿理论著作。该书运用"大文化"的思维，对公共文化服务协调机制的背景、内涵、主要任务做了系统阐述，同时，基于杭州市拱墅区的个案分析，探讨了以"文化联盟""文化联姻""文化联群"为创新载体的"三联模式"，为其他地方政府整合社会资源，统筹推动跨部门、跨区域、跨行业的公共文化服务，实现共建共享、互联互通提供有益借鉴。②

高飞等编著的《后乡土社会的公共文化重构——基于台州市黄岩区农村文化礼堂的调查》一书，以"后乡土社会"为研究视角，总结了农村文化礼堂发展的"黄岩经验"，并就农村公共文化重构进行了深入剖析，对新时期新农村文化建设具有较强的理论指导与实践示范意义。③

由浙江省嘉兴市文化广电新闻出版局组织编写的《嘉兴市公共文化服务创新案例》，系统总结了嘉兴市在文化馆总分馆体系建设、"文化有约"创新平台建设、基层文化队伍"两员"制度、农村文化礼堂建设、农家书屋与公共图书馆服务体系融合发展等方面的"嘉兴经验"，为全国其他地区探索公共文化服务创新提供了有益示范。④

由徐清泉主编的《上海公共文化服务发展报告——推动公共文化服务社会化专业化》一书，围绕"推动公共文化服务社会化、专业化"主题，结合"十三五"时期上海推进现代公共文化服务体系建设的具体实践，深入研究总结上海全市层面、区县层面及机构层面在公共文化服务社会化、专业化方面的内在规律和实践经验，对其他地区探索公共文化服务社会化、专业化运作模式提供了有益借鉴。⑤

3. 公共文化服务体系特定领域的具体研究⑥

黄有柱在其撰写的《公共文化服务体系建设中的公共艺术发展问题研究》一

---

① 参见阮可等：《县域公共文化服务——制度设计与理论探索》，杭州：浙江大学出版社，2016年。
② 参见阮可等：《公共文化服务协调机制研究：以浙江拱墅"三联模式"为样本》，杭州：浙江大学出版社，2016年。
③ 参见高飞等：《后乡土社会的公共文化重构——基于台州市黄岩区农村文化礼堂的调查》，杭州：西泠印社出版社，2016年。
④ 参见嘉兴市文化广电新闻出版局编写组：《嘉兴市公共文化服务创新案例》，北京：中国社会科学出版社，2016年。
⑤ 参见徐清泉等：《上海公共文化服务发展报告——推动公共文化服务社会化专业化（2016）》，上海：上海社会科学院出版社，2016年。
⑥ 按出版时间先后顺序介绍。

书中，对公共文化服务体系与公共艺术发展的互动互进问题展开了理论与实践研究，全面阐释了公共艺术的性质、价值、类型与规律，以及如何建设公共艺术，并将之纳入公共文化管理体系，以服务于现代公共文化的发展，提升城市与乡村的艺术品位，陶冶人们的艺术情操。①

高宏存撰写的《公共文化设施运行机制研究》一书，通过对国内外大型公共文化设施的考察、调研，探讨大型公共文化设施运行机制的创新途径。该书重点解决了公共文化设施"重硬件、轻软件，重建设、轻管理，重条条块块、轻资源整合，重上级考核标准、轻群众不同需要"等问题，提出要更好地发挥市场机制和社会力量的作用，提高公共文化资源的使用效益，形成真正长效、高效、灵活的公共文化设施运行机制。②

吴理财撰写的《中国城乡基层公共文化服务调查》一书，以问题为导向，通过问卷调查和实地访谈，对优化供给侧服务、促进城市社区服务、加强农村基层服务、改善特殊群体服务等公共文化服务中的关键性问题进行调查研究，掌握了大量数据，真实地反映了当前我国城乡基层公共文化服务体系建设的实际情况，为高效推进公共文化服务体系建设提供了重要的理论支持。③

由李长有、吴文平编著的《基于文化扶贫视角下的农村公共文化产品供给机制研究》一书，旨在通过与国外相关经验的比较借鉴，结合当前国内农村公共文化供给实践，研究、探讨适合我国国情的农村公共文化产品供给机制，具有一定的理论研究价值。④

（二）论文文献检索情况与研究综述

2016年，以"公共文化""公共文化服务""公共文化服务体系"为检索词的学术论文统计信息详见表5。由此不难看出，2016年度理论界对"公共文化服务体系"建设相关问题的研究热度极高。研究的内容既涉及公共文化服务体系的一般性研究，也有对公共文化服务行动主体、公共文化设施投资与管理、公共文化事业单位法人治理结构改革、基层综合性文化服务中心、政府购买公共文化服务等方面的具体阐释，还有公共文化服务体系建设的国际比较研究。

---

① 参见黄有柱：《公共文化服务体系建设中的公共艺术发展问题研究》，武汉：武汉大学出版社，2016年。
② 参见高宏存：《公共文化设施运行机制研究》，北京：社会科学文献出版社，2016年。
③ 参见吴理财：《中国城乡基层公共文化服务调查》，北京：高等教育出版社，2016年。
④ 参见李长有等：《基于文化扶贫视角下的农村公共文化产品供给机制研究》，北京：中国经济出版社，2016年。

表5 2016年"公共文化服务体系"建设相关问题文献检索统计表

数据库名称	收录时间	覆盖期刊	检索词	检索方式（篇数）				
				篇名	关键词	摘要	全文	主题
中国学术期刊网	2016.1—2016.12	所有期刊	公共文化	845	124	4 361	140 449	4 515
			公共文化服务	505	204	1 005	8 753	1 204
			公共文化服务体系	212	84	826	73 445	1 020

1. 公共文化服务体系的一般性理论研究综述

刘辉基于文化治理的视角，以三个类型化案例为对象考察公共文化服务发现：公共文化服务是由"发现他者—文化触点—文化接点—文化引爆点—公共行动的再生产"等关联性环节所构成的链式反应过程。公共行动的文化再生产观点的提出，为理解公共文化服务提供了一种新的解释框架。[①]

颜玉凡等基于文化治理的视角，系统分析了政府在公共文化服务中的行动逻辑。研究得出的结论是：融政治逻辑、生活逻辑和生产逻辑于一体的政府行动策略体系，是各级政府推动公共文化服务治理实践进程的动力机制。其中，"政府在公共文化服务中坚持意识形态前置，强化公众对社会主义制度的归属感和认同感，是其在公共文化服务中的政治逻辑；致力于公共空间重建，推进面向公众生活的公共文化建设，切实提升百姓生活质量、消除阶层隔阂以实现社会和谐，是其推行公共文化服务的生活逻辑；通过建立政府主导、多方参与的公共文化服务供给机制，挽回文化产业转型中的价值缺失，建构能够保障社会健康发展的公共文化生产方式，是其在公共文化服务供给领域遵循的生产逻辑"[②]。

颜玉凡等认为，科学构建公共文化治理体系，要求政府围绕文化治理行动在不同层面的使命来进行系统设计。"在国家转型层面，面对社会思想危机，公共文化治理需要在新时代语境下复苏公共意识以强化社会凝聚力；在公众生活层面，文化治理思维的生活转向使国家期冀通过治理行动来充分发挥公共文化对群众生活的引导功能，对社会文化生活进行矫治；在文化供给层面，政府必须重视文化产业的社会控制功能，对文化市场进行整治，通过多元主体共治来维护文化产业的公共精神价值坚持。"[③]

陈旭佳通过双变量泰尔指数在区域和城乡维度的空间分解，考察中国基本公共文化服务的均等化水平，结果发现：基本公共文化服务总体不均等程度呈逐年

[①] 参见刘辉：《理解公共文化服务：公共行动的文化再生产——基于三个类型化案例的研究》，载《现代传播》，2016（10）。

[②] 参见颜玉凡等：《文化治理视域下的公共文化服务——基于政府的行动逻辑》，载《开放时代》，2016（2）。

[③] 参见颜玉凡等：《政府视野下公共文化治理的三重使命》，载《浙江社会科学》，2016（3）。

上升趋势，虽然政府不断加大对基本公共文化服务的财政安排，但对供给成本存在的区域城乡差异问题依然考虑不足。为此，强调效果均等要比简单的"一刀切"式的财政配置平均化更具现实意义。①

刘炜等认为公共文化服务领域存在的诸如供需脱节、效率不高和难以持续等问题，在大数据时代有望在很大程度上得到解决，并提出"我国应加强公共文化服务大数据发展的顶层设计、提高政府公共文化服务大数据治理效能、打造数据驱动的新型公共文化服务链、加快公共文化服务大数据应用示范"②，以此实现在"十三五"期间建成我国现代公共文化服务体系的战略目标。

2. 公共文化服务行动主体的研究综述

吴予敏从吉登斯的结构化理论和社会行动者理论的视角出发，认为"城市公共文化服务体系是由政府主导、民众自主参与的社会行动所共同建构的，既不是单一的科层制管控架构，也不是纯粹顶层设计的政策产物，而是基于不断成长的社会文化需求的社会行动过程。公共文化服务行动主体和主题的多元化，是这一体系的结构化动因。当前，政府仍作为首要行动者，管控权威性资源和配置性资源，策动广泛的社会参与；而社会行动者也在不同程度上依附于体制来获取行动资源。自主性和依附性形成动态的辩证关系。在公共文化服务的互动情境中，社会行动者的自主性和自觉性获得了明显提升，不仅促进原有文化管理体制的改革，还由此培育出具有共享性和创造性特质的城市文化"③。高丙中认为："公共文化的建设有其自身的特殊性，需要政府和社会同时发挥主体作用。'双元主体'的考虑有助于我们从新的视角审视公共文化服务体系的整体建设。"④罗云川等提出了公共文化服务网络治理的概念，并指出在这种新模式下，"公共文化服务的供给主体将过去主要由政府及其所辖的公益性文化单位构成的'一元化'形态转变为政府、企业、社会组织、社会公民共同参与的'多元化'形态"⑤。"在公共文化服务网络治理中，多元主体的参与使公民与政府之间的'委托—代理'关系发生了转移，产生了第二级的'委托—代理'关系，而这种契约关系的变化兼具优势和风险，通过对契约要素的多层次、针对性治理，则有助于促进合作、规避风险，进而提升公共文化服务的现代化治理水平。"⑥李国新认为，公共文化服务属于基

---

① 参见陈旭佳：《效果均等标准下基本公共文化服务均等化研究》，载《当代经济管理》，2016（11）。
② 参见刘炜等：《大数据创新公共文化服务研究》，载《图书馆建设》，2016（3）。
③ 参见吴予敏：《城市公共文化服务的结构二重性和社会行动者——以吉登斯结构化理论为视角》，载《学术研究》，2016（10）。
④ 参见高丙中：《公共文化的概念及服务体系建设的双元主体问题》，载《广西民族大学学报（哲学社会科学版）》，2016（6）。
⑤ 参见罗云川等：《公共文化服务网络治理：主体、关系与模式》，载《图书馆建设》，2016（1）。
⑥ 参见罗云川等：《公共文化服务网络治理：一个基于契约的视角》，载《图书与情报》，2016（1）。

本公共服务，应当"强化各级政府在公共文化服务中的主体意识、责任意识和自觉意识，不能把公共文化服务的政府主导和社会化发展割裂开来、对立起来"①。

在城市社区公共文化服务实践中，基层文化综合性服务中心管理、社区居民对公共文化的需求及其参与意愿等也成为学者们关注的问题。陆和建等利用SWOT-PEST分析法，结合实践调研情况，分析我国基层公共文化服务社会化管理存在的问题，并提出了明确政府和社会组织的定位、健全社会化管理法律法规体系、制定具体的社会化管理标准、探索"盈益共赢"模式、培育社会组织快速成长以及引入第三方评估制度等6项发展策略，以期为我国基层公共文化服务事业的发展提供决策参考。②颜玉凡、叶南客通过对N市J社区各代际居民公共文化需求的实证研究，发现各年龄群体居民在需求意愿、文化活动内容与组织开展方式、文化设施类型和运行管理方式、公共文化生活参与目的等方面存在明显差异，为此需要进一步完善社区居民公共文化需求的实现机制。③此外，这两位学者在另外一篇文章中指出，城市社区居民的弱参与问题日益凸显，认为"充满焦虑的脱嵌社会、互不相关的邻里关系、阶层文化生产实践下的阶层区隔、品味文化多样性与公共文化供给单一化的结构化矛盾、社区公共文化参与制度文本的多重缺失以及制定执行不力等"，是导致社区居民对公共文化活动弱参与的重要原因。④

3. 公共文化设施投资与管理的研究综述

杨林等从地方财政公共文化服务支出的视角出发，通过实证研究发现："地方财政公共文化服务支出的规模绩效与经济发展水平没有明显的相关性，且规模绩效水平均低于0.50，不能满足公众对公共文化服务的经常需求与发展诉求"，需要"构建多元、稳健的资金投入机制"。⑤近年来，为了减轻政府财政负担，进一步整合公共文化资源，提高公共文化设施使用效率，一些地方政府开始探索公共文化设施共建共享模式。任贵州以苏州市创建国家公共文化服务体系示范区为例，针对当前苏州市公共文化服务设施共建共享过程中出现的问题，从培育社会组织、健全运管机制、合理规划布局和革新共建共享技术4个方面提出解决方案。⑥

吴正泓、陈通认为，"弱经济性导致社会资本投资公共文化服务设施意愿低，

---

① 参见李国新：《强化公共文化服务政府责任的思考》，载《图书馆杂志》，2016（4）。
② 参见陆和建等：《基于SWOT-PEST分析的基层公共文化服务社会化管理发展策略研究》，载《图书馆情报知识》，2016（4）。
③ 参见颜玉凡，叶南客：《大都市社区公共文化需求的代际差异与治理对策》，载《南京社会科学》，2016（3）。
④ 参见颜玉凡，叶南客：《城市社区居民公共文化服务弱参与场域的结构性因素》，载《南京师大学报（社会科学版）》，2016（2）。
⑤ 参见杨林等：《公共治理视域下地方财政公共文化服务支出规模绩效评价》，载《东岳论丛》，2016（3）。
⑥ 参见任贵州：《城乡公共文化服务设施共建共享机制及路径——以苏州市创建国家公共文化服务体系示范区为例》，载《新世纪图书馆》，2016（2）。

政府需要进行适当的补偿以吸引社会资本参与",并进一步指出,"当目标需求大于临界值时,市场式补偿机制会成为公共部门占优策略,当目标需求小于临界值时,行政式补偿机制会成为公共部门占优策;当私人部门采取机会主义的超额收益小于政府惩罚额时,私人部门会选择互惠主义,补偿机制能够顺利实施;项目需求对价格越敏感,公共部门越倾向于选择市场式补偿机制"。①

廖青虎、陈通等以北京、西安、深圳以及杭州的 372 个公共文化服务设施 6 532 个数据为样本,针对文化影响的弥散性,采用 Tr-OEM 算法检测样本数据中的概念漂移现象,结合专家咨询,探讨了 4 个城市 372 个公共文化服务设施的最优投资管理模式。研究结果表明:文化对居民的影响效应是不均匀的,调研所得的样本数据中存在明显的概念漂移,Tr-OEM 算法可有效检测数据的概念漂移并在后台有效模拟与修改数据;"政府—文化单位"模式是 4 个城市公共文化服务设施主要的投资管理模式,其次为"一臂之距"模式,最后为市场分散型模式。②

4. 公共文化事业单位法人治理结构改革的研究综述

2016 年,公共文化事业单位法人治理结构改革工作进一步向纵深发展,理论界对此也进行了热烈的呼应。其中,比较有代表性的研究成果有:陈顺忠等对已经推行法人治理结构改革的国内公共文化机构进行了问卷和实地调研,在此基础上,对我国目前公共文化机构法人治理结构的制度基础、评价体系、决策支撑、实践模式等问题进行系统研究,并分别从健全相关法律、完善配套机制、搭建专业培训平台、创新理事会奖励制度等方面提出了建设性意见。③

5. 政府购买公共文化服务的研究综述

十八届三中全会明确提出构建现代公共文化服务体系,鼓励社会力量、社会资本参与公共文化服务体系建设,推动公共文化服务社会化发展。《国务院办公厅关于政府向社会力量购买服务的指导意见》指出,"到 2020 年,在全国基本建立比较完善的政府向社会力量购买服务制度,形成与经济社会发展相适应、高效合理的公共服务资源配置体系和供给体系"。

吴正泓、陈通等引入间接互惠机制,通过构建演化博弈模型,分析公共文化政府与社会资本合作(PPP)项目中公私部门决策过程,研究机会主义行为产生的原因和应对机制。研究结果表明:私人部门当期机会主义收益的大小是影响机会主义行为产生的关键因素;严厉的惩罚机制并不能有效遏制机会主义行为;未

---

① 参见吴正泓、陈通:《公共文化服务设施补偿机制的演化博弈分析》,载《华东经济管理》,2016 (11)。

② 参见廖青虎、陈通等:《公共文化服务设施的最优投资管理模式选择》,载《北京理工大学学报(社会科学版)》,2016 (1)。

③ 参见陈顺忠等:《国内公共文化机构法人治理工作现状研究——重点基于公共图书馆的调查》,载《图书馆杂志》,2016 (11)。

来合作收益和声誉系数越大，私人部门越倾向于采取互惠主义行为，实现公私部门合作的帕累托最优。为此，政府部门应出台激励政策扩大 PPP 市场规模，并建立惩罚机制及声誉机制，有效防范公共文化 PPP 项目中的机会主义行为。①

胡艳蕾、陈通等通过研究发现，20 世纪 80 年代以来，西方发达国家在公共文化服务供给体系改革中，大多采纳了非合同制治理模式。非合同制政府购买模式的理论基础源自英国的"一臂之距"文化管理原则。尽管该模式存在不足，但其具有的"供给主体多元化、文化组织独立性、管理机制规则化、供给机制弹性化"②等优势，使其在实践中取得了较好成效。为此，建议在借鉴西方国家经验教训的基础上，结合我国具体国情，在政府购买公共文化服务领域探索实施非合同制治理模式。

6. 农村公共文化服务与文化扶贫问题的研究综述

张志胜认为，相对于政府主导、市场化、合作化以及农村社区外主体供给等供给模式，农民自主供给公共文化服务更能契合农村经济与社会发展的需要。并且，农村社会资本的信任、规范以及互惠特质一定程度上可以帮助农民走出"集体行动困境"，且能有效降低他们自主供给的成本。为此，发掘农村传统社会资本"正能量"，重塑农民公共精神以及推进农民自组织建设，以提升农民自主供给的效率，将成为推动农村公共文化服务体系建设的可行选择。③

李晶等的研究表明，在"贫困文化"的内在结构中，信息匮乏、观念落后、智力开发不足等因素是相互影响、相互制约的关系。要形成改变"贫困文化"积极的主观愿望和内在能力，提升空间内部信息存量、流量和质量是一个重要的途径。④

段小虎等通过对单位制、志愿制以及项目制"文化扶贫"认知基础、理论逻辑、组织结构的对比分析，认为基于矩阵式组织结构的项目制"文化扶贫"有助于拓展政府购买公共文化服务的政策空间，有助于提升基层文化机构服务软实力，是文化"精准扶贫"的一种新机制，值得探索。⑤

7. 公共文化服务体系建设的国际比较研究

宋元武等从文化管理体制的角度将国外农村公共文化服务供给模式区分为三

---

① 参见吴正泓、陈通等：《间接互惠下公共文化 PPP 项目机会主义行为》，载《北京理工大学学报（社会科学版）》，2016（6）。
② 参见胡艳蕾、陈通等：《我国购买公共文化服务的"非合同制"治理》，载《中国行政管理》，2016（1）。
③ 参见张志胜等：《农村公共文化服务的农民自主供给》，载《科学社会主义》，2016（5）。
④ 参见李晶等：《结构性贫困中的文化——公共文化供给侧结构改革的理论基础研究》，载《图书馆论坛》，2016（8）。
⑤ 参见段小虎等：《政府购买公共文化服务制度安排与项目制"文化扶贫"研究》，载《图书馆论坛》，2016（4）。

种类型：社会调节型、政府主导型和多元复合型，并在比较分析的基础上，借鉴其有益经验，从注重发挥政府在供给中的作用、构建城乡一体化的文化服务供给体制、鼓励多元主体参与公共文化服务供给、因地制宜提供农村公共文化服务以及重视构建运转协调的供给运行机制等方面为我国农村公共文化服务的供给侧改革创新提供了有益指导。[1]

陈世香等对英国、法国、德国和荷兰4个国家公共文化资助机制进行了比较研究。通过研究发现："随着现代公共文化资助方式的不断完善，欧洲各国逐渐形成了多元化和社会化的公共文化资助机制。其中，英国文化资助的显著特点是'一臂之距'，法国文化资助特征是国家的直接干预和核心作用，德国文化资助基于联邦模式和地方分权与合作，荷兰则强调各级政府的共同责任并注重吸纳广泛的社会融资。"[2]

三、分析与展望

按照中共中央办公厅、国务院办公厅联合印发的《关于加快构建现代公共文化服务体系的意见》的要求，到2020年，我国要基本建成覆盖城乡、便捷高效、保基本、促公平的现代公共文化服务体系。为此，未来几年，加快构建现代公共文化服务体系将成为我国公共服务体系建设的一项重要工作。在构建现代公共文化服务体系过程中，需要重点关注如下几个方面的问题：

（一）公共文化服务与其他公共服务相比有其显著的特殊性

作为基本公共服务，公共文化服务不仅具有一般性公共服务的普遍性特点，同时也由于其承载的特殊使命而具有与一般性公共服务不同的显著特点。文化具有特殊的教化作用，与政权合法性、国家软实力建设和国家安全之间都有着密切的关系。2014年2月24日下午，习近平总书记在主持中共中央政治局第十三次集体学习时指出，"要润物细无声，运用各类文化形式，生动具体地表现社会主义核心价值观，用高质量高水平的作品形象地告诉人们什么是真善美，什么是假恶丑，什么是值得肯定和赞扬的，什么是必须反对和否定的"。特别是在新形势下，一方面，国际经济、政治形势复杂多变，不稳定、不确定性因素增多，西方国家的"价值观侵略"与意识形态渗透进一步加剧；另一方面，国内转型时期社会矛盾集中凸显，社会思想意识多元多变，意识形态领域斗争尖锐复杂，互联网的迅速发展又给多元文化传播提供了便捷的渠道，统一思想、凝聚力量的任务很重，

---

[1] 参见宋元武等：《国外农村公共文化服务供给实践与经验借鉴学习与实践》，载《学习与探索》，2016（11）。
[2] 参见陈世香等：《欧洲国家典型公共文化资助机制的构成特色及发展趋势之比较研究》，载《领导科学论坛》，2016（2）。

主流价值观存在被边缘化的危险。李国新教授在十二届全国人大常委会专题讲座上曾提到，新疆一些基层干部最担心的就是村民不看电视、不听广播，因为"广播大喇叭响，阵地就在，政权就在"①。因此，公共文化服务不仅旨在满足人民群众多样化的文化需求，更在于要通过提供公共文化服务，向人民群众传播和弘扬社会主义核心价值观，凝聚共识，增强文化自信，达到"以文化人"的目的。

（二）理顺公共文化管理体制是加快构建现代公共文化服务体系的组织保障

政府文化主管部门是构建现代公共文化服务体系的主要推动者和行动者。目前，我国除重庆等少数省级政府组建了文化委员会，将文化广播影视局与新闻出版局合并外，多数省级政府依然是文化广电与新闻出版分设两个主管部门，国务院层面也是如此，此种机构设置现状给文化主管部门间工作协调带来很大不便。尽管2014年国家层面由文化部牵头成立了国家公共文化服务体系建设协调组②，协调组自成立以来在公共文化重大政策制定、重大项目协同等方面发挥了统筹部署、协同推进的重要作用，但部门壁垒、资源分散等问题依然客观存在。由于公共文化服务中所指的"文化"是一个"大文化"的概念，因此，在构建现代公共文化服务体系过程中，亟须通过大部门体制改革，整合公共文化主管部门职责，理顺部门间关系。此外，推进基本公共文化服务均等化，也涉及地区间协调问题，为此，需要尽快建立起地区间公共文化资源共享共建的横向协调机制和争议解决机制，以扫除公共文化资源横向自由流动的体制障碍，减少区域内不同地区间公共文化设施重复建设情况，提高区域公共文化资源的配置效率。

（三）鼓励多元主体参与，但必须强化政府主导责任

公共文化服务是多层次、多样化的服务，完全由政府提供，不仅会增加公共财政负担，而且供给效率和质量也会受到影响。为此，《中华人民共和国公共文化服务保障法》总则第十三条明确规定："国家鼓励和支持公民、法人和其他组织参与公共文化服务。"该条款可视为国家鼓励社会力量参与公共文化服务提供的法律依据。但值得注意的是，公共文化服务与其他公共服务存在显著特殊性，为此，在意识形态色彩和公益属性较强的公共文化服务提供方面，必须始终坚持和强化各级政府的主导责任。同时，需要尽快制定社会力量参与公共文化服务清单，明确社会力量可以参与的公共文化服务范围。2015年中办、国办联合发布了《国家

---

① 参见李国新教授在十二届全国人大常委会专题讲座第二十一讲上的发言稿《对我国现代公共文化服务体系建设的思考》，见中国人大网，2016-04-06。

② 公共文化服务体系建设协调组由文化部、中宣部、中央编办、中央文明办、发展改革委、教育部、科技部、财政部、人力资源和社会保障部、质检总局、国家新闻出版广电总局、体育总局、国家文物局、国务院扶贫办、全国总工会、共青团中央、全国妇联、中国残联、中国科协、国家标准委组成，主要任务是负责全国公共文化服务体系建设重大事项的协商和部署，协调组办公室设在文化部。

基本公共文化服务指导标准》（以下简称《标准》），根据该《标准》，凡是纳入《标准》的基本公共文化服务，原则上应该由政府承担供给责任，即由政府公共财政买单；凡是未纳入《标准》的个性化的、有着更高质量要求的公共文化服务，则主要应该通过市场机制解决，由社会力量参与提供。当然，强化政府在公共文化服务提供方面的主体责任，并不等于要求政府必须直接提供基本公共文化服务。根据2015年文化部等四部委联合印发的《关于做好政府向社会力量购买公共文化服务工作的意见》，到2020年，在全国要基本建立比较完善的政府向社会力量购买公共文化服务体系，形成与经济社会发展水平相适应、与人民群众精神文化和体育健身需求相符合的公共文化资源配置机制和供给机制，这也是推动政府由"办文化"向"管文化""服务文化"转变的一个有利契机。今后，各级政府还要通过建立健全相关体制机制，进一步解决好"买什么""向谁买""怎么买""买得值"等问题。①

（四）服务下沉，加强基层公共文化服务阵地建设

近年来，各级政府在公共文化服务领域的投入力度显著增加，很多城市都建起了高大上的图书馆、文化馆等公共文化设施，并向市民免费开放，但受制于服务半径过大、交通不便利、可达性差等因素，现实中的使用情况往往差强人意，部分场馆甚至门可罗雀。一方面，大量优质的公共文化资源闲置浪费；另一方面，群众的公共文化需求无法得到有效满足。在这种情况下，唯有通过服务下沉，增强公共文化服务可及性，才能打通公共文化服务的"最后一公里"。为此，一方面，要通过推进图书馆、文化馆总分馆制改革，将设在街镇和村居的文化站（室）、农家书屋纳入图书馆、文化馆服务体系，将服务延伸到基层，形成上下联动的服务格局，切实解决基层文化资源不足、服务质量不高的问题；另一方面，要加强基层综合性文化服务中心建设，强化基层文化阵地意识，科学选址、完善功能、合理布局，让老百姓在家门口就能够享受到便利、满意和正能量的公共文化服务。

（五）与科技融合，加强公共数字文化建设

近年来，以物联网、云计算、大数据分析为代表的现代信息技术在很多领域都得到了广泛应用。公共文化服务也要搭上互联网这一快车。2015年，中办、国办联合印发的《关于加快构建现代公共文化服务体系的意见》中，强调要推进公共文化服务与科技融合发展，加大文化科技创新力度，加快推进公共文化服务数字化建设。通过公共数字文化建设，用现代信息技术提升公共文化服务效能，充分了解并满足人民群众多样化的精神文化需求，这既是信息化时代公共文化服务体系建设的重要内容，也是构建现代公共文化服务体系的内在要求。"文化上海云"

---

① 参见李国新教授在十二届全国人大常委会专题讲座第二十一讲上的发言稿《对我国现代公共文化服务体系建设的思考》，见中国人大网，2016-04-06。

已经为"互联网＋公共文化服务"提供了成功的实践范例，未来文化与科技的融合将不仅仅是文化资源与科技手段的简单嫁接，二者的碰撞与交融还将会催生出更加丰富多样的数字化公共文化服务体验形式。

四、报告要点

本报告重点对 2016 年度公共文化服务体系建设和研究情况进行了系统梳理，在此基础上，对公共文化服务体系建设中需要重点关注的问题和趋势进行了简要分析。

本报告要点总结如下：

1. 2016 年是公共文化服务体系建设进程中具有里程碑意义的重要一年。这一年，全国人大常委会审议并通过了公共文化服务领域的基本法——《中华人民共和国公共文化服务保障法》，在公共文化服务立法领域取得了突破性进展。

2. 2016 年公共文化服务领域相关立法和重要政策涉及的主要内容包括：文化志愿者服务管理，公益广告管理，公共文化设施服务，特殊群体公共文化服务，全民阅读规划，县级图书馆、文化馆总分馆制建设，公共文化服务科技创新等。

3. 2016 年公共文化服务领域的主要工作包括：国务院印发《全民健身计划（2016—2020 年）》，国家新闻出版广电总局发布《全民阅读"十三五"时期发展规划》，国家文物局等五部委联合发布"互联网＋中华文明"三年行动计划》，提高国民素质和社会文明程度；公共文化服务资源向城乡基层倾斜；推进县级文化馆、图书馆"总分馆"制改革；落实文化精准扶贫工作。

4. 2016 年 1 月至 5 月，文化部、财政部组织开展了第二批国家公共文化服务体系示范区（项目）验收工作，确定将北京市东城区等 32 个城市列入第二批国家公共文化服务体系示范区名单，北京市海淀区"高新技术企业园区构建公共文化服务长效机制研究"等 57 个项目列入第二批国家公共文化服务体系示范项目名单。

5. 2016 年度理论界对"公共文化服务体系"建设相关问题的研究热度极高。研究的内容既涉及公共文化服务体系的一般性研究，也有对公共文化服务行动主体、公共文化设施投资与管理、公共文化事业单位法人治理结构改革、基层综合性文化服务中心、政府购买公共文化服务等方面的具体阐释，还有公共文化服务体系建设的国际比较研究。

6. 在构建现代公共文化服务体系过程中，需要重点关注如下几个方面的问题：公共文化服务与其他公共服务相比有其显著的特殊性；理顺公共文化管理体制是加快构建现代公共文化服务体系的组织保障；鼓励多元主体参与，但必须强化政府主导责任；服务下沉，加强基层公共文化服务阵地建设；与科技融合，加强公共数字文化建设。

  作者单位：天津商业大学公共管理学院，南开大学中国政府与政策联合研究中心

第二部分

政府职责体系构建与府际关系

在全面深化改革中持续调整：横向府际关系研究报告

薛立强

2016年，全面深化改革的力度进一步加大，各项改革任务进展顺利。中央全面深化改革领导小组共召开了12次会议，审议了146个重大改革文件。领导小组确定的97个年度重点改革任务和128个其他改革任务基本完成，中央和国家有关部门还完成了194个改革任务，各方面共出台改革方案419个。[1]各地区、各部门按照党中央统一部署，针对重点、难点问题，加大改革推进力度，重要领域和关键环节改革实现重大突破。在各方面改革的推进过程中，横向府际关系继续得到深入调整，在多个方面继续获得进一步的发展。同时，相关研究也更为丰富，研究成果的质量进一步提升。

一、2016年横向府际关系发展现状综述

正如《中国政府发展研究报告（2016）》指出的：作为政府间关系的一个方面，横向府际关系的变化和发展体现在多项改革之中，有些改革本身就是横向府际关系的改革，有些改革虽然针对的不是横向府际关系问题，但会涉及这一领域。[2]总体而言，2016年随着全面深化改革的持续推进，中国横向府际关系获得持续调整。这主要体现在如下一些方面：

（一）从"多规合一"到"省级空间规划"

继2015年海南省率先开展省域"多规合一"改革试点之后，2016年"多规

---

[1] 参见《习近平主持召开中央全面深化改革领导小组第三十一次会议》，载《光明日报》，2016-12-31。
[2] 参见朱光磊：《中国政府发展研究报告（2016）》，北京：中国人民大学出版社，2017年。

合一"得到进一步发展，升级到"省级空间规划"。具体而言，2016年2月23日召开的中央"深改组"第二十一次会议听取了浙江省开化县关于"多规合一"试点情况的汇报。①2016年4月18日召开的中央"深改组"第二十三次会议审议了《宁夏回族自治区空间规划（多规合一）试点方案》，同意宁夏回族自治区开展空间规划（多规合一）试点，要求"加强组织领导、积极探索、大胆创新，中央有关部门要支持配合、跟踪进展、总结经验"。②2016年6月27日召开的中央"深改组"第二十五次会议听取了《关于海南省域"多规合一"改革试点情况的报告》。会议指出，中央授权海南省开展省域"多规合一"改革试点一年来，海南结合实际，积极推进改革探索，梳理化解规划矛盾，统筹主体功能区、生态保护红线、城镇体系、土地利用、林地保护利用、海洋功能区规划，在推动形成全省统一空间规划体系上迈出了步子、探索了经验。深入推进这项改革，要着重解决好体制、机制问题，处理好改革探索和依法推进的关系，一张蓝图干到底。中央有关部门要加强统筹指导。③

在这些改革的基础上，2016年10月11日召开的中央"深改组"第二十八次会议专门审议了《省级空间规划试点方案》。会议强调，开展省级空间规划试点，要以主体功能区规划为基础，科学划定城镇、农业、生态空间及生态保护红线、永久基本农田、城镇开发边界，注重开发强度管控和主要控制线落地，统筹各类空间性规划，编制统一的省级空间规划，为实现"多规合一"、建立健全国土空间开发保护制度积累经验、提供示范。④这次会议之后，相关部门进一步修改完善了该方案，并于2017年1月9日以中共中央办公厅、国务院办公厅的名义正式印发了《省级空间规划试点方案》（以下简称《试点方案》）。《试点方案》规定了制定省级空间规划的总体要求、主要任务、配套措施、工作要求，指出在海南、宁夏试点基础上，综合考虑地方现有工作基础和相关条件，将吉林、浙江、福建、江西、河南、广西、贵州等省份纳入试点范围，在2017年底要形成一套规划成果，研究一套技术规程，设计一个信息平台，提出一套改革建议。⑤

---

① 该县自2013年提出打造国家公园的目标以来，坚持"一张蓝图绘到底"，通过"多规合一"改革，统筹全局发展，科学划定了生态、生产、生活空间，并以此为依据形成控制性详细规划、土地利用规划以及其他实施性方案或行动计划，实现了各领域发展步调的统一，生态空间由50.8%提高到80.3%，2016年生态指标位居浙江省前列。2016年，全县接待游客、旅游收入分别比上年增长22.8%和25.6%。参见《空间科学布局 生态合力保护 开化多规合一催动美丽经济》，见浙江在线网，2017-02-17。

② 参见《习近平主持召开中央全面深化改革领导小组第二十三次会议》，中国政府网，2016-04-18。

③ 参见《习近平主持召开中央全面深化改革领导小组第二十五次会议》，中国政府网，2016-06-27。

④ 参见《习近平主持召开中央全面深化改革领导小组第二十八次会议强调 坚决贯彻全面深化改革决策部署 以自我革命精神推进改革》，见人民网，2016-10-11。

⑤ 参见《中共中央办公厅 国务院办公厅印发〈省级空间规划试点方案〉》，见新华网，2017-01-09。

（二）建立社会诚信府际联动激励与惩戒机制

2016年，中国加快推进社会信用体系建设。在这一过程中，中国政府以切实措施加强信用信息公开和共享，依法依规运用信用激励和约束手段，构建政府、社会共同参与的跨地区、跨部门、跨领域的守信联合激励和失信联合惩戒机制，促进市场主体依法诚信经营，维护市场正常秩序，营造诚信社会环境。具体而言，2016年4月18日召开的中央"深改组"第二十三次会议审议通过了《关于建立完善守信联合激励和失信联合惩戒制度加快推进社会诚信建设的指导意见》。会议指出，建立和完善守信联合激励和失信联合惩戒制度，加快推进社会诚信建设，要充分运用信用激励和约束手段，建立跨地区、跨部门、跨领域联合激励与惩戒机制，推动信用信息公开和共享，着力解决当前危害公共利益和公共安全、人民群众反映强烈、对经济社会发展造成重大负面影响的重点领域失信问题，加大对诚实守信主体激励和对严重失信主体惩戒力度，形成褒扬诚信、惩戒失信的制度机制和社会风尚。[①]2016年6月27日召开的中央"深改组"第二十五次会议审议通过了《关于加快推进失信被执行人信用监督、警示和惩戒机制建设的意见》（以下简称《意见》）。该《意见》强调，要建立健全跨部门协同监管和联合惩戒机制，明确限制项目内容，加强信息公开与共享，提高执行查控能力建设，完善失信被执行人名单制度，完善党政机关支持人民法院执行工作制度，构建"一处失信、处处受限"的信用惩戒大格局，让失信者寸步难行。[②]

在吸收中央"深改组"意见建议的基础上，2016年5月30日，国务院印发了《关于建立完善守信联合激励和失信联合惩戒制度加快推进社会诚信建设的指导意见》（国发〔2016〕33号），其意在通过信用信息公开和共享，建立跨地区、跨部门、跨领域的联合激励与惩戒机制，旨在形成政府部门协同联动、行业组织自律管理、信用服务机构积极参与、社会舆论广泛监督的共同治理格局[③]，以构建守信联合激励和失信联合惩戒的协同机制，达到褒扬和激励诚信行为，约束和惩戒失信行为的目的。同年9月25日，中共中央办公厅、国务院办公厅印发了《关于加快推进失信被执行人信用监督、警示和惩戒机制建设的意见》，该文件特别指出要加强失信被执行人的信息公开与共享，建立跨部门、跨领域的联合惩戒机制，"通过政务网、专网等实现人民法院执行查控网络与公安、民政、人力资源社会保障、国土资源、住房城乡建设、工商、交通运输、农业、人民银行、银行监管、证券监管、保险监管、外汇管理等政府部门，及各金融机构、银联、互联网企业

---

① 参见《习近平主持召开中央全面深化改革领导小组第二十三次会议》，见中国政府网，2016-04-18。
② 参见《习近平主持召开中央全面深化改革领导小组第二十五次会议》，见中国政府网，2016-06-27。
③ 参见《国务院关于建立完善守信联合激励和失信联合惩戒制度加快推进社会诚信建设的指导意见》，见中国政府网，2016-06-12。

等企事业单位之间的网络连接,建成覆盖全国地域及土地、房产、存款、金融理财产品、证券、股权、车辆等主要财产形式的网络化、自动化执行查控体系,实现全国四级法院互联互通、全面应用"。[1]

(三)健全政府间生态保护补偿机制

2016年3月22日召开的中央"深改组"第二十二次会议审议通过的《关于健全生态保护补偿机制的意见》强调要健全包括政府间补偿在内的生态保护补偿机制。会议指出,健全生态保护补偿机制,目的是保护好绿水青山,让受益者付费、保护者得到合理补偿,促进保护者和受益者良性互动,调动全社会保护生态环境的积极性。要完善转移支付制度,探索建立多元化生态保护补偿机制,扩大补偿范围,合理提高补偿标准,逐步实现森林、草原、湿地、荒漠、海洋、水流、耕地等重点领域和禁止开发区域、重点生态功能区等重要区域生态保护补偿全覆盖,基本形成符合我国国情的生态保护补偿制度体系。[2]同年5月13日,国务院办公厅正式印发了《关于健全生态保护补偿机制的意见》,指出要推进横向生态保护补偿,研究制定以地方补偿为主、中央财政给予支持的横向生态保护补偿机制,到2020年,实现森林、草原、湿地、荒漠、海洋、水流、耕地等重点领域和禁止开发区域、重点生态功能区等重要区域生态保护补偿全覆盖,跨地区、跨流域补偿试点示范取得明显进展,多元化补偿机制初步建立,基本建立符合我国国情的生态保护补偿制度体系。[3]

(四)最高人民法院增设巡回法庭

继2015年最高人民法院在深圳、沈阳设立第一、第二巡回法庭之后,2016年11月1日召开的中央"深改组"第二十九次会议审议通过了《关于最高人民法院增设巡回法庭的请示》,同意最高人民法院在重庆市、西安市、南京市、郑州市增设四个巡回法庭,分别为第三、第四、第五、第六巡回法庭。会议强调,要注意把握好巡回法庭的定位,处理好巡回法庭同所在地、巡回区以及最高人民法院本部的关系,发挥跨行政区域审理重大行政和民商事案件的作用,更好地满足群众司法需求,公正高效审理案件,提高司法公信力。[4]同年12月25日闭幕的十二届全国人大常委会第二十五次会议经过表决,任命了新设立的第三、第四、第五、第六巡回法庭庭长、副庭长,四个新设立的巡回法庭正式开始履行职责。

---

[1] 参见《中共中央办公厅、国务院办公厅印发〈关于加快推进失信被执行人信用监督、警示和惩戒机制建设的意见〉》,见中国政府网,2016-09-25。

[2] 参见《习近平主持召开中央全面深化改革领导小组第二十二次会议》,见人民网,2016-03-22。

[3] 参见《国务院办公厅关于健全生态保护补偿机制的意见》(国办发〔2016〕31号),见中国政府网,2016-05-13。

[4] 参见《习近平主持召开中央全面深化改革领导小组第二十九次会议》,央广网,2016-11-02。

（五）其他改革中的横向府际关系调整

除了上述横向府际关系的变化与调整之外，2016年还有一些改革也涉及横向府际关系调整。例如，2016年3月27日中共中央办公厅印发的《科协系统深化改革实施方案》，就进一步厘清了科协与其主管部门的关系，强化了科协作为学会的主体地位，是政府与公立社会组织关系的进一步调整和规范。2016年10月11日中央"深改组"第二十八次会议审议通过，2017年1月10日正式公布的《中共中央 国务院关于推进防灾减灾救灾体制机制改革的意见》强调，防灾减灾救灾体制机制改革的重要内容包括：统筹灾害管理和综合减灾，充分发挥国家减灾委员会等有关部门和军队、武警部队的职能作用；完善社会力量和市场参与机制，构建多方参与的社会化防灾减灾救灾格局。[①]可以看到，这包含着对"军地""地方—军队—社会"关系的完善。2016年12月30日召开的中央"深改组"第三十一次会议审议通过的《关于加强和完善城乡社区治理的意见》特别强调，要推动形成党领导下的政府治理、社会调节、居民自治良性互动的城乡社区治理格局，全面提升城乡社区治理法治化、科学化、精细化水平，这显然内含着对"政府—社会—居民"等广义政府间关系[②]的调整。

二、2016年横向府际关系研究现状综述

2016年，学界关于横向府际关系的研究又取得了进一步的发展。本报告根据"中国知网"收录的文献，分两个部分对此进行分析。

（一）研究的一般状况

本报告的分析对象是2016年发表在学术期刊上的以"横向府际关系"为研究主题的学术论文和博士学位论文。

经过查找和筛选，共确定相关文献80篇，其中31篇在文献名中用的是"政府间关系"一词，49篇用的是"府际关系"一词。[③]在这些文献中，有2篇博士论文，78篇期刊论文（其中36篇CSSCI期刊论文）（见表1）。与前三年相比，

---

① 参见《民政部解读〈中共中央、国务院关于推进防灾减灾救灾体制机制改革的意见〉》，中国政府网，2017-01-10。

② 政府间关系有狭义、中义、广义等不同层次的内涵。狭义的政府间关系是垂直方向上的各级政府之间的关系；中义的政府间关系是各级各类政府及其部门之间的关系；广义的政府间关系不仅包括各级各类政府及其部门间的关系，还包括政府机关与社会公众的关系以及主权国家政府间关系。参见薛立强：《授权体制：改革开放时期政府间纵向关系研究》，天津：天津人民出版社，2010年。

③ 参见文献名中包含"政府间""府际"的全部文献要多于此数，本报告的数据是筛选后的、确实以横向府际关系为研究主题的文献数。

2016年的文献统计具有以下两个方面的特点：一是文献质量继续提升。具体而言，2016年又有2篇博士论文发表，扭转了前3年持续下降的局面；CSSCI期刊论文达到36篇，与前三年相比持续增长（见表1）。这表明，随着近年来全面深化改革的持续推进，横向府际关系研究的"热度"也在持续增加。二是文献题名中的用词，用"府际关系"一词的重要文献数第一次多于用"政府间关系"一词的重要文献数。这体现出学者们关于这两个概念内涵的区分日益明确，"府际关系"越来越被用来指政府间横向关系；"政府间关系"则越来越用于指政府间纵向关系。基于这种情况，2017年报告也以"横向府际关系"一词代替前些年的"政府间横向关系"一词。

表1 横向府际关系研究的一般状况（2013—2016） 单位：篇

年度	文献数	"政府间关系"	"府际关系"	博士论文	期刊论文	CSSCI期刊论文
2013	64	41	23	2	62	18
2014	83	48	35	1	82	21
2015	82	49	33	0	82	27
2016	80	31	49	2	78	36

资料来源：中国知网。

在这些研究成果中，2篇博士论文分别来自湖南大学和内蒙古大学，研究主题分别是城市群府际博弈治理问题和地方政府间区域合作问题。36篇CSSCI期刊论文分布在27个刊物上。除之前常见的研究主题，如府际合作（15篇）、府际竞争（7篇）、府际治理（14篇）之外，2016年还出现了2篇财政改革带来了府际关系基本状态变化的研究和1篇文献述评（见表2）。总结4年来这项研究的持续发展，可以看出有如下两个显著特点：一是研究热度不减，研究质量不断提升；二是府际合作和府际治理日益成为研究重点，而对府际竞争的关注度与前两年基本持平。特别值得一提的是，2016年关于府际治理的重要文献有较大幅度的增长，达到15篇。这反映了越来越多的学者在尝试用"治理"思维思考和研究府际关系问题，这无疑有利于进一步拓展和深化这项研究（见表3）。

表2 2016年发表的横向府际关系研究论文（CSSCI来源期刊）和博士论文[①]

研究主题	序号	论文名称	作者	期刊或博士学位授予单位
基本状态	1	《级政府间财政收入差距研究》	杨良松	《税务研究》2016年第9期
	2	《改增减收效应的政府间分布特征》	张伦伦	《税务研究》2016年第12期
府际合作	1	《"一带一路"战略下的府际合作创新研究》	任维德	《内蒙古社会科学（汉文版）》2016年第1期
	2	《大气污染府际间合作治理联盟的达成与稳定——基于演化博弈分析》	高明、郭施宏、夏玲玲	《中国管理科学》2016年第8期
	3	《国外公共服务府际协作供给研究——基于地方府际协议的视角》	林民望	《北京社会科学》2016年第7期
	4	《呼包鄂城市群府际合作问题研究》	田雨、张彬	《内蒙古社会科学（汉文版）》2016年第1期
	5	《京津冀区域大气污染协同治理模式构建——基于府际关系理论视角》	郭施宏、齐晔	《中国特色社会主义研究》2016年第3期
	6	《科技创新、府际协议与合作区地方政府间合作——基于成都平原经济区的案例研究》	锁利铭、张朱峰	《上海交通大学学报（哲学社会科学版）》2016年第4期
	7	《跨域突发事件府际合作应急联动机制研究》	王薇	《中国行政管理》2016年第12期
	8	《论区域府际合作治理与区域行政法》	刘云甫、朱最新	《南京社会科学》2016年第8期
	9	《面向府际协作的城市群治理：趋势、特征与未来取向》	锁利铭	《经济社会体制比较》2016年第6期
	10	《内源式政府间合作机制的构建与区域治理》	朱成燕	《学习与实践》2016年第8期
	11	《区域创新中府际合作的多重逻辑——基于成都经济区八市的话语分析》	王路昊	《上海交通大学学报（哲学社会科学版）》2016年第4期
	12	《区域大气污染合作治理政府间责任分担机制研究——以京津冀地区为例》	姜玲、乔亚丽	《中国行政管理》2016年第6期
	13	《区域合作背景下政府间协议的一个分析框架：集体行动中的博弈》	王友云、赵圣文	《北京理工大学学报（社会科学版）》2016年第3期
	14	《雾霾污染防治中府际协作碎片化困境与整体性策略——自成都平原城市群的观察》	张雪	《湖南社会科学》2016年第6期
	15	《优化与整合：地方政府间区域合作治理体系重构》	周伟	《理论探索》2016年第4期
	16	《马克思交往思想视阈下当代中国地方政府间区域合作研究》	乔德中	内蒙古大学

[①] 以论文名称首字汉语拼音为序。

续表

研究主题	序号	论文名称	作者	期刊或博士学位授予单位
府际竞争	1	《府际税收竞争的财税法审思》	吕铖钢	《北京社会科学》2016年第9期
	2	《跨省户籍制度改革中的府际博弈与利益整合》	李晓飞	《行政论坛》2016年第3期
	3	《我国地方政府间税收竞争的负效应及对策分析》	郭矜、杨志安、龚辉	《税务研究》2016年第7期
	4	《中国省级政府间社会保障财政支出的空间竞争——基于2004—2013年省级面板数据》	杜妍冬、刘一伟	《华东理工大学学报华东理工大学学报（社会科学版）》2016年第3期
	5	《论地方政府间的税收不当竞争及其治理》	靳文辉	《法律科学（西北政法大学学报）》2015年第1期
	6	《制度环境、政府间竞争与地方审计机关效率——基于省际面板数据的空间计量分析》	张鼎祖、刘爱东	《会计研究》2015年第3期
	7	《中国地方政府间的企业所得税竞争研究——基于面板数据空间滞后模型的实证分析》	潘孝珍、庞凤喜	《经济理论与经济管理》2015年第5期
府际治理	1	《府际关系视角下的省界宗教活动场所治理——以赣鄂边界Y宫为例》	文卫勇、刘天宇	《世界宗教文化》2016年第4期
	2	《府际关系与国家治理：功能、模型与改革思路》	边晓慧、张成福	《中国行政管理》2016年第5期
	3	《府际目标治理：历史形成、表现方式与治理机制——基于A、B两县的比较》	夏能礼	《中国行政管理》2016年第11期
	4	《府际协作治理能力建设的阻滞因素及其化解——以对口支援边疆民族地区为中心的考察》	丁忠毅	《理论探讨》2016年第3期
	5	《公共品单向外溢下地方政府间演化博弈——以跨区域水资源生态补偿为例》	肖加元	《财经理论与实践》2016年第6期
	6	《公众权益与跨区域生态规制策略研究——相邻地方政府间的演化博弈行为分析》	彭皓玥	《科技进步与对策》2016年第7期
	7	《韩国地方政府间关系中的冲突与合作——从冲突到合作的路径分析》	张彦华	《南开学报（哲学社会科学版）》2016年第1期
	8	《论区域府际信息共享的法治化》	谈萧	《学习与实践》2016年第12期
	9	《深化府际关系改革，推动城乡协调发展》	蓝志勇、苗爱民、李东泉	《中国行政管理》2016年第11期

续表

研究主题	序号	论文名称	作者	期刊或博士学位授予单位
	10	《新常态下区域发展中的地方政府间关系探析》	张子礼、赵佳佳	《中国社会科学院研究生院学报》2016年第6期
	11	《压力式分权与城市化助长了府际转移支付失灵吗?》	刘晓茜、段龙龙	《经济问题探索》2016年第5期
	12	《政府间关系视角下的社会政策扩散——以城市低保制度为例（1993—1999）》	朱旭峰、赵慧	《中国社会科学》, 2016年第8期
	13	《政府绩效评估的政策偏差与矫治：基于府际协同治理的视角》	张书涛	《河南师范大学学报（哲学社会科学版）》2016年第2期
	14	《中国府际关系实践特点与重构思路研究》	许艺彤、靳继东	《社会科学辑刊》2016年第1期
	15	《城市群府际博弈的整体性治理研究》	董树军	湖南大学
理论述评	1	《分析府际关系的四大主流模式研究》	罗湘衡	《国外理论动态》2016年第6期

表3 相关研究主题重要文献情况（2013—2016）① 单位：篇

主题 年份	府际合作	府际竞争	府际治理	基本状态	文献述评
2013	8	6	4	1	1
2014	11			1	0
2015	15	6	6	0	0
2016	16	7	15	2	1

（二）主要观点概述

本报告主要基于36篇CSSCI期刊文献和2篇博士论文概述2016年学界关于"横向府际关系"问题的主要观点。如前所述，2016年学界的相关研究可以归结为五大主题：横向府际关系的一般状况、府际合作、府际竞争、府际治理、文献述评。这些文献的主要观点如下：

1. 关于横向府际关系某方面状况的研究

这类研究关注的是横向府际关系某些方面的基本状态，通过对这些方面基本

---

① "重要文献"仅指CSSCI期刊文献和博士论文，这些文献的归类是作者基于文献实际内容进行的划分。

状态的揭示，来探讨横向府际关系的变化趋势。在 2016 年的重要文献中，这方面的研究主要表现为财政及税收制度方面。具体而言，有研究基于 2000—2013 年地级数据测量了地区之间在财政收入上的差距，并分析了税收收入与非税收入，税收中的国内增值税、营业税、企业所得税、个人所得税与其他税种的地区间差距。主要发现是：第一，地级政府间财政收入差距在 2007 年之前逐年上升，而后则逐年降低，但均显著高于人均 GDP 与财政支出水平。第二，税收的地级政府间差异显著高于非税收入，且个人所得税与企业所得税的地级政府间差异大于其他税种。从收入来源看，非税收入、营业税与其他税收的比重较高，对于财政总收入的不平等贡献最大。第三，对财政收入的泰尔指数分解表明，地级政府财政总收入的差异中 80%来自东、中、西部地区的区内差异，且东部与西部的区内差异较大。第四，地级政府财政总收入的差异中 60%来自省内差异，广东与内蒙古等地的省内差异较大，而吉林与江西等地的省内差异较小。①有学者专门研究了 2016 年实行的营业税改增值税（营改增）改革引起的地方政府减收效应的政府间分布问题，主要发现是：从纵向看，营改增显著影响了中央政府与地方政府间的财力配置格局，中央政府承担了相对较大的减收责任；从横向看，地方间的财力配置格局没有受到营改增试点初期减收效应的显著影响。营改增全面推行后，其减收效应将是科学处理政府间财政关系必须面临的挑战。从长期看，中央与地方间需要建立稳定、规范的财力分配机制。从横向看，各地经济转型进度及效率将决定营改增对其财力的影响。②

2. 关于府际合作的研究

如前所述，2016 年随着全面深化改革和区域协同发展的持续推进，学界对政府间合作的研究仍然是横向府际关系研究的重头戏，发表了较多的研究成果。从研究内容看，这些成果大致关注了以下一些问题：

（1）区域发展与创新中的府际合作。2016 年，学者们主要围绕成都平原经济区城市群治理、内蒙古呼包鄂城市群治理、区域合作与区域行政法、区域合作治理的新趋势及府际合作体系重构等问题进行了研究，主要成果如下：

首先，基于成都平原经济区城市群治理的府际合作研究。有研究认为，不同于以往的合作以"求同"过程为主，成都平原经济区城市群在创新合作中还存在着一个"存异"的过程。具体表现为不同地方政府基于不同层次的制度嵌入性和自身认知图式的差异，产生了经济基础逻辑、创新禀赋逻辑、制度惯性逻辑和合法性逻辑等多重逻辑，进而实现了合作中不同的决策选择。一方面，多重逻辑的

---

① 参见杨良松：《地级政府间财政收入差距研究》，载《税务研究》，2016（9）。
② 参见张伦伦：《营改增减收效应的政府间分布特征》，载《税务研究》，2016（12）。

存在促成了地方政府能够在创新逻辑不足的基础上，依然能够依据其他的逻辑加入创新合作的网络；但另一方面，创新合作的真正深入依然有待地方政府加强和发现自身参与创新的动力。[①]有学者使用"府际协议"来评价成都平原经济区城市群府际合作的水平，认为该区域科技创新合作的整体水平、个体活跃程度和相对中心地位所呈现的特征，与相关城市的经济、社会、政治等方面的特质有关。[②]

其次，对内蒙古呼包鄂城市群府际合作问题的研究。有学者通过对内蒙古"呼和浩特—包头—鄂尔多斯"（呼包鄂）城市群的研究发现，中国城市群的形成和发展带有明显的政府主导型特征，这也就决定了在当前及今后相当长的一段时期里，各级政府在推动城市群协调发展中将承担最主要的角色，决定着城市群发展的基本方向。由于受政府纵向间关系、横向间关系、条块关系以及行政区划级差等因素的影响，中国城市群的府际关系结构极为复杂。正因如此，理顺城市群的政府间关系、加强城市群的府际合作已成为中国城市群协调发展的必然选择。[③]

再次，区域府际合作与区域行政法。有学者对区域府际合作引起的行政法问题进行了研究，指出：中国的市场化和地方分权改革带来的公共行政区域化拓展、社会治理的转型、民主法治建设的进步促进了区域府际合作治理的产生。而区域府际合作治理的法治化要求则推动着以区域治理关系为调整对象的区域行政法的产生与发展。区域行政法不仅要遵循行政法基本原则，还要遵循区域非主权原则、区域多元平等原则、区域利益均衡原则等区域行政法的特有原则。区域行政法框架体系应当包括三个部分：围绕行政机关地域管辖限制与跨域治理客观需求的有效平衡，社会组织法律授权和共同体成员自治规则授权的有机统一构建的区域行政主体制度；政府负责下多元治理主体之间以信任为基础交织、互动，共同承担公共责任的区域行政行为制度；以及以区域行政监督和多元化区域行政救济为核心的区域行政监督救济制度。[④]

最后，区域合作治理的新趋势及府际合作体系重构。有研究指出，当前中国的区域府际合作出现了如下一些新趋势：府际协作成为全球城市发展的新战略；城市群逐渐成为地方经济社会发展的新形态；国家新型城镇化发展战略对城市群府际协作提出了新要求。面对这些新趋势，进一步完善城市群府际协作治理的新取向有如下一些：应鼓励城市群府际协作治理的多样性；央地关系的调整要考虑

---

① 参见王路昊：《区域创新中府际合作的多重逻辑——基于成都经济区八市的话语分析》，载《上海交通大学学报（哲学社会科学版）》，2016（4）。
② 参见锁利铭，张朱峰：《科技创新、府际协议与合作区地方政府间合作——基于成都平原经济区的案例研究》，载《上海交通大学学报（哲学社会科学版）》，2016（4）。
③ 参见田雨，张彬：《呼包鄂城市群府际合作问题研究》，载《内蒙古社会科学（汉文版）》，2016（1）。
④ 参见刘云甫，朱最新：《论区域府际合作治理与区域行政法》，载《南京社会科学》，2016（8）。

到对府际协作治理选择的影响；对地方政府协作应鼓励手段创新；应健全、完善城市群协调的组织机制。①有学者认为，当前的中国地方政府间区域合作治理存在"碎片化"问题，进一步优化与整合地方政府间区域合作治理的总体思路应是：进行价值重塑，构建实现合作共赢目标的价值理念；优化权责设计，构建实现问题结果导向的权责体系；实现制度优化，构建实现过程控制功能的制度体系；促进政策协同，构建实现区域共同发展的政策过程；加强利益调节，构建实现补偿与共享的利益协调机制；进行资源整合，构建实现互补与共享的资源运行机制。②对于如何构建中国场景下的府际合作机制，有学者提出了"内源式政府间合作机制构建"的思路。具体而言，在"区域协调发展"的战略导向下，受市场、资源、劳动力、空间等诸多发展要素限制的地方政府间，基于内在的合作需求和合作冲动而主动建立起的"内源式"政府间合作机制，将成为推动区域之间发展战略相互对接和优势互补，以及实现区域协同发展的重要举措。中央政府和省级政府应通过区域立法和利益协调机制的构建来进一步化解地方政府恶性竞争、次级治理主体参与不足等治理困境，推进治理主体利益的协同化、治理行为的法治化、治理网络的多元化。③

（2）环境治理中的府际合作研究。2016年，面对日益严峻的环境形势及问题，很多学者试图从府际合作的视角找到破解之道，环境治理中的府际合作研究也应势获得进一步发展。主要的观点如下：有研究指出，中国雾霾污染防治效率偏低、成效不显著的重要原因在于治理体系的碎片化。因此，基于区域合作深入化的必然要求、大气自身特性以及行政管理体制改革的内生需求，需在区域雾霾污染防治中引入整体治理框架，在地方政府协作理念、协作体制、协作机制、协作技术等四个方面不断优化，完善治理体系，从而推动我国雾霾污染防治不断取得进步。④有学者发现，在环境治理中，无论中央政府是否对地方政府进行约束，地方政府均倾向于"搭便车"行为，而中央政府对地方政府的约束在属地治理中往往面临失灵。为了解决这一问题，中央政府应以一定的措施促进地方政府达成合作治理，使相关的地方政府能够在合作治理中获得比不合作更多的收益。因此可以说："为实现大气污染的有效治理，地方政府间必须形成有效的合作治理联盟，合作收益是达成大气污染合作治理联盟的必要条件，而合作成本与中央政府约束

---

① 参见锁利铭：《面向府际协作的城市群治理：趋势、特征与未来取向》，载《经济社会体制比较》，2016（6）。
② 参见周伟：《优化与整合：地方政府间区域合作治理体系重构》，载《理论探索》2016（4）。
③ 参见朱成燕：《内源式政府间合作机制的构建与区域治理》，载《学习与实践》，2016（8）。
④ 参见张雪：《雾霾污染防治中府际协作碎片化困境与整体性策略——自成都平原城市群的观察》，载《湖南社会科学》，2016（6）。

的程度决定了合作治理联盟的稳定性。"①这样一种合作治理联盟的形成,本质上是一种横向府际关系的调整,关键在于相关地方政府间责任与成本的分担,对此,有学者以京津冀区域大气污染合作治理为例,提出了建立在共同而有区别责任分担原则基础上的"责任共担、明确划分、成本分担"核心机制,阐述了其原因与内涵,并建议建立责任协调谈判机制与正式区域组织机制。有学者则提出了责任和成本分担的具体机制,如权力让渡和移交、伙伴关系的构建、府际利益的协调、法律法规的保障、治理信息的共享等。②

(3)府际合作的工具——府际协议研究。作为府际合作的具体工具,府际协议在2016年受到了学界的关注,成为一个研究热点,一定程度上体现了这项研究的深化。具体的研究如下:有学者指出,公共服务府际协作供给是地方政府提供公共服务的手段之一。近20年来,西方公共管理学界基于地方府际协议(ILAs)这一载体,正不断推进上述问题的研究。综合西方学者的相关研究,可以看到,地方政府公共服务府际协作协议的达成主要受到地方政府的动机、地方财政状况、人口规模、人均收入、政治制度、政府网络等因素的影响和制约。公共服务府际协作协议的成效,则与地方政府预期目标、资源投入和支持等因素相关。③有学者认为,区域政府间签订和执行协议的过程,就是集体行动合作博弈的过程。当前,区域各政府间通过协议推动合作已成为区域行政的一种重要方式,这一方式一定程度上有助于实现区域内各参与主体的重复动态博弈、累积各地方政府间的互信与共识、帮助形成信任基础,从而实现共赢的博弈均衡和区域公共治理现代化。④

(4)其他研究。除上述研究外,2016年,学界关于府际合作的研究还有如下一些:2016年毕业于内蒙古大学的乔德中博士认为,对于当代中国地方政府间区域合作的研究,并非仅仅只能借鉴新公共管理理论、治理理论、整体政府理论、网格化理论等理论视域,马克思交往思想亦是不乏独到见解的理论视域。事实上,马克思交往思想提供了观察当代中国地方政府间区域合作的理论视域,提供了当代中国地方政府间区域合作的方法论基础和行动指南。马克思交往思想视域下,当代中国地方政府间区域合作需要培育由其利益要素、动力要素、开放交往理念

---

① 参见高明,郭施宏,夏玲玲:《大气污染府际间合作治理联盟的达成与稳定——基于演化博弈分析》,载《中国管理科学》,2016(8)。
② 参见郭施宏,齐晔:《京津冀区域大气污染协同治理模式构建——基于府际关系理论视角》,载《中国特色社会主义研究》,2016(3)。
③ 参见林民望:《国外公共服务府际协作供给研究——基于地方府际协议的视角》,载《北京社会科学》,2016(7)。
④ 参见王友云,赵圣文:《区域合作背景下政府间协议的一个分析框架:集体行动中的博弈》,载《北京理工大学学报(社会科学版)》,2016(3)。

要素及网络化机制要素交错共生的要素系统。并且,在这一理论视域下,当代中国地方政府间在当前区域一体化的浪潮驱动下,出现了众多经济合作为主要内容的区域。不仅跨省级行政单位间的全国性区域正在纵深聚合,而且同一省(区)内地域性行政单位之间的局部性区域也逐步崛起。伴随着当代中国区域一体化的进程,诸多问题随之而来。一方面,原来属于某一地方政府内部的社会公共事务开始突破行政区域界线,成为区域性公共事务;另一方面,一些原来没有的问题开始出现且数量骤增,新类别的区域性公共问题层出不穷。这样,诸如建立区域统一市场、发展战略、公共物品供给、城市规划、环境保护、污染治理、危机管理、基础设施建设以及产业布局等方面的区域性公共问题日渐凸显。毋庸讳言,应对和解决这些区域性公共问题绝非易事,它需要区域内部各方面共同参与行动,尤其是以地方政府为主导的地方政府间的区域合作。①

有学者研究了"一带一路"倡议下的府际合作创新问题,认为当前国家提出和实施的"一带一路"倡议不仅从时机、导向和内容等方面有效促进了府际合作及其创新,而且,要求在两个"互联互通"中促进和实现府际合作与"一带一路"倡议的有机衔接,探寻"一带一路"倡议下府际合作创新的路径及其保障。②

有学者研究了跨域突发事件府际合作应急联动机制问题,认为现代突发事件的主要特征之一是跨行政边界和跨功能边界传播。限于"行政区行政"的惯性和"部门利益"的梗阻,基于府际合作的应急联动受到多重制约。应急主体和应急权力资源的碎片化,利益共享和利益补偿等利益约束机制的缺乏,制度安排和合作规则的不确定性,以及事件特征、区域位置的特殊性等都是制约府际合作的重要因素。消除权力结构的碎片化,建立起区域间利益补偿与利益分享机制,搭建应急联动信息共享和行动整合平台是构建跨域突发事件府际合作应急联动机制的基本要件。③

3. 关于府际治理的研究

国内学界的府际治理研究兴起于2015年,是党的十八届三中全会提出的"国家治理体系和治理能力现代化"要求在政府间关系理论研究中的反映。如前所述,2016年这一研究主题又有所发展,发表了更多的重要成果。综合这些成果可以发现,相关的研究基本上可以归为三类:府际治理的理论研究、府际治理的实践探索及其规范化、域外典型国家的府际治理。

(1)府际治理的理论研究。有学者探讨了府际关系与国家治理的关系,认为

---

① 参见乔德中:《马克思交往思想视阈下当代中国地方政府间区域合作研究》,博士论文,内蒙古大学,2016年。
② 参见任维德:《"一带一路"战略下的府际合作创新研究》,载《内蒙古社会科学(汉文版)》,2016(1)。
③ 参见王薇:《跨域突发事件府际合作应急联动机制研究》,载《中国行政管理》,2016(12)。

府际关系对于国家治理的功能和重要性表现在以下三个方面：宪政结构安排、区域功能分工、政策的制定与执行。参考西方府际关系相关研究，作者构建和区分了四种府际关系的发展模式：控制模式、互动模式、合作模式和网络模式。①有研究认为，府际目标治理是一种具有鲜明中国特色的国家治理方式，这种治理方式的历史形成与干部考核制度演化紧密地结合在一起，内嵌于改革开放以来放权性的央地制度环境之中，与府际权力运行方式相融合。由于府际权力运行方式在地方层面所表现出的差异性，府际目标治理可以区分为科层式和动员式两种治理形式，相应地，其治理机制可以区分为科层式组织治理机制和动员式组织治理机制两种类型。从治理效果方面看，府际目标治理是上级政府形塑下级政府行为的重要治理手段，同时也是地方政府实现政治、经济和社会管理职能的一种重要治理方式。②

府际治理的理论研究方面，2016年，出现了两篇运用演化博弈理论来研究府际治理的文章。一篇文章以跨区域水资源生态补偿为例，研究公共品单向外溢下地方政府间演化博弈问题，认为流域上下游地方政府达成合作的局面长期内主要受上游地方政府惩罚值、下游地方政府惩罚值、下游地方政府对上游地方政府的补偿收益以及上游地方政府保护水资源的成本等四个方面因素影响，而与下游地方政府因水资源受到保护而获得生态收益无关。高层级政府解决水资源补偿问题时，不能仅考虑下游地方政府获得生态收益，而应该综合考虑上游地方政府惩罚值、下游地方政府惩罚值、下游地方政府对上游地方政府的补偿收益以及上游地方政府保护水资源的成本等多方面因素。③另一篇文章运用演化博弈的分析方法，研究公众权益与跨区域生态规制策略问题，认为明确公众生态权益、引入强制约束机制后，原有博弈结构将被改变。较长时期内，这有利于规避跨区域环境规制的"囚徒困境"，推进博弈稳定策略向博弈方严格落实国家生态规制方向演进。④

（2）府际治理的实践探索及其规范化。有学者研究了中国府际关系的实践特点及其重构问题，认为中国社会主义市场经济快速发展的高速时期得益于20世纪90年代开始的"分税制"财政体制改革和2000年加入世界贸易组织（WTO）两个制度性因素。前者激发了各级地方政府作为一个经济发展主体的自主性和积极

---

① 参见边晓慧，张成福：《府际关系与国家治理：功能、模型与改革思路》，载《中国行政管理》，2016（5）。
② 参见夏能礼：《府际目标治理：历史形成、表现方式与治理机制——基于A、B两县的比较》，载《中国行政管理》，2016（11）。
③ 参见肖加元：《公共品单向外溢下地方政府间演化博弈——以跨区域水资源生态补偿为例》，载《财经理论与实践》，2016（6）。
④ 参见彭晗明：《公众权益与跨区域生态规制策略研究——相邻地方政府间的演化博弈行为分析》，载《科技进步与对策》，2016（7）。

性,并刺激了为发展地方经济而展开的地方政府竞争;后者在融入全球经济贸易体系的框架内,进一步扩展了地方政府竞争的广度和深度。各级地方政府之间也因为各种因素产生合作关系。这些合作关系有的是内生的,有的是摩擦博弈的结果,有的是上级政府命令协调的结果。重构政府间关系的改革思路和政策方向须从明确政府纵向关系边界、规范政府横向关系及改革政府行政体制等方面入手。① 有学者研究了新常态下区域发展中的地方政府间关系问题后指出,深化地方政府间关系的治理变革,推动政府职能转变,构建新型伙伴关系、互利合作机制,实现地方政府间关系发展的协同善治格局,是顺应时代发展新变化的必然要求。② 有学者研究了府际关系改革与城乡协调发展问题后认为,中国的城市化进程已经到了一个十分关键的阶段,在强化中央权威的基础上,构建扁平化、专业化、分工合作化的中央与地方、地方与地方、城市与农村平行互动关系的新模式,是更好地发挥中央与地方、城市与农村等不同主体积极性的重要途径。统一协调中央政策及其对地方的管理办法,逐步重塑市管县的行政结构,打造既有城乡统筹,又有市、县分治的多元行政体系,是中国走出城乡二元结构,既提高城镇化质量,又同时推动农村现代化发展的有效途径。③ 还有学者研究了区域府际信息共享的法治化问题,认为区域府际信息共享的本质是公共资源共享,其目标是满足公众知情权,其理念与现代行政法的"行政一体化"和"服务高效化"原则是相契合的。我国《宪法》从公民监督权和人民主权原则方面为区域府际信息共享提供了依据,一些法律法规也有类似条文出台,但更多规定目前只停留在地方性法规和政府规章层面。为提升区域府际信息共享的质量与效益,有必要从公众知情权的宪法保障方面促进区域府际信息共享,通过立法建立区域府际信息共享基本制度:包括建立协调组织、权责体系、负面清单、共享标准、财政补偿等制度和机制。④

除了上述这些关于中国府际治理的总体性研究,2016 年还有一些学者结合案例研究了某特定领域内的政府间治理的实践。具体而言,2016 年毕业于湖南大学的董树军博士研究了城市群府际博弈的整体性治理问题,认为整体性治理以协调与整合为核心的主张与城市群府际博弈的协调和治理具有较强的契合性,能够更好地协调各个城市政府之间的博弈,缓解相互之间的冲突,实现政府博弈整体效果的最优和公共利益整体最佳。因此,整体性治理不仅是一种改革取向,也是一种理论分析框架,为指导治理转型期我国城市群府际竞合博弈的设计和安排,提

---

① 参见许艺彤、靳继东:《中国府际关系实践特点与重构思路研究》,载《社会科学辑刊》,2016(1)。
② 参见张子礼、赵佳佳:《新常态下区域发展中的地方政府间关系探析》,载《中国社会科学院研究生院学报》,2016(6)。
③ 参见蓝志勇、苗爱民、李东泉:《深化府际关系改革,推动城乡协调发展》,载《中国行政管理》,2016(11)。
④ 参见谈萧:《论区域府际信息共享的法治化》,载《学习与实践》,2016(12)。

供了一种解决方案,一种未来改革的思考方向,具有较强的借鉴和指导意义。当前,我国城市群府际博弈仍有相当多的还处于"诸侯割据"状态,其无序竞争博弈因子较多,而有序合作博弈因子较少,对城市群的经济、社会发展都造成了很大的负面影响。基于城市群府际博弈的机理,深入剖析城市群府际博弈无序产生的原因,可知博弈意识落后、行政区域障碍、考核机制不当、博弈协调机构滞后、信息沟通不畅、成本分摊不均、信任体系缺失以及博弈规则不完善是当前城市府际博弈无序产生的重要原因,也是城市群府际博弈治理现代化的主要障碍。应基于整体性治理理论视角,从重塑合作共赢理念、建立整体性博弈治理机构、创新城市群政绩考核体系、完善城市群府际利益协调机制、搭建城市群府际信息共享平台、优化城市群府际博弈信任体系等方面着手,探讨推进我国城市群府际博弈协调治理的策略选择。[1]

有学者以城市低保制度为例,研究了政府间关系视角下的社会政策扩散问题,认为城市政府在采纳新的社会政策时,既要回应当地社会需求并考虑财政资源约束,还要受到来自上级政府的行政命令和上下级财政关系的影响,并考虑来自同级城市的竞争压力。城市政府的政策创新为上级政府提供了经验学习的机会。中央命令同时向城市政府施加着直接和间接影响,而省级命令则发挥着中介传导机制的作用。中央和省级命令对城市政府的政策采纳施加影响的时间滞后效应存在明显差异。[2]有学者以赣鄂边界 Y 宫权属争议案为例,研究了府际关系视角下的省界宗教活动场所治理,指出,近年来,赣鄂两省农村道教信众围绕地处两省边界的 Y 宫权属等问题,多次发生群体冲突,两省各级相关政府从对峙到联动再到多元合作,最终妥善调处纠纷,使得该区域归于和谐稳定,演绎了一幅"府际竞争—府际协商—府际治理"的演变图景,昭示了我国府际关系的发展方向与模式,也提供了一个处理跨区域跨部门治理农村宗教信仰问题的范例。[3]有学者以对口支援边疆民族地区为例,研究了府际协作治理能力建设的阻滞因素及其化解问题,认为当前对口支援边疆民族地区府际协作治理能力建设的阻滞因素主要包括:援助资源均衡配置机制、府际沟通协商机制、府际适应性学习机制与府际利益冲突协调机制不健全,以及绩效考评和责任追究等核心制度建设滞后。认为必须站在

---

[1] 参见董树军:《城市群府际博弈的整体性治理研究》,湖南大学博士论文,2016年。
[2] 参见朱旭峰,赵慧:《政府间关系视角下的社会政策扩散——以城市低保制度为例(1993—1999)》,载《中国社会科学》,2016(8)。
[3] 参见文卫勇,刘天宇:《府际关系视角下的省界宗教活动场所治理——以赣鄂边界 Y 宫为例》,载《世界宗教文化》,2016(4)。

提升边疆民族地区治理能力的高度，探索有效化解这些阻滞因素的途径。①有学者探讨了财政分权、城市化对政府间转移支付制度的影响问题，认为诱发央地间转移支付失灵的主要原因是财政逐级发包制和官僚选拔"贤能体制"下的属地财政竞争，城市化战略加剧了地方政府财政支出扭曲，进一步约束了转移支付均等化目标的实现。通过分权改革，中国的政府间转移支付体制有望实现两个均等化的制度优化目标，而财政联邦主义思路能够为转型期中国提供重构央地关系的制度药方。②有学者以府际协同治理为视角，研究了政府绩效评估的政策偏差问题，政府绩效治理府际协同的理论基点涵盖了"压力型"后果与"公共性"价值两个认知维度。"压力型"体制形成了府际间协同的运作悖论，"公共性"再造则是政府绩效评估政策纠偏的价值因应。政府绩效评估政策偏差的治理矫正，要建构一体化的绩效信息治理系统，基于理解与信任实现评估政策偏差府际协同的合力，通过"空间"整合，实现府际跨域协同的有效布局。③

（3）域外国家的府际治理。2016年，韩国湖南大学国际学部的中国籍助理教授张彦华专门研究了韩国地方政府间关系中的冲突与合作问题，认为在地方自治的背景下，韩国的地方利己主义抬头，地方政府间的冲突不断增多。而地域经济社会的发展又离不开地域间的合作。因此，地方政府在寻求地域发展、号召加强地方合作的同时，首先需要建立一定的沟通机制，并保持该机制的稳定性和制度性。在长期的、制度性的沟通前提下，地方政府间的冲突必然越来越少，合作必然越来越多。④

4. 关于府际竞争的研究

2016年，学者们围绕政府间税收竞争、财政支出竞争、户籍制度改革中的府际竞争等问题展开研究，提出了一些观点。具体而言，有学者研究了地方政府间税收竞争的负效应问题，指出税收竞争具有减少整体财政收入、加大地区间贫富差距等负效应，解决这一问题，应在政府间事权划分、解决地方政府财政压力、完善政绩考核机制等方面进行探索。⑤有学者从财税法的视角研究了府际税收竞争问题，认为地方财政能力的提升不仅应重点关注静态的制度调整，还应将动态

---

① 参见丁忠毅：《府际协作治理能力建设的阻滞因素及其化解——以对口支援边疆民族地区为中心的考察》，载《理论探讨》，2016（3）。

② 参见刘晓茜，段龙龙：《压力式分权与城市化助长了府际转移支付失灵吗？》，载《经济问题探索》，2016（5）。

③ 参见张书涛：《政府绩效评估的政策偏差与矫治：基于府际协同治理的视角》，载《河南师范大学学报（哲学社会科学版）》，2016（2）。

④ 参见张彦华：《韩国地方政府间关系中的冲突与合作——从冲突到合作的路径分析》，载《南开学报（哲学社会科学版）》，2016（1）。

⑤ 参见郭矜，杨志安，龚辉：《我国地方政府间税收竞争的负效应及对策分析》，载《税务研究》，2016（7）。

的税收竞争纳入分析范围，以区域合作机制重塑府际税收竞争模式，以财税法律规范府际税收竞争行为，以公私合作制消弭有害税收竞争动机。①有学者研究了省级政府间社会保障财政支出的空间竞争问题，结果表明：地方政府间社会保障财政支出存在显著的标尺竞争，即对于省级地方政府而言，当国内其他竞争对手增加社会保障财政支出时，该省级政府官员出于政绩的考核，也会增加社会保障财政支出，从而导致了不同省级地方政府社会保障财政支出具有显著的正相关性。而财政分权则与省级地方政府的社会保障财政支出呈显著的负相关性。因此，可以说，财政分权挤出了省级地方政府的社会保障财政支出。②有学者研究了跨省户籍制度改革中的府际竞争问题，认为中央政府、地方政府、社会组织三大行动集团之间的并力共持，是推进跨省户籍改革的关键。而由于三大行动集团之间存在"利益不相容"，它们在跨省户籍改革中的府际博弈体现出非合作博弈路径。央地之间的博弈具有"斗鸡博弈"特征，地方政府间的博弈符合"囚徒困境"逻辑，而政社间的博弈则呈现出"智猪博弈"格局。要在跨省户籍改革中实现三大行动集团的利益整合，亟须构建动力与压力相结合的央地府际合作治理机制、地方政府间的土地省际占补平衡机制与公共服务跨部门协作供给机制。③

5. 理论述评

2016 年发表在《国外理论动态》杂志上的一篇理论述评文章以中国府际关系的演进与走向为参照系，提出当前学界分析府际关系的四大主流模式是：委托—代理结构模式、法律制度模式、理性选择模式、相互依赖模式。④

三、横向府际关系发展展望

2016 年是全面深化改革的第三年，也是"十三五"开局之年，肩负着改革发展的双重任务：一是要在前两年改革的基础上，把全面深化改革的主体框架搭建起来；二是各项改革任务、制度建设要向全面建成小康社会的目标聚焦，向构建发展新体制聚焦，为完成"十三五"发展目标服务。在这样的背景下，2016 年横向府际关系继续获得重大发展（见前发展现状综述）。纵观 2014、2015、2016 三年横向府际关系的发展，可以看出：2014 年的特点是，注重横向府际关系改革和发展的顶层设计、注重区域间协同发展。2015 年的特点是，注重政府间关系的系

---

① 参见吕铖钢：《府际税收竞争的财税法审思》，载《北京社会科学》，2016（9）。
② 参见杜妍冬，刘一伟：《中国省级政府间社会保障财政支出的空间竞争——基于 2004—2013 年省级面板数据》，载《华东理工大学学报（社会科学版）》，2016（3）。
③ 参见李晓飞：《跨省户籍制度改革中的府际博弈与利益整合》，载《行政论坛》，2016（3）。
④ 参见罗湘衡：《分析府际关系的四大主流模式研究》，载《国外理论动态》，2016（6）。

统性、协调性发展，更加触动中国政府间关系的深层次矛盾。2016年的特点，一是具有很强的继承性，强调在之前改革的基础上继续推进和深化改革，如从"多规合一"到"省级空间规划"、最高法院增设巡回法庭等；二是大力推进具有基础性、有力度、有分量的改革，如建立社会诚信府际联动的激励与惩戒机制，健全政府间生态环境保护和补偿机制等。可以说，这标志着中国横向府际关系更深、更广程度的调整，也在很大程度上标志着横向府际关系发展的进一步基本方向。

四、报告要点

本报告研究要点总结如下：

1. 继续推进全面深化改革和"十三五"的开局之年构成2016年横向府际关系改革和发展的现实背景。

2. 2016年的横向府际关系改革和发展既呈现出很强的继承性，又体现出开创性，各项改革措施共同推进中国横向府际关系的深入调整。

3. 在学术研究方面，2016年的横向府际关系研究热度不减，研究主题有所扩展且更为贴近改革发展实践，成果质量继续提升。

4. 在学术研究的用语中，"府际关系"与"政府间关系"的内涵区分越来越明显，前者越来越用来指代政府间横向关系，后者则越来越多地用于政府间纵向关系的研究中。

5. 府际治理日益成为学界的研究重点，治理思维几乎成为学者们研究横向府际关系问题的"标准思维方式"。

6. 2017年是全面深化改革向纵深推进的关键一年，将更加强调各方面改革的统筹协调和执行落实，在这一过程中，横向府际关系势必获得更大、更深入的发展。

作者单位：天津商业大学公共管理学院，南开大学中国政府与政策联合研究中心

行政区划调整研究报告

赵聚军

任何一个国家的政府，都是在特定的领土范围内对一定数量的居民行使公共权力。当一个国家的领土范围和人口规模突破一定界限的时候，受制于管理幅度，通常都需要将国土划分为若干层次和类型的行政区域，进而建立起完整的地方政府体系。由此可以看出，行政区划原是政府为了巩固政权，而对国土进行划分、建立相应的政权机关进行分区管理的行为。但随着社会经济的发展，行政区划的结构和划分逐渐开始对一个国家的经济、社会、民族、文化等诸多领域产生影响。改革开放以来，随着中国城镇化进程的快速推进，特别是大都市区化进程的加速，以及交通、通信水平和政府管理水平的不断提升，与之相伴随的行政区划调整等治理结构调整也日益频繁。在经济社会发展迅速、水平较高的东部地区，行政区划的变动尤其频繁。

一、现阶段行政区划调整的体制背景

在我国现行的体制下，行政区划不仅是政权建设和政府管理的重要手段，而且直接关系资源的整合以及各种利益的权衡分配，对经济、社会发展的影响重大且深远。具体来看，行政区划刚性对区域协同发展的约束性影响，主要表现为两个层面：一是在行政区划刚性约束下的跨界公共事务治理困境，集中表现为跨界的环境、生态、流域治理，区域基础设施统筹规划问题，以及公共服务供给中严重的区域非均衡局面；二是由于政府职能转变不到位，区域性市场一体化进程发展缓慢，导致"行政区经济"现象依然难以彻底扭转。

（一）行政区划刚性约束下的跨区域公共事务治理困境

行政区划即国家权力再分配的基本框架，也是政府管理的重要手段。然而，地方政府体系的建立虽然缓解了政府的有效管理幅度问题，但却产生了一个明显的副作用：行政边界的存在，成为地方政府公共权力行使的绝对空间边界。任何一个地方政府，除非获得上级政府的特许，均无权跨界执法。这一问题的负面影响在地方政府职责简单且有限的前现代社会时期还没有太明显的表现。但是进入现代社会以来，随着政府职责的扩张，尤其是随着政府公共服务职责的扩展，诸如流域治理、大气污染、跨界公共资源开发等具有明显外部性特征的跨界公共事务开始大量出现。面对日益增多的跨界公共事务，通常只专注于辖区内事务的地方政府既无动力亦无权力单方面解决跨界公共事务。[1]基于此，如何采取必要的补救和激励措施，调动地方政府参与跨界公共事务治理的主动性，防止"搭便车"行为的普遍化，就成为一个重要的研究课题。

近年来，随着我国区域经济一体化的加快，尤其是城市群的快速发展，跨区域公共事务治理的难度进一步加大。随着城市群的形成与扩张，同处一个"群"的各个城市之间的经济联系和要素流动，日益频繁和密切。但与此同时，一系列跨界公共问题亦开始凸显：一是生态环境、流域治理等问题，例如现阶段我国主要城市群常见的跨界流域水污染、频繁出现的严重雾霾等问题；二是区域基础设施的统筹规划，如机场、港口等具有较大规模经济效应的基础设施的统筹布局、协调使用问题；三是城市群内各行政区之间存在的公共服务落差，乃至鸿沟。

此外，随着人口、资源的过度聚集等因素导致的成本上升，部分中心城市的规模不经济现象开始凸显，涓滴效应逐步取代聚集效益，成为推动区域经济增长的主导力量。在这种情况下，很多企业开始倾向于离开中心城市，转向区域次中心城市，一些地区由此步入了区域协同发展的"自动阶段"[2]。然而，区域内各地在教育、医疗、社会保障等方面存在的公共服务落差却成为要素自由流动的严重阻碍。上述问题跨越了自然地理界限和行政区划边界，涉及多地、多个行政主体，属于典型的"复杂社会中的复杂问题"，且日益普遍化：有些地区已经发生，有些地区正在发生，有些地区则即将面临上述问题。

（二）依旧突出的"行政区经济"现象

在完善的市场机制下，经济要素的流动主要受需求关系的驱动，甚至不受国界的约束。然而，改革开放以来，在中央和地方分权改革的同时，我国的各级地方政府却迟迟未能适应市场经济的要求，长期存在突出的直接经济行为，从而使

---

[1] 参见彭彦强：《论区域地方政府合作中的行政权横向协调》，载《政治学研究》，2013（4）。
[2] 参见孙久文，原倩：《京津冀协同发展战略的比较和演进重点》，载《经济社会体制比较》，2014（5）。

得地方之间的竞争掺杂了太多的非市场因素，造成不同地区市场环境的异质性，最终形成一种行政区与经济区的特殊耦合体，即"行政区经济"现象。

也就是说，行政区划对市场要素流动的制约，即"行政区经济"现象，主要是由于地方政府的职能转变不到位，过度依赖行政手段强行干预经济活动造成的，而不是行政区本身的作用。因此，虽然不能否认调整行政区划是理顺体制、推进区域发展的一种简单而有效的手段，但绝不能夸大其作用。改革的正确方向应当是加快转变政府职能，彻底清除"行政区经济"的影响。当然，行政区划作为纯粹的政治和行政手段，通常更强调稳定性。而我国现阶段的区域经济发展虽然仍在较大程度上受到行政手段的强力影响，但市场机制已经逐步占据了主导地位。行政区划与区域经济上述运行机制的差异，往往导致行政区划滞后于区域经济的变化和发展。因此，在政府职能转变迟迟无法到位的情况下，适时进行必要的行政区划调整，以适应区域经济的发展变化，也是改革的题中之意。

二、2016 年行政区划改革的具体实践

改革开放以来，中国经历了快速的经济发展和社会变迁，城市与区域的空间格局也发生了剧烈变动。在区域间关系不断重构的背景下，行政区划调整作为一种行政主导的空间治理手段，对于优化区域和城市空间结构、促进地方经济社会发展起到了重要作用。梳理近年来的行政区划调整，可以发现县级以上行政区划调整主要是在城镇化进程快速推进背景下，为适应区域社会经济发展所进行的调整。从具体类型来看，主要分为五种类型，即撤县（市）改区、市辖区合并与整合、县改市、地改市，以及行政治所迁移等其他类型的调整。尤其是撤县（市）改区，以及诸如市辖区之间，市辖区与周边县域、乡镇的合并整合等旨在"做大做强"市辖区合并与整合，已成为近年来行政区划调整的绝对主导类型。具体来看，在最近5年的县级及以上行政区划调整中，与市辖区直接相关的撤县（市）改区和市辖区合并与整合这两种类型的行政区划调整占比总和分别为80%、77%、82%、73%和88%。其中，仅撤县（市）改区这一种类型的占比就分别达到了35%、42%、67%、57%和58%（参见图1）。

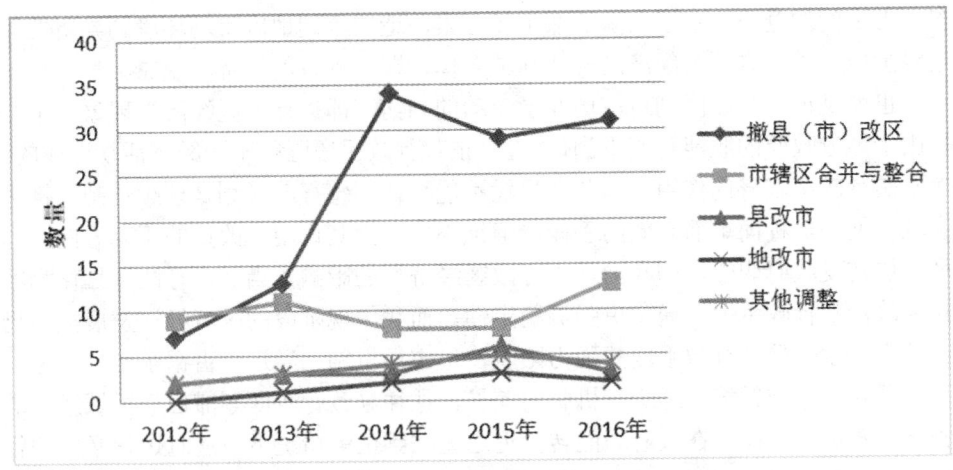

图 1　2012—2016 年县级以上政区行政区划变更情况

资料来源：根据民政部《中华人民共和国二〇一六年县级以上行政区划变更情况》的相关数据整理。

（一）县（市、镇）改区

按照时间先后，2016 年的县（市、镇）改区类型的行政区划调整可参见表 1。

表 1　2016 年撤县（市）改区类型的行政区划调整

时间	文件名称	具体内容
1月7日	《国务院关于同意河北省调整张家口市部分行政区划的批复》	撤销万全县，设立张家口市万全区，以原万全县的行政区域为万全区的行政区域；撤销崇礼县，设立张家口市崇礼区，以原崇礼县的行政区域为崇礼区的行政区域。
1月7日	《国务院关于同意辽宁省调整沈阳市部分行政区划的批复》	撤销辽中县，设立沈阳市辽中区，以原辽中县的行政区域为辽中区的行政区域。
1月7日	《国务院关于同意山东省调整菏泽市部分行政区划的批复》	撤销定陶县，设立菏泽市定陶区，以原定陶县的行政区域为定陶区的行政区域。
1月7日	《国务院关于同意西藏自治区撤销山南地区设立地级山南市的批复》	新设立的地级山南市设立乃东区，以原乃东县的行政区域为乃东区的行政区域。
1月7日	《国务院关于同意新疆维吾尔自治区撤销哈密地区设立地级哈密市的批复》	县级哈密市改设为伊州区，以原县级哈密市的行政区域为伊州区的行政区域。
3月20日	《国务院关于同意辽宁省调整盘锦市部分行政区划的批复》	同意撤销大洼县，设立盘锦市大洼区，以原大洼县的行政区域为大洼区的行政区域。

续表

时间	文件名称	具体内容
3月20日	《国务院关于同意云南省调整曲靖市部分行政区划的批复》	同意撤销沾益县，设立曲靖市沾益区，以原沾益县的行政区域为沾益区的行政区域。
3月20日	《国务院关于同意广西壮族自治区调整柳州市部分行政区划的批复》	同意撤销柳江县，设立柳州市柳江区，以原柳江县的行政区域为柳江区的行政区域。
3月20日	《国务院关于同意贵州省调整遵义市部分行政区划的批复》	同意撤销遵义县，设立遵义市播州区，以原遵义县（不含山盆镇、芝麻镇、沙湾镇、毛石镇、松林镇、新舟镇、虾子镇、三渡镇、永乐镇、喇叭镇）的行政区域为播州区的行政区域。
3月20日	《国务院关于同意四川省调整绵阳市部分行政区划的批复》	同意撤销安县，设立绵阳市安州区，以原安县的行政区域为安州区的行政区域。
6月8日	《国务院关于同意上海市调整部分行政区划的批复》	同意撤销崇明县，设立上海市崇明区，以原崇明县的行政区域为崇明区的行政区域。
6月8日	《国务院关于同意天津市调整部分行政区划的批复》	同意撤销蓟县，设立天津市蓟州区，以原蓟县的行政区域为蓟州区的行政区域。
6月8日	《国务院关于同意重庆市调整部分行政区划的批复》	同意撤销开县，设立重庆市开州区，以原开县的行政区域为开州区的行政区域。
6月8日	《国务院关于同意江苏省调整淮安市部分行政区划的批复》	同意撤销洪泽县，设立淮安市洪泽区，以原洪泽县的行政区域为洪泽区的行政区域。
6月8日	《国务院关于同意河北省调整衡水市部分行政区划的批复》	同意撤销县级冀州市，设立衡水市冀州区，以原冀州市的行政区域为冀州区的行政区域。
6月8日	《国务院关于同意陕西省调整延安市部分行政区划的批复》	同意撤销安塞县，设立延安市安塞区，以原安塞县的行政区域为安塞区的行政区域。
6月8日	《国务院关于同意山东省调整东营市部分行政区划的批复》	同意撤销垦利县，设立东营市垦利区，以原垦利县的行政区域为垦利区的行政区域。
9月14日	《国务院关于同意山东省调整济南市部分行政区划的批复》	同意撤销县级章丘市，设立济南市章丘区，以原县级章丘市的行政区域为章丘区的行政区域。
9月14日	《国务院关于同意江西省调整赣州市部分行政区划的批复》	同意撤销赣县，设立赣州市赣县区，以原赣县的行政区域为赣县区的行政区域。

续表

时间	文件名称	具体内容
9月14日	《国务院关于同意河北省调整邯郸市部分行政区划的批复》	同意撤销肥乡县,设立邯郸市肥乡区,以原肥乡县的行政区域为肥乡区的行政区域。
9月14日	《国务院关于同意河北省调整邯郸市部分行政区划的批复》	同意撤销永年县,设立邯郸市永年区,以原永年县的行政区域(不含南沿村镇、小西堡乡、姚寨乡)为永年区的行政区域。
9月14日	《国务院关于同意浙江省调整宁波市部分行政区划的批复》	同意撤销县级奉化市,设立宁波市奉化区,以原县级奉化市的行政区域为奉化区的行政区域。
11月24日	《国务院关于同意重庆市调整部分行政区划的批复》	同意撤销梁平县,设立重庆市梁平区,以原梁平县的行政区域为梁平区的行政区域。
11月24日	《国务院关于同意重庆市调整部分行政区划的批复》	同意撤销武隆县,设立重庆市武隆区,以原武隆县的行政区域为武隆区的行政区域。
11月24日	《国务院关于同意四川省调整成都市部分行政区划的批复》	同意撤销郫县,设立成都市郫都区,以原郫县的行政区域为郫都区的行政区域。
11月24日	《国务院关于同意云南省调整昆明市部分行政区划的批复》	同意撤销晋宁县,设立昆明市晋宁区,以原晋宁县的行政区域为晋宁区的行政区域。
11月24日	《国务院关于同意陕西省调整西安市部分行政区划的批复》	同意撤销户县,设立西安市鄠邑区,以原户县的行政区域为鄠邑区的行政区域。
11月24日	《国务院关于同意河南省调整许昌市部分行政区划的批复》	同意撤销许昌县,设立许昌市建安区,以原许昌县的行政区域为建安区的行政区域。
11月24日	《国务院关于同意广西壮族自治区调整河池市部分行政区划的批复》	同意撤销宜州市,设立河池市宜州区,以原宜州市的行政区域为宜州区的行政区域。
11月24日	《国务院关于同意江西省调整抚州市部分行政区划的批复》	同意撤销东乡县,设立抚州市东乡区,以原东乡县的行政区域为东乡区的行政区域。

资料来源:根据民政部《中华人民共和国二〇一六年县级以上行政区划变更情况》的相关数据整理。

(二)市辖区合并与整合

按照时间先后,2016年的市辖区合并与整合类型的行政区划调整可参见表2。

表 2 2016 年市辖区合并与整合类型的行政区划调整

时间	文件名称	具体内容
1月7日	《国务院关于同意河北省调整张家口市部分行政区划的批复》	撤销张家口市宣化区和宣化县,设立新的张家口市宣化区,以原宣化区和宣化县的行政区域(不含沙岭子镇、大仓盖镇、姚家房镇、东望山乡)为新的宣化区的行政区域。
1月7日	《国务院关于同意河北省调整张家口市部分行政区划的批复》	同意将原宣化县的大仓盖镇、东望山乡划归张家口市桥东区管辖。
1月7日	《国务院关于同意河北省调整张家口市部分行政区划的批复》	同意将原宣化县的沙岭子镇、姚家房镇划归张家口市桥西区管辖。
3月20日	《国务院关于同意贵州省调整遵义市部分行政区划的批复》	同意将原遵义县的山盆镇、芝麻镇、沙湾镇、毛石镇、松林镇划归遵义市汇川区管辖。
3月20日	《国务院关于同意贵州省调整遵义市部分行政区划的批复》	同意将原遵义县的新舟镇、虾子镇、三渡镇、永乐镇、喇叭镇和遵义市汇川区的北京路街道划归遵义市红花岗管辖。
3月20日	《国务院关于同意江西省调整九江市部分行政区划的批复》	同意将九江市庐山区牯岭镇划归新设立的县级庐山市管辖。
6月8日	《国务院关于同意江苏省调整淮安市部分行政区划的批复》	同意撤销淮安市清河区、清浦区,设立淮安市清江浦区,以原清河区、清浦区的行政区域为清江浦区的行政区域。
6月8日	《国务院关于同意广西壮族自治区调整贺州市部分行政区划的批复》	同意设立贺州市平桂区,以原贺州市八步区所辖的黄田镇、鹅塘镇、沙田镇、公会镇、水口镇、望高镇、羊头镇、大平瑶族乡、西湾街道的行政区域为平桂区的行政区域。
6月8日	《国务院关于同意内蒙古自治区调整鄂尔多斯市部分行政区划的批复》	同意设立鄂尔多斯市康巴什区,以原鄂尔多斯市东胜区的哈巴格希街道、青春山街道、滨河街道作为康巴什区的行政区域。
9月14日	《国务院关于同意河北省调整邯郸市部分行政区划的批复》	同意撤销邯郸县,将原邯郸县河沙镇、南堡乡、代召乡和磁县高臾镇、光禄镇、辛庄营乡、花官营乡、台城乡,划归邯郸市邯山区管辖。
9月14日	《国务院关于同意河北省调整邯郸市部分行政区划的批复》	同意将原邯郸县尚璧镇、南吕固乡、兼庄乡、三陵乡和原永年县南沿村镇、小西堡乡、姚寨乡,划归邯郸市丛台区管辖。
9月14日	《国务院关于同意河北省调整邯郸市部分行政区划的批复》	同意将磁县林坛镇、南城乡划归邯郸市复兴区管辖。

续表

时间	文件名称	具体内容
9月14日	《国务院关于同意浙江省调整宁波市部分行政区划的批复》	同意撤销宁波市江东区,将原江东区管辖的行政区域划归宁波市鄞州区管辖。
9月14日	《国务院关于同意浙江省调整宁波市部分行政区划的批复》	同意将鄞州区的集士港镇、古林镇、高桥镇、横街镇、鄞江镇、洞桥镇、章水镇、龙观乡、石碶街道划归宁波市海曙区管辖。
9月14日	《国务院关于同意广东省设立深圳市龙华区和坪山区的批复》	同意设立深圳市龙华区,将原深圳市宝安区所辖的龙华街道、大浪街道、民治街道、观湖街道、福城街道、观澜街道作为龙华区的行政区域。
9月14日	《国务院关于同意广东省设立深圳市龙华区和坪山区的批复》	同意设立深圳市坪山区,将原深圳市龙岗区所辖的坪山街道、坑梓街道作为坪山区的行政区域。

资料来源:根据民政部《中华人民共和国二〇一六年县级以上行政区划变更情况》的相关数据整理。

(三)县改市

按照时间序列,2016年县改市类型的行政区划调整可参见表3。

表3 2016年县改市类型的行政区划调整

时间	文件名称	具体内容
1月7日	《国务院关于同意新疆维吾尔自治区设立县级昆玉市的批复》	由原和田地区墨玉县、皮山县、策勒县的部分区域合并设立县级昆玉市,由新疆维吾尔自治区和新疆生产兵团双重直辖。
1月13日	《民政部关于同意黑龙江省撤销抚远县设立县级抚远市的批复》	同意撤销抚远县,设立县级抚远市,以原抚远县的行政区域为抚远市的行政区域。抚远市由黑龙江省直辖,佳木斯市代管。
3月20日	《国务院关于同意江西省调整九江市部分行政区划的批复》	同意撤销星子县,设立县级庐山市,以原星子县和庐山区牯岭镇的行政区域为庐山市的行政区域。庐山市由江西省直辖,九江市代管。

资料来源:根据民政部《中华人民共和国二〇一六年县级以上行政区划变更情况》的相关数据整理。

(四)地改市

按照时间序列,2016年的地(县)改市类型的行政区划调整可参见表4。

表4　2016年地改市类型的行政区划调整

时间	文件名称	具体内容
1月7日	《国务院关于同意西藏自治区撤销山南地区设立地级山南市的批复》	撤销山南地区和乃东县,设立地级山南市。山南市辖原山南地区的各县和新设立的乃东区。
1月7日	《国务院关于同意新疆维吾尔自治区撤销哈密地区设立地级哈密市的批复》	撤销哈密地区和县级哈密市,设立地级哈密市。哈密市辖原哈密地区的巴里坤哈萨克自治县、伊吾县和新设立的伊州区。

资料来源:根据民政部《中华人民共和国二〇一六年县级以上行政区划变更情况》的相关数据整理。

(五)其他类型

除了上述调整,2016年还出现了诸如地方行政建制中心迁移、地名更改、地级市辖区变化等其他类型的行政区划调整,具体可参见表5。

表5　2016年其他类型的行政区划调整

时间	文件名称	具体内容
1月11日	《国务院关于同意安徽省人民政府驻地迁移的批复》	同意安徽省人民政府由合肥市庐阳区长江路221号迁移至合肥市包河区中山路1号。
3月20日	《国务院关于同意江西省调整九江市部分行政区划的批复》	同意将九江市庐山区更名为濂溪区。
3月29日	《国务院关于同意河北省人民政府驻地迁移的批复》	同意河北省人民政府驻地由石家庄市桥西区维明南大街46号迁至石家庄市长安区裕华东路113号。
5月3日	《国务院关于同意四川省变更县级简阳市代管关系的批复》	同意将资阳市代管的县级简阳市改由成都市代管。
9月16日	《国务院关于同意浙江省杭州市人民政府驻地迁移的批复》	同意杭州市人民政府驻地由拱墅区环城北路318号迁移至江干区解放东路18号。
11月24日	《国务院关于同意广西壮族自治区调整河池市部分行政区划的批复》	同意河池市人民政府由金城江区百旺路17号迁至宜州区中山大道6号。

资料来源:根据民政部《中华人民共和国二〇一六年县级以上行政区划变更情况》的相关数据整理。

三、2016年行政区划研究现状综述

总体来看,在2016年的相关研究中,新城镇化与行政区划调整、行政区划与区域协同发展、行政区划基础理论等问题构成了研究工作的主要选题，成果较多。从学科来看，政治学、行政管理学、城市规划学、人文地理学、法学等学科的研究者构成了研究队伍的主体。具体来看，可以将相关代表性的研究成果归纳为五个板块，即新型城镇化与行政区划调整、行政区划与区域发展、行政区划理论、行政区划法治建设以及行政区划其他问题研究。按照上述五个板块的分类，我们梳理列举了一些代表性的成果。

（一）新型城镇化与行政区划调整

在2016年有关城镇化与行政区划调整联系的相关研究中，很多研究者基于新型城镇化这一宏观时代背景探讨行政区划调整问题。具体来看，部分学者从宏观层面整体探讨了城镇化与行政区划的互动关系。例如，杨友才、潘妍妍认为在中国现阶段，行政区划调整对推进新型城镇化战略而言，是有效的制度供给。通过行政区域层级设置调整及相应的财政权力和行政权力空间配置改变，能够形成与市场化、规模经济相适应的格局，可从根本上解决目前中国的地区间竞争无效率问题，加快推进新型城镇化建设进程。[1]王劲松和杨光认为城市化是推动行政区划幅员缩小、行政区数量增多的最主要原因。随着我国人口的进一步增长和城镇化的发展，增加省级行政区（特别是直辖市）的数量成为必要。[2]李金龙、苏妮娜指出，在我国大力推进新型城镇化的背景下，要充分发挥行政区划对新型城镇化的引导、规范和服务作用，应该加强行政区划调整的规范性，遵循城乡一体化发展原则，贯彻各类城市协调发展的原则，坚持行政区划与人口、资源、环境发展相协调。[3]马振涛认为在推动新型城镇化的过程中，行政区划调整与行政体制改革应着眼于打破层级过多、协调不畅、成本过高的掣肘，适应市场化、区域经济一体化的要求，以提升城市管理科学性为目标，以增加城市数量、减少城市层级、简政放权为主要手段，理顺关系、减少掣肘，形成"设置科学、布局合理、规模适度、服务高效"的行政区划和行政管理体制。[4]冯俏彬指出，省直管县的实质是城市化进程中县的出路问题，需要与我国行政区划与行政层级改革这一更大的系统对接。因此，推进省直管县改革应当与"撤县设市""县改区"等其他涉及城市化进程中县的出路的政策同步进行设计规划，在此基础上，将省直管县的政策目标重新锚定在"为农村的发展与稳定托底"上面，选择对象应为城市化进

---

[1] 参见杨友才，潘妍妍：《城镇化过程中的行政区划空间演进及其经济效应研究》，载《理论学刊》，2016（4）。
[2] 参见王劲松，杨光：《省级行政区划改革的方向》，载《中国国情国力》，2016（2）。
[3] 参见李金龙，苏妮娜：《行政区划体制三次变迁及其对推进新型城镇化战略的启示》，载《天津行政学院学报》，2016（5）。
[4] 参见马振涛：《新型城镇化下行政区划调整与行政体制改革：一个成本的视角》，载《求实》，2016（2）。

程中处于相对弱势、劣势的农业县、贫困县、边远县等。①

也有部分学者结合撤县（市）改区、县辖市、特大镇行政区划调整等问题，探讨了城镇化与行政区划调整的互动关系。例如，李金龙等认为我国现有的设市模式对推进新型城镇化战略存在明显的不适应。该论文通过对城市的本质属性、以人为本的理念、科学合理城市体系的培育和完善、城镇的可持续发展等方面的分析，进一步指出了县辖市模式是中国设市模式创新的基本路径。②谢涤湘等指出：近年来，我国经济发达地区涌现出了不少人口、经济和建成区达到了中等甚至大城市规模的特大镇，但其级别低、权力小、负担重的层级和架构一直影响其可持续发展。因此，各地应结合自身实际情况，适时、审慎地推进行政区划体制改革工作。③李金龙、翟国亮探讨了撤县设区科学规范的基本内容，并以此透析中国当前撤县设区失范的表现，诸如，将未完全达到市辖区要求的县改设市辖区、单纯追求城市经济发展而撤县设区、不少新设市辖区运行中偏离应有功能等。究其原因，主要有以下三个方面：一是理论研究上的欠缺；二是"贪大"思想的影响；三是"行政区经济"的羁绊。④

此外，也有一些学者主要从国际比较的视角，探讨了城镇化进程中的行政区划整合问题。例如，刘玉博等认为经济社会一体化加深了区域及城市之间的空间联系，短期内不可调整的行政区划无法灵活应对这一趋势。美国、加拿大、英国、日本等典型国家采用某类标准重组城市空间，形成了不同类型的都市经济区，作为规划管理、政策实施及科学研究的空间尺度。相比较而言，中国由于过度依赖行政区划，带来了一系列影响城市可持续发展的问题。⑤

（二）行政区划与区域发展

行政区划与区域社会经济发展的联系一直是相关研究的一个重要切入点。特别是，近年来随着京津冀协同发展成为国家战略，从区域协同发展的视角探讨行政区划调整问题，更是成为相关研究的热点。例如，陶希东认为中国的区域经济发展模式表现为从普遍各自为政的"行政区域经济"走向城郊一体的"大都市区经济"，再走向突破城际省际边界的"跨界区域经济"的基本演变过程。目前，跨区域经济共同体建设面临多重体制障碍，建议积极构建多级政府、社会、市场、

---

① 参见冯俏彬：《"省直管县"何去何从？——基于新型城镇化与行政区划改革背景》，载《地方财政研究》，2016（2）。
② 参见李金龙等：《县辖市：新型城镇化中设市模式创新的基本路径》，载《经济地理》，2016（4）。
③ 参见谢涤湘等：《经济发达地区特大镇行政区划体制改革》，载《规划师》，2016（10）。
④ 参见李金龙，翟国亮：《撤县设区的科学规范探究》，载《云南社会科学》，2016（5）。
⑤ 参见刘玉博等：《超越城市行政边界的都市经济区划分：先发国家实践及启示》，载《才智》，2016（4）。

民众等多元参与的"跨行政区多层—多要素—共同治理"体系。[1]赵聚军分析指出：在我国现行体制下，行政区划对区域协同发展的影响主要表现为行政区划刚性约束下的跨界公共事务治理困境以及"行政区经济"现象泛滥。由于京津两个超大城市均为广域市制，目前都还拥有较大的发展空间，还没有达到规模效应外溢的阶段，因此，在推动京津冀协同发展的过程中，不宜贸然调整行政区划，在相当长的时期内都应主要通过促进地方政府合作，以及构建多功能大行政区等准行政区划手段，着力突破区划壁垒对区域协同发展的阻隔。[2]尹来盛指出：地方政府组织结构是影响区域经济发展的重要制度因素，以撤县（市）设区为代表的行政辖区调整成为整合城市地区发展的主要手段之一，为我国优化行政区划设置方向提供了重要决策参考。[3]林拓、申立认为，当前，我国正处于全面深化改革和国家治理现代化的关键时期，行政区划的作用日益凸显。具体来看，即通过政区格局优化为空间治理体系构建提供支撑，对接以主体功能区为基础的空间规划布局；通过政区联动优化为优化全球、区域、城市等不同尺度的经济治理结构提供支撑，国家边疆、省域边界和市域边界地区的变动已成重点，跨市域的政区优化成为新动向；通过政区体制优化来提升社会治理能力，破解"一市一区"体制问题[4]。

也有部分学者结合特定地区的发展现状，探讨了行政区划与区域发展的联系。例如，赵彪等基于城市能级指数、空间场能模型等方法，定量分析了1993—2013年江苏省的行政区划变迁，发现江苏省城市空间场能变化较大，经历了前期的"极核化"和后期的"分散化"两个阶段，行政区划问题突出集中在南京—镇江（句容）、常州—镇江（丹阳）、常州—无锡（宜兴）、泰州—扬州区域[5]。孟祥林指出：保定市区行政区划由原来的"三区"变为"五区"，市区面积扩展为原先的8倍，市区的辐射力会更强，使"大保定"的核心与边缘得到一体化发展，为保定在京津冀一体化进程中赢得了更多发展机会。[6]林拓结合上海崇明撤县改区的实践，指出大城市的县改区是行政区划适应城市化的变动，也是纳入大城市的整体发展，

---

[1] 参见陶希东：《基于区域经济共同体的跨行政区治理体系建构》，载《创新》，2016（4）。
[2] 参见赵聚军：《行政区划调整如何助推区域协同发展？——以京津冀地区为例》，载《经济社会体制比较》，2016（2）。
[3] 参见尹来盛：《辖区合并与经济绩效——基于京津冀、长三角、珠三角的经验研究》，载《经济体制改革》，2016（1）。
[4] 参见林拓，申立：《行政区划优化：与国家治理同行》，载《经济社会体制比较》，2016（4）。
[5] 参见赵彪等：《基于空间场能的江苏省行政区划变迁与优化策略》，载《经济地理》，2016（6）。
[6] 参见孟祥林：《京津冀协同发展背景下"大保定"行政区划调整与发展对策分析》，载《北京化工大学学报（社会科学版）》，2016（1）。

更是双方构建新型共同体的基础性制度供给。①

(三)行政区划理论

梳理 2016 年有关行政区划理论的研究,可以发现研究者们基于不同的学科视角,探讨了行政区划调整的影响因素,以及行政区划与其他重要公共政策的关系。例如,张践柞等认为行政区划调整作为刚性的尺度调整工具,其发生周期、主要类型和动力来源嵌入在国家或区域为提升竞争力所采取的尺度战略及其相应的尺度重构方式之中。此外,由于各时期国家、区域宏观战略的不同,尺度重构的推动主体、内容指向会随之变化,空间生产策略也将进行调整,使得不同阶段对各地域空间赋予的尺度重要性大相径庭。②在另一篇论文中,张践柞等以中国近年来行政区划调整的现实为基础,引入空间和位序因素,建构了两个相互联系的理论模型,即政府区划决策—收益模型和上下级间的方案"协商博弈"模型。继而借助模型对 SS 镇的区划调整案例进行考察,探究政府在区划决策和互动中的行为逻辑。③何李认为我国行政区划改革呈现出行政区市制化、冷热交替、市制扭曲等特征。在这一背景下,市制回调逐渐成为关注的焦点。短期来看,要按照工具性、时空性、信息化、差异化等原则来确定回调的适用范围,长远来看,平衡制度化与工具性则是现实取向。④谢来位在系统考量优化行政区划的价值目标、制约因素和推动力量的基础上,提出了增省减层优化中国行政区划的现实路径。⑤熊竞从权力集—散关系的视角,将相关理论与行政区划的关联划分为三个方面:一是政区的功能发挥上所涉及的政府与经济的权力集—散关系;二是政区的性质定位上所涉及的政府与社会的权力集—散关系;三是政区层级隶属关系上所涉及的政府之间的权力集—散关系。⑥李金龙、武俊伟认为在推进行政省直管县改革的过程中,"传统官僚制"对其制约作用非常明显。从一定意义上说,行政区划改革特别是行政省直管县改革更多的是在结构层面对整个国家官僚制系统的一种优化,也是"传统官僚制"的一次自我救赎。⑦

此外,作为行政区划研究的一个经典范畴,"行政区经济"理论也在 2016 年出现了一些比较有代表性的成果。例如,刘君德、马祖琦指出:随着社会主义市

---

① 参见林拓:《以崇明县改区为新动力优化上海发展战略思路研究》,载《上海经济》,2016(3)。
② 参见张践柞等:《尺度重构视角下行政区划演变的动力机制——以广东省为例》,载《人文地理》,2016(2)。
③ 参见张践柞等:《行政区划调整中上下级间的协商博弈及策略特征——以 SS 镇为例》,载《社会学研究》,2016(3)。
④ 参见何李:《市制回调:行政区划改革的弹性因素》,载《理论与现代化》,2016(2)。
⑤ 参见谢来位:《优化行政区划设置:学理根据与现实选择》,载《上海行政学院学报》,2016(2)。
⑥ 参见熊竞:《政府、市场和社会权力关系视角下行政区经济理论的再认识》,载《江汉论坛》,2016(8)。
⑦ 参见李金龙,武俊伟:《"传统官僚制":我国行政省直管县体制改革的重要制约因素》,载《湖北社会科学》,2016(3)。

场经济体制的建立，行政区划对区域经济的约束作用逐渐从刚性过渡到柔性，区域合作机制不断完善，地方政府之间的合作意愿也日益强烈，区域经济协调发展的局面正在形成。但由于中国国情的特殊性，政区的空间约束仍将长期存在。未来的行政区经济之负面影响或许会以一种更加隐性的方式出现。①陈占彪指出：行政区经济理论因我国行政区划对区域经济发展的刚性约束问题这一独特切入点，因地方区域经济运行中行政组织与空间结构的耦合关系这一非常独特的问题意识，因针对我国一轮又一轮的行政体制改革条块关系难题所采取的"一揽子"最简便、易行和具有可操作性的区域权力调整与转移的独特解决方案，成为新时期改革开放以来我国具有丰富历史思想文化根基、现实实践意义、在学界和政界都颇具高接受度的区域政治经济学理论体系。②曾冰等以行政区和经济区的基本范畴为出发点，以两者间发展关系变化的时间序列为主线，对我国省际交界地区发展变化的规律和趋势进行分析，指出我国省际交界区发展是交织和渗透了行政区和经济区关系演化中的，其经济滞后性发展本质上是行政区与经济区难以调和的重要体现和必然结果。③王昆认为，行政空间与经济空间不匹配带来的资源错位是城市发展困境的重要原因。行政区经济是一种生产力，"肥瘦搭配"式的行政区调整对城市空间具有积极影响，城市近郊地区是该过程的重要空间抓手，是功能调整的发力点。④

（四）行政区划法治建设

随着依法治国的加快推进，以及行政区划法治建设本身存在的一些问题，近年来也有学者开始从法治建设的视角探讨行政区划调整问题。例如，马怀德认为现行行政区划调整所依据的法律规范滞后、不健全，行政区划变更程序不完善，存在隔级决定、忽视地方权力机关的自主管理权等问题。完善行政区划变更制度，关键在于加快制定《行政区划法》，建立人大常委会参与和决定机制，建立公民参与、专家论证和风险评估等程序制度。⑤郑磊、贵圣真指出：设区县意义上的"较大的市"和地方立法权意义上的"较大的市"在外延上一直存在错位图景，其原因在于在其"分为区、县"的权力普遍化的同时，具有地方立法主体资格的"较大的市"仍受到稀缺性控制。新《立法法》突破后一方面的稀缺性控制，普遍赋予"设区的市"地方立法权，不仅弥合了地方立法权意义上的"较大的市"同"设

---

① 参见刘君德，马祖琦：《中国行政区经济理论的哲学思考》，载《江汉论坛》，2016（8）。
② 参见陈占彪：《行政区经济理论的中国经验与世界启示》，载《江汉论坛》，2016（8）。
③ 参见曾冰，张朝，龚征旗：《从行政区和经济区关系演化探析我国省际交界地区发展》，载《经济地理》，2016（1）。
④ 参见王昆：《整合与重塑：城市近郊地区在行政区划调整中的空间转型》，载《小城镇建设》，2016（1）。
⑤ 参见马怀德：《行政区划变更的法治问题》，载《行政法学研究》，2016（1）。

区的市"之间外延上的错位,而且消解了"设区的市"之间地方立法权的不平等配置。然而,通过人大立法发展宪法路径而呈现出来的这项弥合方案,在国务院批准"设区"的权力对地方立法权的前置控制,以及对"设区的市"行使地方立法权的合宪性补强等问题上,仍然存在制度缝隙。[①]胡丽燕梳理了开发区托管对行政区划、被托管区域以及开发权限的影响,从体制和空间层面分析了开发区托管行政区的原因,并结合国内外经验,建议通过完善法规、引导专业化发展、推进与行政区划融合等手段促进开发区深入发展。[②]

(五)有关行政区划的其他研究

孙景超探讨了"插花地"的行政区划整合问题,认为行政区划通常具有明确而封闭的界线,作为其特殊形态,"插花地"则突破了这一通行原则,是行政区划边界划分中"犬牙交错"原则实施发展的结果,同时也是"属人"管理原则的体现,对一般行政区划"属地"管理原则造成了冲击。由于承载了复杂的政治、经济利益关系,"插花地"现象仍将长期存在。[③]高翔和龙小宁则主要从区域文化的视角探讨了行政区划对经济社会发展的深远影响,指出行政区划对区域文化的打乱与地方保护主义相结合造成了严重的经济损失。具体来看,他们认为现行"省制"一级行政区划打破了区域文化分布,造成很多地区被分割出自己所属的区域文化,而被划分到其他省之中。这些被分割地区与本省主流文化之间存在文化冲突,与持相同文化的邻省之间又被设置了地方保护壁垒,无论与哪一方进行经济合作和贸易往来,交易成本都会更高,从而使经济发展受到限制。[④]

四、分析与展望

总体来看,我国现阶段面临的跨界公共事务治理困境,既有行政区划刚性约束作用的影响,也受制于地方政府的过度竞争。面对种类繁多、数量巨大的跨界公共问题,以层级关系为基础的科层制实际上已经难以应对。因此,如何适度突破行政区划壁垒,纠正地方政府过度竞争所产生的负外部性,就成为构建区域协调发展机制的主要着力点。

归纳典型国家和地区的经验来看,行政区划调整或准行政区划手段对区域政

[①] 参见郑磊,贾圣真:《从"较大的市"到"设区的市":地方立法主体的扩容与宪法发展》,载《华东政法大学学报》,2016(4)。
[②] 参见胡丽燕:《开发区托管行政区:因果透视与改革思路——基于法律地位与性质分析的视角》,载《经济地理》,2016(11)。
[③] 参见孙景超:《插花地对行政区划的影响及其改革》,载《开发研究》,2016(2)。
[④] 参见高翔,龙小宁:《省级行政区划造成的文化分割会影响区域经济吗?》,载《经济学(季刊)》,2016(2)。

策的影响主要体现在两个方面：一是促进区域内权力要素的整合，解决政府结构零碎化所导致的"巴尔干化"[①]，最终的政策目的是解决跨区域公共服务供给问题，典型如美国、英国等西方国家；二是在有些国家和地区，行政区划调整的主要政策目的则是为了促进区域经济发展，典型如同处东亚地区的韩国和我国台湾地区。不同于美国等西方国家的大都市区地方政府普遍面临的"巴尔干化"等协同治理难题，韩国与台湾地区的大都市区地方政府的零碎化现象并不严重。同时，由于地方自治的传统亦不像上述西方国家那样强烈，且经济发展中一直具有比较强的"规划"色彩，政府始终发挥着重要的引领作用，因此，韩国和台湾地区的一些行政区划调整往往更加直接地面向区域经济发展的协调难题，而不像西方国家那样更多地指向区域公共服务供给问题。当然，在很多情况下，行政区划或准行政区划手段作为实施区域政策的重要工具手段，其政策目的并不是绝对或唯一的，只能说侧重于促进区域内的权力整合或者是协调区域经济发展。也有一些国家的相关实践则是上述两者兼顾，比较典型的代表如德国组建"柏林—勃兰登堡联合区域规划部"、加拿大合并组建单中心市的实践，以及法国合并重组大区和组建巴黎大都会区的实践。

不同于西方典型国家的区域政策主要是为了促进区域内权力整合，克服地方政府的"巴尔干化"所带来的系列问题，我国政府的区域政策主要目的是促进经济发展。而这种局面的出现，与长期以来地方政府的职能定位（发展经济）以及我国现阶段的区域经济发展仍在较大程度上受到行政手段的强力影响，存在较大的关联。从我国以往的行政区划调整实践以及典型国家和地区的相关经验来看，行政区划作为协调区域发展的重要政策之一，其功用主要在于解决快速城镇化进程中人口大量向区域中心城市聚集所导致的城市发展空间不足问题，同时对于区域公共服务均等化的推进，也有较大的促进作用。这一点在主要实行狭域市制的西方国家，尤其是大都市区尤为突出。如前文所述，西方国家长期以来在区域协同发展中面临的一个普遍难题就是大都市区政区结构体系的"巴尔干化"，以及由此引发的区域内各地方政府间的无序发展和竞争、公共服务和施政效益低下、公共服务供给不均衡等问题。

作为一个后发国家，西方典型国家在大都市区行政区划改革过程中的经验和教训，当然值得我们去认真地总结和借鉴。但是，同时需要特别指出的是，目前，

[①] 例如，到20世纪末，美国平均每个大都市区内有114个地方政府，相当于每10万个居民就有18个地方政府。大都市区地方政府数量之多、名目之繁杂，像一个迷宫，因此，才有了诸如"零碎化""分散化""多中心""马赛克""银河"等之类的形容，以及"玩具"政府、"花生"政府等颇有讽刺意味的称谓。更为不利的是，这些叠床架屋的政府单位类似于巴尔干半岛林立的小国一般，互不隶属，而且其发展趋势是逐年增长，几乎失控，这种现象被美国学者形象地称为"巴尔干化"。

中国在大都市区治理中所凸显的问题，与西方国家存在明显的差异：长期以来困扰西方国家的大都市区政府结构体系的"巴尔干化"问题，在中国的区域协同发展过程中并没有太过明显的表现。相反，中国的大都市区反倒是纷纷出现了由于空间、人口过度扩张而引发的"大城市病"。这主要是因为中国的大都市区普遍实行单中心广域市制，从而有效避免了政府结构体系的零碎化趋势，且各类城市，尤其是大中城市的辖域普遍比较广阔，发展空间比较充足。总体来看，相比较西方国家，中国的大都市区政区结构体系总体上是比较合理的，也是应该继续坚持的。

五、报告要点

报告对 2016 年度全国县级及以上的行政区划调整情况和相关研究成果进行了归纳梳理，并在此基础上，对未来的改革和研究工作进行了展望。报告要点总结如下：

1. 回顾改革开放以来 30 余年的行政区划调整，可以发现推动我国行政区划刚性对区域协同发展的约束性影响，主要表现为两个层面：一是在行政区划刚性约束下的跨界公共事务治理困境，集中表现为跨界的环境、生态、流域治理，区域基础设施统筹规划问题，以及公共服务供给中严重的区域非均衡局面；二是由于政府职能转变不到位，区域性市场一体化进程发展缓慢，导致"行政区经济"现象依然难以彻底扭转。

2. 梳理近年来的行政区划调整，可以发现县级以上行政区划调整主要是在城镇化进程快速推进背景下，为适应区域社会经济发展所进行的调整。从具体类型来看，主要分为五种类型，即撤县（市）改区、市辖区合并与整合、县改市、地改市，以及行政治所迁移等其他类型的调整。尤其是撤县（市）改区，以及诸如市辖区之间，市辖区与周边县域、乡镇的合并整合等旨在"做大做强"市辖区的合并与整合，已成为近年来县级以上行政区划调整的主导类型。

3. 在 2016 年的相关研究中，新型城镇化与行政区划调整、行政区划与区域协同发展、行政区划基础理论等问题构成了研究工作的主要选题，成果较多。同时，作为行政区划研究的一个经典范畴，围绕"行政区经济"理论，也出现了一些新的成果。此外，随着依法治国的加快推进，以及行政区划法治建设本身存在的一些问题，近年来也有学者开始从法治建设的视角探讨行政区划调整问题。从学科分布来看，政治学、行政管理学、城市规划学、人文地理学、法学等学科的研究者构成了研究队伍的主体。具体来看，可以将相关有代表性的研究成果归纳为五个板块，即新型城镇化与行政区划调整、行政区划与区域发展、行政区划理论、行政区划法治建设以及行政区划其他问题研究。

4. 从我国以往的行政区划调整实践以及典型国家和地区的相关经验来看，行政区划作为协调区域发展的重要政策之一，其功用主要在于解决快速城镇化进程中人口大量向区域中心城市聚集所导致的城市发展空间不足问题，同时对于区域公共服务均等化的推进，也有较大的促进作用。结合我国的现实国情以及典型国家和地区的经验，我们认为通过直接的行政区划调整推进区域协同发展，主要适用于实行狭域市制的西方国家大都市区。而中国的大都市区普遍实行单中心广域市制，这就有效避免了政府结构体系的零碎化趋势，且各类城市，尤其是大中城市的辖域普遍比较广阔，发展空间比较充足。总体来看，相比较西方国家，中国的大都市区政区结构体系总体上是比较合理的，也是应该继续坚持的。

作者单位：南开大学周恩来政府管理学院，南开大学中国政府与政策联合研究中心

第三部分

政府能力建设与公务员制度改革

中国政府公信力建设研究报告

张传彬　吴莉

政府公信力是近年来媒体频频出现的"热词",也是学界和政界比较关注的一个重要课题。自 2005 年国务院《政府工作报告》首次明确提出政府公信力建设这一命题之后,中共中央和国务院多次将该问题写入重要文件,各层级政府、不同部门也纷纷推出一系列巩固和提升自身公信力的举措。总体而言,改革开放以来,中国政府的公信力评价值始终是不断提升的。不过,尽管当前中国政府公信力的总体情况和发展态势较为乐观,但是其中仍然存在较大隐忧:第一,政府公信力在纵向政府间趋向递减。中国各级政府尤其是基层政府,在公信力建设、巩固和提高方面仍然存在不少问题。第二,政府公信力内部结构并不平衡。许多关键指标与西方典型国家存在差距。第三,制约中国政府公信力的要素与西方发达国家存在差异。第四,较高的政府公信力伴生某些负面"溢出效应"。第五,中国政府公信力的内部逻辑并不清楚,较难以全面认知。

一、中国政府公信力建设概况

(一) 2016 年政务微博助力政府公信力建设

在新媒体日益崛起的大背景下,广大党员干部和政府官员响应号召,主动开展网络问政和微博问政,政务微博如雨后春笋般涌现。《人民日报》和新浪微博联合发布《2016 年人民日报·政务指数微博影响力报告》(以下简称《报告》)。《报告》显示,政务微博已进入深入、稳定发展期。截至 2016 年 12 月,新浪认证的政务微博为 164 522 个,较 2015 年底增加 12 132 个,其中,政务机构官方微博

25 098个,公务人员微博39 424个。①就地方政府而言,各地宣传部门越来越重视并善于通过微博来塑造公开、透明、负责的政府形象。据统计,除20余个省级新闻办微博开通外,还有220余个地级市宣传部门开通政务微博,约覆盖全国70%的地级市。值得一提的是,甘肃、新疆、河北三省(自治区)下辖地级市新闻宣传部门已实现全面开博。此外,贵州省、昆明市等地方主政官员也借助微博发挥问政能量,开启了"一把手微博问政"的新局面,搭建了政府官员和当地民众互动沟通的新平台。政务微博的开通,有助于推进地方政府信息公开工作,既为公众表达意见和政府回应社会公众诉求提供了良好的互动机制,也为化解分歧、弥合裂痕搭建了桥梁,是修复政府公信力的一剂良药。特别是在面对突发事件时,政务微博已经成为政府部门应对突发事件的"标配",在发布权威信息、回应社会关切、构建官民沟通渠道等方面发挥了重要作用。自媒体的裂变式传播特性决定了它能够为各级政府和有关部门提供极好的应对突发事件的发声平台。2016年,发生了"山东疫苗案"事件,各政务微博连续发布多条微博通报相关情况,公布事故原因,详见图1。

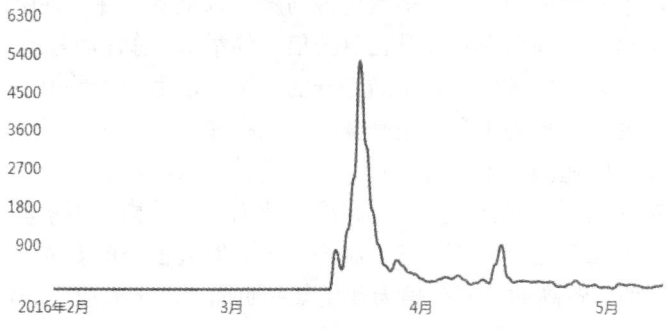

图1 "山东疫苗案"事件舆情走势图

从社会公众特别是网民的反应来看,多数民众对政务微博的回应速度、发布内容及态度表示认可和称赞。如图1所示,在舆情走势图中,可以发现这一严重突发事件的舆情被较成功地处置。可见,政府部门借助政务微博牢牢抓住了黄金时间,在突发事件发生后,积极主动发布事件相关信息,填补了舆论的空白,获得了民众的认可和支持,为自己赢得了公信力。

(二)2016年中国政府公信力发展态势

从总体上来说,中国政府公信力近年来始终保持了稳定上升的趋势。根据《小康》杂志2005年至2016年所发布的"政府公信力指数"可知,中国政府公信力水平始终保持稳步上升的态势,具体如图2所示。

---

① 参见《人民日报》和新浪微博:《2016年人民日报·政务指数微博影响力报告》,见人民网,2017-01-19。

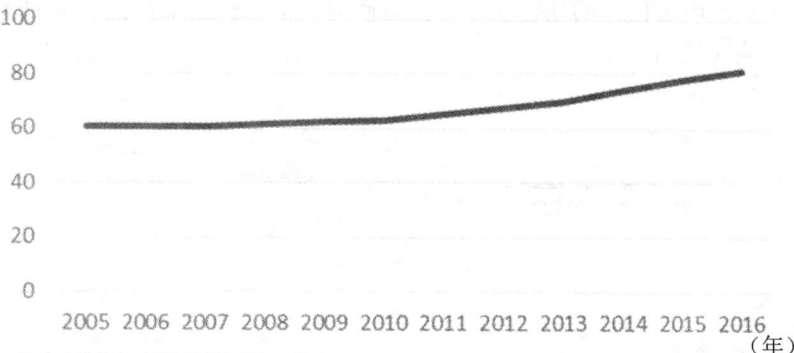

图 2　中国信用小康指数之"政府公信力指数（GTI）"（2005—2016）[①]

根据图 2 中的数据可以发现，中国政府公信力发展明显经历了三个阶段：（1）2005—2006 年，中国政府公信力指数均为 60.5。（2）2007—2011 年，中国政府公信力指数分别为 60.6、61.5、62.2、63 和 65，即从原来的停滞不前，变为小步前进，并且增长速度逐年加快。（3）2012 年至今，中国政府公信力指数分别为 65、67.8、70.1、74.1、77.8 和 81.1。这一阶段，政府公信力发展的空间得到进一步的释放。从数据上就可以看出，指数值每一年都呈现出较高的增加幅度。

中国政府较高的公信力与中国政府的主动作为是分不开的。就信息公开方面而言，从 2005 年开始，各级行政机关在依法公开政府信息、及时回应公众关切和正确引导舆情方面已经取得了较大的成绩。虽然可能与公众期望相比还有一些距离，但是一些地方和部门在政府信息公开的主动性、及时性方面有了较大的提高，从而使得政府形象和公信力在这一时期开始起步。从 2007 年开始，伴随着中国政府职能转变的加速，政府公信力开始呈平滑缓慢上升趋势。中国政府职能的转变是与其自身所做的"加法"和"减法"分不开的。所谓的"加法"，是指将政府自身应该承担的职能做好，尤其要着力建设公共服务体系，为公众提供优质高效的公共服务。同时，其自身也在做"减法"，即将不适宜由政府来承担的职能，向社会和市场转移。在这一过程中，政府的公信力得到了明显的加强。从 2012 年开始，加强"法治"和回应性成为这一时期的政府公信力建设的主要特点。比起其他要素，"法治"和回应性在现代政府运作中更加贴近和影响公众的主观感受。因此，随着中国政府"法治"和回应性的提高，政府公信力指数明显呈快速增长的趋势。

政府公信力是整个社会公信力的一个子部分。与其他国家商业公信力居于主

[①] 参见鄂璠：《2016 中国信用小康指数：74.1》，见和讯网，2016-07-29。

导地位不同,中国政府的公信力在社会公信力体系中居于主导地位。这种主导地位主要体现为两个方面:一是政府自身的公信力水平高于其他领域的公信力水平;二是公众对政府公信力的期待较高,并且政府公信力在整个社会公信力体系中居于最高地位(见图3)。

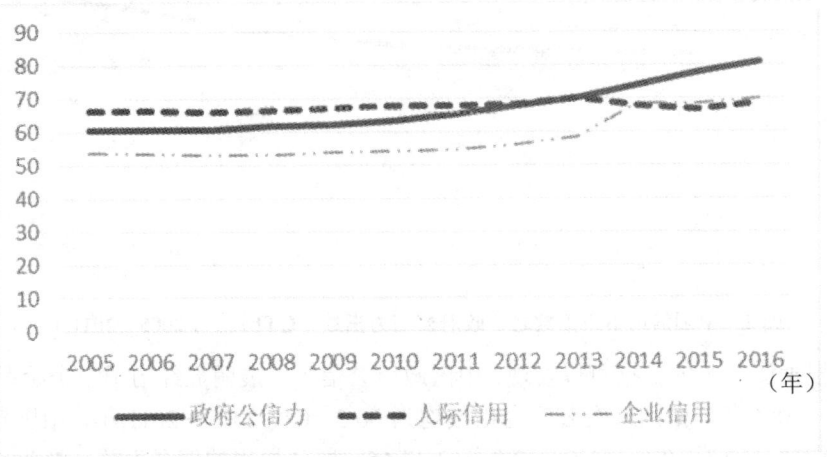

图3 中国社会信用指数(2005—2016)①

社会信用体系主要包括政府公信力、人际信用和企业信用。近十年,中国的企业信用长期低于政府公信力,这意味着中国企业的信用体系一直未得到根本的转变。中国经济上的成功主要不是依赖商业信用的建立,而是依赖政府公信力的强化。同时,我们还可以看出,在2013年以前,不但政府公信力高于企业信用,而且人际信用同时领跑政府公信力和企业信用(见图3)。这意味着,社会体系的运作过于依靠作为个体存在的人际信用体系。

由图4可知,中国公众对于中国政府公信力有着较高的角色期待。"2014最让人担忧的信用问题排行榜显示,排在第一位的仍是政府信用,48.9%的受访者表示了对政府信用的担忧。虽然与前两年相比,政府信用在此榜单上的排位并无变化,但对政府信用担忧的人群比例正在下降。2012年有76.9%的人表示担忧政府信用,2013年有63.6%的人表示担忧政府信用,2014年是57%。"②不过,即使这样,政府公信力在中国整个社会信用体系中的地位仍然是最高的。中国社会信用结构的整体趋势并未改变。

---

① 参见鄂璠:《公众感受:五成人认为信用环境有好转》,见小康杂志社网,2014-09-01;参见鄂璠:《2016中国信用小康指数:74.1》,见和讯网,2016-07-29。

② 参见鄂璠:《公众感受:五成人认为信用环境有好转》,见小康杂志社网,2014-09-01;鄂璠:《2015中国信用小康指数:71.7,教师诚信度五年来首超学生》,载《小康》,2015(15)。

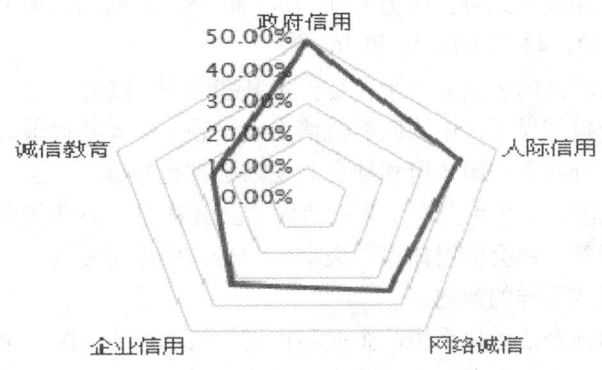

图 4　2014 年中国社会最让人担忧的五大信用问题[①]

各国政府公信力在国际背景下依然存在较大差异。根据爱德曼国际公关公司于 2015、2016 和 2017 年对各主要国家政府公信力的调查显示，中国政府的公信力水平不但远高于全球平均水平，而且位居世界领先地位。这不能不使我们反思，过高的政府公信力对于国家和社会的发展究竟是好事，还是坏事？本报告认为，政府公信力的高低并不绝对反映一国政府的治理水平和治理效果。评价一国政府公信力如何，应该看这个国家处于什么样的发展阶段。

根据不同国家政府公信力值的大小，可以将其分为三类：第一类为美、英、法、德等发达国家。它们的政府公信力水平总体上并不高，但呈现出稳步发展的特点。这些国家已经迈入经济强国行列，政治上相对稳定，政府治理能力和水平较高，民众对政府的期待较理性。第二类为韩国、澳大利亚、加拿大等国家。它们从总体上已进入发达国家行列，但经济和社会发展仍在很大程度上依赖于政府的治理。因此，它们的政府公信力指数总体上适中，且有一定的波动。第三类为中国、俄罗斯、印度、印尼等新兴经济体。它们的经济和社会正处于快速发展阶段，并且政府在经济和社会发展中居于重要地位。人们期望政府有较高的管理水平和治理能力。这类国家政府公信力指数呈现较高水平，且快速增长。[②]

另外，一般来说，由于地方政府是公共服务的主要供给者，是公民接触的主要对象，因此，在多数国家，地方政府都拥有比中央（或联邦）政府更高的公信力水平。然而，在中国，中央政府的公信力水平明显高于地方。以 2015 年为例，

[①] 参见鄂璠：《公众感受：五成人认为信用环境有好转》，见小康杂志社网，2014-09-01；鄂璠：《2015 中国信用小康指数：71.7，教师诚信度五年来首超学生》，载《小康》，2015（15）。

[②] 参见 Edelman Public Relations Worldwide. *Trust Around World*，见爱德曼国际公关公司 http://www.edelman.com/insights/intellectual-property/2015-edelman-trust-barometer/。

中国中央政府和地方政府公信力分别为 82 和 75。而同期的美国、英国和日本则分别为 41 和 52，44 和 50，40 和 46。[①]

中国政府较高的公信力水平往往伴生某些负面"溢出效应"。如前所述，国内外各类统计数据都显示，中国政府公信力水平领跑世界其他国家，然而，过高的政府公信力得分对于中国政府和社会来说未必都是好事。它虽然可以造就较高的政策执行力，但是往往也会产生某些负面"溢出效应"。这主要是指两个方面：一是可能会造成整个社会信用体系的失衡，冲击其他信用要素；二是可能会给政府自身带来这样或那样的问题。

在正常的社会信用体系中，企业和市场一般都居于支配地位，因此，其公信力水平也较高。而在中国，由于政府的过分主导，加之市场体系的不完善，政府公信力水平远高于商业公信力。以 2016 年为例，中国的政府公信力和商业公信力分别为 79 和 70，而同一时期的美国、英国、法国和日本则分别为 39 和 51，36 和 46，24 和 46，39 和 43。

过高政府公信力水平的另一个负面"溢出效应"则指向了政府自身。由于政府对市场和社会的过度渗透，以及政府自身的高执行力，故政府的工作人员有发生腐败的较大可能性。我们把各国政府的公信力指数与透明国际的清廉指数做一比较，可以发现，在像中国、印度、印尼等这样的过高政府公信力指数的国家，其政府在清廉指数中得分较低。相反，美、法、德、日等国家，虽然政府公信力指数较低，但清廉指数却相对较高。[②]

综上所述，2016 年中国政府的公信力指数较为稳定，具有较高的发展水平，并在政府行为、政务信息公开透明化等方面取得了一定成效。但与此同时，政府公信力在内部结构方面还存在不足，与发达国家相比还存在差距。对于这些问题，我们应给予足够的重视，并予以改进。

二、中国政府公信力问题研究现状综述

根据 CNKI 数据库所收录的学术期刊文章研究分布来看，"政府公信力"一直是政治学、公共管理学、传播学等学科关注的重要研究领域，相关研究文献数量

---

① 参见 Edelman Public Relations Worldwide. *Trust Around World*，见爱德曼国际公关公司 http://www.edelman.com/insights/intellectual-property/2015-edelman-trust-barometer/; Edelman Public Relations Worldwide. *2016 Edelman Trust Barometer*，见爱德曼国际公关公司 http://www.edelman.com/insights/ intellectual-property/2016-edelman-trust-barometer/。

② 参见 *2017 Executive Summary*，见爱德曼国际公关公司 http://www.edelman.com/ executive-summary；透明国际：*2017 Corruption Perceptions Index*，见透明国际网站 http://cpi.transparency.org/。

逐年上升（见图5）。研究内容主要分为影响政府公信力水平的因素以及提高政府公信力的途径和对策这两个方面。

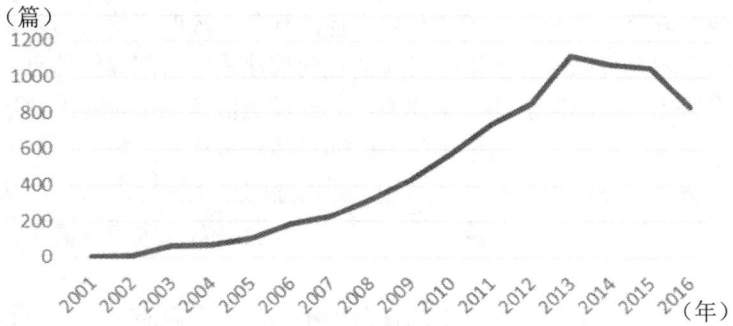

图5　以"政府公信力"为主题词收录的 CNKI 期刊文章数量（2001—2016）

（一）对影响政府公信力水平因素的研究

学界对影响政府公信力水平的因素进行研究的比较多，具体可分为以下三种：一是从舆情的视角，分析指出，新媒体的发展既为发展政府公信力提供了契机，也为公信力建设提出了较大的挑战。在许多工作中，尤其是突发事件管理过程中，如果忽视了新媒体的角色和作用，将大大影响政府公信力的塑造。[1]二是从政府行为和绩效的视角，认为政府公信力的三大支柱——政府理念、行为和绩效均包含着主动因素，研究和提升政府公信力也需从政府自身的行为入手。从行为视域审视政府公信力，政府理念就应体现"善意"，政府行为就应遵循"善行"，政府绩效就要追求"善果"，使政府从理念到绩效的整个过程均体现"善"性，以赢得民众信任。[2]三是从公共服务的视角来看。近年来，基层政府公信力水平总体偏低，且面临着政策信用、行为信用、资信信用和绩效信用的弱化。这主要是由于基层政府决策方式自上而下、财政能力不足、公共服务提供主体单一、监管体系不完善、绩效评估机制缺乏所导致的。因此，公共服务提供能力建设视域下的基层政府公信力提升可以从建立公共服务提供上下结合的决策机制、完善财政制度、构建多元化供给体系、完善多元监管体系及绩效评估机制等方面展开。[3]

---

[1] 参见左蒙，杨延圣：《政府公信力流失的原因及对策：基于舆情的分析视角》，载《沈阳大学学报（社会科学版）》，2016（5）；杨雪：《网络自媒体时代政府公信力建设的新问题及措施》，载《中国管理信息化》，2016（1）。

[2] 参见唐土红：《论政府公信力及其伦理向度：基于政府理念、行为与绩效的分析》，载《内蒙古社会科学》，2016（3）；王雪冰：《公共危机管理在提升政府公信力中的作用》，载《经营管理者》，2016（21）。

[3] 参见李金龙，张德芳：《公共服务提供能力建设视域下的基层政府公信力提升》，载《湖北行政学院学报》，2016（3）。

（二）对提高政府公信力的途径和对策的研究

针对中国政府公信力水平的现实，许多学者提出了自己的对策和建议，主要包括以下两个方面：第一，从舆情和新媒体的视角。政府公信力与新媒体舆情之间存在关联影响，可以沿着情报信息流的走向构建政府内部舆情信息沟通体系、公共信息沟通体系和舆情事件应急体系，并通过舆情信息整合提高政府情报知晓效率，通过情报监控推送提高预警能力，通过情报传递扩散提高应对能力，从而为新媒体舆情环境下政府公信力的提升提供情报支持路径。①第二，从协商民主的视角。在协商民主视角下，从制度、政府和社会公众三大方面着手，提升我国政府公信力。②

尽管国内学者从不同领域、不同视角、不同层次对政府公信力进行了广泛的研究和探讨，但是，已有研究对一些重要问题的认识并不清晰，主要体现为如下两个方面：第一，较为关注实际问题，缺乏理论深度。不置可否，绝大多数学术研究都应当以服务现实需求为宗旨，应当关注现实问题。但是，如果没有扎实深厚的理论基础，那么探讨如何解决现实问题就有如空中楼阁，经不起实践的反复检验。分析有关政府公信力的研究文献可以发现，其中很多对政府公信力的概念和界定并未形成清晰的认识，往往是把政府公信力和政治信任混为一谈，并未对二者之间的区别和联系进行梳理。第二，尽管多数研究都关注到了如何提升政府公信力的问题，但是提出的建议和对策往往求大求全，力图面面俱到。这就导致：一方面，使得许多不相关的问题被纳入政府公信力建设这一研究领域，在不少文献中，政府公信力几乎涉及政府自我建设和完善的方方面面，过度夸大了政府公信力的重要性和涵盖范围；另一方面，由于力图全面，导致重点不突出，许多关键问题被忽略，也使得政府公信力建设和提升在实际层面面临困难，难以集中力量解决现阶段影响政府公信力巩固和提升的核心问题。因此，在展开讨论之前，首先有必要对政府公信力的内涵有一个较为清晰的界定，在此基础上，需要从影响政府公信力的多重因素中，找到现阶段不利于政府公信力巩固和提升的主要原因，从而明确当前中国政府公信力建设的切入点和着力点。③

---

① 参见廖宏建等：《新媒体舆情环境下提升政府公信力的情报支持路径》，载《广州大学学报（社会科学版）》，2016（8）。

② 参见刘欢：《协商民主视角下提升我国政府公信力问题研究》，载《哈尔滨市委党校学报》，2016（4）。

③ 参见张帆，林建华：《论"塔西佗陷阱"的跨越——政府公信力缺失类型与应对策略分析》，载《黑龙江社会科学》，2016（2）。

三、中国政府公信力发展的内部逻辑与未来趋势

中国政府公信力的发展,具有独特的时代特点、历史背景和治理结构下的特殊性。究竟是什么原因造就了中国政府公信力的现状?哪些内部和外部要素造就了今天的公信力现实?未来的发展动力在哪?我们应该从哪些方面入手来发展中国的政府公信力?针对中国政府公信力的特点,我们认为,其中的关键任务和首要工作是弄清楚导致中国政府公信力现状的内部动力及其相互关系。为此,本报告尝试构建基于结构方程的中国政府公信力内部逻辑框架。该框架由四个模块和一条主线组成。四个模块分别为:中央政府公信力、地方政府(这里指省级以下)公信力、政府能力和公众因素。一条主线是指包括上面四个模块的纵向间政府公信力影响因素结构。

1. 中央政府公信力模型
(1)理论模型

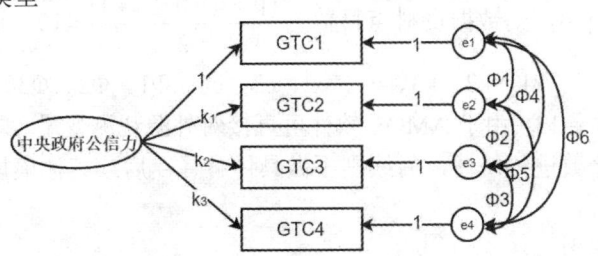

图6 中央政府公信力模型

注:1. GTC1—相信中央政府为人民服务的能力。
2. GTC2—相信中央政府是一心为民的。
3. GTC3—相信中央政府会不断提高工作效率。
4. GTC4—愿意找中央政府解决问题。

① 结构方程间各观测变量之间的关系

$$GTC + e1 = GTC1$$
$$k1 \times GTC + e2 = GTC2$$
$$k2 \times GTC + e3 = GTC3$$
$$k3 \times GTC + e4 = GTC4$$

② 自由度推导公式

假设结构方程模型中共有 p 个外源观测变量,q 个内源观测变量,则形成数据点数目 $= \dfrac{(p+q)(p+q+1)}{2}$ 个,数据点数目包含所有观察变量的协方差与方差。

若待估计的自由参数个数有 t 个，则模型的自由度 $df = \dfrac{(p+q)(p+q+1)}{2} - t$，根据自由度 df 的正负号，可进行整体模型识别，此种模型识别的方法称为 t 法则。数学表达条件如下：

$$t \leq \dfrac{(p+q)(p+q+1)}{2}$$

根据 t 法则，若 df＞0，表示数据点数目多于估计参数总数，此时自由度为正数，估计结果允许拒绝虚无假设，此种模型称为过度识别；

若 df＝0，即为正好识别模型（又称饱和模型）；

若 df＜0，即为低度识别模型。

③ p、q、t 计算方式：

p 指外源观测变量的个数，此处"中央政府公信力"为外源观测变量，即 p=1；q 为内源观测变量的个数，此处"GTC1"、"GTC2"、"GTC3"、"GTC3"为内源观测变量，则 q=4，则数据资料点目数为 $\dfrac{(p+q)(p+q+1)}{2} = 15$；t 指自由参数个数，由图 6 可知，"k1、k2、k3、e1、e2、e3、e4、Φ1、Φ2、Φ3、Φ4、Φ5、Φ6"为自由参数，故 t=13（由于 AMOS 软件可直接对外源观测变量、内源观测变量以及自由参数的个数进行统计，后续则不做具体解释，后续其他模型设定则不显示参数名称）。

（2）模型识别

从图 6 中可以得知，外源观测变量的个数 p=1，内源观测变量的个数 q=4，自由参数 t=13。所以中央政府公信力模型的自由度为：

$$df = \dfrac{(p+q)(p+q+1)}{2} - t = 2$$

因为 df＞0，故模型可以被识别。

（3）模型评价

中央政府公信力理论模型的验证结果如表 1 所示。

表 1　中央政府公信力理论模型验证结果

验证性指标	CMIN/DF	CFI	GFI	AGFI	RMSEA
实际值	0.719	1.000	0.998	0.988	0.000

由上表可知，CMIN/DF＜3，CFI＞0.9，GFI＞0.9，AGFI＞0.9，RMSEA＜0.1。这些指标值均符合验证性指标，表明中央政府公信力模型具有良好的拟合度。

（4）模型应用

模型拟合度良好，可以确定为中央政府公信力结构方程模型。依据图 7，可以得知中央政府公信力的结构方程为：

$$\begin{cases} 0.85 \times GTC + 0.73 = GTC1 \\ 0.93 \times GTC + 0.86 = GTC2 \\ 0.86 \times GTC + 0.73 = GTC3 \\ 0.64 \times GTC + 0.41 = GTC4 \end{cases}$$

其中 GTC 指中央政府公信力。

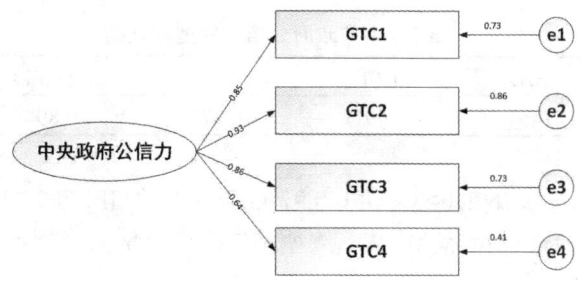

图 7　中央政府公信力结构方程模型图

从中可以看出，形成中央政府公信力的动力结构并不均衡。其中，民众对于中央政府的态度，要求是较高的；而对于其效率和能力次之。在中央政府能否解决具体问题方面，民众的依赖性并不强。

2. 地方政府公信力模型

（1）理论模型

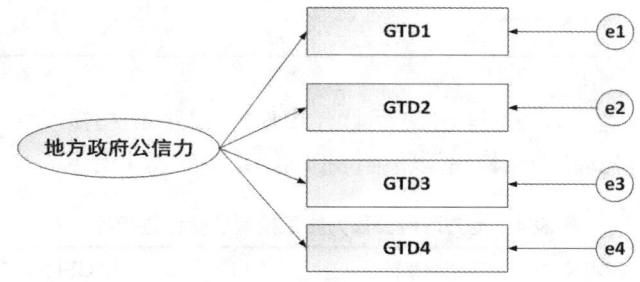

图 8　地方政府公信力模型

注：1. GTD1—相信地方政府为人民服务的能力。

2. GTD2—相信地方政府是一心为民的。

3. GTD3—相信地方政府会提高工作效率。

4. GTD4—愿意找地方政府解决问题。

（2）模型识别

从图 8 中可以得知，外源观测变量的个数 p=1，内源观测变量的个数 q=4，自由参数 t=13。所以地方政府公信力结构方程模型的自由度为：

$$df = \frac{(p+q)(p+q+1)}{2} - t = 2$$

df 值为 2，大于 0，故模型可以被识别。

（3）模型评价

地方政府公信力模型的验证结果如表 2 所示。

表 2　地方政府公信力模型验证结果

验证性指标	CMIN/DF	CFI	GFI	AGFI	RMSEA
实际值	6.145	0.991	0.979	0.894	0.131

由表 2 可知，CMIN/DF>3，CFI>0.9，GFI>0.9，AGFI<0.9，RMSEA>0.1。各项指标值均不在验证性指标范围内，表明地方政府公信力模型拟合度较差。因此需要进行模型修正。

（4）模型修正

地方政府公信力模型的修正指标如表 3 所示。

表 3　地方政府公信力模型修正指标

			M.I.	Par Change
e3	⟷	e4	8.675	0.055
e1	⟷	e2	4.752	0.031（为避免误解，可删除）

由表 3 可以看出，e3 与 e4 之间具有共变关系，在结构模型 e3 与 e4 之间绘制双向箭头。得到新的结构模型验证性指标结果，如表 4 所示。

表 4　地方政府公信力修正模型的验证性指标

验证性指标	CMIN/DF	CFI	GFI	AGFI	RMSEA
实际值	0.020	1.000	1.000	1.000	0.000

由表 4 可知，CMIN/DF<3，CFI>0.9，GFI>0.9，AGFI>0.9，RMSEA<0.1。各项指标值均在验证性指标范围之内，表明地方政府公信力修正模型具有良好的拟

合度。①

（5）模型应用

修正拟合度良好，可以确定地方政府公信力结构方程模型，如图9所示。

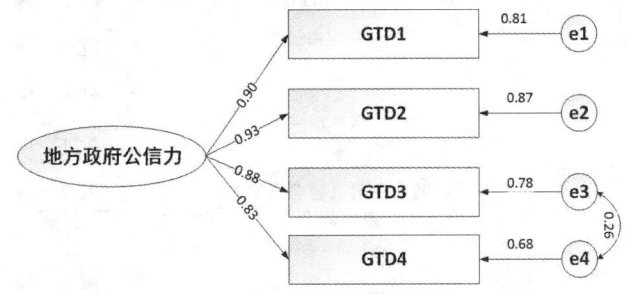

图9 地方政府公信力结构方程模型图

$$\begin{cases} 0.90 \times \text{GTD} + 0.81 = \text{GTD1} \\ 0.93 \times \text{GTD} + 0.87 = \text{GTD2} \\ 0.88 \times \text{GTD} + 0.78 = \text{GTD3} \\ 0.83 \times \text{GTD} + 0.68 = \text{GTD4} \end{cases}$$

其中，GTD指地方政府公信力。

模型显示，相信地方政府一心为民的民心倾向和地方政府的能力显著影响地方政府公信力。而地方政府的工作效率和解决具体问题的能力对于公信力的影响次之。民众既对地方政府的工作有态度要求，也有效率和能力方面的要求。从总体上来说，形成地方政府公信力的内部动力基本平衡。这也从另一个侧面说明，中国地方政府在公信力获取方面，承担着多重压力。

3. 政府能力模型

（1）理论模型

---

① 现已通过e3、e4间的共变关系验证结构方程模型具有良好的拟合度，无须再进行修正。若模型拟合度较差，则需要在结构模型中e1、e2间继续绘制双向箭头，得出新的结构模型验证性指标结果，对模型进行再次修正。

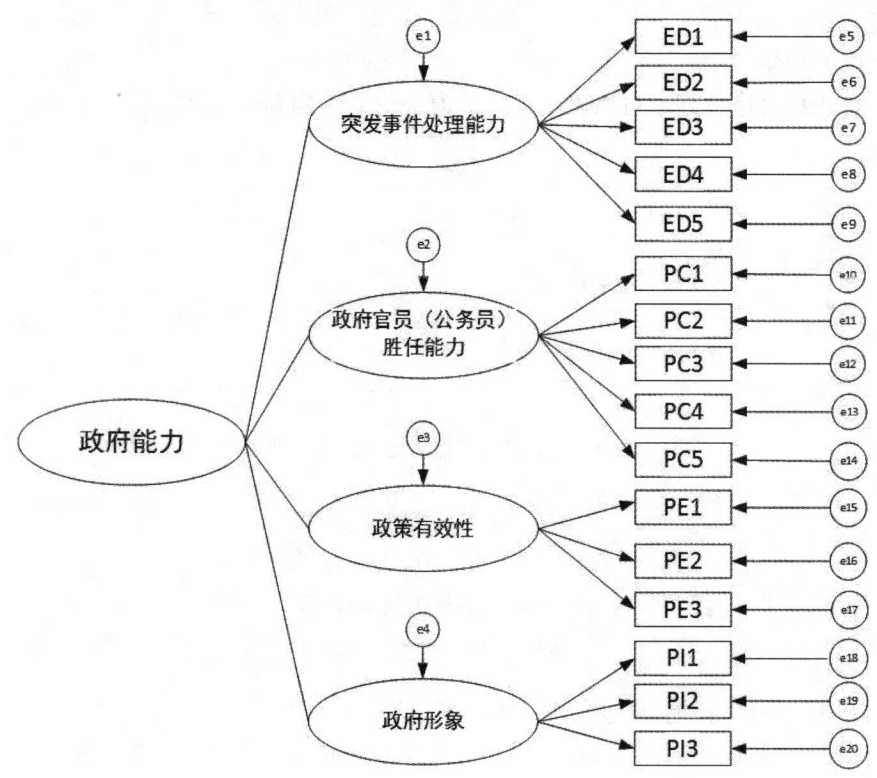

图10 政府能力模型

注：1. ED1—突发事件发生后，政府相关部门能够迅速抵达现场，抢救人员和公共财产。
2. ED2—突发事件发生后，政府相关部门能够为现场受害群众提供必要的生活保障和医疗保障。
3. ED3—突发事件发生后，政府部门能够及时发布有关突发事件事态发展和应急处置工作的信息。
4. ED4—突发事件发生后，政府会制定相应的政策以帮助民众恢复生产。
5. ED5—突发事件发生后，政府部门会为受灾群众提供合理的补偿。
6. GI1—政府部门在同类部门中以诚信著称。
7. GI2—政府部门关心公众利益。
8. GI3—政府部门对服务对象的服务均一视同仁。
9. GI4—大多数公众对政府部门的评价很高。
10. GI5—大多数公众认为政府部门办事公正。
11. PC1—政府官员（公务员）是专业的。
12. PC2—政府官员（公务员）是廉洁的。
13. PC3—政府官员（公务员）是负责任的。
14. PC4—政府官员（公务员）是服务于人民的。
15. PC5—政府官员（公务员）是公正守信的。
16. PE1—政府部门制定的政策是公平公正的。
17. PE2—政府部门制定的政策是有利于民众的。
18. PE3—政府部门制定的政策是合理的。
19. PE4—政府部门是充分执行政策的。
20. PE5—政府部门的政策具有一致性。

（2）模型识别

通过计算可得 df=166>0，表明模型可以被识别，可以进行模型评价。

（3）模型评估

政府能力模型的验证结果如表 5 所示。

表 5　政府能力理论模型验证结果

验证性指标	CMIN/DF	CFI	GFI	AGFI	RMSEA
实际值	3.488	0.938	0.828	0.783	0.091

由表 5 可知：RMSEA<0.1，CFI>0.9，达到拟合标准；CMIN/DF>3，GFI<0.9，AGFI<0.9，不符合验证性指标范围，表明政府公信力模型不具有良好的拟合度。因此需要对此模型进行修正。

（4）模型修正

政府能力模型的修正指标如表 6 所示。

表 6　政府能力模型的修正指标

			M.I.	Par Change
e1	<—>	e3	43.741	0.121
e24	<—>	e25	25.485	0.086
e21	<—>	e22	50.917	0.136
e16	<—>	e17	30.138	0.084
e9	<—>	e10	20.784	0.066

由表 6 可以看出，e1 与 e3、e24 与 e25、e21 与 e22、e16 与 e17、e9 与 e10、之间具有共变关系，在结构模型 e1 与 e3、e24 与 e25、e21 与 e22、e16 与 e17、e9 与 e10 之间绘制双向箭头。得到修正模型的验证性指标结果，具体结果如表 7 所示。

表 7　政府能力修正模型的验证性指标

验证性指标	CMIN/DF	CFI	GFI	NFI	RMSEA
实际值	2.370	0.968	0.892	0.945	0.067

由表 7 可知，CMIN/DF<3，CFI>0.9，GFI>0.85，NFI>0.9，RMSEA<0.1，各项指标值均在验证性指标范围之内，这表明政府能力修正模型具有良好的拟合

度。[①]

（5）模型应用

修正模型拟合度良好，可以确定政府能力结构方程模型。

由图 11 可得政府能力结构方程：

$$\begin{cases} 0.74 \times ZN + 0.55 = ED \\ 0.93 \times ZN + 0.87 = PC \\ 0.83 \times ZN + 0.70 = PE \\ 0.94 \times ZN + 0.89 = GI \end{cases}$$

其中，ZN 指政府能力，ED 指突发事件处理能力，PC 指政府官员胜任能力，PE 指政策有效性，GI 指政府形象。

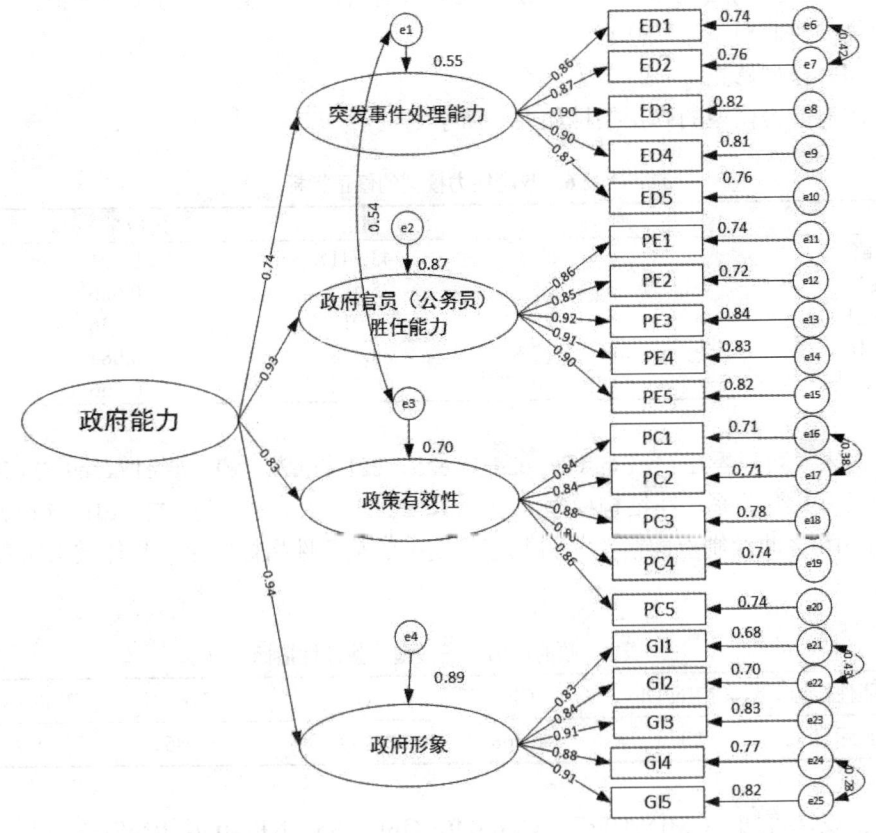

图 11　政府能力结构方程模型图

[①] 通过 e1、e3 间的共变关系验证结构方程模型拟合度较差，需要在 e24 与 e25、e21 与 e22、e16 与 e17、e9 与 e10 之间绘制双向箭头，以得出符合结构模型验证性指标范围的结果。

其中，突发事件处理能力、政府官员胜任能力、政策有效性、政府形象与其相对应的各项指标的结构方程如下：

$$\begin{cases} 0.86 \times ED + 0.74 = ED1 \\ 0.87 \times ED + 0.76 = ED2 \\ 0.90 \times ED + 0.82 = ED3 \\ 0.90 \times ED + 0.81 = ED4 \\ 0.87 \times ED + 0.76 = ED5 \end{cases}$$

$$\begin{cases} 0.84 \times PC + 0.71 = PC1 \\ 0.84 \times PC + 0.71 = PC2 \\ 0.86 \times PC + 0.78 = PC3 \\ 0.84 \times PC + 0.74 = PC4 \\ 0.84 \times PC + 0.74 = PC5 \end{cases}$$

$$\begin{cases} 0.86 \times PE + 0.74 = PE1 \\ 0.85 \times PE + 0.72 = PE2 \\ 0.92 \times PE + 0.84 = PE3 \\ 0.91 \times PE + 0.83 = PE4 \\ 0.90 \times PE + 0.83 = PE5 \end{cases}$$

$$\begin{cases} 0.83 \times GI + 0.68 = GI1 \\ 0.84 \times GI + 0.70 = GI2 \\ 0.91 \times GI + 0.83 = GI3 \\ 0.88 \times GI + 0.77 = GI4 \\ 0.91 \times GI + 0.82 = GI5 \end{cases}$$

由此可知，各级政府的形象和政府官员（公务员）的胜任能力是影响政府公信力的重要因素。而各级政府处理突发事件的能力则排名最后。虽然政府的应急能力能够为其赢得公信力加分，但其作用，显著低于其他能力。这说明，各级政府要正确处理好常态管理与非常态管理之间的关系，要把工作重心放在常态管理上面。

4. 公众因素模型

（1）理论模型

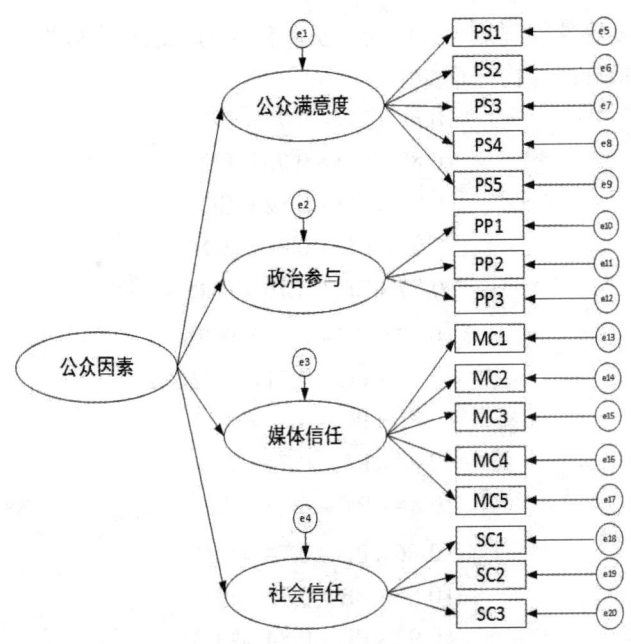

图 12　公众因素模型

注：1. PS1—对政府部门的服务效率满意程度。

2. PS2—对服务人员的态度满意程度。

3. PS3—对服务过程满意程度。

4. PS4—对服务结果满意程度。

5. PS5—对服务总体情况满意程度。

6. PP1—我经常关注本地事件。

7. PP2—我会经常关注时事新闻。

8. PP3—我认为加入共产党是光荣的。

9. MC1—我相信电视中对政府部门的报道是真实的。

10. MC2—我相信广播中对政府部门的报道是真实的。

11. MC3—我相信报纸中对政府部门的报道是真实的。

12. MC4—我相信杂志中对政府部门的报道是真实的。

13. MC5—我相信互联网上对政府部门的报道是真实的。

14. SC1—我认为大多数人是可以信任的。

15. SC2—我遇到困难时，总能找到朋友帮助我。

16. SC3—我身边大多数人不会利用机会占我便宜。

（2）模型识别

通过计算可得 df=100>0，表明模型可以被识别，可以进行模型评价。

（3）模型评价

公众因素理论模型的验证结果如表 8 所示。

表 8　公众因素理论模型验证结果

验证性指标	CMIN/DF	CFI	GFI	AGFI	RMSEA
实际值	2.236	0.974	0.916	0.886	0.064

由表 8 可知，CMIN/DF<3，CFI>0.9，GFI>0.9，AGFI>0.85，RMSEA<0.1，各项指标值均在验证性指标范围内,这表明公众因素理论模型具有良好的拟合度。

由此即可得到公众因素结构方程模型，如图 13 所示。

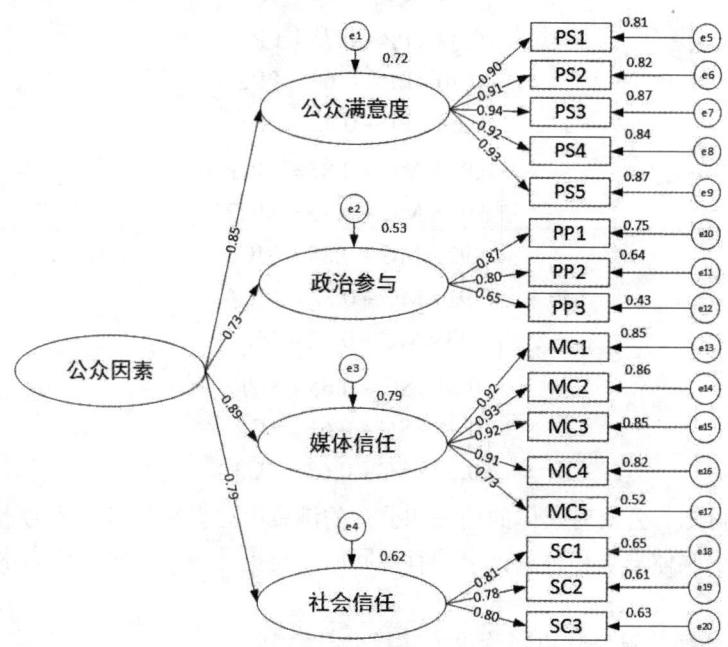

图 13　公众因素结构方程模型图

由此可以获得公众因素的结构方程：

$$\begin{cases} 0.85 \times GY + 0.72 = PS \\ 0.73 \times GY + 0.53 = PP \\ 0.89 \times GY + 0.79 = MC \\ 0.79 \times GY + 0.62 = SC \end{cases}$$

其中，GY 指公众因素，PS 指公众满意度，PP 指政治参与，MC 指媒体信任，SC 指社会信任。

公众满意度、政治参与、媒体信任和社会信任的结构方程如下。

$$\begin{cases} 0.90 \times PS + 0.74 = PS1 \\ 0.91 \times PS + 0.76 = PS2 \\ 0.94 \times PS + 0.82 = PS3 \\ 0.92 \times PS + 0.81 = PS4 \\ 0.93 \times PS + 0.76 = PS5 \end{cases}$$

$$\begin{cases} 0.87 \times PP + 0.75 = PP1 \\ 0.80 \times PP + 0.64 = PP2 \\ 0.65 \times PP + 0.43 = PP3 \end{cases}$$

$$\begin{cases} 0.92 \times MC + 0.85 = MC1 \\ 0.93 \times MC + 0.86 = MC2 \\ 0.92 \times MC + 0.85 = MC3 \\ 0.91 \times MC + 0.82 = MC4 \\ 0.73 \times MC + 0.52 = MC5 \end{cases}$$

$$\begin{cases} 0.81 \times SC + 0.65 = SC1 \\ 0.78 \times SC + 0.61 = SC2 \\ 0.80 \times SC + 0.63 = SC3 \end{cases}$$

由此可知，公众对媒体的信任和公众的满意度与影响政府公信力水平的重要因素，对于媒体需求和公众诉求的有效回应，是提升中国政府公信力水平的重要途径。

5. 纵向间政府公信力影响因素路径分析模型

（1）理论模型

纵向间政府公信力影响因素模型初步设定如图 14 所示。

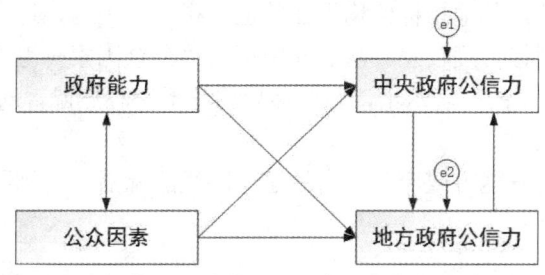

图 14　纵向间政府公信力影响因素模型

（2）模型识别

通过计算可得 df=1>0，故模型可以被识别，可以进行下一步计算。

（3）模型估计

采用极大似然法对理论模型进行估计，得到纵向间政府公信力影响因素理论模型的非标准化回归系数及其显著性摘要表，如表 9 所示。

表 9　纵向间政府公信力影响因素理论模型非标准化回归系数及其显著性摘要表

			Estimate	S.E.	C.R.	P	Label
中央政府公信力	←	政府能力	0.221	0.073	3.005	**	W1
地方政府公信力	←	政府能力	0.704	0.071	9.936	***	W2
中央政府公信力	←	公众因素	0.388	0.073	5.333	***	W3
地方政府公信力	←	公众因素	0.003	0.074	0.045	0.964	W4
地方政府公信力	←	中央政府公信力	0.130	0.028	4.594	***	W5
中央政府公信力	←	地方政府公信力	0.130	0.028	4.594	***	W5

注：***表示 $p<0.001$，**表示 $p<0.01$，*表示 $p<0.05$。

从表 9 中可以看出，在六条路径系数中，"公众因素→地方政府公信力"的显著性概率值 $p=0.964>0.1$，未达显著水平，表示其路径系数在总体中显著。

（4）模型评价

纵向间政府公信力影响因素模型验证结果如下表所示。

表 10　纵向间政府公信力影响因素模型验证结果

验证性指标	CMIN/DF	CFI	GFI	AGFI	RMSEA
实际值	12.084	0.988	0.981	0.808	0.192

由上表可知，CMIN/DF>3，CFI>0.9，GFI>0.9，AGFI<0.9，RMSEA>0.1。除

CFI 和 GFI 指标外,其他指标值均不在验证性指标范围内,这表明纵向间政府公信力影响因素模型拟合度较差。从表 9 中可知"公众因素→地方政府公信力"这条路径系数未达 0.1 的显著水平,因此需要将这一路径删除,对模型进行修正。

(5)模型修正

将"公众因素→地方政府公信力"这一路径删除后,得到了修正模型验证结果,见表 11。

表 11 纵向间政府公信力影响因素修正模型的验证结果

验证性指标	NFI	CFI	GFI	AGFI	RMSEA
实际值	0.987	0.989	0.981	0.904	0.129

由表 11 可知,RMSEA>0.1,不符合拟合标准。但该模型的 RMR(残差均方和平方根)值为 0.043(当 RMR 值小于 0.05 时,表明模型具有好的拟合度),说明达到了标准。这表明纵向间政府公信力影响因素模型具有良好的拟合度。

(6)模型应用

修正模型拟合度良好,可以确定纵向间政府公信力影响因素路径模型图,如图 15 所示。

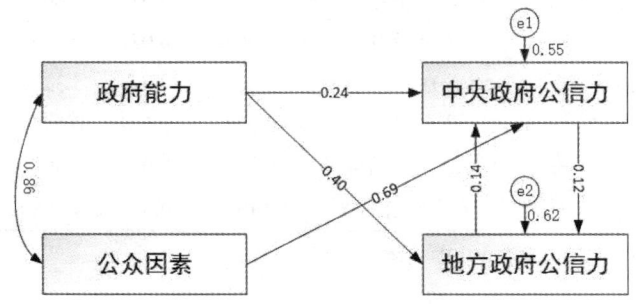

图 15 纵向间政府公信力影响因素路径模型图

注:单向箭头表明有直接影响,双向箭头表明二者具有互为因果关系。

由图 15 可以得到政府能力、公众因素分别对中央政府、地方政府公信力的影响效果。

① 政府能力对中央政府公信力的影响效果

直接效果——政府能力→中央政府公信力:0.24。

间接效果——政府能力→地方政府公信力→中央政府公信力:0.40×0.14=0.056

总效果=0.22+0.056=0.276。

② 公众因素对中央政府公信力的影响效果

直接效果——公众因素→中央政府公信力：0.69。

③ 政府能力对地方政府公信力的影响效果

直接效果——政府能力→地方政府公信力：0.40。

间接效果——政府能力→中央政府公信力→地方政府公信力：$0.24 \times 0.12 = 0.029$

总效果=0.40+0.029=0.429。

综上，政府能力对中央政府的影响总效果为0.276，对地方政府的影响总效果为0.429；公众因素对中央政府公信力的影响总效果为0.69，对地方政府的影响不具有显著性影响。

研究表明：政府能力对中央政府公信力有直接正向影响，对地方政府公信力也有直接正向影响；公众因素对中央政府公信力有直接正向影响，对地方政府公信力也有直接正向影响。与此同时，政府能力对公众因素有直接正向影响，中央政府公信力与地方政府公信力之间存在相互直接正向影响。

就政府公信力的建设而言，涉及的问题和领域很多。长期来看，提高政府公信力的根本着力点在于发展经济、改善民众生活和进一步推动政治体制改革。政府公信力问题发轫于政府职能转变，稳定于"法治政府"的建立，因此只要政府在这些方面改革到位，目前存在的许多问题都将不攻自破，迎刃而解。具体而言，即：

第一，政府公信力的发展需要以职能转变和建设公共服务型政府为前提。政府需要清晰地认识到，政府公信力的建设和增强并不是以政府的强制力为后盾的，公众对政府"信"或"不信"，并非政府所能把控。政府能够做的，是不断完善自身的行政能力、公共服务供给水平，通过自身的治理行为和公正有效的结果来赢得公众的认可和支持。同时，也应当注意到，政府完善自身的主观行为与努力，和民众切实感受到的客观效果并非一一对等。实事求是地说，公众对政府的信任程度、对政府公信力的评价水平，并不一定能够反映政府公信力的真实水平。这其中的影响因素有很多，例如社会公众的期望较高，普通民众对政府工作缺乏专业性的认识和长远宏观的考虑，社会价值观的多元化，等等。很多因素超出了政府所能掌控的范围，因此对于政府来说，主要工作还在于切实推动经济发展，改革政府职能，并完善公共服务体系。

第二，政府公信力的发展需要以建设"透明政府"为出发点。政府公信力的稳固和提升，需要政府切实提高自身行为透明度，实现政务信息公开透明，将"透明性"作为政府发展建设的出发点。政务公开是对政府管理的考验，躲不开、绕不过，不仅不能找借口逃避，反而要主动创造条件，积极推进。特别是在新媒体迅速发展的今天，网络为人们提供了更便捷、迅速的信息获取渠道，可以说，任何试图隐瞒真实信息的企图都难以实现，"一个人知道了，就等于所有人都知道了"。对于政府部门来说，针对公众较为关注的事件，与其初期极力隐瞒，事后被迫公开，不如掌握主动权，积极公开真实信息，及早填补舆论空白，让社会公众了解事件的真相，以便有效遏制负面传言的扩散。

第三，政府公信力的发展需要以完善政府的回应性为着力点。面对新媒体对于地方政府治理能力的挑战，在面对突发事件时，要通过争夺传播、舆论主导权，通过提升政府舆论应对能力和沟通技巧来提升政府公信力。[①]在学界，有学者认为"通过争夺传播主导权推进建设诚信政府，这是提升政府公信力的一条'快车道'"[②]。

第四，政府公信力的发展需要以"法治"化的长效治理机制为落脚点。各级政府需要深刻认识到，政府公信力是在长期实践的过程中逐渐积累起来的，是在社会公众和政府的反复互动过程中逐渐形成的；而政府公信力的流失却往往是非常迅速的，看似微小的负面事件就会对政府公信力的建设和巩固造成极大的伤害。因此，对于各级政府而言，要建立和健全信息公开的常态制度和机制，从日常工作的点点滴滴入手，向公众展现公开透明的政府形象，让公众切实感受到政府开诚布公的态度，从而获得民众对政府的理解、支持与信任。此外，还应当建立有效的沟通协调机制。各级政府和有关部门在政务信息发布方面，应当努力打破原有的条块分割的局面，避免各说各话、自相矛盾、相互推诿等现象的出现。各地区各部门要加强与新闻宣传部门、互联网信息内容主管部门以及有关新闻媒体的沟通联系，建立重大政务舆情会商联席会议制度，建立政务信息发布和舆情处置联动机制，妥善制定重大政务信息公开发布和传播方案，共同做好政府信息发布和舆论引导工作。

四、结语：在坦然接受与积极作为中发展中国政府公信力

政府公信力来源于政府的主动作为即合理有效的履责能力，但公众对于政府可以"信"也可以"不信"，政府不可能强求公民信任自己。政府公信力的主客观

[①] 参见李瑞昌：《诚信政府建设：以争夺传播主导权为视角》，载《政治学研究》，2012（4）；褚松燕：《互联网时代的政府公信力建设》，载《国家行政学院学报》，2012（5）；姚娟：《从躲猫猫事件看政府公信力的建设》，载《法制与社会》，2010（23）；谢金林：《网络空间政府舆论危机及其治理原则》，载《社会科学》，2008（11）；陆丹：《网络时代政府公信力的提升》，载《电子政务》，2012（4）。

[②] 参见李瑞昌：《诚信政府建设：以争夺传播主导权为视角》，载《政治学研究》，2012（4）。

情况往往并不"对应",公众对政府公信力的评价并非就是公信力的真实水平。这是由于影响政府公信力的因素有很多,公众对政府公信力的认知和评价情况也异常复杂,并不完全是根据公信力本身的状况来做出评判的,而且很多因素都是政府难以控制的。比如公众期望的复杂性,普通民众对政府工作和一些专业问题的艰巨性、长远性缺乏了解,信息传播的速度和数量急剧增长、质量良莠不齐,现代化和后现代化交叠所形成的多元价值观等,都会对政府公信力造成"困扰"。典型国家和地区的政府信任长期处于中低水平,但这并未妨碍他们提供较高质量的公共产品和服务。随着城市化进程的加快,中国各级政府也需要接受并逐步适应在这一环境下开展工作。公众对于政府的合理甚至看似"不讲理"的质疑渐渐会成为一种"常态",主政者应学会"坦然"接受,不必太过"紧张",或者觉得"冤枉"和"委屈"。过去良好的"干群关系"是在特定环境和条件下形成的,其中的有益经验值得学习和吸收,但不能将其全盘拿来作为参照系来衡量现在,把现有工作做好做细才是最重要的。

发展政府公信力,干好是基础,说清楚、说好是重要抓手。政府管理是一门推陈出新的艺术,既需要时间和体力,也需要智商和情商,既要能"做事儿",也要会"说事儿",否则就会"费力不讨好"。当前,信息传播的速度和范围相比以前都有了质的提升,政务信息的传播在技术上和策略上也应该跟上时代的步伐,在不丢传统的同时紧跟时代,"老人老办法、新人新办法",宣传和沟通并举。在施政目标定位、发展建设规划出台、政府信息公开、公务员言行举止等重要方面,做到合理、规范、严谨、透明,注重技巧和方式,在主动作为中实现公信力的提升和稳固。

盲目追求政府的高公信力对于一个社会的平衡发展来说,未必是好事。片面追求政府公信力的提高,有可能伴生大量的"溢出效应"。尤其处于社会急剧转型的历史时期,制度建设往往滞后于社会发展,此时,政府公信力的大幅度提升会带来内部和外部的公信力失衡。那么,对于一个社会来说,何种程度的政府公信力水平是最优的?基于本文前面的分析,可以得知,政府公信力水平是与一国的社会发展阶段显著相关的。在经济上升期,由于各方面的需要,此时易于享有较高的政府公信力水平。而当经济发展到一定水平之后,政府公信力水平往往会趋于稳定,甚至下行。

五、报告要点

本报告对 2016 年中国政府公信力建设概况和理论研究成果进行了初步的归纳总结,并在此基础上,指出了当前中国政府应当在坦然接受民众对政府公信多元评价的基础上,积极作为,稳固和提升政府公信力。

本报告要点总结如下:

1. 中国政府一直非常重视自身公信力的建设工作。虽然政府公信力的建设和提升需要从多个角度、不同层面入手,但是就现阶段而言,增强政府工作透明度、进行政府职能转变、建设服务型政府和加强法治建设水平,始终是发展政府公信力的重要着力点。

2. 总体而言,中国政府公信力近年来始终保持了较为稳定的上升态势。近年来,中国各级政府在信息公开透明方面进行了广泛的尝试和努力,也取得了一定的成效,有效增强了政府公信力。面对以微博为代表的网络舆论场所的蓬勃发展,各级党政机构积极顺应互联网时代的发展潮流,在微博平台上积极促进政府与民众的互动交流,有效推进了政府信息公开工作,是提升政府公信力的有效举措。

3. 尽管中国政府的公信力整体上较为稳固,但政府公信力建设在一些方面仍存在不足。尤其是中国政府公信力在内部结构和外部影响方面存在一定程度的失衡,在国际比较中存在着明显的差距。

4. 为了回应现实需求,有关政府公信力的学术研究集中分布在影响政府公信力的因素以及提高政府公信力的途径和对策这两个方面。政府公信力研究在未来至少还应该集中回答和解决这样两个问题:第一,什么样的政府公信力水平是适合中国的?第二,省级以下的政府公信力水平处于什么样的状态?

5. 在发展中国政府公信力方面,有必要"两手抓",即一手抓完善政府公信力的内部各个要素,另一手抓平衡政府公信力的内部和外部结构,并抑制较高政府公信力带来的负面溢出效应。不断完善信息公开的长效机制,在与公众交流的过程中解决矛盾、减少分歧,让公众信任政府,不断增强政府公信力。

作者单位:中国民航大学人文社会科学学院,南开大学中国政府与政策联合研究中心

政务督查研究报告

周望

督查和政务督查，近年来已经成为中国政府治理实践中的一个"热词"，频繁见于政府会议、正式文件、官方新闻和政府工作人员话语中，当前其在各级政府工作任务中的数量级和重要性都有目共睹。政务督查本身并非新生事物、新鲜词汇，历史上一直存在针对特定政策事项的非周期性政务督查工作，各级政府对此也并不陌生。然而自2013年以来，在新一届中央政府的大力推动下，政务督查已经成为推动政策"落地生根"、打通政策"最后一公里"的日常化机制，各级政府业已将对上迎接督查、自查和对下展开督查作为工作常态。2016年的国务院政府工作报告明确提出："健全督查问责机制，坚决整肃庸政懒政怠政行为，决不允许占着位子不干事。"可以说，政务督查工作，是解析中国政府在强化自身执行能力建设、保障深化改革任务落实到位等方面最新进展的极佳观测坐标。

一、2016年中国政府政务督查发展现状综述

2016年，国务院层面、国务院各部委、各级地方政府都开展了极为丰富的政务督查活动。这些督查活动既有面向全局工作的综合性行动，也有针对专门领域的专项行动。各层级、各区域、各领域的政府部门，都在积极地推行各种政务督查实践。国务院所发布的有关政务督查工作的文件数量也在逐年增加（见表1）。政务督查正在逐渐成为中国政府推动政策落实、强化执行问责的一项重要工具。

表1　国务院有关"政务督查"的专门性文件

年份	文件内容
2016	《国务院办公厅关于对国务院第三次大督查发现的典型经验做法给予表扬的通报》（国办发〔2016〕90号）
	《国务院办公厅关于对真抓实干成效明显地方加大激励支持力度的通知》（国办发〔2016〕82号）
	《国务院关于开展第三次大督查的通知》（国发明电〔2016〕4号）
	《国务院办公厅关于建立国有企业违规经营投资责任追究制度的意见》（国办发〔2016〕63号）
	《国务院办公厅关于完善国家级经济技术开发区考核制度促进创新驱动发展的指导意见》（国办发〔2016〕14号）
	《国务院办公厅关于对落实有关政策措施成效较明显地区予以激励支持的通知》（国办函〔2016〕21号）
2015	《国务院办公厅关于对全国第二次大督查发现的典型经验做法给予表扬的通报》（国办发〔2015〕54号）
	《国务院办公厅关于对全国第二次大督查发现问题进行整改的通知》（国办函〔2015〕65号）
2014	《国务院办公厅关于进一步加强政府督促检查工作的意见》（国办发〔2014〕42号）
	《国务院关于对稳增长促改革调结构惠民生政策措施落实情况开展全面督查的通知》（国发明电〔2014〕1号）
	《国务院关于落实〈政府工作报告〉重点工作部门分工的意见》（国发〔2014〕15号）
2013	《国务院办公厅关于对贯彻落实"约法三章"进一步加强督促检查的意见》（国办发〔2013〕105号）
	《国务院关于落实〈政府工作报告〉和国务院第一次全体会议精神重点工作部门分工的意见》（国发〔2013〕17号）
2008	《国务院办公厅关于进一步加强督促检查切实抓好工作落实的意见》（国办发〔2008〕120号）
2007	《国务院办公厅关于开展行政法规规章清理工作的通知》（国办发〔2007〕12号）
2003	《国务院办公厅关于严格控制举办城市周年庆典活动的通知》（国办发〔2003〕91号）
2002	《国务院办公厅转发中央编办关于清理整顿行政执法队伍实行综合行政执法试点工作意见的通知》（国办发〔2002〕56号）
1997	《国务院办公厅关于加强督促检查工作联系的通知》（国办函〔1997〕62号）
1996	《国务院关于开展1996年税收财务物价大检查的通知》（国发〔1996〕41号）

资料来源：根据中国政府网"信息公开—综合政务—政务督查"板块中的相关内容整理而成。

（一）国务院政务督查工作

2016年，国务院层面的政务督查工作，主要包括大督查行动、"促进民间投资健康发展"专项督查、"全国减轻企业负担"专项督查三项。

1. 2016年国务院大督查行动

2016年8月30日，国务院发出《关于开展第三次大督查的通知》（国发明电〔2016〕4号）。通知指出，针对一些地区和部门所存在的改革不深入、工作不协调、政策不配套、措施不到位等问题，以及个别干部懒政怠政和不作为乱作为等现象，为进一步推动各项重大政策措施贯彻落实，决定对各地区和各部门工作开展第三次大督查。这是继2014年、2015年的国务院大督查行动之后，中央政府连续开展的第三次大督查行动。

国务院将2016年大督查的预期目标设定为：紧紧围绕贯彻落实党中央、国务院决策部署，聚焦当前经济运行和改革发展中的突出问题，统筹督查力量，创新督查方式，突出督查重点，对各省（自治区、直辖市）、新疆生产建设兵团和国务院各部门工作进行督查，层层传导抓落实促发展的压力，推动重大政策举措、重点投资项目、重要民生工程加快落地，保持经济运行在合理区间，确保完成全年经济社会发展主要目标任务。

在2016年的大督查中，国务院将实地督查范围扩大到全领域，实现了对31个省（自治区、直辖市）、新疆生产建设兵团和国务院有关部门的全面实地督查。同时，对2016年初受到国务院督查表扬的20个市（州）、20个县（市、区）实行了"免督查"。为保证能够有效、及时地完成督查任务，国务院派出了20个督查组，其中15个督查组负责督查31个省（自治区、直辖市）和新疆生产建设兵团，5个督查组负责督查国务院有关部门。国务院督查组的成员从国务院有关部门和各省（自治区、直辖市）政府督查室抽调，同时还邀请了部分国务院参事和专家学者参加。

在进度安排方面，国务院要求在一个较短的时间内完成督查工作。首先，国务院要求各地区、各部门收到督查通知后，迅速组织开展自查，于2016年9月15日前向国务院报送自查报告，同时要随报告附上重点工作任务完成情况自查表、自查发现问题及整改措施清单、相关工作建议清单等。在这之后，国务院派出若干督查组，于2016年9月18日至30日期间赴地方和部门开展实地督查。最后，要求各个督查组在2016年10月10日之前，将督查结果报送国务院，国务院办公厅会适时地向地方、部门转送督查组督查反馈意见。

（1）督查内容

2016年国务院大督查的重点内容包括保持经济平稳发展、推进供给侧结构性改革、促进创新驱动发展、保障和改善民生等四个方面工作。具体而言：

其一，保持经济平稳发展。围绕适度扩大总需求，发挥有效投资对稳增长、调结构、补短板的关键作用，保持消费平稳增长，促进进出口企稳回升，督查内容分为6个子项：一是加快重大投资项目开工建设；二是促进社会投资尤其是民间投资持续健康发展；三是清理盘活财政沉淀资金；四是扩大消费需求；五是促进外贸创新发展；六是深入推进新型城镇化。

其二，推进供给侧结构性改革。围绕加快破除体制机制障碍，落实"三去一降一补"任务，解决重点领域的突出矛盾和问题，督查内容分为七个子项：一是深化"放管服"改革；二是化解钢铁煤炭过剩产能；三是化解房地产库存；四是降低企业杠杆率；五是降低企业成本；六是加大力度补齐短板；七是推进国有企业改革。

其三，促进创新驱动发展。围绕加快新旧动能接续转换，发展新经济，培育新动能，督查内容包括三个子项：一是加快"双创"示范基地建设；二是促进制造业升级；三是激发各类主体创业创新活力。

其四，保障和改善民生。围绕妥善解决民生领域突出问题，坚决稳住就业这个"底盘"，保住基本、兜住底线，督查内容包括七个子项：一是扩大就业创业；二是加强保障房分配管理；三是促进农民增收；四是促进教育公平；五是深化医药卫生体制改革；六是切实加强社会保障；七是加大大气、水、土壤等环境治理力度。

同时，国务院还要对各地区、各部门健全和落实工作责任制、督查问责机制、激励机制等情况，以及国家重大政策措施贯彻落实跟踪审计发现问题整改情况进行督查。

（2）督查方式

国务院共采取了五种督查方式，多样化、全方位地考查政策实施情况。

一是全面自查。国务院首先要求各地区、各部门围绕中央经济工作会议部署和《政府工作报告》提出的任务要求，对照督查重点，认真深入开展自查，全面梳理政策措施落实情况，查找工作中存在的主要不足和突出问题，有针对性地提出整改措施以及完善有关政策措施的工作建议。

二是实地督查。在自查基础上，国务院派出督查组赴各地区和有关部门进行实地督查。工作中，督查组将采取座谈、走访等形式，听取当地全国人大代表、全国政协委员以及企业负责人、基层干部群众的意见建议，对审计、专项督查发现问题整改情况以及群众反映有关问题线索进行核查。

三是征询社会意见。督查期间，国务院通过中国政府网及其"两微一端"，征询社会各界对落实和完善重大政策措施的意见建议，主动接受社会监督。对反映的具体问题和意见建议，转有关地方、部门核查和研究处理。

四是加强舆论引导。督查过程中，国务院组织中央主要新闻媒体及时报道督查情况，充分反映各地区、各部门工作成效，宣传典型经验做法，释放积极信号，提振信心，同时对不作为等突出问题予以曝光，营造凝心聚力推动发展的良好氛围。

五是强化激励问责。完善激励和问责机制，健全合理的容错纠错机制。督查过程中，国务院会总结推广好的经验做法，发现先进典型。对真抓实干、成效明显的地方加大激励支持力度；对落实不力的严肃追究责任。国务院还将相关督查结果抄送中央组织部。

（3）督查激励

在整个督查工作刚结束后不久，国务院对执行相关政策措施到位的地方和部门进行了通报表扬。2017年1月3日，国务院办公厅发出《关于对国务院第三次大督查发现的典型经验做法给予表扬的通报》（国办发〔2016〕90号），对32项地方工作典型经验做法和17项部门工作典型经验做法，进行了通报表扬（见表2）。

表2 2016年国务院大督查中受通报表扬的地方和部门典型经验做法

32项地方典型经验做法	
1.北京市海淀区：以建设双创示范基地为契机促进经济发展提质增效	17.湖北省大冶市：加快推进农村产权制度改革和农村金融改革创新
2.天津市静海区：打造医养结合新模式深入推进养老服务业综合改革试点	18.湖南省湘潭县：以项目建设攻坚助推经济增长
3.河北省保定市：优化政策环境全力打造创新驱动示范市	19.广东省汕头市：综合施策促进民间投资快速增长
4.山西省：积极稳妥推进去产能企业职工安置工作	20.广西壮族自治区东兴市：创新边民互市贸易结算模式大力发展跨境贸易
5.内蒙古自治区通辽市：多措并举推动企业减负增效	21.海南省琼海市：构建全域旅游通道打造大旅游格局
6.辽宁省盘锦市：狠抓重点工作落实促进经济增长	22.重庆市大足区：强化企业服务促进民间投资健康发展
7.吉林省梅河口市：实施重特大疾病兜底救助减轻群众就医负担	23.四川省德阳市：推动智能制造集群化加快转型升级
8.黑龙江省东宁市：做精做强特色产业促进农民增收	24.贵州省：积极推进大数据战略行动促进创新驱动发展
9.上海市：深化国际贸易"单一窗口"建设促进贸易便利化	25.云南省：积极承接产业转移推动加工贸易发展
10.江苏省南通市：优化审批流程推行"1枚印章管到底"	26.西藏自治区山南市：实施"十大民心工程"保障改善民生

11.浙江省：推进"特色小镇"建设打造新型产业集聚区	27.陕西省蓝田县：实施全域旅游促进旅游业快速发展
12.安徽省芜湖市：开展分类执法改革提升综合监管水平	28.甘肃省陇南市：积极推进"电商扶贫"带动贫困群众就业增收
13.福建省泉州市：清理规范行政审批申报事项降低企业和群众办事门槛	29.青海省：深入推进行政审批制度改革打造良好营商环境
14.江西省：实施严格生态保护促进绿色发展	30.宁夏回族自治区银川市：创新城市管理模式推动智慧城市建设
15.山东省淄博市：创新开展联动审批提高行政服务效率	31.新疆维吾尔自治区阿拉山口市：主动融入"一带一路"战略大力发展口岸经济
16.河南省漯河市：以工业转型升级促进经济健康发展	32.新疆生产建设兵团第八师石河子市：调结构促改革实现速度和效益双增长
17 项部门典型经验做法	
1.国家发展改革委、工业和信息化部：积极推进钢铁煤炭行业化解过剩产能工作	
2.教育部：深化教育教学改革助力"双创"	
3.科技部：加快推进重大科技成果产业化发展新经济培育新动能	
4.工业和信息化部：深入推进"中国制造+互联网"	
5.民政部：围绕困难群体特殊需求实施托底保障	
6.财政部、税务总局：扎实做好全面推开"营改增"试点工作	
7.人力资源社会保障部：积极促进重点人群就业创业	
8.环境保护部：坚持问题导向推进环境保护领域改革	
9.水利部：加快推进重大水利工程建设	
10.国家卫生计生委：实施改善医疗服务行动深化医药卫生体制改革	
11.审计署：加大民生资金和项目审计力度	
12.海关总署：积极推进"双随机、一公开"监管	
13.税务总局、银监会：建立"银税互动"机制深化小微企业金融服务	
14.工商总局：大力实施"双随机、一公开"监管	
15.国务院扶贫办：扎实开展建档立卡工作提高扶贫精准度	
16.国务院审改办：大力推进行政审批制度改革	
17.中国铁路总公司：积极推进高速铁路技术创新	

资料来源：根据《国务院办公厅关于对国务院第三次大督查发现的典型经验做法给予表扬的通报》（国办发〔2016〕90号）中的相关内容整理而成。

2. 国务院"促进民间投资健康发展"专项督查

2016年5月9日，国务院办公厅发出通知：为推动促进民间投资政策落地，鼓励和引导民间投资健康发展，根据国务院常务会议决定，启动对促进民间投资政策落实情况的专项督查工作。在各省（自治区、直辖市）、各有关部门开展自查的基础上，国务院派出9个督查组赴18个省（自治区、直辖市）开展为期10天的实地督查工作，组织开展第三方评估和专题调研。这是国务院首次对促进民间投资健康发展开展专项督查。

5月20日，"促进民间投资健康发展"实地督查工作正式启动。在国务院办公厅的统筹协调下，督查组由国家发展改革委、科技部、工业和信息化部、财政部、国土资源部、环境保护部、住房城乡建设部、水利部、银监会等9个部门有关负责人分别带队，督查范围包括北京、河北、山西、辽宁、吉林、黑龙江、江苏、浙江、福建、江西、湖北、湖南、广东、重庆、四川、陕西、青海、新疆等18个省（自治区、直辖市）。

这次"促进民间投资健康发展"专项督查工作，重点围绕以下九个方面的内容展开：一是党中央、国务院关于促进民间投资有关政策的贯彻落实，重点督查是否存在政策落实不到位、出台配套措施不及时等问题；二是放宽民间投资市场准入，重点督查是否存在市场反映的民间资本准入门槛高、困难多、阻力大等问题；三是加强和改善政府管理服务，重点督查政府是否存在政策多变、难以预期，"玻璃门""弹簧门""旋转门"，以及不作为、懒作为等问题；四是营造公平竞争的投资环境，重点督查是否存在民间投资不能享受与其他企业同等的财政补助、土地供应、贷款贴息、用电用水用气用热价格等问题；五是发挥政府投资的引导带动作用，重点督查政府通过投资补助、基金注资、担保补贴等方式，支持社会资本重点参与市政基础设施、社会事业、农林水利等投资建设领域存在的问题；六是大力促进创业创新中民间投资发展，重点督查是否支持创业投资企业进行长期投资、价值投资、战略投资和民营企业技术创新、产品升级等；七是加大对民间投资的金融支持，重点督查是否存在金融机构对民营企业贷款动力不足和中小微企业融资难、融资贵、期限短等问题；八是大力推进政府和社会资本合作（PPP）模式，重点督查PPP模式是否存在政策不完善、机制不科学、承诺不兑现等问题；九是落实地方政府和部门责任，促进民间投资持续稳定增长，重点督查政府是否强化对民营企业的服务，建立健全有关工作机制，保障企业的合法权益等。

5月份的国务院"促进民间投资健康发展"专项督查行动结束后，国家发改委等7个部门还在7月份开展了进一步的"促进民间投资"专项督导行动。2016年7月28日，经国务院同意，国家发展改革委、科技部、工业和信息化部、财政部、国土资源部、住房城乡建设部、银监会等部门组成7个督导组，分赴北京、辽宁、安徽、山东、河南、湖北、青海7个省（直辖市）开展"促进民间投资"专项督导行动。此次"促进民间投资"专项督导是在之前"促进民间投资健康发展"专项督查的基础上进行的,主要针对民间投资增速靠后,以及民间投资体量较大且增速放缓明显的 7 个省(直辖市)。

"促进民间投资"专项督导行动,旨在进一步检查有关地区贯彻落实党中央、国务院关于促进民间投资发展的决策部署和相关政策文件情况,检查有关地区加强民间投资管理服务和市场环境建设等方面工作情况,查找存在的突出问题,指导、协调、推动地方迅速采取有力有效措施,促进民间投资回稳向好。

此次专项督导重点围绕五个方面的内容展开:一是促进民间投资政策落实情况,重点检查地方政府贯彻中央经济工作会议、《政府工作报告》部署和党中央、国务院关于促进民间投资发展政策文件的情况。二是加强和改善政府管理服务情况,重点检查地方政府落实深化"放管服"要求,加快构建权责明确、透明高效的事中事后监管体系,提升政府管理服务能力和水平等。三是营造一视同仁的公平竞争市场环境情况,重点检查地方政府落实对各类市场主体实施公平准入原则和政策措施,营造权力平等、机会平等、规则平等的投资环境等。四是督查发现问题的整改落实情况,重点督导地方政府针对国务院促进民间投资健康发展专项督查中发现的问题,逐项检查,举一反三,提出切实可行的整改措施。五是研究提出本省(直辖市)改进民间投资工作方案情况,重点督导地方政府切实履行主体责任,深入查找分析制约民间投资发展的原因,制定完善相关政策和实施细则,促进民间投资回稳向好。

实地督导行动的时间为 5—10 天。各督导组采取听取情况汇报、实地走访、座谈交流、专题研讨和查阅文件资料等多种方式,对有关地区促进民间投资工作总体情况做出评价、指出问题、分析原因,及时向地方政府反馈督导意见,提出了进一步改进和完善工作的意见建议,并由国家发展改革委汇总形成综合报告报国务院。

3. 国务院"全国减轻企业负担"专项督查

2016 年 10 月 21 日,国务院减轻企业负担部际联席会议发出《开展 2016 年全国减轻企业负担专项督查的通知》(部运行函〔2016〕430 号)。通知指出,为贯彻落实党中央、国务院关于减轻企业负担的系列部署,国务院减轻企业负担部际联席会议决定于 2016 年第四季度在全国范围内开展减轻企业负担专项督查。督查周期从通知印发之日起到 2016 年 12 月底结束,共分为自查自纠、实地督查、整改治理三个阶段。

这次专项督查的目标是:各地区按照党中央、国务院降低实体经济企业成本、减轻企业负担的要求,围绕国务院减轻企业负担部际联席会议 2016 年减轻企业负担工作部署,特别是降低企业成本、推动普遍性降费、清理涉企保证金、整治违规行为、完善工作机制等方面开展的工作、取得的成效、存在的不足以及下一步整改措施。督查的重点内容包括：开展降成本减负担工作情况及成效，完善和实施清单制度情况，涉企保证金清理规范工作情况，清理规范重点领域涉企收费情况，整治涉企乱收费、乱摊派等违规行为情况，减轻企业负担机制体制建设情况，等等。

（二）国务院部委专项督查

2016年，除了国务院层面，多个国务院部门也都在各自职责范围内开展了相应的督查活动，其中比较有代表性的有国家发改委、环保部、国家信访局等开展的督查活动。

1. 国家发改委"促进民间投资"专项督查

"促进民间投资"专项督查是国家发改委于2016年5月下旬组织开展的一项督查工作。此次督查中，国家发改委共组织并派出6个督查组，分别赴天津、内蒙古、上海、安徽、山东、河南、广西、海南、贵州、云南、甘肃、宁夏等12个省、自治区、直辖市（国务院督查组督查的18个省、自治区、直辖市以外地区）开展"促进民间投资"专项督查行动。

这次"促进民间投资"专项督查的重点内容包括：针对党中央、国务院关于促进民间投资有关政策的贯彻落实情况、放宽民间投资市场准入情况、加强和改善政府服务情况、营造公平竞争的投资环境情况、发挥政府投资的引导带动作用情况、大力促进创业创新中民间投资发展的情况、加大对民间投资的金融支持情况、大力推进政府和社会资本合作（PPP）模式情况，以及落实地方政府和部门责任促进民间投资持续稳定增长情况等，开展全面督查。

各个督查组的工作任务包括：听取省（自治区、直辖市）发展改革委和相关单位的情况汇报，重点是各地全面自查情况、促进民间投资工作情况、存在的问题和差距、产生问题的症结，以及好的经验做法、改进措施和政策建议；在每个省（自治区、直辖市）抽取部分地级市，在每个地级市选取部分民营企业，进行实地督查调研。同时，各个督查组还结合职责分工和工作需要，召开有关部门、行业协会、民间商会、民营企业等座谈会，听取有关方面意见，补充完善督查内容。

2. 环保部"环境保护"专项督察

2016年第一批中央"环境保护"督察工作于7月初全面启动，督察期限为7月中旬到8月中旬。此次督察共组建并派出8个中央环境保护督察组，分别负责对内蒙古、黑龙江、江苏、江西、河南、广西、云南、宁夏等8个省（自治区）开展"环境保护"督察工作，进驻时间为1个月左右。中央环境保护督察组进驻期间，分别设立专门值班电话和邮政信箱，受理被督察省（自治区）环境保护方面的来信来电。

2016年第二批中央"环境保护"督察工作于11月中旬全面启动，督察期限为11月24日到11月底。此次督察共组建并派出7个中央环境保护督察组，分别负责对北京、上海、湖北、广东、重庆、陕西、甘肃等7个省（直辖市）开展"环境保护"督察工作。督察组主要采取听取汇报、调阅资料、个别谈话、走访问询、受理举报、现场抽查、下沉督察等方式开展工作，督察组进驻时间为1个月左右。

"环境保护"专项督察工作，目标在于重点了解省级党委和政府贯彻落实国家环境保护决策部署、解决突出环境问题、落实环境保护主体责任情况，推动被督察地区生态文明建设和环境保护工作，促进绿色发展。在具体督察过程中，坚持问题导向，重点盯住中央高度关注、群众反映强烈、社会影响恶劣的突出环境问题及其处理情况；重点检查环境质量呈现恶化趋势的区域流域及整治情况；重点督察地方党委和政府及其有关部门环保不作为、乱作为的情况；重点了解地方落实环境保护党政同责和一岗双责、严格责任追究等情况。

3. 国家信访局"信访事项"专项督查

2016年3月至4月期间，国家信访局会同国土资源部、住房城乡建设部、环境保护部等部门组成的5个中央信访督查组，以及部分全国人大代表和全国政协委员，分赴黑龙江、安徽、湖南、广东、四川等5省，对50件信访事项进行了实地督查。这是国家信访局自2013年建立信访事项实地统筹督查工作机制以来的第十批实地督查。

这次"信访事项"专项督查所涉及的50件信访事项，主要针对征地拆迁、棚户区改造、养老保险、环境污染等民生热点问题。其中，有28件是对群众反映强烈的典型信访事项进行重点督查，有12件是对已交办地方核查但问题未得到妥善化解的信访事项进行核实抽查，有10件是对前期督察组已实地督查过的信访事项进行回访督查。在为期10余天的督查工作中，督察组实地查看现场，走访信访人，约谈相关单位和人员，并仔细查阅案卷材料，为信访积难案件的化解"把脉开方"。

督查工作结束后，国家信访局门户网站对这50件信访事项中的36件重点督查和核实抽查信访事项，10件回访督查事项督查情况进行了公开，另外4件正在按照有关要求导入司法途径。

（三）地方政府督查

2016年，地方各级政府开展了丰富的综合性和专项督查活动，包括自查活动和针对下级的督导活动，许多地方政府制订了"年度重点督查事项""年度重点督查工作计划"等。部分地方还结合自身需求和特点，对督查工作的方式方法进行了不断创新。

以天津市政府为例，其在2016年10月中旬至11月中旬，进行了全市范围的大督查。天津市政府的督查目标是为进一步推动党中央、国务院重大政策措施和市委、市政府重点工作安排的贯彻落实，延伸放大国务院第三次大督查活动的良好效果。在具体的督查方式方面，天津市政府借鉴国务院第三次大督查的做法，从全市各部门一共抽调了132名相关人员，由主要委局一把手任组长组成14个督查检查组，集中一个月时间，对各区和市级主要部门的工作开展了督查检查。天津市政府的这次督促检查行动，主要聚焦本市经济运行和改革发展中的突出问题，致力于推进稳增长、促改革、调结构、惠民生、防风险等政策举措的全面落实和重点投资项目、重要民生工程加速完成。

在督查内容方面，天津市政府此次大督查涵盖了保持经济平稳发展、推进供给侧结构性改革、推进创新驱动发展、保障和改善民生及环境污染治理等四方面20项工作，以及国务院第三次大督查发现问题整改情况、审计和专项督查检查中发现问题整改情况、传达贯彻中央第三巡视组巡视"回头看"反馈意见整改落实情况。

在开展实地督查的过程中，天津市政府各督查组采取听取总体汇报、开展座谈交流、实施干部访谈、抽查文件资料、查看现场点位、核实问题线索等方法，全面掌握被督单位的工作进展和问题成因。期间，共召开座谈会80个，抽查文档资料1 641份，实地查看点位308个，访谈有关人员979人次，核查问题线索95个。

在督查期间，天津市政府把督进度、查问题与强服务、解难题紧密结合，向各区征集了需要市政府协调解决的104个问题。与此同时，各督查组在实地督查中，还帮助基层出实招、办实事，解决了一批难题。督查工作结束后，天津市政府进一步完善激励问责机制，对真抓实干、成效明显的地区、部门加大激励支持力度；对需要整改的事项，全部制定整改方案，确保如期完成；对选择性落实、象征性执行、问题整改不到位的，敢于碰硬、抓住不放、一督到底，切实发挥督促检查的震慑警示效应。

二、2016年中国政府政务督查研究现状综述

2016年度，以"督查""督察"作为检索词，在中国知网进行相应的搜索，可以得到该研究主题在这一整年的基本概况（见表3）。总体来看，研究者们对政务督查工作所取得的进展都表示肯定，但同时也指出了督查过程中存在的一系列问题，并就此提出了相应的对策建议。研究者们的共识是，政务督查工作及其制度建设是一个需要付出不懈努力、持之以恒的长期工程。

表3 2016年"政务督查"研究文献检索统计表

数据库名称	收录时间	覆盖期刊	检索词	检索方式（篇数）				
				篇名	关键词	摘要	主题	全文
中国知网（CNKI）	2016.1—2016.12	所有期刊	"督查"	244	12	888	997	14 931
			"督察"	134	6	365	442	4 688

资料来源：中国知网。

2016年12月16日，全国哲学社会科学规划办公室发布《2017年度国家社会科学基金项目课题指南》，在"政治学"项目的第107子项，就是"我国政府督查制度实施机制研究"。能够进入国家级社会科学基金研究项目的指南目录，表明政务督查研究的重要性已经得到学界的认可。

就具体研究内容而言，2016年度关于"政务督查"的各种研究，主要分布在两个方面：一是就政务督查工作中出现的问题展开探讨；二是对未来如何进一步做好政务督查工作提出相应的对策建议。

（一）政务督查工作中存在的问题

研究者们认为，政务督查工作在法制规范、中央（上级）与地方（下级）关系、与日常工作协调等方面，还存在着相当可为的改进空间。这方面代表性的研究观点包括：

杨雪冬认为，要明确问责督查的边界。问责督查是提高政策执行力的基本方式，但问责督查不是万能良方，一则许多工作都有规律可循，应该尊重相关部门的自主性，再则由于社会经济的复杂化和各级政府掌握资源有限，不能要求相关地方或部门完全承担起各项责任。因此，要科学划定问责督查边界，既给予部门和地方以适当的自主性，也要把问责督查资源集中在重点问题重点领域上，发挥"四两拨千斤"的作用。尤其要在问责督查中依法依规，不能过度自由裁量。那样会产生更复杂的后果。[①]

田先红和李杨认为，明察暗访的督查方式，仍然带有一定的运动式特性。在督查期间，科层制上下高度紧张，一切制度程序都高效运转，而督查过后，往往又恢复如初。信访督查演变为上下级之间围绕特定业务展开的持久的拉锯战。上级需要通过督查来敦促下级贯彻相关政策制度和自身意图，避免下级因为长期缺乏外部压力而懈怠。下级则必须努力应对来自上级的外部压力，在完成上级布置任务与维持科层体制运转中保持平衡。非督查则不落实，非运动则不执行。官僚

---

① 参见杨雪冬：《简政放权与问责督查》，载《决策》，2016（8）。

体制的惰性由此彰显无遗。①

韩兆坤在对区域环保督查制度进行解析后认为，整个督查体系在理念、身份、法制、历史、权力、行动等方面都还存在着有待改进的空间。其中，督查工作的法制建设问题亟待解决：一是从目前督查主体设立的法律依据来看，仅仅是通过"通知"形式下发部门规范性文件，既不是法律、行政法规，也不是部门规章，可见立法规格之低。这种低规格的立法，可以说对组织存在的稳定性、职能发挥的权威性、运行效果的有效性等方面都会产生不小的局限性。二是从目前已有的督查工作可参照的规范性法律文件来看，很多规定内容过于抽象化、原则化，可操作性不强，且缺乏相应的司法解释和配套规定，尤其是具体程序化内容不足，都导致督查工作在具体开展过程中无所适从，相关规定的粗糙、不细化，也限制了督查工作行动的范围，不敢"轻越雷池"。②

崔慧姝认为，作为内部差异显著的超大型单一制国家，仅仅依赖于中央政府督查这一种方式，能够在多长时间内保持着对执行推动的有效性，值得进一步商榷。显而易见的是，随着改革进程的持续推进，新的政策措施会不断出台，而每一年都通过中央政府进行督查的方式来推动实施，这在人力物力方面的耗费将会是极为巨大的。更重要的是，督查者与被督查者在这一过程中的过多精力投入，难免会分散他们对于日常治理行为的注意力，进而影响到本职工作的绩效提升。以往的政策执行推动工作实践表明，当政策落实督查工作的范围和程度超过一定的"临界点"，受督查的地方和部门就会陷入疲于应付各种检查工作的状态，正常工作节奏时常受到干扰，从而背离了增强政府执行力、推动政策措施落实到位的初衷。③

（二）进一步优化政务督查工作的建议

研究者们认为，可以从创新督查方式、鼓励扩大督查参与、完善督查法律保障、优化中央（上级）与地方（下级）之间的督查体系等方面着手，从多个视角、多个层面来进一步做好政务督查工作。这方面代表性的研究观点包括：

田先红和李杨认为，在推进国家治理体系和治理能力现代化的过程中，需要充分发挥督查制度的重要功能，同时也需要对这一制度进行创新和完善。当务之急是创新督查方式，实现督查的全覆盖、精细化。同时，需要进一步严格落实督查主体责任，强化责任意识，健全奖惩机制。此外，还需要在督查过程中充分运用现代信息技术。当然，除了创新和完善政府内部自上而下的督查制度体系外，

---

① 参见田先红，李杨：《中国信访督查制度运行逻辑的实证研究——以县委书记大接访中的督查过程为中心》，载《中共杭州市委党校学报》，2016（5）。
② 参见韩兆坤：《我国区域环保督查制度体系、困境及解决路径》，载《江西社会科学》，2016（5）。
③ 参见崔慧姝：《中国政策执行中的督查机制：以国务院督查行动为例》，载《领导科学》，2016（29）。

更重要的是扩大公众参与范围，鼓励公众参与政府决策，将自上而下的督查制度和自下而上的监督制度相结合，使二者相得益彰，共同推进我国国家治理体系和治理能力现代化。①

韩兆坤认为，完备的法律体系建构对督查制度的有效运行起着重要的保障作用。这就需要完善现有法律结构，增强督查制度的合法性，提高督查制度所依法律规范的可操作性。在现有法律体系结构中以专业性的立法规定代替过去有失规范性的通知，明确督查制度的法律地位，细化其行为规范、工作机制将对督查制度大有裨益。②

崔慧姝认为，未来的政府执行及督查体系可沿着如下三个方面并行建设：一是"中央政策—中央执行—社会评估"，对于部分重要的政策事项，应保持决策与执行系统的一体化，中央政府可以设立自身独立的执行系统，而非采用任务分解、层层下达的传统方式，以保证完全贯彻中央政府的政策意志，执行效果评估则采用社会化的方式，引入研究机构、专家学者团队、社会组织等第三方展开独立于政府之外的评估工作；二是"地方政策—地方执行—中央督查和社会评估"，地方政府自身的决策事项，由地方政府自主组织实施，评估则可采用中央督查和社会评估相结合的方式进行，在确保地方政府的政策行为不偏离中央政府大政方针的前提下，使政策措施的落实能够充分反映当地实际情况和民众需求；三是"中央政策—地方执行—中央督查"，即继续运用目前已被证明行之有效的执行及督查模式，同时由于补充了前述两种新的执行及督查模式，会大大减轻它的督查工作量，进而更加持续有效。以这一更加多样化的执行及督查体系作为长期建设方向，将会对政府执行力形成更强且更为持久的支撑。③

三、分析与展望

2016年，中国各级政府的政务督查工作，在实践和研究方面都取得了令人印象深刻的进展，同时现实发展和理论探索都对彼此产生了有益的启示。政务督查工作在实践中不断涌现出一系列新问题，对理论研究提出了新的挑战和探索空间；而研究者们在解析政务督查工作的过程中产生的种种思想碰撞，亦为实际工作者提供了崭新的思维方式和具体方案。通过综合这两个方面的各种认识，可以对未来政务督查工作的发展进行前瞻性分析。

---

① 参见田先红，李杨：《中国信访督查制度运行逻辑的实证研究——以县委书记大接访中的督查过程为中心》，载《中共杭州市委党校学报》，2016（5）。
② 参见韩兆坤：《我国区域环保督查制度体系、困境及解决路径》，载《江西社会科学》，2016（5）。
③ 参见崔慧姝：《中国政策执行中的督查机制：以国务院督查行动为例》，载《领导科学》，2016（29）。

（一）注意协调好督查一视同仁和地方具体条件的关系

中国是一个内部差异、差距相当大的超大型国家，现代化、后现代化、前现代化等情景都可见于中国的经济社会实况中。面对千差万别、各自相异的地方生态，需要在强调一视同仁的刚性督查工作中，适度增加一定的弹性机制，更加强调测量精准度。从长远来看，由于区域之间显而易见的非平衡发展状态，任何一个来自中央或上级的政策要真正实现"落地生根"、打通"最后一公里"，仅仅依靠强制性的督查，恐怕是不够和难以持久的。因此，有必要探索实现在刚性督查和地方实际中找到一个更佳的均衡点。政务督查工作本身也需要多样化，相应的标准要根据不同的情况做出适时的调整，要有"多把尺子"而非"一把尺子"。只有具备较高精确度、区分度的督查工作，才能更好地把作用力置于对应方位。

（二）注意协调好政务督查工作和日常监督工作的关系

中国各级政府尤其是基层政府，在面对中央或上级有力推行的一项工作时，习惯于"扩大适用范围"，不加区分地把许多不相关的工作事务混淆在一起。目前，部分地方政府及部门，已经出现了把日常性的监督问责性工作，一概都归为政务督查领域的趋势，以示对此项工作的重视。政务督查成了一个框，什么都往里装。因此，未来有必要对政务督查做出清晰的定义和限定。政务督查必须是对特定政策执行情况的监督、检查和问责工作，不能也不应该扩大到所有政策的落实情况方面，有必要在政务督查工作和日常监督工作之间，做出较为明确的区分。这既有助于集中资源做好政务督查工作，不致人力物力精力分散，同时也可避免政务督查工作对日常工作的侵扰。

四、报告要点

综合本报告的内容，对报告的要点归纳如下：

1. 实践方面，2016 年，国务院层面、国务院各部委、各级地方政府都开展了极为丰富的政务督查活动。这些督查活动既有面向全局工作的综合性行动，也有针对专门领域的专项行动。各层级、各区域、各领域的政府部门，都在积极地推行各种政务督查实践。国务院层面的政务督查工作，主要包括大督查行动、"促进民间投资健康发展"专项督查、"全国减轻企业负担"专项督查三项。多个国务院部门也都在各自职责范围内开展了相应的督查活动。地方各级政府开展了丰富的综合性和专项督查活动，包括自查活动和针对下级的督导活动，许多地方政府制订了"年度重点督查事项""年度重点督查工作计划"等，部分地方还结合自身需求和特点，对督查工作的方式方法进行了不断创新。

2. 研究方面，2016 年，研究者们对政务督查工作所取得的进展都表示肯定，但同时也指出了督查过程中存在的一系列问题,并就此提出了相应的对策建议。2016年度有关于"政务督查"的各种研究,主要分布在两个方面:一是就政务督查工作中出现的问题展开探讨。研究者们认为,政务督查工作在法制规范、中央(上级)与地方(下级)关系、与日常工作协调等方面,还存在着相当可为的改进空间。二是对未来如何进一步做好政务督查工作提出相应的对策建议。研究者们认为,可以从创新督查方式、鼓励扩大督查参与、完善督查法律保障、优化中央(上级)与地方(下级)之间的督查体系等方面着手,从多个视角、多个层面来进一步做好政务督查工作。

3. 未来展望方面,要进一步实现政务督查工作的深化、细化和具体化,至少需要做好两个方面的重点工作:一是注意协调好督查一视同仁和地方具体条件的关系;二是注意协调好政务督查工作和日常监督工作的关系。

作者单位:南开大学周恩来政府管理学院,南开大学中国政府与政策联合研究中心

公务员制度研究报告

薛立强

根据《中华人民共和国公务员法》（以下简称《公务员法》）的规定，公务员是指依法履行公职、纳入国家行政编制、由国家财政负担工资福利的工作人员。在中国，公务员的范围包括中国共产党机关、人大机关、行政机关、政协机关、审判机关、检察机关、民主党派机关这七类机关除了工勤人员之外的工作人员，此外还有实行参照管理的三部分人员：一是人民团体以及经机构编制部门批准、使用行政编制的群团机关的工作人员；二是行使行政管理职能的事业单位工作人员；三是党委系统担负党的领导机关工作职能的事业单位的工作人员。公务员制度是指现代国家为对公务员进行科学管理而建立并运行的一套法规体系。按照《公务员法》及其配套法规的规定，公务员制度包括如下一些具体制度：公务员的条件义务权利制度、职务与级别制度、录用制度、考核制度、职务任免制度、职务升降制度、奖励制度、惩戒制度、培训制度、交流与回避制度、工资福利保险制度、辞职辞退制度、退休制度、申诉控告制度、职位聘任制度、法律责任制度等。

一、2016年公务员制度发展现状综述

改革开放以来，随着干部人事制度改革的进行，公务员制度也在逐步建立健全，1993年《国家公务员暂行条例》的颁布实施标志着公务员制度的建立，2005年《公务员法》（2006年1月1日起开始实施）的颁布标志着公务员制度的进一步健全和完善。党的十八大以来，特别是党的十八届三中全会以来，在以习近平同志为核心的党中央领导下，公务员制度改革又获得了一系列进展，取得了一系列成就。例如，党的十八届三中全会明确了到2020年公务员制度改革的重点：深化公务员分类改革，推行公务员职务与职级并行、职级与待遇挂钩制度，加快建

立专业技术类、行政执法类公务员和聘任人员管理制度；完善基层公务员录用制度，在艰苦边远地区适当降低进入门槛。①2015年1月15日，中共中央办公厅、国务院办公厅印发了《关于县以下机关建立公务员职务与职级并行制度的意见》（中办发〔2015〕4号）。其规定，县以下机关公务员工作满一定年限并达到相应的级别条件之后，就可以晋升职级并享受相应的待遇。②这项改革对于公务员最大的影响，即在于为广大基层公务员提供了另一个晋升和提升待遇的渠道，从而激励广大基层公务员安心本职工作，努力在本职工作中做出贡献。2015年6月5日召开的"中央深改组"第十三次会议审议通过了《关于招录人民法院法官助理、人民检察院检察官助理的意见》，要求"建立从政法专业毕业生中招录法官助理、检察官助理的规范机制"③，确保新录用的审判、检察人员具有良好的政治和专业素质。在2014年、2015年试点的基础上④，2015年9月15日召开的"中央深改组"第十六次会议审议通过了《法官、检察官单独职务序列改革试点方案》，指出对法官、检察官建立有别于其他公务员的单独职务序列是"促进法官、检察官队伍专业化、职业化建设的重要举措"⑤。2015年12月9日召开的"中央深改组"第十九次会议审议通过了《公安机关执法勤务警员职务序列改革试点方案》和《公安机关警务技术职务序列改革试点方案》，要求完善执法勤务警员职务序列，建立警务技术职务序列。这对于"拓展执法勤务警员和警务技术人民警察职业发展空间，完善激励保障机制，激发队伍活力"⑥，无疑具有重要意义。

在上述这些改革的基础上，2016年公务员制度方面的重要改革主要表现为以下两个：

（一）出台专业技术类和行政执法类公务员分类管理的专门法规

2005年颁布的《公务员法》将公务员划分为综合管理类、专业技术类和行政执法类等类别。2009年出台的《2010—2020年深化干部人事制度改革规划纲要》（中办发〔2009〕43号）将建立专业技术类、行政执法类公务员职务序列和管理办法列为2020年党政干部制度改革的整体推进任务之一。党的十八大及十八届三

---

① 参见《中共中央关于全面深化改革若干重大问题的决定》，载《人民日报》，2013-11-15。
② 例如，在县级政府工作的某位公务员，任主任科员已满15年，虽然职务不再可能获得晋升，但可以晋升到副处级职级并享受副处级待遇。参见《关于县以下机关建立公务员职务与职级并行制度的意见》。
③ 参见《习近平主持召开深改小组第十三次会议》，见新华网，2015-06-05。
④ 2014年，以上海、广东、吉林、湖北、青海、海南、贵州7个省（直辖市）为试点进行了推进司法责任制、司法人员分类管理、司法人员职业保障、省以下地方法院检察院人财物统一管理等4项改革。2015年5月5日召开的"中央深改组"第十二次会议，同意将山西、内蒙古、黑龙江、江苏、浙江、安徽、福建、山东、重庆、云南、宁夏11个省（自治区）设为开展4项改革的第二批试点。
⑤ 参见《中央全面深化改革领导小组第十六次会议召开》，见中国政府网，2015-09-15。
⑥ 参见《习近平主持召开中央全面深化改革领导小组第十九次会议》，见新华网，2015-12-09。

中全会都提出要继续推进公务员分类管理改革。在这一背景下，中组部、人社部等部门组织力量起草了有关规范性文件并提交中央。2016年4月18日"中央深改组"第二十三次会议审议通过了《专业技术类公务员管理规定（试行）》《行政执法类公务员管理规定（试行）》两个文件。同年7月初，中共中央办公厅、国务院办公厅印发了这两个《管理规定》。两个《管理规定》的颁布实施，对于深化公务员分类改革，"提高管理效能和科学化水平，确立体现工作性质和职位特点的职业发展通道，实行分类录用、分类考核、分类培训，突出对公务员特别是基层公务员的持续激励，更好调动公务员积极性"[①]具有重要意义。

具体而言，《专业技术类公务员管理规定（试行）》指出，专业技术类公务员是指专门从事专业技术工作，为机关履行职责提供技术支持和保障的公务员，其职责具有强技术性、低替代性。专业技术类公务员职位根据工作性质、专业特点和管理需要，在以专业技术工作为主要职责的机关内设机构或者岗位设置。专业技术类公务员职务，分为十一个层次。通用职务名称由高至低依次为：一级总监、二级总监、一级高级主管、二级高级主管、三级高级主管、四级高级主管、一级主管、二级主管、三级主管、四级主管、专业技术员。专业技术类公务员任职，应当具备相应的专业技术任职资格，符合拟任职务所要求的其他条件，按照专业技术类公务员职务序列，在规定的职位设置范围和职数内进行。专业技术任职资格由高至低依次为高级、中级、初级。高级包括正高级和副高级。任一级、二级总监和一级高级主管，应当具备正高级专业技术任职资格；任二级、三级、四级高级主管，应当具备副高级以上专业技术任职资格；任一级、二级主管，应当具备中级以上专业技术任职资格；任三级、四级主管和专业技术员，应当具备初级以上专业技术任职资格。专业技术类公务员晋升职务，应当具备拟任职务所要求的思想政治素质、工作能力、文化程度、专业技术任职资格、任职年限和任职经历等方面的基本条件，并在规定任职年限内的年度考核结果均为称职以上等次。专业技术类公务员的考核，以职位职责和所承担的专业技术工作为基本依据，全面考核德、能、勤、绩、廉，重点考核工作实绩。考核结果作为专业技术任职资格评定的重要依据。

（二）进一步完善司法人员"入口"管理

党的十八届四中全会通过的《中共中央关于全面推进依法治国若干重大问题的决定》要求，初任法官、检察官由高级人民法院、省级人民检察院统一招录，一律在基层法院、检察院任职。上级人民法院、人民检察院的法官、检察官一般从下一级人民法院、人民检察院的优秀法官、检察官中遴选。为贯彻四中全会精

---

① 参见《习近平主持召开中央全面深化改革领导小组第二十三次会议》，见新华网，2016-04-18。

神，2016年3月22日召开的"中央深改组"第二十二次会议审议通过了《关于建立法官检察官逐级遴选制度的意见》《关于从律师和法学专家中公开选拔立法工作者、法官、检察官的意见》。这两个《意见》要求，要遵循司法规律，"建立公开公平公正的遴选和公开选拔机制，规范遴选和公开选拔条件、标准和程序，真正把政治素质好、业务能力强、职业操守正的优秀法治人才培养好使用好"①。

2016年6月2日，中共中央办公厅公开发布了《从律师和法学专家中公开选拔立法工作者、法官、检察官办法》（厅宁〔2016〕20号）。根据这一《办法》，具有立法权的人大常委会的法制工作机构、政府法制部门可以根据工作需要招录一定数量的律师、法学专家从事法律法规起草工作。人民法院、人民检察院应当把从律师、法学专家中选拔法官、检察官工作常态化、制度化。公开选拔应坚持以下原则：党管干部；德才兼备、以德为先；专业化、职业化；公开、公正、竞争、择优。参加公开选拔的律师、法学专家应当具备相应的任职条件和要求（见表1）。拟任法官、检察官入围人选的专业能力评审由法官、检察官遴选委员会负责并应接受社会监督。律师、法学专家被选拔为立法工作者、法官、检察官的，适用国家机关工作人员禁止性规定，不得持有非上市公司的股份；不得在企业、律师事务所及营利性机构兼职。律师、法学专家被选拔为法官、检察官的，其父母、配偶、子女在拟任职人民法院、人民检察院辖区内开办律师事务所、担任律师或者从事司法鉴定、司法拍卖等与司法活动利益相关职业的，应当按照任职回避的要求不再担任律师事务所设立人、合伙人或者退出股份、调整工作。在一年试用期内未能按照本条规定要求不再担任律师事务所设立人、合伙人或者退出股份、调整工作的，视为试用不合格，不予录用。

另据报道，到2016年9月初，除西藏外，全国已有30省份设立法官检察官遴选委员会，并着手开展或业已完成员额制改革。全国最早设立省级法官检察官遴选（惩戒）委员会的是上海市，早在2014年12月，上海就设立了全国首个"法官检察官遴选（惩戒）委员会"，其职能包括三方面：一是遴选，即根据缺额情况，从法官助理、检察官助理中遴选法官、检察官，提出建议名单；或从律师、学者等法律职业人才中公开选任法官、检察官；二是择优选升；三是对严重违纪行为提出惩戒意见，并可在一定范围内对违纪法官、检察官予以公开谴责。通过已有信息可以看到，各省份法院检察院遴选、惩戒委员会在人员组成和运作方式上不尽相同。例如，上海、陕西等省份采取"一套班子，两块牌子"的做法，法官检察官遴选与惩戒委员会人员重合，吉林、海南等省则分设法官检察官遴选委员会和法官检察官惩戒委员会，人员组成有所不同。此外，在人员配备上，一般包含

---

① 参见《习近平主持召开中央全面深化改革领导小组第二十二次会议》，见新华网，2016-03-22。

法院、检察院、政法委及组织部门相关负责人以及当地法学专家、律师等，但人数不同。比如，上海是由 8 名来自高校的专家委员和 7 名来自职能部门的专门委员组成，其中包含主任委员 1 人，副主任委员 4 人；吉林法官检察官遴选委员会设主任委员 1 人，副主任委员 2 人，专门委员 3 人，专家委员 11 人，主任委员实行任期制，每届任期 3 年，最多连任两届；吉林法官检察官惩戒委员会设主任委员 1 人，副主任委员 2 人，专门委员 4 人，专家委员 6 人。设立法官检察官遴选委员会有利于从人事上打破过去由地方党委、人大控制法官检察官选任的做法，建立统一由省提名并按法定程序任免的机制。①

表 1　参加公开选拔的律师、法学专家应当具备的任职条件和要求

参加公开选拔的律师应当具备的条件和要求	参加公开选拔的法学专家应当具备的条件和要求	律师、法学专家具有下列情形之一的，不得参加公开选拔
1.《公务员法》《法官法》《检察官法》规定的任职基本条件。	1.《公务员法》《法官法》《检察官法》规定的任职条件。	1.被刑事处罚或者因违法违纪被辞退、开除或者吊销执业证书的。
2.拥护党的领导，忠于《宪法》、法律。	2.拥护党的领导，忠于《宪法》、法律。	2.有妨害司法公正行为的。
3.具有坚定的社会主义法治信仰、良好的职业操守。	3.具有坚定的社会主义法治信仰、优良的师德和学术品行，公道正派。	3.因违反职业道德、学术道德、执业纪律或者行业规范受到惩戒、处罚的。
4.具有独立办案能力，执业经验丰富，或者通晓境外法律制度并具有成功处理国际法律事务的经验，或者精通某些特殊专业领域的法律实务。	4.自觉贯彻中国特色社会主义法治理论，善于理论联系实际。	4.受过党纪政纪处分的。
5.实际执业不少于五年，从业声誉良好。	5.具有讲师及以上职称，从事教学或者科研五年以上，有突出研究能力和优秀研究成果，具有法律实务工作经验的优先。	5.涉嫌违法违纪正在接受审查尚未结案的。
		6.配偶已移居国（境）外，或者没有配偶，子女均已移居国（境）外的。
		7.法律法规规定不得担任立法工作者、法官、检察官的其他情形。

资料来源：《从律师和法学专家中公开选拔立法工作者、法官、检察官办法》（厅字〔2016〕20 号）。

这两项制度的实施，进一步完善了司法人员的"入口"管理，对于保证和加强司法队伍的正规化、专业化、职业化建设具有重要意义。

---

① 参见《30 省份设立法官检察官遴选及惩戒委员会》，见财新网，2016-09-07。

二、2016年公务员制度研究现状综述

（一）研究的一般状况

公务员及公务员制度问题一直是学界研究的热点问题，根据"中国知网"的统计，2005年以来每年发表的题名中包含"公务员"的文献数都达到1 000多篇，其中2006年、2007年、2008年、2009年、2010年、2014年甚至每年达到2 000篇以上，足见研究热度之高。2016年，题名中包含"公务员"的文献总数为1 292篇，其中包括期刊论文725篇，报纸文献269篇，硕博士论文284篇，会议文献14篇（见表2）。

表2 改革开放以来题名中包含"公务员"的文献数量（1984—2016） 单位：篇

年份	文献总数	期刊文献数	报纸文献数	硕博士论文数	会议文献数
1984	1	1	0	0	0
1985	6	6	0	0	0
1986	5	5	0	0	0
1987	8	8	0	0	0
1988	98	98	0	0	0
1989	58	58	0	0	0
1990	29	28	0	0	1
1991	16	16	0	0	0
1992	59	59	0	0	0
1993	101	101	0	0	0
1994	353	352	0	0	1
1995	280	280	0	0	0
1996	333	333	0	0	0
1997	292	291	0	0	1
1998	287	286	0	0	1
1999	328	323	0	0	5
2000	381	295	84	0	2
2001	400	313	80	3	4
2002	539	409	121	8	1

续表

年份	文献总数	期刊文献数	报纸文献数	硕博士论文数	会议文献数
2003	888	490	318	17	63
2004	908	498	351	41	18
2005	1 493	735	641	96	21
2006	2 066	863	1 026	144	33
2007	2 236	861	1 102	224	49
2008	2 175	907	996	246	26
2009	2 056	917	864	246	29
2010	2 142	955	853	304	30
2011	1 966	853	769	321	23
2012	1 681	888	466	306	21
2013	1 626	766	518	333	9
2014	2 004	943	711	330	20
2015	1 664	795	513	338	18
2016	1 292	725	269	284	14

资料来源：中国知网。

在这些文献中，2016年真正研究公务员制度的重要文献（CSSCI期刊文献和博士论文）共27篇[①]，其中包括2篇博士论文和25篇CSSCI期刊论文。2篇博士论文分别来自东北财经大学和华东师范大学，25篇CSSCI期刊论文分布在23个刊物上。这些重要文献的研究内容涉及职务与级别（1篇）、录用（2篇）、考核（3篇）、职务升降（1篇）、惩戒（1篇）、工资福利保险（9篇）、职位聘任（2篇）、公务员道德（2篇）、总体管理制度（6篇）等方面（见表3）。

---

① 有的文献虽然题名中包含"公务员"一词，但并不是研究公务员制度的，这里举一例为证：王浦劬，李锋：《公务员对公民政治参与方式的评价问题研究》，载《中国行政管理》，2016（3）。

表3 2016年发表的公务员制度研究论文（CSSCI来源期刊）和博士论文[①]

研究主题	序号	论文名称	作者	期刊或博士学位授予单位
职务与级别	1	《公务员职务与职级并行制度研究》	何宪	《中国行政管理》2016年第9期
录用	1	《公务员面试考官评分策略研究》	陈芳、盛艳燕	《中国行政管理》2016年第3期
录用	2	《论台湾的公务员考试制度》	顾爱华、吴子靖	《新视野》2016年第2期
考核	1	《韩国高级公务员绩效考核体系及其对我国的借鉴意义》	方振邦、韩宁	《科学管理研究》2016年第3期
考核	2	《美国联邦政府高级公务员绩效考核体系及借鉴》	方振邦、侯纯辉、陈曦	《国家行政学院学报》2016年第2期
考核	3	《新加坡、日本、韩国公务员考核制度比较研究》	袁娟、邓歆怡	《中国行政管理》2016年第1期
职务升降	1	《少数民族地区基层公务员晋升的影响因素研究——基于县处级正职领导干部的履历分析》	马秀玲、饶帅	《西北民族大学学报（哲学社会科学版）》2016年第4期
惩戒	1	《民国时期公务员惩戒委员会体制研究》	聂鑫	《法学研究》2016年第3期
工资福利保险	1	《公务员地区之间工资关系研究》	何宪	《经济理论与经济管理》2016年第2期
工资福利保险	2	《公务员工资水平调查比较制度：我国政府的困境与对策》	刘昕、董克用	《公共管理学报》2016年第1期
工资福利保险	3	《公务员工资调整机制的国际经验及其启示》	柴茂昌	《现代经济探讨》2016年第6期
工资福利保险	4	《基层公务员薪酬影响因素的实证研究——以湖北省为例》	喻贞	《湖北社会科学》2016年第6期
工资福利保险	5	《艰苦边远地区县乡机关公务员报酬激励现状与对策》	郝玉明	《北京社会科学》2016年第5期
工资福利保险	6	《美国公务员职业年金债务风险及其借鉴》	孙守纪、房连泉	《探索》2016年第1期
工资福利保险	7	《欧美国家公务员职业年金制度比较研究》	杨洋	《社会保障研究》2016年第3期
工资福利保险	8	《香港特别行政区公务员薪酬调查制度及其启示》	何宪、姜精忠	《经济社会体制比较》2016年第5期
工资福利保险	9	《中国公务员薪酬管理模式研究》	张小鑫	东北财经大学博士论文

① 以论文名首字汉语拼音为序。

续表

研究主题	序号	论文名称	作者	期刊或博士学位授予单位
职位聘任	1	《公务员聘任制的法治化探究》	邢振江、刘太刚	《理论月刊》2016 年第 2 期
	2	《我国公务员聘任合同研究——述评、比较、判断及启示》	张宏伟	《江苏社会科学》2016 年第 6 期
道德	1	《20 世纪美国公务员道德立法研究：经验与启示》	左秋明	《甘肃行政学院学报》2016 年第 6 期
	2	《当代西方国家公务员职业道德建设及启示》	丰存斌	《理论视野》2016 年第 2 期
总体管理制度	1	《公务员职业认知与公务员管理对策的完善》	陈辉	《理论探讨》2016 年第 2 期
	2	《公务员制度发展的渐进特征、平衡机理与创新路径——基于〈公务员法〉实施十年的回溯与思考》	谢炜	《社会科学》2016 年第 5 期
	3	《公务员组织公民行为维度与基于工作压力源的影响机理研究》	叶超	华东师范大学博士论文
	4	《老挝公务员制度建设与政府能力提升研究》	李和中、黄进杰	《社会主义研究》2016 年第 3 期
	5	《欠发达地区基层公务员激励机制研究——以甘肃为例》	陈东	《兰州学刊》2016 年第 2 期
	6	《新常态下基层公务员激励问题探析——基于江西南昌部分县区的实证分析》	贺瑞虎、段建斌、吴龙	《江西师范大学学报（哲学社会科学版）》2016 年第 5 期

（二）主要观点概述

本报告主要基于 25 篇 CSSCI 期刊文献和 2 篇博士论文概述 2016 年学界关于"公务员制度"研究的主要观点。如前所述，2016 年学界的相关研究可以归结为职务与级别、录用、考核、职务升降、惩戒、工资福利保险、职位聘任、公务员道德、总体管理制度等研究主题，本报告以各研究主题重要文献数量由多到少的顺序来概述学者们的观点。

1. 关于公务员工资福利保险制度的研究

2016 年，这一主题的重要文献共有 9 篇，包括 1 篇博士论文和 8 篇 CSSCI 期刊论文。在这些文献中，7 篇文献研究的是公务员工资（薪酬）问题，2 篇文献研究的是职业年金（属于保险）问题。其中关于公务员工资（薪酬）问题的主要观点如下：毕业于东北财经大学的张小鑫博士从总体上研究了中国公务员的薪酬管理模式问题，认为建立科学合理的公务员薪酬管理模式是推进政府人力资源管理改革的核心环节。当代中国的公务员薪酬管理共经历了五次改革、四个阶段（即计划经济时期、改革开放初期、建设社会主义市场经济时期、全面建设小康社会时期），在取得长足进步的同时，仍然存在着薪酬体系决策依据单一、薪酬结构等级设置不合理、整体薪酬水平较低、绩效管理系统化难度大、可变薪酬部分管理混乱、没有系统量化的薪酬管理方法、部门福利管理问题突出等问题。而公平性和激励性则是公务员薪酬管理模式的两个核心，直接影响到公务员的整体素质和服务水平，对提高公务员的工作积极性，保证良好的工作态度具有重要的意义。公务员薪酬管理模式不仅影响公务员的心理与实际生活水平，而且影响到整个政府部门人力资源管理系统的建设。公务员薪酬管理模式是为了实现政府公共目标服务的，作为政府人力资源管理的工具之一，合理的薪酬管理模式能够把公务员的个体利益、局部利益与社会的整体利益有机结合，提高政府的工作效率。完善的公务员薪酬管理模式要综合考虑多方面的因素，包括公务员自身的技术和能力，公务员的市场价值，公务员的薪酬增长机制等。①

有学者研究了公务员地区之间的工资关系问题，认为中国公务员地区工资关系具有与国家权力相联系、较多的政治考量、与管理体制直接相关、人员流动的特殊性等特点。目前地区工资关系存在的问题主要是：制度缺少科学基础、地区收入差距过大、和地区经济发展的走势不吻合、监督管理力度不够、没有做到公开透明。合理确定地区工资关系应考虑的几个重要问题是：必须用发展的观点看待地区之间关系；防止地区之间工资收入差距过大是目前面临的主要任务；市场化成为主要的目标取向，但要考虑不同地区的实际情况；管理方法应当进行较大幅度的调整和改变，分级管理是大势所趋。②

有学者研究了公务员工资水平调查比较制度，认为当前中国公务员工资水平的决策困境是：由于统一的公务员地区附加津贴制度缺位，不同地区的同一职务级别上的公务员在工资水平方面差距较大，这种差距不仅体现在东西部地区的同级别公务员之间，而且体现在同一个省份内不同市县的同级别公务员之间。发达国家公务员工资水平的调查比较机制包括：运用工资调查方法定期对公务员的工资和企业人员的工资进行调查；运用工资比较方法对公务员和企业人员的代表性工资数据进行比较；在此基础上，运用工资调整方法对公务员的工资水平进行调整。建立我国公务员工资水平调查比较制度的必要性在于：一是我国《公务员法》的要求，二是公务员队伍建设的要求，三是社会的要求，四是与国际接轨的要求。

---

① 参见张小鑫：《中国公务员薪酬管理模式研究》，东北财经大学博士论文，2016年。
② 参见何宪：《公务员地区之间工资关系研究》，载《经济理论与经济管理》，2016（2）。

我国公务员与企业人员工资水平调查比较方案的核心内容在于采用"标杆职位族层级比较法",通过对人力资源管理、财务管理、行政办公三个职位族的调查比较,定期确定并调整公务员的工资水平。①

有学者研究了以美国和日本为代表的公务员工资调整机制经验,指出:美国联邦政府公务员的工资调整包括两大机制:一是针对所有公务员的年度工资普调(即通常意义上的通用工资表 GS 的增长);二是针对特定地区所进行的区域工资调整。日本调整公务员工资水平的机制是:对公务员和企业相当人员进行工资调查和比较,以"人事院工资劝告"的方式进行调整。人事院工资劝告指的是人事院于每年进行官民工资比较,确定公务员工资增长率,向国会提交工资修改法案,经国会审议后实施。国外公务员工资调整机制的经验是:建立公务员年度工资调整机制来适时调整公务员工资水平;参照企业工资水平及变化来确定公务员工资调整的依据;公务员工资水平比企业相当人员工资水平略低。②有学者研究了香港特别行政区公务员薪酬调查制度,认为自回归以来,香港特别行政区政府从要做良好的雇主出发,提出公务员薪酬水平要与私营机构同类人员"大致相若"。经过多年的改进和调整,逐步形成了一套比较完善的公务员薪酬调查制度,对合理确定公务员的薪酬水平,确保社会公平和公务员队伍的稳定起到了重要作用。其公务员薪酬调查制度的特点在于:多种调查方式并存,调查对象与公务员的可比性,比较方法具有灵活性、可靠性、实用性。③

有学者以湖北省为例,用实证方法研究了我国基层公务员薪酬的影响因素问题,认为基层公务员在企业中的"相当人员"是指企业中低层管理人员,基层公务员薪酬略高于企业相当人员,而影响基层公务员薪酬的不合理因素主要为单位可支配收入因素。④有学者调查了艰苦边远地区县乡机关公务员报酬激励问题,发现:艰苦边远地区基层机关工作负荷较重,公务员编制紧张;这些地区县乡机关公务员报酬激励取得一定成效,但仍有不足。建议采取放松过严的编制控制、增强工作本身的内在报酬激励、建立完善的绩效认可机制、引入工作生活平衡实践、增加培训与职业发展机会等手段,加强其非经济性报酬激励力度。⑤

有学者研究了英国、荷兰、美国等欧美国家的公务员职业年金制度,指出英国 2015 年改革后新入职公务员参加的职业年金计划主要是阿尔法计划和合伙型

---

① 参见刘昕,董克用:《公务员工资水平调查比较制度:我国政府的困境与对策》,载《公共管理学报》,2016(1)。
② 参见柴茂昌:《公务员工资调整机制的国际经验及其启示》,载《现代经济探讨》,2016(6)。
③ 参见何宪,姜精忠:《香港特别行政区公务员薪酬调查制度及其启示》,载《经济社会体制比较》,2016(5)。
④ 参见喻贞:《基层公务员薪酬影响因素的实证研究——以湖北省为例》,载《湖北社会科学》,2016(6)。
⑤ 参见郝玉明:《艰苦边远地区县乡机关公务员报酬激励现状与对策》,载《北京社会科学》,2016(5)。

计划。其中，阿尔法计划的筹资来源主要包括雇主、雇员和财政三个渠道；合伙型养老金计划则是英国公务员可选择参加是否缴费以及缴费水平的一种养老金计划。荷兰公务员的养老金制度包括三个支柱，即国家法定基本养老金、专属于公共部门雇员的补充性养老金计划以及个人补充养老金。美国联邦政府雇员中既有参加改革前传统的收入关联型养老金计划的人员，也有参加改革后的养老金计划的人员。改革后的养老金计划包括四个部分：社会保障、基本退休金、补充养老金以及节俭储蓄计划。[①]需要注意的是，美国州和地方政府公务员职业年金债务规模巨大，究其原因，既有养老金制度设计不当的影响，也有人口老龄化的客观因素和人为扭曲的主观因素，还有更为复杂的政治因素。借鉴国外经验，我国机关事业单位职业年金制度应该保持信息透明，防范投资风险，加强政府监管，有效分散财政风险。[②]

2. 关于公务员总体管理制度的研究

所谓"总体管理制度的研究"是指在总体上研究公务员制度，并不是仅仅研究公务员制度的某一个具体制度或者某一个具体方面。在这方面，2016年的重要研究成果包括1篇博士论文和5篇CSSCI期刊论文。

2016年毕业于华东师范大学的叶超博士研究了公务员组织公民行为[③]维度与基于工作压力源的影响机理问题，研究发现："工作—家庭冲突"在工作过载、上级领导和人际关系三个工作压力源与公务员组织公民行为之间起部分中介作用，而在职业发展前景压力源与组织公民行为之间起完全中介作用。工作抑郁在工作过载和人际关系两个工作压力源与组织公民行为之间起部分中介作用，而在上级领导和职业发展前景两个工作压力源与组织公民行为之间起到完全中介作用。反刍思维在上级领导、职业发展前景两个压力源与组织公民行为之间起调节作用，在人际关系压力源与组织公民行为之间起部分调节作用，在工作过载压力源与组织公民行为之间的调节作用不明显。反刍思维分别在上级领导、人际关系、职业发展前景三个压力源与"工作—家庭冲突"之间起调节作用，从而分别调节上述三个工作压力源通过"工作—家庭冲突"这个中介变量对组织公民行为的间接影响；同时，反刍思维还在上级领导、职业发展前景两个压力源与工作抑郁之间起调节作用，从而分别调节上述两个压力源通过工作抑郁这个中介变量对组织公民

---

① 参见杨洋：《欧美国家公务员职业年金制度比较研究》，载《社会保障研究》，2016（3）。
② 参见孙守纪，房连泉：《美国公务员职业年金债务风险及其借鉴》，载《探索》，2016（1）。
③ 组织公民行为，是一种未被组织常规的薪酬体系所明确和直接规定而员工自觉表现出来的个体行为。这种行为一般是出于组织成员个人意愿、非角色内所要求的行为，与正式奖赏制度并无联系。通常，通过长时间积累后，这种行为有助于提高组织的绩效。参见叶超：《公务员组织公民行为维度与基于工作压力源的影响机理研究》，华东师范大学博士论文，2016年。

行为的间接影响。①

有学者研究了公务员的职业认知问题，认为当前无论是公务员本人，还是其他公众对公务员职业认知均存在明显误区，导致公务员职业心理、公务员管理、公务员职业行为等与社会对公务员职业要求之间存在明显偏差。鉴于此，培育中国特色公务员职业观、完善公务员职业资格标准、塑造公务员职业意识、培育公务员职业神圣感与荣誉感、完善公务员管理制度与管理行为，便成为提升公务员管理有效性的关键。②

有两篇文章研究了基层公务员激励问题。一篇文章指出：有效的激励机制可提高基层公务员工作的积极性、主动性和创造性，有利于建设廉洁、高效、服务型政府。新常态下，可选择在完善晋升制度、制定合理的薪酬体系、完善考核制度以及改善工作环境等方面实现对基层公务员的有效激励。③另一篇文章以甘肃省基层公务员群体为具体考察对象，通过设计问卷选择典型样本、进行代表性访谈等方法，调查研究基层公务员的需求层次与结构，发现领导风格和社会交换以绩效考核为介质对激励效果产生较大影响。据此提出，基层公务员激励的路径优化应从拓宽职业空间、丰富激励模式、提高自身素质、加强上下级互动、增进双向沟通等方面入手。④

有学者研究了老挝公务员制度建设问题，认为伴随着"革新开放"的深入推进，老挝的公务员制度仍面临诸多问题，主要表现在公务员制度改革滞后、政府组织缺乏活力、公务员队伍素质低下、自我管理机制不健全等。目前，老挝公务员制度改革要以提升政府能力为主要目标，积极推进公务员制度改革，增强政府组织活力和改革动力，规范公务员职位设置，健全公务员自我管理机制，提升公务员队伍的整体素质和能力。⑤

有学者考察了中国公务员制度的发展问题，认为《公务员法》实施10年以来，中国公务员制度建设呈现出渐进、平衡与创新并行的脉络，即以多个单项制度"探索—试点—评估—再决策"的方式实现公务员制度的渐进式发展，以动态调整实现公务员制度"平衡性"运作的机理，以创新性举措实现对传统干部人事制度弊端的突破。中国公务员制度未来发展的路径将重点体现在：制度建设方面不断加

---

① 参见叶超：《公务员组织公民行为维度与基于工作压力源的影响机理研究》，华东师范大学博士论文，2016年。
② 参见陈辉：《公务员职业认知与公务员管理对策的完善》，载《理论探讨》，2016（2）。
③ 参见贺瑞虎，段建斌，吴龙：《新常态下基层公务员激励问题探析——基于江西南昌部分县区的实证分析》，载《江西师范大学学报（哲学社会科学版）》，2016（5）。
④ 参见陈东：《欠发达地区基层公务员激励机制研究——以甘肃为例》，载《兰州学刊》，2016（2）。
⑤ 参见李和中、黄进杰：《老挝公务员制度建设与政府能力提升研究》，载《社会主义研究》，2016（3）。

强党内法规与公务员法规体系的衔接;选拔任用方面进一步健全并落实严格标准;专业化发展方面重点推进分类管理;队伍建设方面更加突出基层导向。①

3. 关于公务员考核制度的研究

2016年这方面的重要成果共有三篇文章,都是研究的发达国家公务员考核制度。主要观点如下:有学者研究了美国联邦政府高级公务员绩效考核体系,认为美国联邦政府高级公务员的考核内容分为五项关键要素:领导变革、领导人员、运营管理、建立联盟、结果驱动。考核主体主要有两个:上级和绩效审查委员会。考核周期一般从前一年的10月1日起至第二年的9月30日。考核方法主要是行为锚定法。考核结果分为五个等级:杰出、非常称职、完全称职、基本称职、不称职。考核结果主要用于调整薪酬、授予奖励、确定培训需求以及调整职位等方面。美国联邦政府高级公务员绩效考核体系建设对我们的借鉴意义在于:强调工作实绩,突出结果导向;设计针对性的考核内容,力求考实考准;选择标准明确的考核方法,追求简单有效;广泛应用绩效考核结果,奖惩落实到位。②有学者研究了韩国高级公务员绩效考核体系问题,指出韩国高级公务员的绩效考核主体有两类:考核者和确认者。考核内容为:成就导向、变化管理、问题意识、战略思维、公民满意和调整统筹等六项。考核周期为每年1月1日至12月31日。考核方法是将绩效指标的实际完成值与目标值进行对比来判断每一个指标的完成情况,进而确定考核结果。考核结果将被录入绩效管理卡,并反映于各类人事决策中。韩国高级公务员考核体系对我国的借鉴意义在于:提高绩效考核的针对性,设立分级分类的绩效考核制度;以科学的绩效管理理念为指导,采用职务绩效合同制;注重考核结果的记录与应用,建立公务员绩效档案。③有学者比较研究了新加坡、日本、韩国的公务员考核制度,指出:新加坡、日本与韩国在公务员考核制度的发展过程中,都进行了不同程度的改革和创新,形成了以提升公共服务和反腐为目标的新加坡公务员考核制度、以自律为基础的日本公务员考核制度、以目标管理为核心的韩国公务员考核制度。三个国家的共同特点是:均重视对公务员的分级分类和平时考核,注重考核方式方法和流程的创新,善于吸收利用国外经验。由于发展环境的差异,三个国家也形成了各自的考核特点,如新加坡注重对公务员日常行为的考察,日本注重考核过程和结果的公开透明,韩国注重考

---

① 参见谢炜:《公务员制度发展的渐进特征、平衡机理与创新路径——基于〈公务员法〉实施十年的回溯与思考》,载《社会科学》,2016(5)。

② 参见方振邦,侯纯辉,陈曦:《美国联邦政府高级公务员绩效考核体系及借鉴》,载《国家行政学院学报》,2016(2)。

③ 参见方振邦,韩宁:《韩国高级公务员绩效考核体系及其对我国的借鉴意义》,载《科学管理研究》,2016(3)。

核结果的反馈和使用。①

4. 关于公务员录用、职位聘任、道德等的研究

2016 年学界关于这三个方面的研究各有 2 篇重要文献。学者们的观点如下：

有学者研究了台湾公务员的考试制度，认为台湾的公务员考试制度既有中国古代科举考试的形式，又具现代公务员考试制度的精神，对台湾选拔优秀公务员、推动社会发展起到了重要作用。其对完善大陆公务员考试制度的启示在于：法治化是保证公务员考试规范化和程序化的制度基础；考试的全程化是推动公务员队伍精英化和专业化的重要途径；用考试录取制度的灵活性满足公共部门对人力资源的实际需求。②有学者专门研究了公务员面试考官评分策略，认为公务员面试考官评分是影响公务员考试录用的重要因素，考官评分策略的形成与组合决定了考官评分决策。考官评分策略是多种评分心理行为基础上形成的多种评分方式的组合，现实中的面试考官的评分策略主要有"锚定策略""匹配策略"和"调整策略" 3 种评分策略。面试中不同考官对同一考生评分时采用的评分策略组合存在差异，同一考官对不同考生评分时采用了不同的评分策略组合，这些评分策略组合具有多样性、差异性和政治性等特点。③

有学者研究了公务员聘任制的法治化问题，认为我国公务员聘任制法治化面临着如下问题：公务员聘任制的法律制度不健全；聘任制公务员的法治意识有待提高；聘任制公务员的依法行政能力不足；公务员聘任制的程序法治建设不完善；聘任制公务员的权利保障机制不完善；腐败行为的滋生阻碍了公务员聘任制的法治化进程。完善我国公务员聘任制法治化的路径是：培养聘任制公务员的法治意识；提高聘任制公务员的依法行政能力；加强公务员聘任制的立法建设；加强公务员聘任制的行政伦理法治化建设；建立聘任制公务员行为的终身责任制，强化法律责任追究。④有学者专门研究了我国的公务员聘任合同，认为在当前国内正在开展聘任制管理试点的现实背景下，经济学、法学、管理学等学科对公务员聘任合同的概念化和操作化定义各有侧重。学界有关公务员聘任合同归属于行政合同、劳动合同、混合合同的讨论深刻影响着合同争议处理的思路和策略。在依法治国的背景下，通过对学者观点的述评以及国外相关理论与实践的比较，构建聘任合同的判断标准，将有益于完善聘任制度，并对我国公务员聘任制改革试点提供政策启示。⑤

---

① 参见袁娟，邓歆怡：《新加坡、日本、韩国公务员考核制度比较研究》，载《中国行政管理》，2016（1）。
② 参见顾爱华，吴子靖：《论台湾的公务员考试制度》，载《新视野》，2016（2）。
③ 参见陈芳，盛艳燕：《公务员面试考官评分策略研究》，载《中国行政管理》，2016（3）。
④ 参见邢振江，刘太刚：《公务员聘任制的法治化探究》，载《理论月刊》，2016（2）。
⑤ 参见张宏伟：《我国公务员聘任合同研究——述评、比较、判断及启示》，载《江苏社会科学》，2016（6）。

在公务员道德问题研究方面,有学者研究了 20 世纪美国公务员道德立法问题,认为美国公务员道德立法具有如下特征:公务员道德法律化、监督体系健全完备、严厉惩处公务员道德违法行为。① 有学者从总体上研究了当代西方国家公务员职业道德建设,认为西方国家公务员职业道德建设的价值理念包括:彰显从政美德、强调诚实和正义、突出专业尽责、奉行法律至上。基本要求是:忠于宪法和国家、恪尽职守、廉洁奉公、坚持终身学习。实践方式包括以下四种:注重立法,完善制度体系;设立独立监督机构,实施全方位监督;强化惩处力度,严惩公务员的不端行为;强调教育引导,提升公务员的道德自律。西方国家公务员职业道德建设的启示在于:建立健全相关法律法规体系,建立完善的监督约束机制,推进公务员诚信制度建设,加大公务员不良行为的惩处力度,注重教育培训工作。②

5. 关于公务员职务与级别、职务升降、惩戒等制度的研究

2016 年学界关于这三个制度的研究各有 1 篇重要文献。学者们的观点如下:有研究认为,职务与职级并行制度是为解决基层公务员职业发展空间小、工资收入偏低出台的一项人事管理制度,是在原来的职务与级别相结合的工资制度基础上的制度创新。县以下建立职务与职级并行制度取得了一定的积极成效,但还存在一定的问题:职级晋升的时间太长,职业生涯台阶太少;从制度设计的角度看,公务员的职位设置过于复杂;职级导向不明确,给人的感觉还是排队等时间,激励作用需要加强;职级的独立性不够,对领导职务级别的依赖较强,没有真正形成自己的体系和影响。完善职务职级并行制度的建议是:摆脱对行政职务级别的依赖,建立自己独立的等级体系;调整职级的功能定位,不同的职级体现行政工作不同的专业水平;完善职级晋升考核办法,形成提高行政工作专业水平的激励机制;增加职级的等级数量,让基层公务员有足够的发展空间;合理确定职级的名分和待遇,增强职级的吸引力和荣誉感。③

有学者研究了少数民族地区基层公务员晋升的影响因素问题,发现少数民族地区基层公务员晋升中存在的问题是:人才年龄、专业结构不合理,整体素质偏低;干部选拔任用机制尚不健全,论资排辈现象较严重;考核指标体系不完善,透明度不高;人才引进困难,流失严重。解决这些问题的政策建议是:完善干部选拔任用机制;健全公务员考核监督机制;强化干部培养机制建设;落实干部流

---

① 参见左秋明:《20 世纪美国公务员道德立法研究:经验与启示》,载《甘肃行政学院学报》,2016 (6)。
② 参见丰存斌:《当代西方国家公务员职业道德建设及启示》,载《理论视野》,2016 (2)。
③ 参见何宪:《公务员职务与职级并行制度研究》,载《中国行政管理》,2016 (9)。

动机制。①

在惩戒制度方面，有学者专门研究了民国时期的公务员惩戒委员会体制。认为近代中国的公务员惩戒体制在一定程度上取法德国，设立独立的委员会掌理公务员惩戒事宜，并且惩戒委员会日趋司法化。作为准司法机关的公务员惩戒委员会难免会与其他权力机关发生权力冲突，这一问题在五权宪法的架构下变得更为复杂。在公务员惩戒机关一元化、司法化的同时，行政、考试、监察机关也为规避公务员司法惩戒找到了出口，公务员处分在制度上与实务上仍然呈现出多权分享、多轨并行的特点。②

三、公务员制度发展展望

改革开放以来，中国公务员制度的建立和发展基本上经过了四个阶段：一是酝酿阶段（1978—1983 年），主要表现是邓小平等党和国家领导人提出应建立公务员制度，以及学术界关于中国建立公务员制度的一些思考和讨论。二是《国家公务员暂行条例》的起草及试点阶段（1984—1993 年）。主要表现是：1984 年起中央就组织人员专门研究起草国家机关工作人员管理的专门法规；1987 年党的十三大前夕起草完成《国家公务员暂行条例》，十三大正式宣布中国要建立公务员制度；1988 国务院机构改革中设立人事部并开展公务员制度的试点工作；1992 党的十四大提出尽快推行国家公务员制度；1993 年 4 月国务院第二次常务会议通过《国家公务员暂行条例》，8 月 14 日国务院以第 125 号令的形式发布了《暂行条例》，当年 10 月 1 日起《暂行条例》正式实施。三是从《国家公务员暂行条例》到《公务员法》（1993—2005 年）。主要表现是：伴随着 1993 年起的一轮政府机构改革，原行政机关工作人员分批有序过渡为"公务员"；同时，党的机关、人大机关、政协机关、民主党派机关、群团机关的工作人员也实行参照管理。2000 年 8 月，中组部、人事部着手研究起草《公务员法》。2001 年 12 月，这两个部门向中央报送了《关于制定公务员法有关问题的请示》并获得政治局常委会讨论通过。2004 年形成《公务员法（草案）》并以国务院的名义提请全国人大常委会审议。2005 年 4 月 27 日全国人大常委会第十五次会议通过《公务员法》（第 35 号主席令颁布），规定自 2006 年 1 月 1 日起实行。四是《公务员法》实行以来（2006 年至今）。主要表现是不断健全完善配套法规，公务员制度获得长足发展。党的十八大以来，公务员制度又获得了重要的发展和完善。纵观改革开放以来中国公务员制度建立

---

① 参见马秀玲，饶帅：《少数民族地区基层公务员晋升的影响因素研究——基于县处级正职领导干部的履历分析》，载《西北民族大学学报（哲学社会科学版）》，2016（4）。

② 参见聂鑫：《民国时期公务员惩戒委员会体制研究》，载《法学研究》，2016（3）。

和发展的过程，可以看出如下三个发展趋势：一是公务员制度在内容上越来越科学、完善。《国家公务员暂行条例》《公务员法》以及相关的配套法规规定了公务员管理的各项制度，这些制度在总体上符合公务员管理的需求，对于科学管理各级各类公务员发挥着重要作用。二是公务员管理中的公平、公正、公开、民主在不断扩大和提高。这体现在公务员制度的各个方面，如公开考试、择优录用，考核、晋升、奖惩等制度中的民主参与，申诉控告制度的建立健全，等等。三是公务员管理的制度化程度不断提升。这尤其体现在《国家公务员暂行条例》《公务员法》以及相关配套法规的建立健全方面，可以说，经过多年的建设和发展，中国公务员管理的法规体系框架已经建立起来。可以预见，今后中国的公务员制度必将沿着科学化、民主化、制度化的方向继续发展。

四、报告要点

本报告要点总结如下：

1. 党的十八届三中全会以来，在全面深化改革的背景下，公务员制度又获得了重要发展。

2. 2016年公务员制度的发展主要表现在两个方面：出台专业技术类和行政执法类公务员分类管理的专门法规；进一步完善司法人员"入口"管理。

3. 2005年以来公务员制度一直是学界的研究热点，2016年的重要研究体现在工资福利保险、总体管理制度、考核、录用、公务员道德、职位聘任、职务与级别、职务升降、惩戒等方面。

4. 公务员制度的发展方向是科学化、民主化、制度化，未来必将沿着这三个方向继续发展。

作者单位：天津商业大学公共管理学院，南开大学中国政府与政策联合研究中心

第四部分

政府公共财政与政府绩效管理

地方政府预算监督研究报告

周振超

预算是财政的核心。财政是国家治理的基础和重要支柱。2016年,地方政府一般公共预算、政府性基金预算和国有资本经营预算收入总量为201 872亿元,支出205 632亿元,政府债务余额15.32万亿元。[①]为有效监督地方政府掌握的巨额资金,人大、审计、社会、舆论等多个监督主体积极行动,不断探索、改进监督的方式方法,稳步推进中国民主法治建设。

一、2016年地方政府预算监督的进展情况

预算是政府执政理念、执政方式和执政绩效的直观反映,与民众的生活息息相关。加强对地方政府预算的监督,有利于促进透明政府、责任政府建设。2016年,各预算监督主体依法履职、积极探索,地方政府的预算监督工作不断向前推进。

(一)预算审查监督的法治建设逐步完善

为贯彻落实中央决策和《中华人民共和国预算法》(以下简称《预算法》),2016年,6个省(自治区、直辖市)的人大常委会审议通过了结合本地实际的《预算审查监督条例》,5个省(自治区、直辖市)的《预算审查监督条例》开始施行。条例的出台和施行为监督政府的"钱袋子"提供了法治保障,在预算、决算的编制、审查、批准、监督,以及预算的执行和调整等各个环节明晰了各行动主体的行为准则。与各省市原有的做法相比,新出台的《预算审查监督条例》在完善初步审查机制、人大代表可以提出本级预算草案修正案、推动预算公开、保证人大有足够的审查时间、联网监督等多个方面取得了突破性进展(详见表1)。

[①] 参见根据《关于2016年中央和地方预算执行情况与2017年中央和地方预算草案的报告》相关内容汇总整理。

表 1　各省市预算审查监督法治建设概况

条例名称	条例通过时间	条例施行时间	部分内容
《北京市预算审查监督条例》	2016-12-29	2017-3-1	1.明确了"重点支出"和"重大投资项目"的具体内容，细化了监督程序。 2.增加了市人大有关专门委员会参与初审工作，提出意见和建议的内容。 3.提出了预算审查监督要注重绩效的原则。 4.对财政年度的重点支出做出了较为明确的界定，制定提出了审查监督的规定和要求。 5.对政府投资，尤其是重大投资以及政府性债务的管理做出了具体规定，提出了一些明确的要求。
《湖南省财政监督条例》	2016-12-2	2017-2-1	1.县级以上人民政府财政部门应当加强与审计、监察等部门的沟通，其他部门按照职责分工对财政监督事项已经做出的监督结果能够满足监督要求的，财政部门应当加以利用，避免重复监督。 2.县级以上人民政府财政部门应当加强财政监督信息化建设，建立健全监督网络系统，逐步实现监管数据采集、分析、预警信息化。
《浙江省预算审查监督条例》	2016-12-1	2017-3-1	1.在适用范围上，由原来的省级人大常委会扩大到各级人民代表大会及其常务委员会。 2. 将各类开发区（园区）、派出机关（机构）等编入本级政府预算，接受人大及其常委会的监督。 3. 县级以上人民代表大会可以根据需要成立预算审查小组。 4. 部门预算草案应当提交本级人民代表大会审查。
《重庆市预算审查监督条例》	2016-9-29	2017-3-1	1.将原来的市级预算审查监督扩大到区县一级。 2.开发区、街道接受本级人民代表大会及其常委会的审查监督。 3.建立预算审查监督联络员制度。 4.人大可以与财税部门建立联网监督的制度。 5.人大代表可以依法联名提出本级预算草案的修正案、常委会组成人员可以依法联名提出预算调整方案的修正案。

续表

条例名称	条例通过时间	条例施行时间	部分内容
《广西壮族自治区预算监督条例》	2016-5-25	2016-7-1	1.县级以上各级政府财政部门应当在本级人民代表大会举行会议的30日前,将预算草案初步方案提交本级人民代表大会财政经济委员会或者常务委员会进行初步审查。 2.县级以上人民代表大会财政经济委员会或者常务委员会有关工作机构在开展预算初步审查工作时,可以组成代表预算审查小组集中审查,可以采取听取汇报、抽查、调查、调研等方式进行。
《云南省预算审查监督条例》	2016-3-31	2016-7-1	1.省人民代表大会会议审查预算草案时,省人民代表大会代表可以就有关问题提出询问,省人民政府及其有关部门负责人应当对代表所提意见和询问给予认真答复或说明。 2.对交付表决的预算草案,有修正案的,先表决修正案,再就关于预算的决议草案进行表决。修正案通过后,省人民政府应按照决议修改预算。
《河北省预算审查监督条例》	2015-11-27	2016-3-1	1.县级以上人民代表大会召开期间,代表可以按照收支平衡的原则依法联名提出修正本级预算草案的议案,由大会主席团决定是否提交大会表决。修正案通过后,人民政府应当调整预算,提交本次大会表决。 2.县级以上人民代表大会财政经济委员会、人民代表大会常务委员会财政经济工作委员会或者有关工作机构可以与政府财政、税务、银行国库等部门或者单位实现联网,实时查询预算收支执行信息,建立季度预算执行的分析制度。
《甘肃省预算审批监督条例》	2015-11-27	2016-1-1	1.县级以上各级人民代表大会财政经济委员会对本级预算草案初步方案及上一年预算执行情况、本级预算调整初步方案和本级决算草案进行初步审查,提出初步审查方案。 2.县级以上各级政府应当将政府性债务纳入预算,报本级人民代表大会或者其常委会审查批准。 3.监督重点:十八项须重点监督,六项须备案。

续表

条例名称	条例通过时间	条例施行时间	部分内容
《安徽省预算审查监督条例》	2015-11-19	2016-1-1	1.常务委员会预算工作机构应当提前介入，了解预算管理有关情况。 2.县级以上人民政府应当加强对财政政策的管理，重大财政政策出台前，应当向本级人民代表大会常务委员会报告；重大财政政策出台后，应当及时报送本级人民代表大会常务委员会备案。 3.在县级以上人民代表大会每届第一次会议召开时，各代表团应当成立由3—7名人大代表组成的代表团预算审查小组，在人民代表大会财政经济委员会或者预算委员会指导下，协助代表团做好本届预算审查工作。 4.各级人民政府应当充分利用审计结果，将其作为部门预算安排和年度目标考核的重要依据。

资料来源：根据各省市预算审查监督条例和相关新闻报道整理。

（二）改进审计查出突出问题整改情况向人大报告的机制

审计是确保财政资金规范使用的内生"免疫系统"。审计的目的是发现问题、查找原因、堵塞漏洞，尤其是发现普遍性的问题，帮助政府部门解决。近年来，中国的审计体制机制逐渐完善，审计监督效能不断提高。然而，屡审屡犯的现象仍然比较突出，审计查出问题整改的效果不理想。2016年，在推动审计查出突出问题整改工作制度化、长效化，增强人大监督和审计监督合力和实效上，各地有益的探索主要体现为以下几个方面：

1. 党委重视

人大监督和审计监督是八大监督体系中的重要内容。为形成科学有效的权力运行制约和监督体系，完善人大监督和审计监督联动机制，2015年8月，中央全面深化改革领导小组第十五次会议审议通过了《关于改进审计查出突出问题整改情况向全国人大常委会报告机制的意见》，并由中共中央办公厅转发实施。在这一背景下，各省（自治区、直辖市）相继以省委的名义支持省人大常委会加强对审计查出问题整改情况的监督。2016年，山东、陕西、黑龙江、湖南等地的省委办公厅转发了《关于改进审计查出突出问题整改情况向省人大常委会报告机制的意见》，以增强监督的针对性和实效性，切实把财政资金管好、用好。

多数地方的工作流程是：人大常委会听取和审议审计工作报告→政府及相关部门落实整改责任→人大常委会听取和审议政府审计查出突出问题整改情况的报告，开展专题询问，相关被审计部门负责人到会回答询问→审计部门将审计查出突出问题整改情况的报告向社会公开，接受社会监督。

2016年，湖北省人大常委会首次听取省政府审计整改情况的报告及省教育厅、省地税局的部门审计整改报告；在广东省、江苏省、河北省等地，省审计厅厅长向省人大常委会报告了审计查出问题的纠正和整改情况；哈尔滨市人大常委会则专题询问了预算执行审计整改情况。①

2. 探索采用询问、满意度测评等刚性监督方式

询问、质询、特定问题调查是《监督法》赋予各级人大及其常委会的权力。在实际运行中，地方人大在审查、监督政府预算时很少使用上述刚性的监督方式。2016年，在中央的部署下，一些省市把法律赋予的监督权用起来，把听取和审议审计查出突出问题整改情况报告，同开展专题询问等监督形式结合起来监督财政预算。河北省、青海省、安徽省、甘肃省、湖北省等规定对审计查出问题整改情况报告进行满意度测评。

加强人大和审计机构的有效配合，提升监督质量。2016年出台的《中共湖南省人大常委会党组关于建立和完善审计查出问题整改情况向省人大常委会报告机制的意见》要求：省人大常委会听取和审议审计查出问题整改情况报告后，对被审计单位的整改情况按照单位进行满意度测评，对测评结果较差、问题整改不到位的单位进行跟踪监督，必要时还可以开展质询或者启动特定问题调查。②2016年10月31日，湖南省益阳市五届人大常委会第三十次会议听取和审议了2015年度财政"同级审"查出问题责任单位整改情况的报告和市人大农业委、市人大常委会联工委、市人大财经委、常委会预算工委相关的调查报告。在随后的表决中，12个责任单位的整改报告有2个单位未获得通过。至此，在益阳市人大常委会前后4次对审计整改报告的表决中，共有5个单位的整改报告未获通过。③2016年12月，湖南省十二届人大常委会第二十六次会议对18个单位审计整改报告首次进行满意度测评。

厦门市人大常委会在2015年首次开展审计整改情况满意度测评的基础上，2016年首次将审计发现问题的5个政府部门的负责人"请"进常委会会议审议现场，逐个说明情况、汇报整改打算，力图实现人大监督与审计监督 "1+1＞2"

---

① 参见田必耀：《首次追问审计整改》，载《人民之友》，2016（2）。
② 参见田必耀：《审计整改：投票测评的力量》，载《人民之友》，2017（1）。
③ 参见张俊英，徐亮亮：《益阳市：票决审计整改报告，五单位亮"红灯"》，载《人民之友》，2012（12）。

的效果。①

陕西省白河县人大常委会连续对 2014 年、2015 年两年的预算执行和其他财政收支审计查出问题的整改落实结果开展了满意度测评，还选定了政府债务资金使用、棚户区改造专项贷款等 3 个专项资金或民生工程安排专项审计，对专项审计结果的审议意见落实情况同样要求整改部门在 60 天后向人大常委会报告并进行满意度测评。②

2016 年 6 月 29 日，在天津市宝坻区第四届人大常委会第四十二次会议上，常委会组成人员结合审议财政决算报告和审计工作报告，对财政决算进行了专题询问。③

（三）加大对地方政府债务的监督

截至 2015 年末，中国地方政府债务 16 万亿元，如果以债务率（债务余额/综合财力）衡量地方政府债务水平，2015 年地方政府债务率为 89.2%。经全国人大批准，2016 年新增地方政府债务限额 11 800 亿元，其中，一般债务 7 800 亿元、专项债务 4 000 亿元，比上年增加 5 800 亿元。④

地方政府债务的不断累加，增加了中国发生通货膨胀、财政和金融危机的潜在可能性，成为威胁经济安全的重要因素。2016 年，在中央政府和社会各界高度关注的背景下，地方政府违规举债的现象仍然大量存在。审计署抽查发现，有的地区仍违规或变相举债。至 2015 年底，浙江、四川、山东和河南 4 个省通过违规担保、集资或承诺还款等方式，举债余额为 153.5 亿元。有的地方出现一些隐性债务，内蒙古、山东、湖南和河南 4 个省在委托代建项目中，约定以政府购买服务名义支付建设资金，涉及融资 175.65 亿元；浙江、河南、湖南和黑龙江 4 个省在基础设施建设筹集的 235.94 亿元资金中，不同程度存在政府对社会资本兜底回购、固化收益等承诺。⑤

政府性债务既是金融和法律问题，又是政治问题，需要在多个层面上做出不懈的努力。2016 年，全国人大常委会、国务院高度重视地方政府债务问题，不断完善相关制度。各级人大也开始将政府债务资金纳入预算审查监督范围。一些地方政府纷纷出台加强地方政府债务管理的措施。比如，2016 年 9 月，重庆市印发

---

① 参见邹庆键、陈传琳：《厦门人大：创新增强监督刚性》，载《人民政坛》，2017（2）。
② 参见《白河县人大创新监督方式推动审计整改事项落实效果好》，见陕西人大网，2016-12-26。
③ 参见《"钱袋子"管好了吗？——宝坻区人大常委会专题询问财政决算情况侧记》，载《天津人大》，2016（8）。
④ 参见财政部新闻办公室：《依法厘清政府债务范围 坚决堵住违法举债渠道——财政部有关负责人就地方政府债务问题答记者问》，见中华人民共和国财政部网，2016-11-04。
⑤ 参见《国务院关于 2015 年度中央预算执行和其他财政收支的审计工作报告》，见中华人民共和国审计署网，2016-06-29。

了《重庆市人民政府办公厅关于加强地方政府债务管理的通知》。全国人大和财政部也出台了相关规定加强地方政府性债务管理（详见表2）。

表2 加强地方政府性债务管理的举措

行动主体	时间	主题	主要内容
全国人大	2015-12-22	听取国务院关于规范地方政府债务管理工作情况的报告	受国务院委托，财政部向全国人大常委会报告规范地方政府债务管理工作情况。
	2015-12-22	全国人大常委会预算工作委员会调研组《关于规范地方政府债务管理工作情况的调研报告》	存在的突出问题：控制债务规模增长难度较大，偿债能力不足的问题尚未有效解决，债务风险防控机制不够健全，存量债务置换存在一些不足，人大对地方政府债务的监督还不到位。建议：处理好防风险与稳增长的关系，依法从紧控制债务增长，健全债务风险防控体系，建立健全地方政府债券融资市场，增强人大监督工作的主动性和实效性。
国务院	2016-10-27	国务院办公厅印发《地方政府性债务风险应急处置预案》	从组织指挥体系及职责、预警和预防机制、应急响应、后期处置、保障措施等方面提出防范和化解财政金融风险的具体措施。
财政部	2016-11-9	印发《地方政府一般债务预算管理办法》	从债务限额确定、预算编制和批复、预算执行和决算等方面，提出了规范地方政府债务预算管理的工作要求。
	2016-11-24	印发《财政部驻各地财政监察专员办事处实施地方政府债务监督暂行办法》	发挥受财政部垂直管理的驻各地财政监察专员办事处在监督地方政府债务方面的作用，及时制止和查处违法违规融资和担保行为。

资料来源：根据相关文件进行整理。

（四）建立联网监督系统，实行线上实时监督和线下日常监督相结合

在互联网技术发展的基础上，部分地方通过人大与政府办公网的互联互通，对政府预算进行在线监督，以技术手段的创新推动预算监督实效化，激活和开发

已有的制度安排和法律规则。

1. 广东建立预算支出联网监督系统

珠海市在预算监督中坚持线上实时和线下工作监督相融合。2015 年底，常委会建成预算联网监督查询室，供人大代表随时查询预算执行的情况。

2016 年年初，广东省佛山市人大常委会在市人代会召开前通过联网在线监督系统提前介入预算审查。

广东省省级联网监督系统实现预算资金全覆盖和预算单位全覆盖。即联网监督系统涵盖了 119 个省级预算单位和 21 个地级以上市及 121 个县区转移支付资金拨付情况；实现了预算执行全跟踪，即可以查询到年初预算编制、年终决算以及年中每笔财政资金的具体拨付情况。① 截至 2016 年 6 月，广东省 21 个地级以上市人大常委会都已建立预算支出联网监督系统，有 70 个县（市、区）人大与本级财政部门联网，县级联网率达 59%，其中有 8 个地级以上市的县级联网率达 100%。②

2. 天津建立预算实时审查监督网络系统

2016 年底，天津市人大常委会建立预算实时审查监督网络系统，与市财政局国库集中支付系统联网，能够实时监督由国库集中支付的 800 余家机关事业单位的每一笔业务，涵盖人员支出、公用支出、项目支出的预算数、支出明细数以及预算执行进度，预算单位在支付确认日内所有支出的申请金额、支付方式、收款人名称、结算方式等信息。③

3. 湖北建成预算执行在线监测预警系统

湖北人大预算执行在线监测预警系统的率先建成，实现了监督的智能化。该系统可以查询任何一家省直预算单位任何一天的支出情况，谁出差、谁报销、钱支付给谁等情况一目了然。为了发挥省人大代表监督主体作用，省人大会议期间按照代表团驻地分期、分批确定了代表开放日，代表可在确定的开放日里，持证查询预算执行数据。闭会期间，人大代表也可持证查询。④

（五）充分发挥人大代表、专家和社会公众的作用

1. 完善第三方参与预算监督的机制

审查监督政府"钱袋子"是一项专业性、法律性很强的工作。为提升监督效

---

① 参见朱宁宁：《"第三只眼"让政府花钱不再任性 广东省人大预算支出联网监督工作纪实》，载《法制日报》，2016-12-27。
② 参见于浩：《广东：用联网监督看好老百姓的"钱袋子"》，载《中国人大》，2017（1）。
③ 参见《看得懂的"账本" 预算支出不再是"天书"——市人大常委会预算监督网络中心启用》，载《天津人大》，2017（1）。
④ 参见《守护老百姓的"钱袋子"》，见湖北省人民代表大会常务委员会网，2016-12-15。

果,一些地方探索借助第三方(专家、专门的审计机构)力量的方式方法。例如,为发挥专家学者在预算审查监督工作中的专业技术支持作用,2016年7月8日,河北省人大财政经济委员会第36次会议通过了《河北省人大财政经济委员会预算审查监督专家顾问组组织与活动办法》。

2016年起,四川省财政厅引入高等院校、会计师事务所、资产评估机构、咨询调查机构等第三方独立开展绩效评价,将3项重点专项转移支付、1项财政政策交由第三方独立实施评价,省财政厅作为委托方负责评价质量控制和监督。①四川省人大每年都对财政预算及部门预算组织专家集中预先审查。在审查2016年预算中,将《预算法》的一些新规定,细化成50余项审查指标,对审查重点、审查内容、审查方法及建议意见的表述都进行了全面规范,在此基础上,运用联网审查系统,实现审查预算、提出意见、问题复核、意见采编等全程无纸化、流水线作业。四川省人大组织18位专家通过联网审查系统,利用5天时间对财政预算草案及省级129个部门预算草案进行了集中预审,审查发现问题2 200条,经专家A、B角复核采纳1 600条,最后预算工委梳理印发财政1 062条,杜绝了庞大预算数据的技术性错误,规避了人大预算审查"总为浮云遮望眼"的尴尬境地。②

2. 发挥人大代表在预算审查监督中的作用

针对多数人大代表在大会期间看不完预算,意见表达不充分的现象,一些地方探索完善人大代表在审查政府预算时的意见表达机制,给更多的人大代表在多个环节上提供意见表达的机会,增加参与环节,健全参与途径。

第一,在预算初步审查环节,动员人大代表积极参与。2016年12月19日至23日,四川省人大财经委、常委会预工委组织专家及部分代表,运用新开发的人大预决算审查监督平台,对2017年省级预算进行预先审查分析,加强对重点部门的审查,并新增预算项目支出的绩效目标审查。③

第二,在预算初审环节增加询问环节。湖南省益阳市人大在预算初审时由市人大各专门委员会、部分市人大代表和预算评审专家库成员就有关问题向财政、人社等预算编制部门提出询问,财政部门就有关问题进行现场解答。④

第三,完善联络员会议制度,增强预算审查的代表性。四川省在省人代会召开之前的代表联络员会议上,增加提问环节时间,由原来的10分钟增加到30分钟,让联络员们有更多的时间提出问题、发表意见。有针对性地扩大参会人员范围:一是首次邀请省人大各专门委员会参加会议。让各专委会提前参与计划和预

---

① 参见齐小乎:《四川全力推动预算绩效管理改革》,载《中国财经报》,2017-03-18。
② 参见郭志强:《"实"字当头 做好人大预算审查监督》,载四川省人民代表大会常务委员会网,2016-09-06。
③ 参见罗英:《做实"预审" 推进全口径预算审监》,载《民主法制建设》,2016-12-29。
④ 参见《益阳市人大:预算初审引入"询问"令监督更精准》,载《中国人大》,2016(23)。

算草案初步方案的预先审查,发挥专委会联系厅局、熟悉厅局业务工作的优势,将工作监督中收集的相关意见反馈和体现在预算草案的预审中。二是首次邀请省审计厅相关处室参加。充分发挥审计专业优势,让审计部门参与预算草案审查,将预算执行审计中发现的部分问题解决在预算编制环节,将审计成果有效运用于预算编制与人大审查中,并为审计参与预算管理全过程监督奠定基础。三是首次通知市(州)人大分管联系财经工作的常委会领导参加。更大范围和更高层次征求市(州)的意见建议,让市州的声音提前反映到预算编制与执行部门,进一步提高预算草案编制的科学性。①

2. 扩大公众参与

浙江省义乌市佛堂镇的参与式预算分为四个阶段:第一阶段是前期准备,广泛选取民意代表,召开分线讨论会、民意征询会,初步制定项目预算方案;第二阶段是召开恳谈会,让民意代表与政府对话、协商,参与财政预算草案的编制;第三阶段是人代会审查、表决通过预算草案;第四阶段是会后监督,组织市、镇两级人大代表,对项目工程实施和专项资金落实情况进行监督检查。②

(六)以预算公开助推阳光政府、法治政府建设

预算透明是有效的监督形式之一。2016年,各地在建立透明预算制度上进行了探索。

第一,人大和财政部门联手联动,监督政府部门依法依规和按时通过多种途径公开预算。例如,从2016年开始,提交湘乡市人代会审议的财政预算草案去掉了"内部资料,会后收回"字样。这意味着预算草案将不再保密,会后不再收回,留给代表会后继续认真研究审议,解决了审议预算草案短时间"难消化"的问题。③

第二,推动政府部门预算内容的精细化,公开较为详细的报告和报表,而不是简单的几页纸,扩大部门预决算公开的范围和内容。同时,尽可能把预算精细化变得通俗易懂,至少让人大代表看得懂预算。2016年1月,在四川省十二届人大四次会议上,省财政厅提交的《关于四川省2015年财政预算执行情况和2016年财政预算草案的报告》,让不少人大代表感到:今年的预算报告变厚了,不仅有附表,还有图文并茂的解读本《百姓关注政府的钱怎么花?》,每个代表还领到一个5分钟视频的光盘。④

---

① 参见夏雪:《实现"三个转变"增强预算审查效果》,见四川省人民代表大会常务委员会网,2017-03-30。
② 参见张维炜、李小健:《佛堂镇人大:政府如何花钱,村民说了算》,载《中国人大》,2016(12)。
③ 参见《湘乡市人大:预算草案厚成"书",代表看得细》,载《中国人大》,2016(12)。
④ 参见陈岩、罗英:《四川财政预算报告"史上最细"获点赞》,载《人民日报》,2016-02-03。

二、2016年地方政府预算监督研究现状综述

2016年，在CSSCI来源期刊上共发表以预算为篇名的文章63篇，人大复印资料转载以预算为题目的文章30篇。其中，有50篇文章与地方政府预算监督相关。从相关文献中可以看出地方政府预算监督的研究持续推进，并逐渐呈现出问题意识越来越强、研究方法逐渐多样化等特点。

（一）研究主题

学术界的研究主要聚焦于以下六个方面：

1. 落实法定权力，为建立现代政府预算制度提供法治保障

在全面落实《中共中央关于全面推进依法治国若干重大问题的决定》的大背景下，学术界对影响地方政府预算监督的相关法律问题进行了细致求解。

第一，在落实预算知情权的基础上，推动政府预算信息公开。在政府预算信息公开制度框架下，主张预算知情权的实体权利时，公众面临四大程序法律约束制度，即程序权利不完整、"特殊需要"举证责任、敏感政府预算账户科目缺失和国家秘密行政自由裁定制度。要推进政府预算信息公开事业的深入发展，须继续修改相关法律法规。首先，需修改《保密法》，适当压缩国家秘密的宽泛实体范围。其次，要对各级财政机关享有的定密权设置必要的程序约束，规定明确具体的定密程序规则和定密标准。最后，应探索在相关行政机关认定政府预算信息是否属于国家秘密时引入听证会制度，寻找国家秘密司法审查程序的法律必要和可行方案。①

第二，推动公共预算权力运行公开化。公共预算权力运行公开化还存在着诸多方面的现实限度。例如，公共预算权力配置的法治化程度不高、公共预算权力运行的程序公开不足以及公共预算权力公开的制度化问责不力。实现公共预算权力运行公开化的路径首先要实现公共预算权力配置的法治化。同时，要提升公共预算权力运行的程序性。此外，还要落实公共预算权力公开的问责制。②

第三，在预算民主和预算法治双轮驱动中发挥人大的主导作用，从预算透明、问责、公众参与和政府回应四个维度坚持协同推进。③

---

① 参见李建人：《公众预算知情权及其约束制度》，载中国人民大学复印报刊资料《宪法学、行政法学》，2016（1）。

② 参见钱再见：《走向"看得见的政府"——国家治理中的公共预算权力运行公开化路径研究》，载中国人民大学复印报刊资料《管理科学》，2016（11）。

③ 参见谭诗赞：《双轮驱动与四维并进：国家治理转型中的公共预算治理改革》，载中国人民大学复印报刊资料《管理科学》，2017（1）。

2. 发挥审计监督的作用，规范地方政府资金使用

钱花了，要有效果。一些地方越来越重视加强财政支出的绩效评估。尤其是不断完善人大监督和审计监督的联动机制。北京市人大常委会把对财政资金使用的绩效监督作为加强人大预算管理的重要方面，规定政府每年要向人大常委会陈述绩效审计情况。人大预算监督职能的加强在促进财政部门绩效审计发展的同时，也意味着财政绩效审计配合人大预算监督的作用越来越明显。①

在如何理顺审计管理体制上，学界近年来的争议比较大。一种观点建议将审计机关划归为人大领导，切实服务于人大对政府的监督。另外一种看法是：我国可以不急于考虑审计体制的重大变革，当前，可以强化上级审计机关对下级审计机关的领导，同时，探索省以下地方审计机关人财物管理改革，确保审计人员独立、经费独立和审计对象确定自主权等方面，实质性地全面提高国家审计系统的独立性和权威性。同时，要完善审计结果运用机制，把审计结果及整改情况作为考核、任免、奖惩领导干部的重要依据。②

随着预算管理改革的不断深入，中央和各级党委政府对审计工作的要求越来越高，明确要求实现审计全覆盖，但仅仅依靠传统的审计方式难以满足这一要求，如何在提高部门预算执行审计效能的同时实现全覆盖已成为一项重要课题。2015年，湖北省审计厅以数字化审计为抓手，以"集中分析、重点核查"数字化审计方式为依托，精心组织财政预算执行数字化审计技术攻关，首次实现对省直106个部门预算执行审计全覆盖。③

3. 有效管控地方政府债务，防范和化解债务风险

在总结经验、吸取教训的基础上，按照疏堵结合、"开前门、堵后门、筑围墙"的改革思路，新预算法增加了允许地方政府举借债务的规定，同时从限制主体、限制用途、限制规模、限制方式和控制风险等五个方面做出了限制性规定。④

学术界对地方政府债务的关注集中在债务形成的原因以及控制地方政府债务的对策上。主要的对策建议是：第一，当前治理地方政府债务的顶层设计应坚持"减少隐性补贴、增加预算约束"的基本思路。包括以下要点：明晰地方政府债务的举债主体，使其债务显性化；降低中央隐性补贴，规范地方政府财政预算，使

---

① 参见顾正娣：《财政绩效审计的发展趋势探讨》，载中国人民大学复印报刊资料《审计文摘》，2016（11）。
② 参见吴秋生：《国家审计本质特征、审计结果公告能力与国家治理能力——基于81个国家的经验数据》，载中国人民大学复印报刊资料《审计文摘》，2016（5）。
③ 参见湖北省审计厅财政审计处课题组：《部门预算执行审计全覆盖组织与实施研究——立足数字化审计模式下的全覆盖探索》，载中国人民大学复印报刊资料《审计文摘》，2016（6）。
④ 参见楼继伟：《认真贯彻新预算法 依法加强预算管理》，载《人民日报》，2014-09-01。

其激励相容；提高地方政府财政预算透明度，使其偿债信息充分。①第二，控制地方政府性债务应该分阶段采取相应的对策。从近期看，主要完善现有制度框架下的债务预算管理内容，包括现有债务预算模式、债务科目和表格体系、管理机构和队伍建设等。从长远看，可考虑以债务资金的现金流为主线，进行总体框架式的顶层设计，建立专门的债务预算管理组织机构体系、确立长远的债务预算管理目标、制定完善的债务预算管理制度体系以及相对集中的债务预算管理基础工作程序，以实现全口径式的地方政府性债务预算管理。②第三，在减少存量债务的同时，控制新增债务。对地方政府债务存量进行积极稳妥处理，地方债置换是现在正在推行的一种方式。对新增地方政府债务的管理，要合理控制地方政府债务增长的速度和规模，解决地方政府基础设施建设中的融资问题，即推动政府与社会资本合作（PPP）模式的有序发展，加强对地方政府债务的预算管理，进一步增加透明度，提升地方政府债券发行的市场化程度，推动地方政府信用评级的发展，加强外部监督，完善法律法规建设。③

4. 创新公众参与和监督预算的手段和方式

在预算活动中引入公民参与，有利于提升国家现代化治理能力，增强公民主人翁责任意识，防范政府的财政肆意行为。我国参与式预算实践存在的主要问题是：实践质量不高，实践层次较低，发展不平衡；参与主体不积极主动；实践程序不规范；信息公开不足；政府主导性强，制度规范缺失，民众参与意识不强，参与能力有限，参与层次低，参与环节单一等。④进一步推进参与式预算实践要坚持"上下结合""试点推广""协同推进""系统谋划"的改革思路。⑤在政府预算理念转变、相关法律制度完善、公民预算能力提升、预算公开可读、预算参与权救济等方面做出努力。⑥

5. 提升地方人大的预算监督能力

中国公共预算制度改革主要沿着集中统一与预算监督两个方向推进。在预算监督方面，改革的重点是强化人大的预算监督作用。许多学者对地方人大的预算监督进行了广泛研究。在对人大的研究中，国外学者往往忽视了地方人大预算监

---

① 参见姜子叶，胡育蓉：《财政分权、预算软约束与地方政府债务》，载《金融研究》，2016（2）。
② 参见王银梅，陈志勇：《加强地方政府性债务预算管理的思考》，载《当代财经》，2016（9）。
③ 参见刘梅：《新预算法背景下地方政府债务治理思路和策略》，载《西南民族大学学报》（人文社会科学版），2016（10）。
④ 参见王晓慧：《公共财政模式下我国公民的预算参与权实现》，载《河南师范大学学报》（哲学社会科学版），2016（3）。
⑤ 参见马海涛，刘斌：《参与式预算：国家治理和公共财政建设的"参与"之路》，载《探索》，2016（3）。
⑥ 参见王晓慧：《公共财政模式下我国公民的预算参与权实现》，载《河南师范大学学报》（哲学社会科学版），2016（3）。

督的作用。姚洋在对中国民主化路径进行考察时，发现地方人大"追问钱袋子"的财政监督是一个令人鼓舞的发展，因其对政府支出的监督为民众促使政府负责提供了渠道。①

预算监督是各级人民代表大会及其常务委员会最重要的职能之一。1999 年预算改革以来，越来越多的地方人大及其常委会开始积极介入预算过程，重塑其作为"钱袋子"看守者的角色。在这一过程中，人大的预算监督能力具有非常重要的作用，其构成要素主要包括时间能力、专业能力、信息能力和委员会能力四个方面。从总体上来看，地方人大的预算监督能力存在较大差异，发展极不均衡，有相当大的提升空间。各级人大应更加重视预算监督能力的系统建构，为人民看好公共资金这个"钱袋子"。②

6. 建立全面规范、公开透明的现代预算制度

预算透明是有效的监督形式之一。推进预算公开的主要途径是：第一，人大和财政部门联手联动，监督政府部门依法依规和按时通过多种途径公开预算；第二，尽可能把预算精细化变得通俗易懂，至少让多数人大代表看得懂预算；第三，创新公众参与和监督预算的手段和方式；第四，推动政府部门预算内容的精细化，公开较为详细的报告和报表，而不是简单的几页纸，扩大部门预决算公开的范围和内容。

有的学者认为，近年来我国预算公开虽然取得了很大进展，但是还没有达到"及格"水平，一个主要原因就是没有构建起保障全口径预算信息公开透明的整体框架。全口径预算信息公开透明是一个系统工程，需要构建一个包括法律法规制度、预算编制方法、立法机构监督、信息技术运用、社会公众参与等在内的全方位保障机制。为了推动我国预算公开更上一个新台阶，必须构建和完善我国全口径预算信息公开透明保障机制，特别是要加强法律法规建设、人大预算监督、社会公众参与、门户网站建设等薄弱环节。③

公开透明的现代预算制度能够降低腐败的机会。基于中国反腐进入"新常态"和预算制度改革的背景，有的学者通过构建省级面板数据，实证研究发现，省级层面的财政预算透明度对地区官员腐败程度具有显著的负向影响；在动态模型中，财政预算透明度得分值平均每提高 10 分，每万公职人员腐败案件立案数就能够减少 0.85 件，这相当于腐败程度平均下降约 3.5%。因此，应当以新预算法为契机，

---

① 参见倪春纳：《"收缩"抑或"调适"：人大制度空间的域外研究之争》，载中国人民大学复印报刊资料《中国政治》，2016（12）。

② 参见林慕华：《论地方人大的预算监督能力及其建构》，载《探索》，2016（3）。

③ 参见魏陆：《全口径预算信息公开透明保障机制构建研究》，载《上海交通大学学报》（哲学社会科学版），2016（2）。

通过修订与完善配套法律等措施,提高各级政府的财政预算透明度,充分发挥财政预算透明的腐败治理效应。①

(二) 研究视角与方法

在坚持传统的规范研究、比较研究等方法的基础上,越来越多的学者尝试采用经验研究和定量研究的方法发现政治现象背后的主要变量之间的因果关系。

我国已经建立了各种各样的监督方式,既包括各国常见的审判监督、审计监督、舆论监督等,也有党内监督、检察监督、行政复议等中国特有的监督机制,监督体系看起来相当严密。但是,中国法治监督体系的效果如何,迄今却未见一个全面完整的评估。鉴于此,有学者设计了中国法治体系的评估指标。法治监督指标体系由文件监督、执法监督和审判监督3个二级指标和11个三级指标所构成。在审计监督领域,考察的问题是:"审计机关通过财务审计监督政府部门按规定执行财政预算"。在人大监督领域,选取的是人大最重要的监督之一:财政预算监督。考察的问题是:"如果政府的年度财政预算有不合理之处,同级人大能够发现并监督政府纠正。"从统计结果来看,审计监督的评价最高,分值为70.7分,是当前最有力的执法监督方式。人大监督和内部监督的差评率最高,几乎都在41%左右,好评率仅在21%—24%之间。人大是我国的国家权力机关,掌握着最高的权力,理应发挥最好的外部监督职责。但评估发现:在所有的外部监督中,人大监督的效果却是最差的。②

《中国季刊》2015年发表的有关地方人大"钱袋子"权力的研究,通过2003—2010年细致的访谈和2011年的全国性调查数据,建立起信息获取、对话机制、制裁能力三个维度,以此来综合考察地方人大对政府财政预算的审核和监督权力,及相应的行动策略。该研究发现,地方人大在1999年预算改革后开始加强预算监督,但仍然沿用以前的"嵌入"策略。虽然一些地方人大在预算监督领域开始变得比较有竞争性,但是为了避免引发不可控制的预算冲突,倾向于将这种竞争限制在一种官僚协商的范围内。不过,地方人大对于行使预算审查权力的积极性在总体上是不断增强的。③

汪利锬利用中国32个主要城市1998—2013年人大代表数据和财政预算数据检验了研究假说,研究表明,参与财政预算的政府官员比例越高,建设性财政预算占总财政预算的比例越高。研究结论认为,政府官员兼任人大代表为政府官员在财政预算过程中理性行为的产生提供了可能,造成了中国财政预算的软约束和财政预算结构的重建设轻人力资本投资和公共服务现象。作者建议逐步降低政

---

① 参见李春根、徐建斌:《中国财政预算透明与地区官员腐败关系研究》,载《当代财经》,2016(1)。
② 参见孟涛:《中国法治监督体系的评估研究》,载中国人民大学复印报刊资料《法理学、法史学》,2016(11)。
③ 参见刘杉:《海外中国人民代表大会研究新动态》,载中国人民大学复印报刊资料《中国政治》,2017(1)。

府官员兼任人大代表的比例，设立具有广泛民意基础的专职人大代表，增加纳税人参与财政预算的表达渠道，提高财政预算透明度，建立多元化政府官员考核激励等，以改善中国财政预算结构问题。①

三、分析与展望

2016年，各地在丰富监督方式、完善监督方法、加强监督制度建设等方面的工作稳步推进，探索出很多可复制、可推广的经验。同时也要看到，同"实施全面规范、公开透明的预算制度"的要求相比，目前还存在部分法律条文虚置、人大预算监督能力不强、政府预算不够透明、公开不及时等问题。进一步推进地方政府预算监督工作，应重点推进以下几个方面的改革。

（一）贯彻落实新预算法和各省的预算审查监督条例

《中共中央关于全面深化改革若干重大问题的决定》提出："实施全面规范、公开透明的预算制度"，"加强人大预算决算审查监督、国有资产监督职能。"《中共中央关于全面推进依法治国若干重大问题的决定》把"重点推进财政预算"信息公开作为预算改革的重要内容。2014年8月31日，十二届全国人大常委会第十次会议通过了《全国人民代表大会常务委员会关于修改〈中华人民共和国预算法〉的决定》，修订后的预算法自2015年1月1日起施行。2016年，多个省市通过了本地的预算审查监督条例。

法律的生命在于实施。建设法治国家，不能仅仅是政府立法规制公民和社会，政府还要有能力管好自己，使政府行动和公务员行为置于法律的约束和监督之下。经过多年努力，中国基本形成了财政预算监督的基本法规。但是，预算监督的部分规定在具体实践中存在虚置和悬空现象。比如，《预算法》在中国政治生活中的地位不高，执行不够严格；某些条款刚性不足。认真贯彻实施新预算法和各省市的预算审查监督条例是当前的一项重要任务。

（二）提升人大的预算监督能力

地方政府预算监督中非常突出的现象是，相当一部分地方人大无法实质性审查政府账本。作为地方政府预算监督主体的人大尚未充分行使法律赋予的权力。在人大预算监督中，"形式大于内容，程序重于实质，效果不甚明显"②。在监督方式上，程序性监督多，实质性监督少；柔性监督多，刚性监督少。例如，相当

---

① 参见汪利锬等：《政府官员理性行为及其异质性对财政预算的影响研究》，载《中央财经大学学报》，2016（4）。

② 参见重庆市人大常委会预算工委：《重庆市人代会期间如何做好预算审查监督工作研究》，见重庆人大网，2016-12-12。

一部分人大代表在监督政府预算上面临着主客观两方面的困难。主观上心存顾虑，不愿意或者不敢监督。客观上，看不懂预算，在时间紧、议程多情况下，往往选择不看预算报告。没有专业知识的人大代表面对专业性很强的预算报告，很难提出建设性的意见。因此，在发言时泛泛而谈的多。

提升地方人大预算监督能力的基本思路是：

第一，改进地方人民代表大会的工作流程。将预算报告从书面报告回归口头报告；政府部门提交的预算要加上详细的说明，方便人大代表审议；在代表大会期间，更好地收集整理和汇总各代表团的意见。

第二，完善预算报告审议表决的程序。在人代会期间，人大代表审议预算的时间短是个事实。人大代表在会议期间看懂和看完预算材料，并提出有针对性的审查意见，几乎不可能。但是，再增加审议时间的空间不大。即使增加一天，面对专业性很强的预算报告，多数人大代表还是很难提出高质量的审议意见。因此，可以改变的是监督方式、批准程序等。例如，对重大项目实行分项表决，引入审议辩论的程序。改变四本预算一起打捆表决的批准程序，四本预算逐个进行表决。

第三，提高人大代表的预算监督能力。在初审环节，尽可能多地安排更多的人大代表参与初审；在大会期间，更好地吸收人大代表的审议意见；举办人大代表预算审查专题培训班；组织人大代表与财政部门交流互动；利用微信群等手段定期向人大代表推送有关预算的信息和资料，在人大代表中普及预算审查和批准的知识；扩大财经委和预算工委的规模并提升其专业能力。

第四，进行跟踪问效，改变"文来文往"的现象。建立二次审议、满意度测评等制度。按照"满意、基本满意、不满意"三个等次实行票决制。

第五，加强人大干部与其他系统的交流，进而增强人大工作的活力。

（三）扩大公众参与

对政府预算的监督不能仅靠事后的法律追责，还要有广泛的公众参与。在政府与民众的互动中增进相互理解。第一，进一步推进预算公开。在人大网站上统一公布除涉密单位外的所有政府部门预算。第二，人大监督与舆论监督相结合。鼓励群众通过网络进行提问，鼓励媒体通过现场报道、网络直播等方式进行报道。第三，在人代会审议预算报告时，允许感兴趣的公众列席。开门编预算，在预算初审环节，尽可能多地征求人大代表和社会公众的意见，或者组织部分人大代表进行预算初审。

提升地方人大预算监督能力是健全人民代表大会监督权的有效途径，也是中国政治发展和法治中国建设的"生长点"。《中共中央关于全面深化改革若干重大问题的决定》把预算管理制度以及加强人大预算监督权作为深化改革的重要方向之一。经过若干年的积极努力，如果能通过稳健的方式建立起公开、透明、负责任、受监督的公共预算制度,将成为我们这个时代最伟大的进步之一。

提升人大的预算监督能力是一个长期的过程,需要坚持以时间换空间的思路,以程序和技术的改进不断推动人大的预算工作取得新进展。从总体上看,人大的预算监督能力受制于以下四个层面的影响:一是《宪法》《预算法》《监督法》《组织法》等法律法规;二是政治权力机构各要素之间的关系和政治定位;三是人大自身的组织和监督能力;四是技术手段。短期内,由上述四个层面塑造的地方政府预算监督的制度环境不会发生大的改变。

四、报告要点

回顾2016年地方政府预算监督的实践探索和理论研究,本报告的基本结论如下:

1. 各地在推动政府预算公开、实行人大和政府共享财政信息、完善初步审查环节、改善预算权力结构等方面迈出坚实的步伐,法治建设、审计监督工作呈现新气象。尤其是广东、四川、湖北等地建立起联网监督系统,实行线上实时监督和线下日常监督相结合的探索,形成了可复制、可推广的改革经验。

2. 地方人大无法实质性审查政府账本是地方政府预算监督中的薄弱环节。从可行性的角度考虑,提升地方人大监督政府预算能力的着力点在于完善工作机制。比如,加强人大财经委(常委会预算工委)与人大各专门委员会、政府财政部门和审计部门的沟通协调机制;改进人大审议意见的反馈机制;对人大代表进行财经知识培训。

3. 地方人大的预算监督权有效运转,重要的是利用已有的制度空间进行创新。地方人大在预算监督方面的探索有赖于全国人大给予指导和支持。否则,地方人大自主创新的积极性和持续性很难保证。

4. 2016年公开发表的学术论文对地方政府预算监督的研究主要集中在落实法定权力、管控地方政府债务、发挥审计作用、创新公众参与的途径、提升地方人大的预算监督能力、建立公开透明的预算制度等六个方面。推动地方政府预算监督研究的整体质量更上一个台阶的思路是:理论研究者与该项工作的实际参与者进行更多的沟通。学术研究既要关注监督政府预算的"应然"权力、角色、程序和规则,也要关注实际的监督过程。近距离观察和实际体验监督政府预算的行动,能够帮我们在一定程度上打开相对封闭的预算监督"黑箱"。

作者单位:西南政法大学政治与公共管理学院,南开大学中国政府与政策联合研究中心

地方政府债务管理研究报告

于学深

地方政府债务是地方财政收支的重要组成部分。地方政府通过发行政府债券进行融资，在支持重点项目建设、改善城市基础设施状况、提高政府基本公共服务能力以及促进经济发展方式转变等方面发挥了重要作用，有效地弥补了地方政府财力的不足。2008年起，为应对国际金融危机冲击，国家出台了一揽子计划，在扩大政府公共投资和宽松货币信贷等条件下，地方政府债务规模大幅扩张，债务风险快速累积，地方政府债务问题引起各方面关注。

2010年6月，国务院印发《关于加强地方政府融资平台公司管理的意见》，明确提出加强地方政府融资平台公司债务管理，及时清理核实并妥善处置处理融资平台公司债务，坚决制止地方政府违规担保承诺行为。审计署分别于2011年、2013年对全国地方政府性债务和全国政府性债务进行审计，将地方政府性债务按照偿还责任划分了3种类型：政府负有偿还责任债务、负有担保责任的或有债务以及可能承担一定救助责任的其他债务。为规范地方政府举债，中央政府自2009年开始代理地方发债，至2016年累计代理地方发债28 800亿元。2011年至2013年，国务院在上海、浙江、广东、深圳等部分地区开展了地方政府债券自发代还试点，2014年在10个地区开展自发自还试点。发行地方政府债券，探索建立规范的地方政府举债融资机制，降低了地方融资成本，一定程度上控制了地方政府债务的急剧膨胀。

目前，我国地方政府债务的范围，主要包括地方政府债券，以及清理、甄别认定的2014年末非政府债券形式存量政府债务。根据《国务院关于加强地方政府性债务管理的意见》以及新修订的《中华人民共和国预算法》规定，明确了政府和企业责任，政府债务不得通过企业举借，地方政府只能通过发行地方政府债券方式举债，并将政府债务分类纳入预算管理。本文通过对2016年地方政府债务限额、债务余额、债务率、赤字率等指标分析，客观评价地方政府债务管理所取得的成绩，深入分析地方政府债务管理仍然面临的问题，以及进一步推进政府债务管理改革的展望分析和措施建议。

一、地方政府债务管理发展现状综述

（一）地方政府债务的规模与结构

1. 地方政府债务限额

2016年3月，第十二届全国人大四次会议批准2016年末地方政府债务余额限额17.18万亿元，其中，新增地方政府债务限额11 800亿元，包括一般债务限额7 800亿元，专项债务限额4 000亿元。

2017年3月，第十二届全国人大五次会议批准2017年末地方政府债务余额限额18.82万亿元，其中，新增地方政府债务限额16 300亿元，包括一般债务限额8 300亿元，专项债务限额8 000亿元。

表1　2014年以来地方政府债务情况表　　　　　　　　单位：亿元

年份	地方债务总限额			新增债务限额		地方债务余额		
	合计	一般债务余额限额	专项债务余额限额	一般债务限额	专项债务限额	合计	一般债务余额	专项债务余额
2014	—	—	—	—	—	154 074	94 272	59 802
2015	160 074	99 272	60 802	5 000	1 000	147 568	92 619	54 949
2016	171 874	107 189①	64 685	7 800	4 000	153 164	97 868	55 296
2017	188 174	115 489	72 685	8 300	8 000	—	—	—

资料来源：根据历年财政部公布债务数据整理所得。

2. 地方政府债务余额

截至2016年末，全国政府债务余额为27.33万亿元，其中纳入预算管理的中央政府债务余额12.01万亿元；地方政府债务余额为15.32万亿元②，包括一般债

---

① 由于2016年地方政府性基金中的政府住房基金、南水北调工程基金、新增建设用地土地有偿使用费转列一般公共预算，对应专项债务的余额和限额116.82亿元应当相应转入一般债务，不影响总的地方政府债务余额和限额。

② 参见第十二届人大五次会议批准的2017年中央财政预算中《2016年和2017年中央财政国债余额情况表》以及《2016年和2017年地方政府一般/专项债务余额情况表》。

务余额 9.79 万亿元，专项债务余额 5.53 万亿元，控制在地方政府债务限额以内。

从同期比较看，截至 2015 年末，地方政府债务余额为 14.76 万亿元，其中，一般债务余额 9.26 万亿元，专项债务余额 5.5 万亿元。2016 年地方政府债务余额比上年增加 0.56 万亿元，增长 3.8%。

从区域分布看，截至 2016 年末，东部、中部、西部地区债务余额分别为 6.19 万亿元、4.23 万亿元和 4.9 万亿元，占比分别为 40%、28%和 32%，与上年基本持平。新增债务限额 11 800 亿元，其中，东部地区 4 342 亿元，中部地区 3 953 亿元，西部地区 3 505 亿元，占比分别为 36.8%、33.5%和 29.7%[①]。

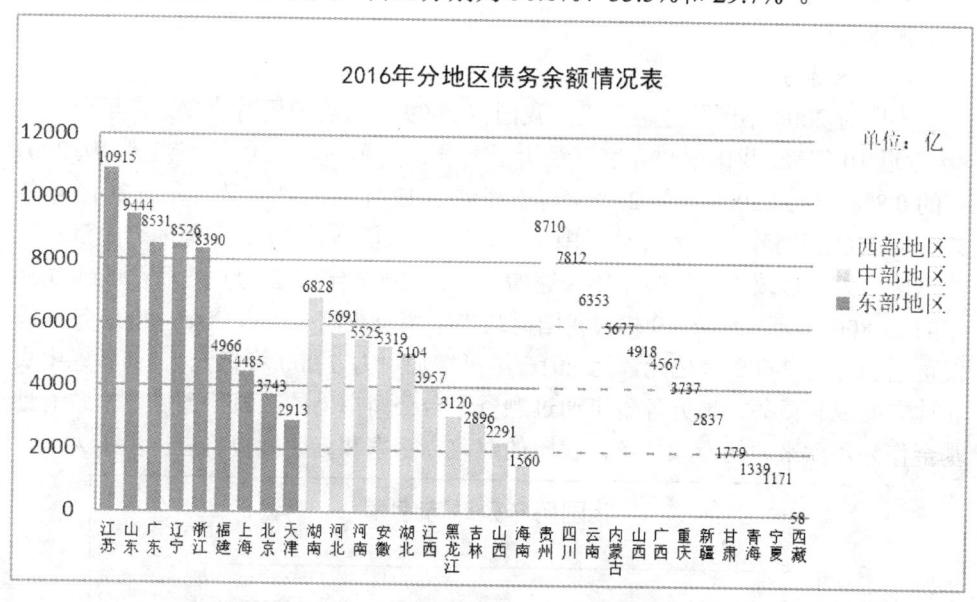

图 1　2016 年分地区债务余额情况表

从发行情况看，截至 2016 年末，地方政府债券共发行 1 159 只，规模合计 6.05 万亿元，同比增长 98.7%，其中，地方政府一般债 3.53 万亿元，专项债 2.51 万亿元。2016 年地方政府债券以一般债券、公开招标为主。其中，公开发行的债务规模为 4.47 万亿元，占比为 74%；定向发行的债务规模为 1.58 万亿元，占比为 26%。地方债市场存量余额为 10.7 万亿元，成为仅次于国债和政策性金融债的第三大债券品种。

3. 政府债务率

截至 2016 年末，我国地方政府债务余额 15.32 万亿元，如果以债务率（债务

---

① 根据各省市公开的 2016 年预算调整方案以及 2017 年预算草案相关数据整理所得。

余额/综合财力)衡量地方政府债务水平,2016年地方政府债务率为84%[①],低于国际通行的警戒标准。加上纳入预算管理的中央政府债务12.01万亿元,按照国家统计局公布的国内生产总值(GDP)数据计算,我国政府债务的负债率(债务余额/GDP)为36.7%,比2015年降低了2.2个百分点,低于欧盟60%的警戒线,也低于主要市场经济国家和新兴市场国家水平。2017年,经全国人大批准,新增中央政府债务限额1.55万亿元、地方政府债务限额1.63万亿元,随着2017年GDP的增长和地方财政收入的增加,预计到2017年末负债率不会出现大的变化。今后,我国GDP和地方财政收入仍继续保持中高速增长,也为地方政府债务风险防控提供了根本支撑。

4. 财政赤字率

为应对2008年国际金融危机,我国自2009年重启积极财政政策,至今已有8年。近10年来,我国财政赤字率经历了上升、下降、再上升的波浪走势,从2007年的0.8%上升到2009年的2.8%,再下降到2012年的1.5%,又上升到2016年的3%。虽然我国财政赤字率波动范围不大,10年来仅增长2.8倍,但随着经济总量的迅速扩大,财政赤字规模逐年快速增长,由2007年的2 000亿元增加到2016年的21 800亿元,增长9.9倍(我国财政赤字率每提高1个百分点,2007年政府仅可增加财力2 600多亿元,而2016年可增加财力7 000多亿元)。若考虑中央和地方的或有债务,地方各省市通过融资平台公司举借的政府债务以及由政府性基金作为还款来源的专项债务,我国的财政赤字率和赤字规模将进一步扩大。

图2 我国历年财政赤字率

---

① 这里的综合财力选取的是:一般公共预算收入+转移支付和税收返还收入+国有土地使用权收入+财政专户收入,计算结果可能会与财政部计算方式略有差异。

2016年全国财政赤字为21 800亿元,中央财政赤字14 000亿元,地方财政赤字7 800亿元,加上地方专项债务4 000亿元,地方财政赤字总计11 800亿元。按地区划分,东部地区赤字[①]4 342亿元,赤字率1.11%;中部地区赤字3 953亿元,赤字率1.75%;西部地区3 505亿元,赤字率2.24%。直辖市中,上海赤字率最低(0.82%),北京、天津、重庆分别为2.1%、2.04%和2.31%,赤字总额分别为226亿元、522亿元、364亿元和406亿元。[②]

图3 我国历年财政赤字规模

财政赤字主要用于两个方面,政府投资或减税降费。一方面,政府可通过赤字筹资,投向交通、能源、市政等基础设施,有效推动和保障经济长期发展,这种政府为公共投资支出进行赤字筹资的规则,被称为财政收支的"黄金法则"。正如1998年和2009年两次扩大财政赤字率,投向铁路、公路、基建的"铁公基"建设,短期内会带来有效需求增加,补齐基础设施建设短板,但也可能因政府投资过旺导致出现产能过剩和挤出效应。另一方面,政府实施针对企业的结构性减税和普遍性降费,可以降低企业成本和鼓励企业投资,让更多企业有利可图,增强企业发展动力和创新活力,促进经济稳定增长和就业持续增加。

2017年中央政府工作报告提出,财政政策要更加积极有效。一是赤字率继续按3%安排,财政赤字2.38万亿元,比2016年增加2 000亿元。其中,中央财政赤字1.55万亿元,地方财政赤字8 300亿元。二是安排地方专项债券8 000亿元,

---

① 这里的财政赤字为新增一般债务和专项债务的合计数,下面同上。
② 根据各省市公开的2016年预算调整方案以及2017年预算草案报告相关数据整理所得。

继续发行地方政府置换债券。赤字率继续保持不变，主要是用于进一步减税降费，预计减轻企业负担 5 500 亿元。这体现出我国财政政策的重大转向，由过去依靠"政府投资拉动经济增长"转向通过"降低实体经济成本促进经济增长"。同时，适当增加必要的财政支出和政府投资，加大对民生等薄弱环节的支持。

（二）地方政府债务管理主要举措

近年来，财政部通过推动修订《预算法》、提请国务院印发《国务院关于加强地方政府性债务管理的意见》等举措，从顶层设计层面构建起地方政府债务管理的法律制度框架。2016 年，中央和各地政府分别制定了加强政府债务管理等相关文件，构建规范的政府举债融资机制，进一步健全了地方政府债务风险防控体系，不断增强财政金融风险防范能力。

一是建立政府债务限额管理机制。国务院提请全国人大或其常委会批准了 2015 年和 2016 年地方政府债务限额，要求地方政府举债不得突破批准的限额，依法设置地方政府债务的"天花板"。同时，印发了对地方政府债务实行限额管理的实施意见，明确对地方政府债务余额和年债务置换量实行限额管理，提出建立健全地方政府债务风险防控机制和妥善处理存量债务，并进一步提高了对地方政府债务的信息披露要求。

二是政府债务全部纳入预算管理。2016 年 11 月，财政部印发了地方政府一般债务和专项债务预算管理办法，从债务限额确定、预算编制和批复、预算执行和决算、非债券形式债务纳入预算、监督管理等方面，提出了规范地方政府债务预算管理的工作要求。并分别在 2016 年全国预算草案、地方预算草案和预算调整方案中完整反映地方政府债务情况，改变了以往政府债务游离于预算之外的局面，主动接受人大监督。

三是发行地方政府债券置换存量债务。按照 2015 年国务院向全国人大常委会提请审议批准地方政府债务限额的议案，确定 2014 年末全国地方政府债务余额为 15.4 万亿元，并设置 3 年左右的过渡期，发行地方政府债券置换存量政府债务中非政府债券形式的债务。2016 年发行地方政府置换债券置换存量债务 4.9 万亿元，加上 2015 年置换的 3.2 万亿元，累计置换 8.1 万亿元，全年降低利息成本约 4 000 亿元。

四是研究制定政府性债务风险应急处置预案。2016 年 10 月，国务院办公厅印发了《地方政府性债务风险应急处置预案》，明确把地方政府性债务风险事件划分为 4 个等级，实行分级响应和应急处置，指导和督促各省级政府全部制订本地区政府债务风险化解规划或应急处置预案，建立起地方政府性债务风险应急处置工作机制，确保守住不发生区域性系统性风险的底线，切实防范和化解财政金融风险，维护经济安全和社会稳定。

五是制止违法违规担保融资行为。财政部组织驻各地专员办核查部分金融机构要求地方人大或政府担保承诺情况，致函督促其整改，要求不得强迫或接受地方政府担保承诺；制止部分地区违法违规担保承诺行为，核查审计部门发现的地方政府违法违规担保融资问题，督促地方认真整改；重申法律规定，督促金融机构依法合规经营，加强风险识别和防范等等。

二、地方政府债务管理研究现状综述

近年来，许多专家、学者对地方政府债务管理的研究主要围绕地方债务规模、财政赤字率、债务限额管理、纳入预算管理、债务风险防控、债务预警评估等方面展开，为债务管理体制机制构建提供了丰富的经验借鉴。2016年，部分学者就地方政府债务管理监督、风险防控等方面展开了进一步的研究讨论。

楼继伟认为中国政府债务风险总体可控，目前，我国对中央政府的债务管理是比较健全的，同时加强了地方政府债务管理，虽然地方债务仍在隐性扩张，但已采取措施堵住了地方非正常发债渠道。肖捷在2017年十二届人大五次会议记者会上也表示，中国政府债务风险总体可控，财政赤字形成了有效投资，是有优质资产应对的。但一些地方确实存在不同程度的违法违规举债担保问题，个别地区的偿债能力还有所减弱。

高培勇分析了财政收入紧缩条件下的地方债问题，认为地方债问题不仅仅存在于规模上，更主要的是债务形成机制和运行机制问题，地方政府还债意愿和资源不足是财政收入紧缩条件下的潜在风险。[①]杨志勇提出防范局部性债务风险演变成全局性风险的对策：短期来看，要加快地方债置换工作，推广政府与社会资本合作，降低债务风险；长期来看，要推动建立地方政府综合财务报告制度和形成规范的中央与地方财政关系，为地方债问题解决提供稳定的外部环境。[②]

郑春荣认为2016年地方政府债务管理取得了明显成效，主要包括规范地方债发行管理、地方债纳入国库现金管理质押品、规范地方债务预算、风险处置预案、债券发行创新、地方债务监管等方面，但也指出地方隐性债务依然是我国面临的最大的中长期风险。张平通过对各省级政府债务情况分析，认为中国地方债务虽总体可控，但地方债继续上升的空间不足，个别省份债务负担率已进入预警区间。"十三五"期间，要着力推进融资平台公司市场化转型，推进地方建立房地产税，

---

① 参见高培勇：《关于财政收入紧缩条件下的地方债问题》，载《金融论坛》，2015（4）。
② 参见杨志勇：《地方债治理的短期与中长期之策》，载《人民论坛》，2015（12）。

完善地方自主发债模式，加强政策创新风险监控。①余应敏针对地方政府债务规模快速增长问题，提出了应计制政府会计制度改革、建立债务风险预警机制和债务信息强制审计披露制度等三个方面的措施建议。

黄淼通过分析我国地方政府债务的相关数据和发展现状，针对地方政府行为边界、财权与事权、债务管理体制等方面存在的问题，从财政视角提出了合理划分政府边界、建立事权财权匹配的财政管理体制、完善政府债务管理机制的相应措施。②姚胜强调我国地方政府债务额已经很大，不能盲目沉浸在"风险可控"的乐观估计之中；对地方债的监管关键要依法执行，加大对违规借债、违规担保的处罚力度，编制债务预算要列清借了多少债、干了什么事以及规划好怎么还。

范必等通过对美国地方债务管理的专题调研，提出了四条化解地方政府性债务风险的政策建议：一是防范地方政府流动性危机，制定债务重组、流动性援助、政府履职、债权人保护等相关预案；二是编制中长期建设融资规划，与中长期财政规划相衔接；三是发挥市场对地方债的激励约束作用，提高地方债发行透明度；四是利用PPP模式优化地方债务结构和管理。③

马宏兵分析了地方政府债务置换对金融市场影响，提出了五点建议：一是地方政府债券信息披露更加公开透明；二是建立完善的债券市场；三是培育和拓展债券投资者；四是完善地方政府信用评级；五是完善地方政府债券利率市场化机制。④郑威、陆远权等基于财政分权体制与政府晋升考核机制背景，分析了地方政府间竞争对地方债务增长的影响机理，提出中国地方政府竞争与地方债务规模存在全域范围的正的空间自相关性，相邻地区的地方政府竞争对本地区地方债务规模存在显著的空间溢出效应。⑤

俞乔探讨了中国地方政府债务形成过程、规模及构成，分析了地方政府等各种可能偿债资产状况，提出提高地方债透明度、量化债务指标、制定法律规定与市场约束的双重机制控制债务总量，通过资产证券化、PPP等方式化解地方政府债务风险。⑥陆成林认为地方政府债发行管理要遵循公共化改革方向，在产品设计、招标承销、信用评级、信息披露、兑付流通、风险控制等六个方面构建市场化机制。⑦蔡宁、刘勇基于全口径财政收支框架，对"十三五"时期中国省级

---

① 参见张平：《十三五时期我国地方政府性债务风险研究》，载《湖北社会科学》，2017（1）。
② 参见黄淼：《基于财政视角的我国地方政府债务问题研究》，载《山西高等学校社会科学学报》，2016（6）。
③ 参见范必、翟俊武等：《美国地方债管理的启示与借鉴》，载《中国经济导报》，2016-07-13。
④ 参见马宏兵：《关于地方政府债务置换相关问题的探讨》，载《经济研究参考》，2016（2）。
⑤ 参见郑威、陆远权：《地方政府竞争促进地方债务增长——来自中国省级城投债与空间溢出效应的经验数据》，载《西南民族大学学报》，2017（2）。
⑥ 参见俞乔：《中国地方政府债务问题及治理研究》，载《经济研究参考》，2016（14）。
⑦ 参见陆成林：《地方政府债券：公共化改革与市场化机制》，载《地方财政研究》，2016（3）。

地方政府债务规模进行了预测，提出要以市场化方式化解政府债务，综合利用PPP、产业基金、资产证券化等投融资模式，鼓励社会资本参与公共品建设。[①]

姜宏青从政府会计的角度，研究地方政府治理与债务信息纰漏的耦合，认为地方政府债务信息披露存在多口径、片面化问题，不能反映地方政府债务行为的有效性和合理性，无法评价对宏观经济的影响。同时提出，应建立地方政府债务独立报告制度，形成多层次的信息披露体系，满足不同的利益相关者需求。樊轶侠认为PPP与地方政府债务治理密切相关，应高度警惕PPP项目中蕴藏的财政风险，应充分考虑适用性、物有所值和财政承受能力，合理适度、积极稳妥推进PPP。

三、分析与展望

（一）需要进一步注意的问题

2016年，中央和各级地方政府不断完善地方政府性债务管理制度，地方政府债务管理取得了一些阶段性成果，加之随着地方综合财力的增长，地方债务风险总体有所下降。由于一些体制机制性矛盾和问题还未解决，如政府和市场边界未能清晰界定，政府支出范围和标准缺乏明确规定，中央与地方事权和支出责任相适应的财政体制尚未建立，转移支付制度不够科学等，在现行工作考核评价制度下地方政府仍较难抑制举债投资冲动。目前，许多地方政府过度强调政府债务风险总体可控，对存在的问题不够重视，忧患意识不足，风险意识不强。

1. 债务总体规模较大

为控制债务规模过快增长，财政部对地方政府债务余额实行限额管理。由于稳增长、保民生等政策压力，地方政府举债冲动较难遏制，"重借轻还"的倾向尚未真正扭转，重项目建设，轻债务管理，短期内以需求为导向大量举债，加大了控制地方政府债务规模增长的难度。

一是存量债务规模仍然较大。2016年，地方政府债务余额15.32万亿元，占地方一般公共预算收入的104.4%，比2015年末净增加0.56万亿元，增长3.8%。相比2014年甄别、清理的15.4万亿元存量债务降幅较小，但债务总体规模仍然较大。

二是新增债务需求仍然较大。在当前经济下行压力较大的情况下，对地方政府举债融资实行限额管理，会加大地方财政资金支出压力。特别是中西部地区要加快发展，融资需求仍然较大，在建项目都需要持续投入建设资金，对新增债务

[①] 参见蔡宁，刘勇：《中国省级地方政府债务规模预测——基于全口径财政收支框架的研究》，载《金融论坛》，2017（2）。

限额分配倾斜具有较大需求。

三是地方变相举债时有发生。一些地方政府继续通过融资平台变相举债，部分PPP项目、政府投资基金存在回购合作方投资本金、承诺保底收益等变相举债行为。一些地方违规扩大政府购买服务范围，将原则上应通过既有预算资金购买的公共服务，扩大为通过未来年度资金购买当前建设工程，实质上是变相举债。部分金融机构发放贷款时仍要求地方政府提供担保承诺，个别开发性、政策性金融机构要求地方政府为专项建设基金本金回购提供担保。

2. 部分偿债能力弱化

现行财政体制下地方政府财力普遍不足，财政平衡主要依靠上级转移支付，部分基层政府财力出现困难。各级地方财政在剔除促发展、保民生以及中央各类政策、项目配套资金等支出后，能够安排用于还债的资金极为有限。虽然地方举债投资形成了一批资产，但变现能力较弱，地方政府偿还债务仍然主要依靠土地出让收入和"借新还旧"。由于近年来房地产市场走弱，土地出让收入大幅下滑，加强宏观调控和金融监管后，银行理财、信托产品等"影子银行"渠道也日益收紧，地方政府还债能力明显减弱，地方存量债务利率普遍较高，据估算，各级地方每年利息支出就达近万亿元。另外，国库现金管理刚开始试点，大量地方国库间歇性资金没有得到有效利用，资金使用效益不高，不利于降低政府筹资成本。

3. 风险防控不够健全

一是举债机制存在隐患。现行管理规定赋予省级政府适度的举债权限，市县级政府确需举借债务的，由省级政府代为举借。这种举债融资机制造成上级政府实质上需要对下级政府的负债背书，而市县等基层政府作为债券资金的使用者和责任人，又没有获得足够的举债融资权限，举债权利与还债责任脱节可能带来一定的债务风险。

二是或有债务还需加强风险应对。我国尚未建立规范的地方政府债务统计制度，各部门的统计口径和确认标准并不一致。有的认为部分或有债务应当归为政府负有偿还责任的债务，有的提出或有债务中确需政府履行偿债责任的债务没有落实还款来源。除已经统计的融资平台等或有负债外，社会保险欠账、国有企业历史遗留问题等也可能转化为政府债务。

三是债务风险指标设置不够完善。目前，我国使用的债务风险指标及其警戒标准，大多参照欧美国家标准，主要关注债务总量和增长速度，针对债务结构和比例的指标少，不能全面反映各地债务实际偿还能力。同时，我国财政基础制度还不够完善，各级政府综合财务报告制度尚在推进阶段，不能完整地反映政府资产、负债状况，风险控制指标的实效性不够强。

4. 置换债务应对不足

通过发行地方政府债券、开展存量债务置换等措施能够推迟还债期限，降低利息成本，有效缓解地方的偿债压力。然而，由于置换债务的期限大都在5年以上，部分地区对债务偿还问题尚没有紧迫感。同时，地方政府债券的市场化程度不高，实际执行中地方政府债券利率与同期国债利率基本一致，难以反映真实信用评级，市场有效偿债约束机制尚未形成。15.4万亿元存量债务已置换8.1万亿元，未来仍有7.3万亿元存量债务需要置换，规模大、时间紧，如果发行节奏处理不好，容易对债券市场、利率水平造成冲击，造成市场行为扭曲。

5. 监督机制有待加强

一是审查监督机制亟待健全。按照《预算法》和国务院有关规定，存量债务置换后要分类纳入预算管理。目前，各地已对新增债务纳入了预算管理，存量置换债务尚未完全纳入预算。如何落实预算法要求，完善债务预算审查监督程序，突出监督重点和关键环节，增强对地方政府债务的监督实效，需要进一步研究探索。

二是债务信息公开有待完善。目前，政府向人大提交审议的债务信息没有明确标准，对外公开的数据主要包括新增债务、置换债务、余额限额等总量数据，缺少债务资金支出的具体项目、偿债计划、限额分配机制等人大代表和委员关心的详细内容，人大监督难以开展实质性审查。同时，对政府或有债务情况是否向人大报告也没有明确规定，债务信息对社会公开的内容标准还未统一。

（二）下一步措施建议

1. 依法从紧控制债务增长

严格落实政府债务限额管理和预算管理，明确各级地方政府只能通过发行地方政府债券举借债务，严禁政府部门违法、违规提供担保。严格按照债务警戒线来审批新增地方政府债务，对于已经超过和接近警戒线的地区，严格控制债务增量；对于还有一定空间的地区，也要采取审慎态度。新增债务安排要考虑债务资金使用方向和上一年度债务资金使用绩效，并优先安排在建项目。同时，在稳步推进存量债务置换的基础上，引导地方通过多种方式积极化解存量债务，结合经济结构调整和"十三五"规划安排，研究制定本地区存量债务偿还计划并向同级人大或其常委会报告机制。

2. 建立健全市场化融资机制

地方政府举债应遵循市场化原则，在规划、发行、使用、管理、监督等各环节逐步探索出一条符合我国国情、以市场化为主、科学完善的举债模式。建立地方政府债券的风险与收益市场化定价机制，形成买者自负、风险自担的市场规则。研究扩大投资者范围，鼓励社保基金、住房公积金等机构和个人投资者投资地方政府债券，探索在商业银行柜台市场对居民、企业等投资人发售地方政府债券，降低地方政府债券风险权重，提高地方政府债券的流动性。推动建立地方政府信用评级制度和融资平台公司市场化转型，剥离融资平台公司政府融资职能，继续发挥转型后的企业对经济发展的积极作用。

3. 推进政府债务信息公开透明

建立统一的政府债务信息公开机制，规范债务信息公开内容、公开时间和公开渠道。推进各地区公开本地政府债务的种类、规模、结构、期限、层级、债权人等信息，及时公开地方政府债券发行主体、综合财力、资产负债等基础数据，形成市场对地方政府发行债券的约束机制。加强各级政府债务风险评估和监督预警，强化上级政府对下级政府的监督检查，按照法治化原则分类处置风险事件，依法实现债权人和债务人合理分担风险。

4. 完善政府债务审查监督机制

各级人大要按照《预算法》要求和限额管理的规定，研究完善对地方政府债务的审查监督机制，健全审查监督程序，探索确定审查监督重点，创新审查监督的方式方法，规范报送内容和形式。加强对包含政府债务的全口径预算的审查监督，将地方政府债务分类纳入全口径预算管理，执行过程中如果需要增加举借债务数额的，必须编制预算调整方案报本级人大常委会批准。细化政府债务预算编制，应包括债务的举借、使用和偿还等详细信息，便于人大审查、监督，强化预算约束。

5. 深化预算管理制度改革

推动国务院及其财政部门加快建立中央和地方事权与支出责任相适应的财政体制，规范政府支出范围和标准。进一步完善地方税收体系，赋予地方对现有税种的开征、停征、调整税率和减免税权利，加快推进房地产税、消费税、资源税、环境保护税等税制改革，切实解决"营改增"后地方失去主体税种的尴尬局面，增强地方政府筹集建设资金的能力。推进修订重点支出同财政收支增幅或生产总值挂钩事项的相关规定，取消教育、科技、支农等重点科目的法定增长要求，按照实际需要合理安排重点科目项目支出，科学测算支出总额，切实提高财政资金使用效率。加快政府会计体系建设，建立全面反映政府资产负债、收入费用、运行成本等财务信息的权责发生制政府综合财务报告制度。

四、报告要点

本报告要点如下：

1. 2016 年，中央对地方政府债务管理取得了明显进展，主要包括以下方面：

一是完善了政府债务限额管理机制，制定了《地方政府一般债务预算管理办法》《地方政府专项债务预算管理办法》等制度文件，依法设置地方政府举债规模的"天花板"，推动地方政府债务管理规范化、制度化、透明化；二是组织新增地方政府债务发行和置换存量债务，新增债券资金统筹安排用于扶贫、棚户区改造、京津冀协同发展等重大公益性项目支出，累计完成置换存量政府债务 8.1 万亿元，降低利息成本 4 000 亿元；三是开展风险预警，综合运用债务率等指标，组织评估地方各级政府债务风险情况，对高风险地区给予预警；四是建立应急处置机制，指导各地制定了本地区债务风险化解应急处置预案，将地方政府债务风险事件划分为四个等级，实行分级响应和应急处置；五是构建常态化监督机制，印发了《财政部驻各地财政监察专员办事处实施地方政府债务监督暂行办法》，坚决制止地方违法违规举债担保行为，依法加大查处和曝光力度，对违法违规的地方政府、金融机构，会同有关监管部门依法追究有关责任人的责任。

2. 2016 年，地方政府债务风险总体有所下降，但当前也出现了一些新问题，局部地区风险不容忽视，如果处理不当，容易引发区域性系统性风险。一是债务规模总体较大，面对经济下行压力，地方政府对新增债务需求仍较为迫切。二是地方变相举债行为时有发生，一些地方违规扩大政府购买服务范围，个别金融机构仍要求地方政府为专项建设基金提供回购承诺。三是融资平台转型进展缓慢，许多融资平台公司缺乏持续稳定的经营性现金流，自身"造血"能力较弱，与政府关系短期内难以厘清，债务处置情况复杂。四是风险防控机制不够健全，地方政府债务统计制度尚待规范，统计口径和确认标准并不一致，或有债务管理仍需加强。五是监督机制有待加强，债务预算审查监督机制需进一步完善，债务信息公开内容标准尚未统一。

3. 要把握好地方政府债务防风险与经济稳增长之间的关系。中国是发展中国家，发展是解决中国诸多经济社会问题的关键，是实现全面建成小康社会的宏伟目标、实现中华民族伟大复兴中国梦的根本动力。举借政府债务一定程度上弥补了地方政府财力上的不足，有效地保障了重点建设项目的资金需求，对稳定地方政府经济社会发展发挥了积极作用。加强地方政府债务管理，既要健全完善体制机制，防范系统性、区域性风险，又不能过分强调严控债务造成经济过快下滑，影响经济社会发展，应当正确处理好防风险与稳增长之间的关系，注意把握好尺度和节奏。在厘清政府与企业举债责任的基础上，建立规范的政府举债融资机制，明确各级地方政府只能通过发行政府债券举借债务，确保债务总量得到有效控制，引导地方政府合理利用债券资金支持经济发展。

4. 为进一步加强地方政府债务管理，建议重点做好以下几个方面工作：一是健全地方政府债务管理制度。严格落实政府债务限额管理和预算管理，严格控制地方政府债务规模，规范政府举债程序。二是合理安排新增债券规模。充分考虑东中西部地区实际，制定各地区政府债务长期规划，通过开好"前门"，满足地方政府合理融资需求，支持地方稳增长、补短板、促改革。三是继续发行地方政府债券置换存量债务。减轻地方政府利息负担，缓解地方偿债压力，防范财政金融风险。四是推进融资平台公司市场化转型和融资。剥离融资平台公司政府融资职能，并继续发挥转型后的企业对经济发展的积极作用。五是建立健全地方政府债务风险预警和应急处置机制。加强对地方政府债务风险的评估和预警，坚持以法治化原则分类处置风险事件，依法实现债权人和债务人合理分担风险。

作者单位：天津市财政局预算处

中国政府绩效管理研究报告

翟磊

随着政府绩效管理实践的不断发展和研究的不断深化，政府绩效管理问题已从"探索开拓"走向了"理性发展"的道路。2016年度政府绩效管理的最主要特征是"法治化"，这也成为2016年度政府绩效管理理论与实践发展的主要脉络。杭州市于2016年1月1日实施了《杭州市绩效管理条例（草案）》，将绩效管理工作纳入法治化框架之中，该条例对国家及地方政府不同层面的绩效管理立法问题进行了研究与探讨。可以预见，在不久的将来，政府绩效管理的法治化进程将获得迅猛发展。除此之外，2016年度政府绩效管理还有以下两个突出特点：一是在实践领域，政府绩效管理已经不再属于创新举措，而是逐渐成为各级政府、中央各部委的常态化工作之一，故相关新闻报道中提及率下降；二是在研究领域，通过多年的自然淘汰和选择，相关研究已开始转向"以质取胜"阶段。

一、2016年中国政府绩效管理发展现状综述

在经历了之前政府绩效评估从无到有，从探索到不断完善的过程之后，条件相对成熟的地方政府在总结经验教训的基础上，开始了绩效管理的法治化进程。此外，部分地方政府在绩效管理的系统化、公开化的方向上也取得了相对突出的成绩。

（一）政府绩效管理法治化

2016年度政府绩效评估实践的最大亮点在于"法治化"，《杭州市绩效管理条例（草案）》于2016年1月1日起施行，旨在提高政府工作绩效，有效整治庸官

懒政和防止干部不作为现象①，用地方性法规的形式明确界定绩效管理机构、职能、权限、程序与责任，有利于提升绩效管理的地位，强化绩效管理的执行力度，增强权威性，提高公信力。

《杭州市绩效管理条例（草案）》（以下简称《条例（草案）》）包含了总则、绩效管理规划和年度绩效目标、过程管理、年度绩效评估、结果运用、绩效问责和附则共7章，用法律的形式对绩效管理各个环节、各项内容以及实施的方式、方法和步骤等做出严格而明确的规定，使绩效管理工作做到有法可依、有章可循、违法必究，增强了规范性、稳定性和持续性。其对于中国政府绩效管理法治化的贡献主要体现在以下几个方面：

1. 明确了绩效管理的责任主体和范围

该《条例（草案）》规定，由绩效管理委员会统一领导本行政区的绩效管理工作，具体工作由绩效管理机构负责，机构编制、发展改革、监察、财政、人力资源和社会保障、审计、统计、政府法律等部门需按照各自职责，依法做好绩效管理工作。②

绩效管理的范围包括市政府组成部门和区县（市）政府及其组成部门、乡镇街道，还包括其他依照公务员法管理的机构、组织，法律、法规授权的具有公共事务管理职责的组织，以及提供公共服务的企业（履行公共服务职责时）。

2. 建立了绩效规划和绩效报告制度

该《条例（草案）》既包括前期编制绩效管理规划、制定年度绩效目标，又涵盖日常监控和事后监督，还有结果反馈、绩效改进，如整改、跟踪督办、绩效问责等制度保障，形成了一个完整的闭环，环环相扣，管理严密。

3. 确立了公众参与的主体地位

该《条例（草案）》强调突出公民导向，有序扩大公众参与的范围与渠道，规定"市绩效办可以委托绩效评估专门机构、高等院校、科研院所、社会中介组织等第三方机构对部分绩效目标开展专业测评"，体现了绩效管理必须注重第三方评估的大趋势。在绩效考核制度设计环节，要求征求公众意见，充分体现社会公众的主体地位。目标考核中，也包含对社会评价意见整改结果的考核。再加上创新创优专家绩效评估的比重，社会公众在综合考评中所占的权重，实际上超过了50%。③

---

① 参见岳德亮：《杭州立法管理政府绩效 法治化破解庸官懒政》，见新华网 http://www.zj.xinhuanet.com/headline/2015-11/23/c_1117235139.htm，2015-11-23。
② 参见《杭州市绩效管理条例》，2015-09-25。
③ 参见畏奋：《杭州市考评办（绩效办）权威解读七大疑问》，载《杭州都市快报》，2016-01-11。

4. 明确了绩效评估结果的综合运用

该《条例（草案）》规定探索建立"面向产出和结果"的绩效管理联动机制，将绩效管理结果与政绩衡量、领导决策、政策调校、预算安排、编制调配、行政奖惩、选任干部等人、财、物的投入适当挂钩，如规定"纳入绩效管理单位及其工作人员有下列情形之一的，应当实施问责：在绩效管理工作中，有令不行、有禁不止的；列入综合考评'一票否决'的工作未达到相关考核要求的；因工作重大失误，被上级机关通报批评、媒体曝光，造成重大损失或恶劣社会影响的等等"[①]。

（二）政府绩效管理系统化

中国政府绩效管理最初的实践是从某个局部开始的，例如杭州市的绩效管理最初是从部门绩效管理开始的：1992年实施目标责任制考核，2000年在全国率先推行了"满意单位和不满意单位"评选活动。福建省政府2000年出台《关于开展机关效能建设工作的决定》，也是从部门绩效评价开始的。随着近年来绩效管理工作的不断推进和完善，地方政府的绩效管理逐步走上了系统化的道路。例如，四川省从财政支出绩效评价的角度，着力推进以项目支出绩效评价、部门支出绩效评价、市县财政运行绩效考核为主要内容的绩效评价工作，建立了整体评价体系。与此同时，公务员绩效考核工作也在不断推进和完善。从2016年政府绩效管理工作的实际情况来看，在地方政府层面已初步形成系统化的政府绩效管理体系，如图1所示。

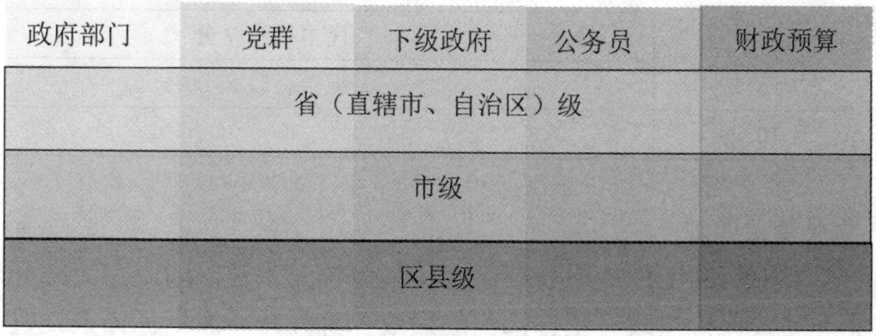

政府部门	党群	下级政府	公务员	财政预算
省（直辖市、自治区）级				
市级				
区县级				

图1 中国地方政府绩效管理系统构成

1. 政府部门绩效管理

政府部门绩效管理的目标是提升政府各部门的工作绩效，在中国地方政府绩效管理中开始较早，总体也相对成熟。由于不同部门工作性质、工作内容存在差异，故目前普遍采用的是分类评估的方式。以福建省《2016年度绩效管理工作方

---

① 参见《杭州市绩效管理条例》，2015-09-25。

案》①为例，福建省将省级政府工作部门划分为省直综合与管理类、省直监管与服务类两个大类，其评价指标体系的基本构成见表1。而《2016年绥宁县绩效考核评估实施方案》②则将县属单位分为综合管理类、经济管理类、社会管理类、司法执法类、群团组织和市属单位6个组别开展评估工作。分类评估的目的是尊重不同类型部门的工作实际，从而在兼顾可比性和特殊性的原则下制定评价指标体系，使绩效评估真正起到提升部门工作绩效的目的。

表1　2016年福建省政府工作部门绩效考核指标体系③

项目	指标
业务工作实绩10项 60分	根据行动计划中明确由各单位承担的工作，设置1—2个一级指标，每项分解为3—5个二级指标。
	根据省委的工作部署和要求，根据《2016年省政府"立项挂牌办理"任务分解表》《2016年省政府工作主要任务分解表》《福建省人民政府关于下达福建省2016年国民经济和社会发展计划主要指标的通知》，省委、省政府2016年为民办实事计划中各单位承担的任务，以及本单位根据职能职责需要完成的其他重点工作设置一级指标，每项分解为3—5个二级指标。
自身建设30分	依法行政7分
	高效行政8分
	民主行政7分
	廉洁行政8分
改革创新10分	

2. 党群绩效管理

由于党群部门的工作性质与政府部门具有较大差异，因此，大部分地方政府已经将党群绩效评价与政府工作部门的绩效评价分开，在指标体系设置上也体现出了较大的差异性。为了兼顾绩效评估结果的可比性，福建省的做法是将党群绩效评估的总体框架与政府部门绩效评估保持一致，即由业务工作实绩、自身建设、改革创新3个大项构成，但业务工作实绩部分的具体指标选取则"根据'十三五'规划、行动计划和省委的工作部署中要求各单位承担的任务，以及本单位根据职

---

① 参见福建省机关效能建设领导小组：《2016年度绩效管理工作方案》，2016-04。
② 参见绥宁县委、县政府：《2016年绥宁县绩效考核评估实施方案》，2016-10。
③ 参见福建省机关效能建设领导小组：《2016年度绩效管理工作方案》，2016-04。

能职责需要完成的其他重点工作设置一级指标,每项分解为3—5个二级指标"①。也有的地方政府对党群的绩效管理采用了与政府部门不同的框架结构,以突出党群工作的特殊性。

3. 省市区县各级政府绩效管理

从纵向政府绩效管理体系建设来看,中国政府绩效管理工作首先是从省、市两级开始的,2016年县级地方政府的绩效管理在各地逐步完善。以湖南省衡南县2016年政府绩效考评为例,根据县政府办印发的《2016年政府绩效考评工作方案》,绩效考评对象为26个乡镇(片区、办事处)人民政府,包括13个经济复合型乡镇和13个农业主导型乡镇;72个县直机关单位,包括24个政府工作部门、20个政府事业单位、4个派出机构及平台建设单位和24个直管单位。乡镇政府绩效考评主要包括经济建设、城乡建设、基层治理、生态建设、民生实事、自身建设6个方面;县政府序列单位着重考评重大决策落实、重点工作、项目建设、业务工作、民生实事及自身建设等②。

4. 公务员绩效考核

公务员绩效考核工作目前尚不成熟,从实践来看,目前不同地区采用的考核指标具有较大差异性。吉林省将公务员德、能、勤、绩、廉与绩效管理考评有机结合起来,细化分解为年度考核指标、工作效率与效果、综合素质与敬业精神、思想品德与廉洁自律、领导交办职责以外的临时性工作,并且规定平时考核占年度考核权重的70%。福建省规定平时考核结果分为优秀、良好、称职、不称职4个等次,优秀人员总比例控制在25%以内;在设置考核指标时,把"绩"作为平时考核的主要内容,重点考核履行职责、完成日常任务、阶段性工作目标以及德、能、勤、绩、廉等方面的日常表现;同时,还对德、廉实行一票否决。③浙江省把平时波动较少的德、廉作为反向指标或否定性指标来考核,剔除了在日常考核中较难量化的其他指标,使考核结果的科学性更强。山东省济南市将共性指标分为"工作目标、工作措施、工作作风、综合能力"4个要素,使笼统、模糊的考核指标变得具体、清晰,增强了操作性。江苏省东台市专门出台《公务员绩效考核指标体系及评价标准》,推出细化的"定量打分"制度,对公务员实行多层面、多角度的立体考核。指标体系内容包括"工作实绩、德能勤廉、群众民主评议、主管领导评鉴、加分项目"5大项30小项。④

---

① 参见福建省机关效能建设领导小组:《2016年度绩效管理工作方案》,2016-04。
② 参见衡南县政府:《2016年政府绩效考评工作方案》,2016-04-11。
③ 参见《部分省市公务员平时考核试点工作经验做法(指标设计)》,见新华网 http://news.xinhuanet.com/politics/2016-08/18/c_129239398.htm,2016-08-18。
④ 参见《东台市公务员绩效考核实行"定量打分"》,见共产党员网,2016-01-05。

5. 财政预算绩效管理

财政预算绩效管理主要针对的是财政预算项目，根据广州市财政局发布的《2016 年度预算绩效管理工作方案》①，预算安排 500 万元以上的绩效预算评审项目纳入财政部门绩效运行的监控范围。2016 年度广州市的财政预算绩效管理工作方案的亮点之一是试行部门（单位）全过程预算绩效管理，结合中期财政规划，逐步建立支出项目使用绩效考评机制，促进了预算绩效管理的常态化。

（三）政府绩效管理公开化

在绩效管理公开化方面，2016 年各地的实践工作取得了较为突出的进展，主要体现为绩效管理过程的公开化。过程的公开、透明是绩效评价效果的保证。经过多年的实践，各地政府绩效管理过程的公开化程度得以不断提升。2016 年绩效管理过程公开化方面的进展主要体现为如下三个方面：

第一，绩效管理工作方案提前发布。以往的政府绩效评价工作往往是在下一年年初确定评价指标和工作方案，对上一年度的绩效进行评价。由于指标确定晚于实际工作的开展，绩效评价的"指挥棒"作用往往无法有效地发挥。随着绩效管理工作的逐步成熟，各省市发布绩效管理工作方案的时间也在逐年提前。北京市东城区于 2016 年 3 月 1 日发布了《对〈2016 年度东城区政府绩效管理工作实施方案〉征求意见的通知》，公开对绩效管理工作方案征求意见。福建省于 2016 年 4 月 16 日印发了《2016 年度绩效管理工作方案》，福建省民政厅、水利厅、国土资源厅等在 2016 年 6—7 月相继发布了各部门的绩效管理工作方案。根据江西省《省委办公厅省政府办公厅关于印发〈2016 年省直机关绩效管理工作方案〉的通知》，江西省民政厅于 2016 年 5 月 30 日印发了《2016 年度江西省民政厅绩效管理工作方案》，交通运输厅、文化厅、国税局、体育局等部门也在 2016 年 8—10 月期间发布了绩效管理工作方案。绩效管理方案的提前发布，有利于被评估单位提前了解评价指标体系和评价方法等，提高绩效管理对实际工作的指导作用，避免出现"秋后算账"的尴尬局面。

第二，充分引入公民参与。除了常规的公众打分外，北京市在 2016 年市级政府绩效考评中首次采用了网络直播的方式向市民公开绩效考评过程。在为期两天的考评过程中，60 个市级行政机关和 16 个区政府进行了述职，市领导、部分市人大代表、市政协委员和社会各界代表 220 余人现场听取相关负责人述职并打分、评价。首都之窗（www.beijing.gov.cn）、千龙网（www.qianlong.com）、"北京发布"微博、新华社客户端等对全过程进行了现场图文直播。如此，绩效考评做"信息

---

① 参见广州市财政局：《2016 年度预算绩效管理工作方案》，见 http://www.gdczt.gov.cn/zwgk/dsxw/201605/t20160512_769771.htm，2016-05-04。

公开增量",起到了监督短板、促进善治的作用。

第三,地方政府各类绩效评价数据共享。这是政府内部绩效管理公开化的体现。以2016年开始实施的《杭州市绩效管理条例(草案)》为例,《条例(草案)》中规定,绩效管理机构应当整合相关信息资源,建立绩效管理信息化系统,实现绩效信息的动态跟踪、全程管理、共享利用。这样就避免了条、块绩效评价重复收集数据,加重各部门工作负担的问题。

二、2016年中国政府绩效管理研究现状综述

2016年公开发表的相关论文总量与2008、2009年相比大幅减少,但成果层次却不断提升。以"政府绩效"为关键词在CNKI进行检索可以发现2016年度相关论文的数量下降至545篇,其中,期刊论文数量仅为362篇,但CSSCI检索论文共计101篇,与2015年基本持平,如图2所示。

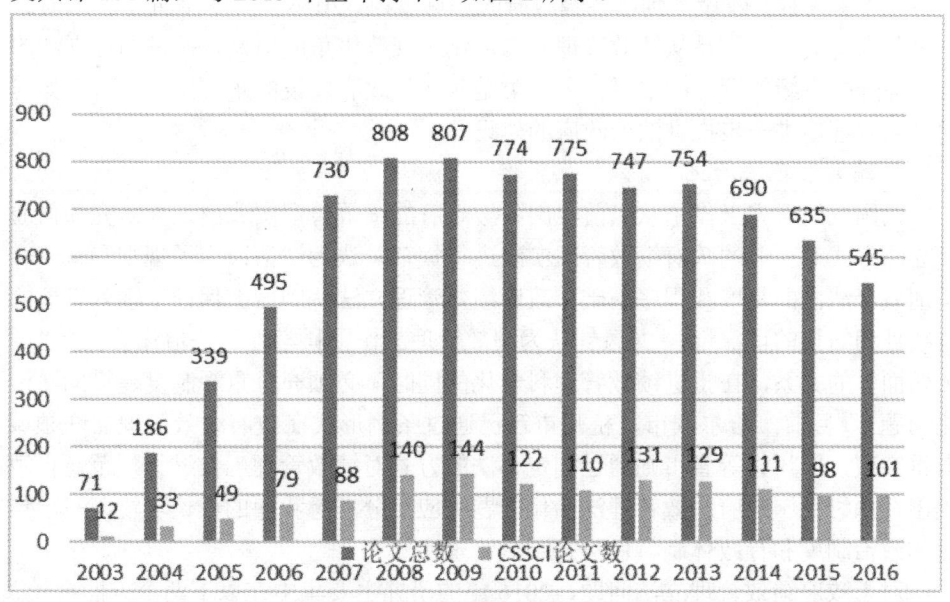

图2 政府绩效相关研究成果数量(2003—2016年)

资料来源:CNKI检索,检索日期为2017年4月24日。

而在对政府绩效管理相关论文题目进行简单的内容分析后,通过CNKI跨库检索,以"篇名精确检索"相关研究主题2016年度在各类期刊、会议和报纸公开发表的文章,可以看出本领域2016年相关研究的基本情况,如表2所示。

表2　2016年政府绩效管理领域研究主题分布

研究主题	论文数量	研究主题	论文数量
政府绩效	203	政府绩效管理	42
政府绩效评价	22	政府绩效审计	44
政府绩效评估	43	政府绩效考核	15
财政支出绩效	58	地方政府绩效	24
公务员绩效	27	财政预算绩效	21

从研究内容与观点来看，2016年政府绩效管理领域的相关研究创新主要集中在以下几个方面：

（一）政府绩效管理的法治化

在2015年中共中央、国务院印发《法治政府建设实施纲要（2015—2020年）》之后，法治政府的建设受到了各级政府的普遍重视。2016年相关研究工作的着眼点可分为两类：一类是从绩效管理的法治化与规范化角度出发，探讨通过立法的方式提升政府绩效管理的水平；另一类是从法治政府建设的角度出发，研究如何通过绩效管理进一步推进法治政府的建设。

1. 绩效管理法治化

该领域的研究工作是从当前我国各级政府的绩效管理实践出发，研究如何通过立法方式对当前的政府绩效管理实践进行规范，认为法治决定了规则和秩序，是绩效合法性的制度和程序基础，政府绩效管理立法从制度上保证了绩效管理的持续性和结果的可靠性。[①]龙凤钊认为绩效管理工作中科学性与法治化其实是"一体两面"的关系，在推进绩效管理科学化的同时，必须充分重视制度建设的法治化问题。[②]目前，哈尔滨市、杭州市等已通过条例形式在政府绩效管理立法领域取得突破，四川省等省市则通过制定办法的方式对绩效管理工作进行规范。冉敏提出在探讨我国政府绩效管理法治化问题时应充分考虑我国的舆论环境，基于自身的政治制度和行政体制特色进行绩效管理。[③]

对于政府绩效管理立法问题，2016年的研究主要集中在以下两个方面：一、立法框架的构成。盛明科等提出政府绩效管理立法框架应当包括立法宗旨、基本

---

① 参见王学军等：《政府绩效合法性与公共价值创造——第四届政府绩效管理与绩效领导国际学术会议综述》，载《中国行政管理》，2016（4）。

② 参见龙凤钊：《科学性与法治化：政府绩效管理的内在冲突及其解决》，载《理论研究》，2016（5）。

③ 参见冉敏：《国外政府绩效管理法制化研究述评——以美澳日韩四国为例》，载《天津行政学院学报》，2016（1）。

原则、绩效计划、绩效评估、绩效诊断、结果使用等内容。①郑方辉等认为法规体系建设应特别注重制度的设计与创新、公众参与及第三方评价、监督机制、考评结果运用以及建立绩效问责制度。②二、立法路径的研究，焦点为究竟应当中央立法先行还是地方立法先行。美国政府绩效立法在发展历程上有着明显的地方分散先行探索、中央吸收经验跟进的轨迹。对我国而言，尚虎平等也提出要明确法制化、鼓励各地"地方先行"，继而出台全国性的法律法规并对其进行及时修订和升级等。③

2. 法治政府绩效管理

法治政府绩效评价是基于绩效的理念导向与技术方法，以政府（部门）为评价对象，对其在建设法治政府中各项工作的经济性、效率性、效果性、公平性进行综合测量与分析的活动。④法治政府绩效评价强调政府（部门）在其法治职能范围内"可为"的结果，且是特定时期内的"增量"；它关注的是政府"应该干什么"而不是"正在干什么"，协调的是体制内与体制外的矛盾，旨在追求政府法治建设的"公信力"。⑤2016年度该领域的相关研究集中于法治政府绩效评价体系建设方面。

一是对国内外已有指标体系的梳理与评价。其中，认可程度比较高的包括世界正义工程法治指数，其评价指标主要包括限制政府权力、根除腐败等9个方面；香港法治指数，具体包括法律的基本要求、依法的政府等7个方面；台湾公共治理指标体系，具体包括法治化程度、政府效能等7个方面。⑥

二是结合中国政府的实际情况，构建具有中国特色的法治政府绩效评价指标体系。郑方辉等通过理论分析建立了三个维度的分析框架，即法律价值、法治功能和法治实践，并根据这一理论框架建立了法治政府绩效评价的指标体系。⑦陈磊等在这个指标体系的框架之下，将指标分为客观评价指标、专家评议指标和公众满意度测量指标三个大类，并对主客观指标之间的互补、互证关系进行了讨论。⑧在评价指标体系构成中，主观评价指标主要是满意度，可以具体分为专家

---

① 参见盛明科，闫胜跃：《加快推进政府绩效管理法治建设的对策建议》，载《中国行政管理》，2016（9）。
② 参见郑方辉，曹小华：《政府绩效考评的法规体系及其法制化》，载《深圳大学学报（人文社会科学版）》，2016（2）。
③ 参见尚虎平，韩清颖：《政府绩效立法的央地互动模式：美国的经验与启示》，载《甘肃行政学院学报》，2016（5）。
④ 参见郑方辉，冯健鹏：《法治政府绩效评价》，北京：新华出版社，2014年。
⑤ 参见郑方辉，廖鹏洲：《政府绩效管理：目标、定位与顶层设计》，载《中国行政管理》，2013（5）。
⑥ 参见卢扬帆：《法治政府绩效评价内容及指标设计》，载《甘肃政法学院学报》，2016（3）。
⑦ 参见郑方辉，邱佛梅：《法治政府绩效评价：目标定位与指标体系》，载《政治学研究》，2016（2）。
⑧ 参见陈磊，林婧庭：《法治政府绩效评价：主客观指标的互补互证》，载《中国行政管理》，2016（6）。

满意度与公众满意度。①

三是结合指标体系开展实证研究。鉴于公众满意度测量具有重要的价值导向作用,郑方辉等人通过征询专家意见,设计了由政策公平、执法公正、政务公开等10项指标构成的法治政府绩效满意度指标体系,对广东省各市法治政府建设的公众满意度进行了实证研究。②与之类似,陈磊设计了由12项指标构成的对法治政府满意度进行测评的评价指标体系,并于广西壮族自治区开展了实证研究工作。③

(二) 政府绩效管理中的公众参与

公众参与可以提升政府绩效评估的客观性和有效性,这一结论已经得到学术界和实践界的普遍认同,因此,相关研究已经从最初讨论如何将公众参与引入政府绩效管理之中,发展到对具体参与主体、参与方式以及参与效果的研究。

1. 引入和提升第三方评估

从主体的角度分析,可以将政府绩效评估的主体分为6种类型,其差异如表3所示。

表3 政府绩效评估主体的五维分析框架④

评估主体	独立性	信息可及性	专业性	专业水准	问责性
政府	低	高	低	高	内部
公民	高	低	低	中等	外部
媒体	高	中等	中等	高	外部
学术机构	高	中等	高	低	外部
非营利组织	高	中等	中等	低	外部
私营企业	中等	低	中等	低	外部/内部

第三方评估是地方政府以外的主体对政府绩效开展的评估工作。学者们对具体的表述方式进行了细分,认为政府部门委托第三方评估的评估主体为委托方,第三方行使实施权,而独立第三方评估则由第三方拥有完整的评价权、组织权和

---

① 参见杨小军等:《法治政府指标体系建设的理论思考》,载《国家行政学院学报》,2014(1)。
② 参见郑方辉,何志强:《法治政府绩效评价:满意度测量及其实证研究——以2014年度广东省为例》,载《北京行政学院学报》,2016(2)。
③ 参见陈磊:《法治政府绩效满意度实证研究——基于2014年广西的抽样调查》,载《学术论坛》,2016(5)。
④ 参见于文轩等:《政府绩效外部评估:现状评价、问题识别与前景展望》,载《甘肃行政学院学报》,2016(5)。

实施权，为外部性评价主体。[①]虽然目前各级政府的不同部门已经开展了很多第三方评估的实践，但就其效果而言尚存在诸多不足之处，一些政府可能只是选择性地使用政府绩效外部评估项目来彰显其政绩，或者是为了提高其声誉和形象，而不是真正用来改善其管理[②]。并且，我国"第三方评估"政府绩效的运行过程可能面临独立性不足的困境，故这种方式很有可能沦为"数据游戏"。[③]针对实践领域存在的问题，应从明确第三方评估机构的法律地位、完善政府信息公开与配合制度、建立第三方评估机构与行业管理制度、完善第三方评估结果运用制度等方面进行改进。[④]

在实证研究领域，郑方辉等对广东省省级财政专项资金的第三方绩效评价情况进行了研究，提出应当重点关注宏观、中观与微观三个层次的问题。[⑤]马佳铮以上海自贸区开展的第三方评估实践为例，分析了多机构联合开展的第三方评估在全面反映政府整体绩效和推进行政体制改革及服务型政府建设方面所取得的成效。[⑥]尚虎平等从美国、英国、澳大利亚等国家的第三方评估实践出发，提出有效把握公共受托责任是"第三方评估"的"物质性基础"。[⑦]

2. 基于治理理论完善政府绩效管理体系

治理理论强调多元主体参与，治理视角下的地方政府绩效评价模式强调地方政府绩效评价的动力既有赖于中央政府的管理和控制，同时，政府之外的其他社会行动体也应当成为政府绩效评价的主要动力，并成为政府绩效评价的核心主体。[⑧]作为国家治理体系和治理能力的重要组成，新型政府绩效管理应该具备价值引导、战略预测和促进能力建设的复合功能，从而实现政府绩效管理从"工具理性"向

---

① 参见郑方辉，邓霖，林婧庭：《补助性财政政策绩效目标为什么会走样？——基于广东三项省级财政专项资金绩效第三方评价》，载《公共管理学报》，2016（3）。
② 参见于文轩等：《政府绩效外部评估：现状评价、问题识别与前景展望》，载《甘肃行政学院学报》，2016（5）。
③ 参见陈聪，张廷君：《第三方评估政府绩效的困境及对策研究——基于公务员感知视角》，载《福建江夏学院学报》，2016（4）。
④ 参见袁莉：《全面深化改革第三方评估的制度构建研究》，载《江汉论坛》，2016（11）。
⑤ 参见郑方辉，邓霖，林婧庭：《补助性财政政策绩效目标为什么会走样？——基于广东三项省级财政专项资金绩效第三方评价》，载《公共管理学报》，2016（3）。
⑥ 参见马佳铮：《政府绩效第三方评估模式的实践探索与优化路径——以中国（上海）自贸区为例》，载《上海行政学院学报》，2016（4）。
⑦ 参见尚虎平，王春婷：《政府绩效评估中"第三方评估"的适用范围与限度——以先行国家为标杆的探索》，载《理论探讨》，2016（3）。
⑧ 参见曹惠民：《地方政府绩效评价的制度创新研究——基于治理的视角》，载《湖北大学学报（哲学社会科学版）》，2016（1）。

"价值理性"的升华。①应当发展和形成有利于公民参与的实现途径与技术手段，其溢出价值在于可增进公民与政府之间基于影响和行为的信任。②

何文盛等认为国家治理现代化对政府绩效评估提出四个要求，包括政府绩效评估主体多元化、优化评估模式建构过程、重点关注公众对治理效果的满意度评价以及强化绩效评估的导向作用。③曹惠民认为应当通过强化地方政府决策者的绩效治理理念，坚持正确的绩效价值取向；完善地方政府绩效治理的政策和制度环境；进一步明确社会公众参与政府绩效治理的途径、工具和手段；塑造公民参与政府绩效治理的社会文化。④

在具体操作层面，丁建彪认为可以通过公民绩效听证会的方式使公民参与到政府绩效评估过程之中。⑤王浩林等则着重研究了非营利组织发展对政府绩效的影响，认为非营利组织通过市场和社会资本两大机制发挥作用，提升了政府绩效。⑥

3. "满意度"评价的效果提升

这个方面的研究可以分为两个方向，一是如何对满意度进行科学评价，二是如何提升满意度。在满意度评价方面，孙婷婷在美国顾客满意指数（ACSI）模型的基础上，构建了一套政府绩效公众满意度指标体系。⑦陈磊建立了法治政府绩效满意度评价的指标体系，主要包括法律规章建设、法治过程保障、法治目标实现、总体目标实现等具体指标。⑧在如何提升满意度方面，李文彬等通过实证研究，总结出建设透明政府和诚信政府是提高公众满意度的第一要务。⑨王晓莹等选取住房、教育、医疗等方面的生活问题来测量生活境遇，并分析其对政府工作

---

① 参见何文盛，唐辰龙，郭栋林：《国家治理体系与治理能力现代化背景下政府绩效管理的定位重塑与功能解析》，载《兰州大学学报（社会科学版）》，2016（4）。
② 参见丁建彪：《公民参与推动政府绩效评估探析——基于现实依据、现实途径及溢出价值的维度》，载《湖北社会科学》，2016（11）。
③ 参见何文盛，何瑞菊：《国家治理现代化目标导向下地方政府预算支出绩效评估的内在机理探析——以兰州市新型农村合作医疗基金预算支出绩效评估为例》，载《行政论坛》，2016（4）。
④ 参见曹惠民：《地方政府绩效评价的制度创新研究——基于治理的视角》，载《湖北大学学报（哲学社会科学版）》，2016（1）。
⑤ 参见丁建彪：《公民参与推动政府绩效评估探析——基于现实依据、实现途径及溢出价值的维度》，载《湖北社会科学》，2016（11）。
⑥ 参见王浩林，董黎明：《非营利组织发展提升政府绩效吗？》，载《西安电子科技大学学报（社会科学版）》，2016（6）。
⑦ 参见孙婷婷等：《政府绩效公众满意度的测评》，载《统计与决策》，2016（12）。
⑧ 参见陈磊：《法治政府绩效满意度实证研究——基于2014年广西的抽样调查》，载《学术论坛》，2016（5）。
⑨ 参见李文彬，赖琳慧：《公众满意度与政绩有关系吗？》，载《华东经济管理》，2016（5）。

满意度的影响。①胡荣等则从社会资本的视角研究了农村居民对政府的信任问题。②

(三) 对政府绩效管理的反思

在中国政府绩效管理已经取得的研究与实践成果的基础上，2016年，学者们发表了一系列反思与修正性的论文，对经验教训进行总结，在批判的基础上提升了相关理论与实践的水平。

1. 理论层面的反思与修正

理论层面的研究主要是从整体理念和体系构建两个角度展开的，其中不乏借鉴其他学科领域有关政府绩效管理的理论内容。

其一是对政府绩效管理理念层面的思考。彭文龙等提出服务型政府建设要求政府绩效评估应改变以 GDP 为中心的评价体系，体现出"公平正义、以人为本，公民至上、服务为本，精于善治、效率为本"的价值取向。③何文盛等基于混沌理论视角，提出从矫正评估结果初值偏差和防止民众对绩效偏差的群体共鸣入手，可以有效抑制评估悖论的形成。④包国宪等认为应当将公共价值和政府绩效管理结合，使政府绩效管理与国家治理体系及治理能力的结构相匹配。⑤施青军等提出政府绩效评价的主要职责是监控政府战略与规划的实施，以确保政府战略的实现。⑥

其二是从绩效评估体系构建方面开展的相关研究。周仲秋等提出了政府组织"绩效生产函数"评估模型，其优势在于能督促政府关注活动效果及行为效率。⑦丁先存等借鉴卓越绩效评价准则的启示，从组织领导和战略管理、公民顾客导向等方面对政府绩效管理体系进行了重构。⑧尚虎平等基于整体政府绩效的理论，将政府绩效分为"潜绩"与"显绩"，认为应从使命评估、战略评估、逆评估、职

---

① 参见王晓莹，罗教讲：《生活境遇与政府工作满意度——基于对 CSS2013 数据的实证分析》，载《国家行政学院学报》，2016（1）。
② 参见胡荣，池上新：《社会资本、政府绩效与农村居民的政府信任》，载《中共天津市委党校学报》，2016（2）。
③ 参见彭文龙，廖晓明：《重塑我国政府绩效评估价值取向的动力机制研究》，载《江西社会科学》，2016（7）。
④ 参见何文盛，何志才：《地方政府绩效评估悖论形成机理探析——一个基于混沌理论的解释框架》，载《北京行政学院学报》，2016（5）。
⑤ 参见包国宪，向林科：《中国政府绩效管理知识图谱分析》，载《兰州大学学报（社会科学版）》，2016（2）。
⑥ 参见施青军，阿里叶·司康德：《政府绩效评价：一种新的再认识》，载《中国行政管理》，2016（4）。
⑦ 参见周仲秋，谢榭，徐笑笑：《地方政府组织绩效评估问题的思考》，载《求索》，2016（1）。
⑧ 参见丁先存，郑飞鸿：《地方政府绩效评估改进研究——基于卓越绩效评价准则的启示》，载《广西社会科学》，2016（1）。

能优化评估、社会诚信度评估等方面入手，构建整体政府绩效评价体系。①蔡立辉等基于博弈论提出政府绩效评估是一个多面向、多元主体、多个利益相关者互动、由多个行为环节构成的复杂系统，应以大数据为背景开展研究工作，从而减少或尽量消除博弈对绩效评估的消极影响。②赵早早等则从制度理论出发，提出可以通过改变政府制度结构、运作方式、组织文化、技术方法等，实现构建高绩效政府的目标。③

2. 实践层面的反思与修正

学者们通过对中国政府绩效管理实践的研究，充分肯定了当前所取得的成绩。尚虎平等认为目前地方政府已经逐渐实现了从强力控制型治理模式向回应型、服务型治理模式的过渡。④与此同时，也对当前存在的不足进行了分析。

其一是对绩效评估目的的反思与修正。何文盛提出结果导向的政府绩效评估存在指标失灵、目标偏离和基层地方政府间的合谋等异化现象，并会产生政府绩效评估无法持续改进政府绩效的悖论。⑤孙斐等提出宏观政策与地方现状的偏差构成了价值协同形成的宏观环境，多样化的评价对象和有限的地方财力则形成了价值协同发生的微观现实基础，从而导致了价值目标置换和价值冲突。⑥尚虎平等提出在新常态下，地方政府绩效考核制度变革的根本目的是在实质正义基础上追求利益分配的公平、公正，在程序正义基础上追求程序建制的公开透明。⑦蔡立辉等提出应当将绩效管理嵌入政府日常运作体制——科层制中，发挥绩效管理作为一种技术治理工具的作用。⑧

其二是从组织的角度对绩效管理进行研究。周义波认为职能界定不科学、不明确，导致部门管理工作交叉重叠、相互矛盾，从而使现有绩效指标和考核工作杂乱无章，缺乏统一性和系统性。⑨

---

① 参见尚虎平，杨娟：《我国政府绩效中的潜绩：生成、类型与主要评估维度》，载《南京社会科学》，2016（11）。
② 参见蔡立辉，刘晓洋：《政府绩效评估中的博弈及其影响》，载《社会科学战线》，2016（3）。
③ 参见赵早早：《政府绩效管理理论发展新趋势：制度主义与理论创新》，载《国际税收》，2016（12）。
④ 参见尚虎平，忠格草：《我国地方政府绩效观转型研究——一个面向计划生育政策口号的探索》，载《公共管理学报》，2016（2）。
⑤ 参见何文盛，何志才：《地方政府绩效评估悖论形成机理探析——一个基于混沌理论的解释框架》，载《北京行政学院学报》，2016（5）。
⑥ 参见孙斐，赵晓军：《价值协同：一个新的地方政府绩效评价价值冲突成因》，载《公共行政评论》，2016（2）。
⑦ 参见秦晓蕾：《地方政府绩效考核制度正义性反思》，载《江海学刊》，2016（6）。
⑧ 参见蔡立辉，赵永清：《嵌入性控制：政府绩效管理控制取向实现路径的一种解释——基于T局的个案研究》，载《学术研究》，2016（4）。
⑨ 参见周义波：《对当前我国政府绩效评估的几点思考》，载《领导科学》，2016（4）。

其三是对具体方法的改进。周德祥结合服务型政府的建设，提出应对评估主体、评估的价值标准和指标体系以及评估方法进行改革，实现服务型政府建设与绩效评估的良性互动。①侯洪沄等借鉴经济责任审计及自然资源离任审计评价指标体系的相关评价标准，构建了基于环境管理目标的政府绩效审计评价指标体系。②于文轩等则以纳税服务为例，构建了一个以公民主观评价为核心的公共服务质量测评体系。③

三、分析与展望

从 2016 年中国政府绩效管理的理论与实践发展可以看出中国政府绩效评估已经逐步从自发自觉阶段走向理性化、规范化发展阶段。未来在这个方向上可以进一步深化的研究方向主要包括以下三个方面：在操作层面研究政府绩效管理法治化问题、提升绩效评价的横向纵向可比性以及大数据技术在政府绩效管理中的应用。

（一）在操作层面研究政府绩效管理法治化问题

当前，理论研究与实践领域对于政府绩效管理立法的必要性已经达成了一致的认识，认为应当借鉴国际经验，例如美国的《政府绩效与结果法案》，韩国的《政府业务评价基本法》等④，这些法律、法规都使当地政府绩效管理走上了制度化的轨道。我国目前政府绩效管理立法实践尚处于刚刚起步的阶段，未来应当在操作层面上进一步展开相关研究工作，具体包括以下两个方面。

其一是立法的具体内容研究。虽然已有学者就政府绩效管理的立法框架展开了研究工作，并对其他国家的经验进行了分析、阐述，但就具体实践而言仍需继续探讨如下问题，如政府绩效管理的主体构成、政府绩效管理的流程、政府绩效管理中的社会参与、第三方评价等。

其二是对立法过程的研究，即究竟是应先中央后地方，还是应先地方后中央。二者各有利弊：如果采取中央立法先行的方式，则能够通过上位法更好地规范各地方政府绩效管理的实践，但由于当前各级地方政府、各政府部门的绩效评估实践具有较大差异，因此，怎样进行中央立法成为一大难题。地方立法先行则在操

---

① 参见周德祥：《服务型政府绩效评估：问题解析与体系完善》，载《理论导刊》，2016（7）。
② 参见侯洪沄，孟志华，李璇：《基于环境管理目标的政府绩效审计评价指标体系研究》，载《新疆社会科学》，2016（6）。
③ 参见于文轩，许成委，何文俊：《服务型政府建设与公共服务绩效测评体系构建：以 X 市的纳税服务为例》，载《甘肃行政学院学报》，2016（1）。
④ 参见姚望：《我国政府绩效管理现存问题及对策建议》，载《地方财政研究》，2016（10）。

作过程中具有更强的可行性,并且这种方式已经在美国等国家获得成功。但地方立法先行将造成法规之间差异性大的问题,未来如何统合并上升为国家立法会存在较大难度。

(二)提升绩效评价的横向纵向可比性

在目前的理论研究和实践中都提出了中国政府绩效评估结果应用的问题,包括绩效问责等,有学者提出可以通过树立全过程绩效问责理念,以预防式问责代替"追责",推行"责任底线制度"、绩效责任标准化制度等[1],希望通过绩效管理,实现对政府绩效的客观评价,同时,不断提升政府绩效水平、改进政府工作方法。

但实现这一目标的前提是使不同政府部门、不同层级、不同地区的政府绩效管理具有可比性。我国当前的经济结构呈现二元化特征,并且东西南北地域经济发展极不平衡,故各地考评方式多样、标准不一且庞杂。[2]所以解决这一问题时需要着重处理好可比性与差异性之间的矛盾,也就是说既不能单纯为了比较而不考虑不同部门、不同层级以及不同地区之间绩效目标和绩效实现方式等方面的差异性,也不能因为考虑这些差异性而使绩效评价指标体系间的差异过大,从而导致相互之间不可比。因此,如何平衡好二者之间的关系成为亟待研究的重要问题。

此外,还应当就绩效评价结果的应用领域、应用方式等展开进一步的研究,使其真正起到不断提升政府工作绩效的作用。

(三)大数据技术在政府绩效管理中的应用

随着大数据技术的发展,其在政府工作中的应用范围也在不断扩大,由于其具有信息量大、数据处理能力强等特点,因此,在政府绩效管理领域具有较大的应用空间。目前,已经有学者就大数据技术在政府绩效管理中的应用问题展开了初步的研究工作,例如,通过大数据技术消除博弈给绩效评估带来的消极影响和评估过程中的信息不对称性[3]等。

该领域的重点研究内容应当包括如下两个方面:一是大数据技术在绩效评价信息收集中的应用。在以往研究政府绩效管理信息系统构建的基础上,进一步引入大数据技术,拓展信息收集的来源,并增强信息处理能力,从而减少因不同部门、不同层级政府重复收集绩效评价数据给基层带来的重复统计、工作量增加的问题,并且不断提升政府绩效管理的信度与效度。二是大数据技术在绩效评价结果修正方面的应用。由于评价主体存在主观偏差、主体间博弈等原因,政府绩效

---

[1] 参见尚虎平,张怡梦,钱夫中:《我国政府绩效问责的成就、不足与改进之路——面向20个改革案例的矩阵分析》,载《中国行政管理》,2016(2)。

[2] 参见周义波:《对当前我国政府绩效评估的几点思考》,载《领导科学》,2016(4)。

[3] 参见蔡立辉,刘晓洋:《政府绩效评估中的博弈及其影响》,载《社会科学战线》,2016(3)。

评价结果亦往往存在偏差，如何通过大数据技术消除这些偏差，使评估结果更加科学，同时提升评估结果之间的可比性也是有待进一步研究解决的重要问题。

此外，对大数据技术的应用也体现出政府绩效管理研究工作中学科交叉日益显著的特征，除了提升信息技术，其实还可以从经济学、社会学等学科角度出发开展研究工作，从而不断丰富并扩展政府绩效管理的研究领域，提高政府绩效管理实践能力。

四、报告要点

综合本报告的内容，对报告的要点归纳如下：

1. 法治化成为政府绩效管理理论与实践领域共同关注的热点

继 2009 年哈尔滨市出台首个政府绩效管理地方规章，即《哈尔滨市政府绩效管理条例》以来，2016 年杭州市又在该领域取得了新的进展，即正式实施《杭州市绩效管理条例（草案）》。地方立法的出台除了对政府绩效管理工作起规范作用之外，还可以有效治理庸官懒政和防止干部不作为现象。与此同时，理论研究领域也对政府绩效管理法治化问题给予了充分的关注，从政府绩效管理法治化和法治政府绩效评价两个角度开展了相关研究工作。

2. 政府绩效管理逐渐走上系统化道路

从最初个别地方的政府绩效管理实践发展到由点带面，再到如今的系统化，政府绩效管理在中国的影响力和实际效果日益凸显。目前，中国的政府绩效管理系统主要由两个维度构成：一是纵向的层级系统，包括中央、省、市、区县 4 个层级；二是横向的绩效管理构成系统，包括政府部门、党群、下级政府、公务员和财政预算绩效管理 5 个部分。其中，2016 年发展速度较快的是县级政府绩效管理和公务员绩效管理。

3. 日益重视政府绩效管理中的公众参与

相关研究已经从最初讨论如何将公众参与引入政府绩效管理之中，发展到对具体参与主体、参与方式以及参与效果的研究，具体包括如下三个方面：一是在政府绩效管理中引入第三方评价，并对委托第三方和独立第三方评价等的效果进行研究；二是从治理理论的角度完善政府绩效管理体系，建立适于公民参与的实现途径与技术手段，并形成结构化的制度安排；三是具体研究当前政府绩效管理中的"满意度"评价效果提升问题。

4. 从"发展"向"发展与反思"转变

对于政府绩效评估的研究从之前的"向前看"，即探讨如何发展的问题，发展到"向前看"与"向后看"相结合，即探讨发展问题和总结、反思相结合，出现了大量以总结经验教训为主的研究成果。在理论研究层面，学者们从政府绩效管理理念、绩效评估体系构建等方面结合不同的理论展开了研究工作；在实践研究层面，从对政府绩效评估目的、政府绩效管理的组织和绩效管理方法等角度进行反思，并提出了改进的对策、措施。

5. 大数据等先进技术的应用研究初现端倪

目前，已经有学者就大数据技术在政府绩效管理中的应用问题展开了初步的研究，对该领域的研究尚存在较大的空间，如大数据技术在绩效评价信息收集中的应用及在绩效评价结果修正方面的应用等，这需要基于多学科交叉研究的方法开展一系列探索性的研究工作。

作者单位：南开大学周恩来政府管理学院，南开大学中国政府与政策联合研究中心

第五部分

政府治理方式变革与城市治理

政府与社会资本合作（PPP）发展研究报告

郭道久

2016年是政府与社会资本合作（PPP）模式逐步落地的一年，在2014、2015年政策准备和大力推介基础上，PPP项目开始进入实际操作。这一年，在中央政府的推动、地方政府的努力以及各种措施的配合下，PPP项目建设进入实际操作的整体氛围中，PPP模式也逐渐形成中国特色。当然，具体实施过程也让PPP模式潜在的一些问题暴露出来。如何引导PPP模式的发展，并解决现实问题，需要高度重视。

一、2016年政府与社会资本合作（PPP）发展情况

在前两年政府大力推动的背景下，2016年PPP进入快速稳定发展阶段，项目加快落地，法规、政策继续跟进，各项支持措施更加完备，并与"一带一路"国家倡议实现对接。PPP总体上已显示出中国特色。

（一）存量PPP项目加快落地并不断推出新项目

2016年PPP项目主要呈现出加快落地和加速推进两个特点。这主要体现在三个方面：一是前期推出的PPP项目加快落地，二是财政部推出第三批PPP示范项目，三是各地推出新的示范项目或推介项目。

1. 前期推出的PPP示范项目和推介项目大多数进入执行阶段

截至2016年12月底，财政部于2014年推出的30个政府和社会资本合作模式（PPP）示范项目落地（指处于执行或移交阶段）22个，另8个被调出；2015年推出的206个PPP示范项目中，落地的共121个，调出1个。第一批示范项目由于时间较长，能够落地的已经落地；第二批示范项目则处于加速落地过程中，

2016年6月、9月、12月落地项目总数分别为89个、109个和121个。①截至2016年7月底,发改委第一批(1 043个,总投资1.97万亿元)和第二批(1 488个,总投资2.26万亿元)向社会公开推介的PPP项目中,已有619个项目签约,总投资10019.1亿元。②

2. 2016年推出PPP示范项目和推介项目

2016年10月,财政部等部门发布了《关于联合公布第三批政府和社会资本合作示范项目 加快推动示范项目建设的通知》,确定了516个项目作为第三批政府和社会资本合作(PPP)示范项目,总投资金额11 708亿元(参见表1)。第三批示范项目首次实行财政部与相关行业部委联合组织申报、评审和发布,鼓励部委申报和推荐,鼓励地方各级行业部门与财政部门联合申报和初选,调动了各行业部门积极性。第三批示范项目的数量、总投资额,都远远超过第一批(30个,800亿元)和第二批(206个,6 589亿元)。第三批PPP示范项目覆盖29个省(自治区、直辖市)、新疆生产建设兵团和青岛、大连、宁波、厦门4个计划单列市,除港、澳、台外,全国只有上海、西藏两个省(自治区、直辖市)没有项目入选;其中,山东一省就有42个项目入选,超过第一批全国示范项目的总数;河北省31个示范项目总投资达1 704亿元。从项目领域来看,第三批PPP示范项目覆盖了能源、交通运输、水利建设、生态建设和环境保护、市政工程、城镇综合开发、农业、林业、科技、保障性安居工程、旅游、医疗卫生、养老、教育、文化、体育、社会保障及其他18个一级行业;其中,市政工程、交通运输、生态建设和环境保护、城镇综合开发4类行业项目数最多。同时,发改委在2015年推出两批推介项目的基础上,2016年9月又向社会公开推介传统基础设施PPP项目1 233个,总投资约2.14万亿元,涉及能源、交通运输、水利、环境保护、农业、林业和重大市政工程等7个领域(参见表2)。发改委和财政部还以典型案例、项目库、案例集萃等形式,集中向社会展示典型PPP项目的实施情况。财政部政府与社会资本合作中心于2016年集中展示了39个示范项目的情况(参见表3)。

2016年1月,财政部启动全国PPP综合信息平台项目库,收集和发布全国PPP项目信息。截至2017年3月底,全国入库项目共计12 287个,累计投资额达14.6万亿元,覆盖31个省(自治区、直辖市)及新疆生产建设兵团和19个行业领域(见表4)。其中,已签约落地项目1 729个,投资额2.9万亿元,落地率34.5%。③

---

① 参见《全国PPP综合信息平台项目库第五期季报》,见财政部网站,2017-03-27。
② 参见《国家发展改革委推介PPP项目已签约上万亿元》,见发改委网站,2016-08-23。
③ 参见《全国入库PPP项目1.2万个 投资14.6万亿》,见"政府和社会资本合作(PPP)研究中心"网站"行业动态"栏目,2017-04-28。

3. 地方政府不断推介 PPP 项目

地方政府是 PPP 项目的实际操作者，他们除了向中央政府上报项目争取进入示范项目、获得资金支持外，也在不断推出较大量的 PPP 项目，扩大 PPP 的实践规模。2016 年 5 月 10 日，江西省发改委在南昌举行新闻发布会，共向社会推介 52 个 PPP 省级示范项目，总投资 881.3 亿元。这些项目包括基础设施类 33 个，投资 470.6 亿元；公共服务类 16 个，投资 117.6 亿元；生态环保类 3 个，投资 293.1 亿元。① 2016 年 4 月 8 日，河北省政府在北京举行 PPP 项目推介会，共向社会推介 105 个项目，总投资额 2 800 多亿元，涉及交通、环保、教育、医疗等 11 个领域。这些项目中交通运输类 17 个、投资额 1 775 亿元，生态环保类 22 个、投资额 113.9 亿元。至此，河北省市县三级 PPP 项目库入库数量已达 450 个，总投资 8 500 亿元。② 2016 年 8 月，甘肃省向全社会推介了交通、水利、市政、公共服务、资源环境和生态保护等 5 大领域 PPP 项目 413 个，总投资 4 422 亿元。③

表 1　2016 年财政部公布的第三批 PPP 示范项目简况表

地区	项目数	领域	总投资（亿元）
北京	6	交通、水务、市政、生态环保	453
天津	1	科技	20
河北	31	交通、市政、水务、文化、教育、医疗、生态环保	1 704
山西	10	市政、水务、生态环保	70
内蒙古	27	交通、市政、水务、医疗、教育、生态环保	452
辽宁	4	交通、养老	20
吉林	12	交通、市政、水务	405
黑龙江	4	交通、市政、水务	155
江苏	14	交通、市政、生态环保、城镇综合开发	263
浙江	13	交通、教育、水务、市政、生态环保、城镇综合开发	235
安徽	32	交通、市政、水务、生态环保、城镇综合开发	774
福建	24	交通、科技、医疗、市政、生态环保	432
江西	14	市政、文化、社会保障、生态环保、城镇综合开发	128
山东	42	交通、养老、市政、水务、教育、医疗	495
河南	24	交通、市政、水务、生态环保、城镇综合开发	391

---

① 参见《江西省发布 52 个省级 PPP 示范项目》，见发改委网站"PPP 专栏""工作动态"，2016-05-12。
② 参见《我省在京举办政府和社会资本合作论坛暨项目推介会》，见财政部政府和社会资本合作中心"PPP 专栏"，2016-04-19。
③ 参见《甘肃省进一步理顺部门职责加大 PPP 工作推进力度》，见发改委网站"PPP 专栏"，2016-11-18。

续表

地区	项目数	领域	总投资（亿元）
湖北	27	交通、市政、生态环保、医疗、文化、城镇综合开发	422
湖南	27	交通、市政、水务、生态环保、教育、城镇综合开发	482
广东	18	交通、市政、医疗	239
广西	4	交通、城市综合开发	45
海南	13	交通、市政、水务、医疗、城镇综合开发	169
重庆	1	交通	37
四川	25	交通、市政、城镇综合开发	314
贵州	22	交通、市政、水务、科技、教育	529
云南	40	交通、养老、医疗、市政、水务、旅游、城镇综合开发	1 702
陕西	20	交通、市政、养老、教育、城镇综合开发	246
甘肃	14	交通、市政、医疗、城镇综合开发	389
青海	9	市政、医疗、旅游、养老	46
宁夏	7	水务	101
新疆	20	交通、市政、教育、养老、水务	224
兵团	1	城镇综合开发	28
青岛	5	交通、市政、医疗、社会保障	229
大连	2	交通、市政	300
宁波	2	交通	191
厦门	1	城镇综合开发	18

资料来源：《第三批政府和社会资本合作示范项目分析报告》，见财政部网站，2016-10-19。

表2　2016年发改委推介传统基础设施PPP项目简况表

地区	项目数	领域	金额（亿元）
北京	1	交通	122
天津	4	交通、市政	133.83
河北	8	交通、市政、农业	356.43
山西	39	交通、市政、水利、环保	228.02
内蒙古	39	市政、交通、水利、能源	228.15
辽宁	11	交通、市政、环保、能源、农业	106.16
大连	5	市政、交通	474.34
吉林	10	市政、水利	223.18

续表

地区	项目数	领域	金额（亿元）
黑龙江	3	市政、交通	17.26
江苏	18	市政、交通、林业、环保	282.51
浙江	48	市政、交通、水利、林业、能源、环保	1 284.82
宁波	1	交通	34.9
安徽	99	农业、水利、交通、环保、市政、林业	1 324.41
福建	11	市政、水利、交通	200.51
厦门	2	市政、能源	8.96
江西	14	市政、交通、水利	490.29
山东	51	市政、交通、水利、农业、环保、林业	631.26
青岛	3	市政、交通	18.36
河南	34	市政、水利、交通、环保	878.7
湖北	37	市政、能源、交通、林业	816.74
湖南	42	市政、水利、交通、环保、林业	457.44
广东	30	市政、水利、农业、交通、环保	236.16
广西	45	市政、农业、交通、环保	372.95
海南	21	市政、水利、能源、交通、林业	134.65
重庆	11	市政、水利、交通	673
四川	127	市政、水利、能源、农业、交通、环保、林业	2 248.27
贵州	47	市政、水利、交通、环保、林业	595.99
云南	175	市政、水利、农业、能源、林业、交通	5 196.17
西藏	3	市政、能源	40.2
陕西	26	市政、水利、能源、交通	690.28
甘肃	122	市政、水利、农业、能源、林业、交通	1 520.39
青海	11	市政、交通	88.6
宁夏	35	市政、水利、农业、能源、林业、交通	147.69
新疆	30	市政、水利、能源、交通	240.67
兵团	70	市政、水利、农业、能源、交通	300.69

资料来源：根据发改委网站"PPP专栏""项目库"相关资料整理。

表3 2016年财政部发布的典型PPP示范项目简况表

项目名称	地区	时间	运作方式①
河南省荥阳市人民医院整体建设PPP项目	河南	2016	BLOT
河北省大巫岚至冷口（秦唐界）公路工程	河北	2016	BOT
海南省乐东黎族自治县中医院工程建设	海南	2016	BOT
河南省洛阳仁大医院项目	河南	2016	BOO
江西省九江市柘林湖湖泊生态环境保护项目	江西	2015	DBFOT
贵州省六盘水市地下综合管廊试点城市	贵州	2015	BOT
河北省张家口市桥西区集中供热项目	河北	2015	TOT
河南尉氏县生活垃圾焚烧发电PPP项目	河南	2015	BOT
河南省平顶山市区污水处理项目	河南	2015	TOT
贵州省高雁、比例坝生活垃圾填埋场技改升级项目	贵州	2015	ROT
上海市嘉定区南翔污水处理工程	上海	2015	BOT
青海省海东市乐都区污水处理厂PPP项目	青海	2015	BOT
福建省福鼎市前岐镇等9个乡镇及双岳工业园区污水处理项目	福建	2015	BOT
安徽省安庆市污水厂网一体化PPP项目	安徽	2015	ROT+BOT+TOT
黑龙江省哈尔滨市地下综合管廊PPP项目	黑龙江	2015	BOT
安徽省马鞍山市东部污水处理厂项目	安徽	2015	ROT
江苏省南京市城东污水处理厂和仙林污水处理厂项目	江苏	2015	TOT
广东省茂名市水东湾城区引罗供水工程	广东	2015	BOT
浙江省丽水市人口健康信息化PPP项目	浙江	2015	BOT
吉林省松原市城区园林绿化项目	吉林	2015	BOT
河北省2016年唐山世界园艺博览会基础设施及配套项目	河北	2015	BOT
浙江省丽阳溪水系综合整治工程PPP项目	浙江	2015	BOT
云南省红河州蒙开个地区河库连通工程	云南	2015	BOT
山东省淄博市博山姚家峪生态养老中心	山东	2015	BOT

---

① BLOT（Build-Lease-Operate-Transfer），即"建设—租赁—运营—移交"模式。
BOT（Build-Operate-Transfer），即"建设—运营—移交"模式。
BOO（Build-Own-Operate），即"建设—拥有—运营"模式。
TOT（Transfer-Operate-Transfer），即"移交—经营—移交"模式。
ROT（Renovate-Operate-Transfer），即"改建—运营—移交"模式。
BLMT（Build-Lease-Maintenance-Transfer），即"建设—租赁—维护—移交"模式。
DBFOT（Design-Build-Finance-Operate-Transfer），即"设计—建造—融资—运营—转让"模式。
DBFO（Design-Build-Finance-Operate），即"设计—建造—融资—运营"模式。

续表

项目名称	地区	时间	运作方式①
广东省江门市区应急备用水源及供水设施工程	广东	2015	BOT
广西南宁市竹排江上游植物园段（那考河）流域治理	广西	2015	BOT
安徽省池州市主城区污水处理、排水管网建设和维护	安徽	2015	ROT
河南省汝阳县城区集中供热项目	河南	2015	BOT
如皋市同源污水处理厂一、二期提标改造和三期扩建项目	江苏	2015	ROT
山东嘉祥九顶山养老服务和生态综合治理项目	山东	2015	BOT
扬州市611省道邗江段工程项目	江苏	2015	BOT
大理洱海环湖截污PPP项目	云南	2015	BOT+DBFO
云南省红河水乡旅游建设项目（一期）—湿地工程及配套基础设施	云南	2015	BOT
洛阳市市政道桥工程项目	河南	2015	BOT
沂南城区集中供热	山东	2015	BOT
广安市洁净水行动综合治理	四川	2015	BOT
宁阳县引汶工程	山东	2015	BOT
南明河水环境综合整治二期项目	贵州	2014	其他
徐州市城市轨道交通1号线一期工程	江苏	2014	BLMT

资料来源：根据财政部政府与社会资本合作中心网站"PPP示范项目信息库"相关内容整理。

表4 2017年3月全国PPP入库项目行业领域分布简况表

行业领域	数量	行业领域	数量
市政工程	4 335	养老	300
交通运输	1 507	体育	224
旅游	751	能源	210
生态环保	744	政府基础设施	210

① BLOT（Build-Lease-Operate -Transfer），即"建设—租赁—运营—移交"模式。
BOT（Build-Operate-Transfer），即"建设—运营—移交"模式。
BOO（Build-Own-Operate），即"建设—拥有—运营"模式。
TOT（Transfer-Operate-Transfer），即"移交—经营—移交"模式。
ROT（Renovate-Operate-Transfer），即"改建—运营—移交"模式。
BLMT（Build-Lease-Maintenance -Transfer），即"建设—租赁—维护—移交"模式。
DBFOT（Design-Build-Finance- Operate -Transfer），即"设计—建造—融资—运营—转让"模式。
DBFO（Design-Build-Finance- Operate），即"设计—建造—融资—运营"模式。

续表

行业领域	数量	行业领域	数量
城镇综合开发	739	科技	143
教育	592	农业	123
水利建设	579	社会保障	108
保障性安居工程	535	林业	24
医疗卫生	520	其他	300
文化	343		

资料来源：《全国入库PPP项目1.2万个 投资14.6万亿》，见"政府和社会资本合作（PPP）研究中心"网站"行业动态"栏目，2017-04-28。

（二）有关PPP的政策法规不断完善

2016年，中央政府为推动、引导和规范PPP发展，出台了一系列政策法规和文件，其中财政部和发改委最多（见表5）。2016年7月《中共中央 国务院关于深化投融资体制改革的意见》提出，"加快推进铁路、石油、天然气、电力、电信、医疗、教育、城市公用事业等领域改革，规范并完善政府和社会资本合作、特许经营管理，鼓励社会资本参与"。这是国家从投融资的角度，再次给予PPP模式以大力推动。2016年10月，国务院办公厅发布《地方政府性债务风险应急处置预案》，旨在加强规范地方融资行为，避免政府显性或隐性大量举债带来金融风险上升，这为快速发展的PPP模式套上了稳定器，避免其蜕变为化解政府债务的工具。地方政府为配合推进PPP，也出台了一系列相关的政策和文件（见表6）。与2015年相比，2016年地方政府出台有关PPP的法律、法规和政策文件比较分散，项目奖补资金管理办法是相对集中的问题，有3个省份出台法规。总体上，地方政府对推动PPP模式发展仍然有很高的积极性，政策、法规支持成为PPP快速发展的重要保证。

表5 2016年中央政府发布的有关PPP的法律法规和政策文件简况表

名称	发布部门	时间
国务院关于深入推进新型城镇化建设的若干意见	国务院	2016.2
中共中央 国务院关于深化投融资体制改革的意见	中共中央 国务院	2016.7
关于进一步做好民间投资有关工作的通知	国务院办公厅	2016.7
地方政府性债务风险应急处置预案	国务院	2016.10

续表

名称	发布部门	时间
关于对地方政府债务实行限额管理的实施意见	财政部	2016.1
关于规范土地储备和资金管理等相关问题的通知	财政部等	2016.2
关于开展2016年中央财政支持地下综合管廊试点工作的通知	财政部等	2016.2
关于在能源领域积极推广政府和社会资本合作模式的通知	国家能源局	2016.3
关于积极发挥环境保护作用促进供给侧结构性改革的指导意见	环保部	2016.4
关于进一步共同做好政府和社会资本合作（PPP）有关工作的通知	财政部等	2016.5
关于推进水污染防治领域政府和社会资本合作的实施意见	财政部等	2016.6
关于市政公用领域开展政府和社会资本合作项目推介工作的通知	财政部等	2016.6
关于切实做好传统基础设施领域政府和社会资本合作有关工作的通知	发改委	2016.8
关于国家高速公路网新建政府和社会资本合作项目批复方式的通知	发改委	2016.8
政府和社会资本合作项目财政管理暂行办法	财政部	2016.9
普惠金融发展专项资金管理办法	财政部	2016.9
关于开展重大市政工程领域政府和社会资本合作（PPP）创新工作的通知	发改委等	2016.9
关于请报送传统基础设施领域PPP项目典型案例的通知	发改委	2016.9
关于进一步鼓励和引导民间资本进入城市供水、燃气、供热、污水和垃圾处理行业的意见	住建部等	2016.9
关于在公共服务领域深入推进政府和社会资本合作工作的通知	财政部	2016.10
关于联合公布第三批政府和社会资本合作示范项目 加快推动示范项目建设的通知	财政部等	2016.10
传统基础设施领域实施政府和社会资本合作项目工作导则	发改委	2016.10
关于运用政府和社会资本合作模式推进林业建设的指导意见	发改委等	2016.11
关于规范开展增量配电业务改革试点的通知	发改委等	2016.11
传统基础设施领域政府和社会资本合作（PPP）项目库管理办法（试行）	发改委	2016.12
关于推进传统基础设施领域政府和社会资本合作（PPP）项目资产证券化相关工作的通知	发改委等	2016.12
财政部政府和社会资本合作（PPP）专家库管理办法	财政部	2016.12
关于进一步做好收费公路政府和社会资本合作项目前期工作的通知	发改委等	2016.12
关于推进农业领域政府和社会资本合作的指导意见	发改委等	2016.12

资料来源：根据财政部网站"政府与社会资本合作""政策发布"栏目和发改委网站"PPP专栏""政策法规"栏目相关内容整理。

表6　2016年地方政府发布的部分有关PPP的法律法规和政策文件

名称	地区	时间
山东省"政府和社会资本合作"项目奖补资金管理办法	山东	2016.2
关于在公共服务领域推广政府和社会资本合作模式的实施意见	甘肃	2016.2
关于在公共服务领域推广政府和社会资本合作模式的实施意见	浙江	2016.3
北京市推广政府和社会资本合作（PPP）模式奖补资金管理办法	北京	2016.4
关于公开征集政府和社会资本合作（PPP）领域专家的通知	北京	2016.4
关于加快推进政府和社会资本合作的若干政策措施	山西	2016.4
浙江省基础设施投资（含PPP）基金管理办法	浙江	2016.4
关于全省第三批政府和社会资本合作示范项目实施有关事项的通知	湖南	2016.4
关于在公共服务领域推广政府和社会资本合作模式的实施意见	青海	2016.5
关于深化铁路投融资体制改革的指导意见	四川	2016.5
自治区政府和社会资本合作引导基金管理暂行办法	新疆	2016.5
政府与社会资本合作（PPP）京津冀协同发展基金申请指南	河北	2016.6
政府和社会资本合作（PPP）项目奖补资金管理办法（试行）	江苏	2016.6
支持政府和社会资本合作模式发展专项奖励资金管理暂行办法	江西	2016.7
关于做好2016年政府和社会资本合作省级试点项目工作的通知	江苏	2016.7
关于同意部分市县PPP项目退出试点的通知	江苏	2016.8
上海市推广政府和社会资本合作模式的实施意见	上海	2016.8
福州市政府和社会资本合作（PPP）项目管理办法	福州	2016.10
加快省级政府引导基金投资运作若干政策措施	山东	2016.11
关于进一步加快推进政府和社会资本合作（PPP）项目实施的通知	江西	2016.11
关于加大财政扶持力度推动PPP改革的通知	广西	2016.12

资料来源：根据"政府与社会资本合作（PPP）研究中心"网站"政策法规"栏目相关内容整理。

（三）PPP发展的各种支持措施更加丰富

设立"政企合作投资基金"推动PPP发展。2016年3月，财政部与国内10家大型金融机构和投资机构共同发起设立"政企合作投资基金"，其作为社会资本方，重点支持公共服务领域PPP项目发展，基金总规模达1800亿元。该基金的设立，是落实在公共服务领域推广政府和社会资本合作模式的重要举措，也是财政金融深化合作、共同支持PPP项目发展的重要探索。2016年12月，政企合作基金与内蒙古、吉林、江苏、河南、湖南、海南、贵州、陕西、宁夏回族自治区等9省区分别签署合作设立省级PPP基金的协议，基金总规模437亿元，包括164

个具体 PPP 项目，总投资额 5 900 亿元；自正式运营以来，政企合作基金累计签约 517 亿元。①

广泛开展国际国内合作。2016 年 1 月，发改委与联合国欧洲经济委员会正式签署《合作谅解备忘录》，双方将在合力推广 PPP 模式方面加强交流合作，包括支持设立"PPP 中国中心"，每年在青岛共同主办"国际 PPP 论坛"，在深圳实施 PPP 培训计划等。②2016 年 4 月 22 日，由国家发改委、保监会、清华大学共同发起的清华大学政府和社会资本合作（PPP）研究中心正式揭牌成立，将对 PPP 领域的重大理论和实践问题进行研究，目标是逐步建设成为 PPP 领域的国家级专业智库、高端人才培养基地和国际交流中心。

建立 PPP 专家库。为充分发挥专家作用，推动 PPP 事业健康发展，2016 年 8 月 25 日，发改委启动建立 PPP 专家库，11 月专家库正式成立。343 名入库专家，分别来自政府部门、高等院校、金融机构、咨询公司以及社会资本方。专家分为综合、项目管理、工程技术、金融、法律、财务等 6 个组。专家库将对全面推动传统基础设施领域 PPP 工作更好开展发挥重要支撑作用。

PPP 培训工作持续开展。由中国财政学会公私合作研究专业委员会主办的"中国公私合作（PPP）产业大讲堂"，于 2016 年共举办 27 期 PPP 培训。财政部所属的北京国家会计学院 2016 年举办了 9 期"政府和社会资本合作（PPP）模式培训班"，重点解决 PPP 实战操作的规范问题；2016 年 12 月 12 日至 15 日，上海国家会计学院举办了由亚太财经与发展学院与财政部政府和社会资本合作中心（PPP 中心）联合主办的"APEC 政府与社会资本合作模式（PPP）"国际培训班。地方政府也在积极开展 PPP 培训，如 2016 年 10 月 18 日至 20 日，辽宁省发改委和省行政学院联合举办了为期 3 天的政府与社会资本合作（PPP）模式培训班，标志着辽宁省推广 PPP 模式进入新的阶段。

（四）PPP 模式与"一带一路"国家倡议紧密结合

"一带一路"倡议自 2013 年提出以来，进展迅速。在中国政府的大力推进下，沿线国家基础设施等领域的建设出现较大变化，需求旺盛。PPP 模式则是基础设施建设的新型融资模式，为民间和私营资本提供了参与基础设施建设的机会。正是在这种背景下，"一带一路"倡议与 PPP 模式实现了结合。

2016 年 12 月 12 日，发改委投资司与联合国欧洲经济委员会 PPP 中心在北京召开"一带一路"PPP 工作机制洽谈会，共同商议在"一带一路"建设中推进 PPP 模式，助推沿线各国实现公共服务和基础设施的发展目标。随后，发改委同外交

---

① 参见《中国 PPP 基金与 9 省区签署基金投资合作协议 大力推动公共服务领域 PPP 项目落地》，见财政部网站"政府与社会资本合作""工作动态"栏目，2016-12-05。

② 参见《国家发展改革委与联合国欧洲经济委员会签署 PPP 合作谅解备忘录》，见发改委网站，2016-01-20。

部、环境保护部、交通运输部、水利部、农业部、人民银行、国资委、林业局、银监会、能源局、外汇局以及全国工商联、中国铁路总公司等 13 个部门和单位，共同建立"一带一路"PPP 工作机制，与沿线国家在基础设施等领域加强合作，积极推广 PPP 模式。[①]陕西、浙江等地的地方政府也为对接"一带一路"做出工作部署，提出要推动更高水平的"走出去"等。

二、2016 年政府与社会资本合作（PPP）研究现状综述

2016 年，有关政府与社会资本合作（PPP）的研究增长仍然很显著。2015 年，CNKI 数据库收集的以"政府与社会资本合作"或"PPP"为篇名的论文为 1 200 多篇，以其为主题的则为 1 800 多篇；2016 年，这两项分别为 2 200 多篇和 3 200 多篇。从学科上看，相关研究分布于经济（金融、财政）、法学、政治、公共管理、管理工程、系统工程、环境工程等多个学科。综合起来看，这些研究主要集中在 6 个方面，即 PPP 的立法问题、新的应用领域、风险及监管、财政税收问题、经验借鉴、各相关因素及其关系等。

（一）PPP 立法问题

作为新生事物的政府与社会资本合作（PPP）经过几年的发展，不仅让人们认识到其巨大的潜能，也促使人们思考其可能发生的偏离，因此，有关 PPP 立法的探讨逐步增加。李显东等指出当前中国 PPP 制度已经初步形成，但还缺少专门的 PPP 立法，PPP 项目法律规范体系不完善，并从系统性、综合性等角度对 PPP 立法进行了探讨。[②]喻文光认为当前 PPP 规则体系非常庞杂，应当重新厘清法律和政策的互动融合关系，并根据规制目标，综合利用法律、政策、指南和合同等，建构一个立体的、层层递进又相互勾连互补的 PPP 规则体系，进而推进 PPP 统一立法。[③]刘尚希等认为 PPP 是一种新的利益关系，现有《民法》难以全面调整这种利益关系，新的立法势在必行，并认为可先出台《政府与社会资本合作条例》，待条件成熟后再立法是可行的思路。[④]王勇认为我国 PPP 立法存在法律规范位阶较低、缺乏专门法、法律制度体系不完善等问题，应从制定专门法、完善 PPP 法律体系、明确 PPP 基本内容等方面进行完善。[⑤]徐琳则详细介绍了法国 PPP 模式

---

① 参见《国家发展改革委会同 13 个部门和单位建立"一带一路"PPP 工作机制》，见发改委网站"PPP 专栏""工作动态"栏目，2017-01-06。
② 参见李显东、李彬彬：《试论我国 PPP 法律系统规范的构建》，载《财经科学》，2016（1）。
③ 参见喻文光：《PPP 规制中的立法问题研究——基于法政策学的视角》，载《当代法学》，2016（2）。
④ 参见刘尚希等：《〈政府与社会资本合作条例〉立法的基本思路》，载《财政研究》，2016（10）。
⑤ 参见王勇：《我国 PPP 立法存在问题及对策研究》，载《特区实践与理论》，2016（1）。

的法律依据、合同类型、合同终止与解除缘由、合同纠纷解决程序等,并为我国 PPP 模式提供了立法建议。①

(二) PPP 模式的新应用领域

PPP 模式早期主要用于高速公路、城市污水处理、公共交通等领域。随着该模式的不断推广,它的应用领域也在逐步扩大。社会养老、海绵城市、新型城镇化、合作办医等领域的 PPP 模式是 2016 年学术探讨的关注点,甚至专利运营、土地整治中如何应用 PPP 模式也被提出。魏保平等以镇江市为例,探讨了海绵城市建设中 PPP 项目如何运作,并总结了相关经验。②王培培等提出通过 PPP 模式来重构社会养老服务体系,认为社会养老服务可以灵活应用:服务外包、TOT、BOT、特许经营等形式,并根据实际需要采取合作共建、特定项目合作、统一完善合作、服务外包等 4 种模式。③姚宜认为 PPP 模式是新型城镇化建设的创新项目融资模式,能够在一定程度上解决政府财政负担重、资金来源渠道单一等问题,但实践中也要明确其适用范围并建立有效的公私合作制度。④上官健认为 PPP 投融资模式可以用于新农村城镇化建设中,并以海南国际旅游岛新农村城镇化为例具体分析了 PPP 模式的应用思路和具体措施。⑤王巍以上海市为例,分析了政府投资经营的社区居家养老服务存在资金不足、政策导向机制缺失、服务项目与内容单一、专业护理人员匮乏等问题,建议引入 PPP 模式以实现社区居家养老服务的市场化运作。⑥刘莉等探讨了如何通过 PPP 融资模式建设养老基地。⑦杨晨等针对当前专利运营模式存在的问题,从产权契约、SPV 组织架构和治理机制三个维度尝试构建专利运营的 PPP 模式。⑧杨春霞详细介绍了江苏省盐城市中医院分院以 PPP 模式实现医院委托合作经营的具体运作过程,并总结了利弊。⑨杨剑等以山东省章丘市为例,探讨了土地整治中运用 PPP 模式的优势以及具体实践中需要

---

① 参见徐琳:《法国公私合作(PPP 模式)法律问题研究》,载《行政法学研究》,2016(3)。
② 参见魏保平,柏云:《PPP 模式驱动海绵城市建设——以镇江市海绵城市项目为例》,载《中国投资》,2016(6)。
③ 参见王培培,李文:《PPP 模式下社会养老服务体系建设的创新与重构》,载《理论月刊》,2016(8)。
④ 参见姚宜:《PPP 模式应用于新型城镇化建设中的关键问题及建议》,载《理论探讨》,2016(1)。
⑤ 参见上官健:《新农村城镇化建设中 PPP 模式应用略论——以海南国际旅游岛新农村城镇化为例》,载《经济问题》,2016(5)。
⑥ 参见王巍:《PPP 模式在社区居家养老服务中的应用探索——以上海市为例》,载《改革与开放》,2016(1)。
⑦ 参见刘莉,耿军会:《养老基地怎样对接 PPP 模式——以京津冀区域为例》,载《人民论坛》,2016(11 下)。
⑧ 参见杨晨,宋晶晶:《PPP 视角下专利运营模式探析》,载《科技进步与对策》,2016(3)。
⑨ 参见杨春霞:《基于 PPP 视角的医院委托合作经营利弊分析——以江苏盐城市中医院分院为例》,载《财会通讯》,2016(35)。

注意的收益空间、风险控制等问题。①戴婷婷等探讨了政府与社会资本合作办医的机遇、优势以及面临的挑战和现实存在的问题,并从法律法规建设、科学管理和增强社会资本能力等方面提出了对策建议。②刘博等提出跨流域调水工程项目可以通过PPP的方式来实施,认为建立各利益方的协同机制是其关键,包括初始信任建立机制、补偿机制、绩效监控机制三个方面。③

(三)PPP的风险及监管

风险问题仍然是2016年PPP研究的重点。孟春等探讨了PPP风险分配的定义和原则,具体分析了PPP项目中政策风险、偿债能力风险和汇率风险的分配机制,并且提出了相应的政策建议。④周小付等认为共享风险的治理是PPP成败的关键,而治理共享风险要从政府与社会资本关系的本土化出发,逐步扩大共享风险的范围,缓解政府和企业风险治理方式的冲突,建立风险损失的共担机制,并从双方共享风险转向三方共享风险。⑤龚鹏程等从一般性交易结构和不同阶段多主体间法律关系入手,阐释了PPP模式下"特许权协议""行政委外"和"行政优益权"等法律风险,并提出应对措施。⑥王奕乔等采用结构方程模型(SEM)的方法,确定影响PPP项目特许决策的显著风险依次为建设风险、法律风险及运营风险,并提出相应的防范建议。⑦向鹏成等为解决PPP模式下城市基础设施融资风险,具体分析了各风险因素间的相互关系,并构建了融资风险系统动力学的因果关系图和流程图模型,通过仿真分析对融资风险进行评价,以提高融资风险管理水平。⑧李凯风探讨了城镇基础设施建设PPP融资模式在运行中的风险及识别、风险评价、风险分担等。⑨李丽等从全生命周期视角按照决策阶段、融资阶段、建设阶段、运营阶段以及全生命周期重新划分了基础设施领域PPP项目的风险。⑩王树文从国内外案例出发,分析总结出"一带一路"基础建设中PPP模式的风险包括政治风险、低效率风险、违背公益性风险和收益风险,规避风险的路径包括构建协同治理的监督机制、建立立体风险规避体系、科学规范的合同管理

---

① 参见杨剑,曹海欣:《运用PPP模式开展土地整治的实践与思考——以山东省章丘市为例》,载《中国土地》,2016(12)。
② 参见戴婷婷,李军山:《政府与社会资本合作办医的机遇与挑战》,载《企业导报》,2016(1)。
③ 参见刘博,孙付华:《政府与社会资本合作模式下新建跨流域调水工程项目的协同机制》,载《中国科技论坛》,2016(3)。
④ 参见孟春,郭上:《加快完善PPP风险分配机制》,载《发展研究》,2016(2)。
⑤ 参见周小付,萨日娜:《PPP的共享风险逻辑与风险治理》,载《财政研究》,2016(4)。
⑥ 参见龚鹏程,臧公庆:《PPP模式的交易结构、法律风险及其应对》,载《经济体制改革》,2016(3)。
⑦ 参见王奕乔,刘宁等:《基于SEM的PPP项目关键风险实证研究》,载《建筑经济》,2016(1)。
⑧ 参见向鹏成,宋贤萍:《PPP模式下城市基础设施融资风险评价》,载《工程管理学报》,2016(1)。
⑨ 参见李凯风:《城镇基础设施建设PPP融资模式风险管理研究》,载《求索》,2016(1)。
⑩ 参见李丽,丰景春等:《全生命周期视角下的PPP项目风险识别》,载《工程管理学报》,2016(1)。

等。①

关于风险分担的研究也在不断深入。何亚伯等通过建立 PPP 项目风险分担影响因素指标体系,进而构建基于层次分析法和熵值法的 PPP 项目风险分担模型。②蒋涌采用人工神经网络(ANN)方法,把后向传导(BP)算法用于境外基础设施 PPP 项目的风险分担和风险管理,发现该类 PPP 项目风险管理的关键是控制宏观层面的政府相关风险。③向鹏成等构建了城市轨道 PPP 项目补贴调整模型,并证明该模型用于合理分担风险的可行性和有效性。④操双春提出在充分认识和理解 PPP 项目风险分担原则的基础上,构建 PPP 模式融资风险分担框架,并提出可根据各参与方的风险控制能力、风险化解能力和风险偏好来决定 PPP 项目风险的分担。⑤

从保证项目建设和运营、实现利益共享和风险分担等角度出发,PPP 项目的监管仍然受到关注。刘穷志等认为 PPP 项目监管一方面需要政府加强对私人部门在项目识别、准备、采购、执行和移交全生命周期内的监管,另一方面政府也应该加强对自身财政承诺的监管,报告和披露政府财政承诺,为财政承诺安排合理的预算,提升社会资本对政府的信任度,规避政府盲目上马 PPP 项目带来的财政风险。⑥张泽明从 PPP 项目投入数额大、时间跨度长的特点出发,提出应加强其监管顶层设计,并认为监管框架大致有大一统模式、协商议事机构模式、财政监管模式三种。⑦刘佳丽等认为 PPP 模式政府监管体系建设相对滞后,应重新审视 PPP 的内涵、操作方式及为我国城市公用事业改革带来的挑战与契机,破解政府监管机制、体制设计难题并消除制度性壁垒,按照政府监管与市场竞争互补融合的理念,重塑我国城市公用事业政府监管体系。⑧温来成等认为,加强 PPP 项目合同管理、控制财政风险的措施包括 PPP 项目采购环节严格合同审批,有效管控财政风险,有效设置合同调整机制,维护政府财政利益,规范 PPP 项目合同制定和管理,防范财政风险,加强地方政府履约诚信监管,降低财政风险和损失等。⑨

---

① 参见王树文:《"一带一路"PPP 模式中风险分析及风险规避路径选》,载《东岳论丛》,2016(5)。
② 参见何亚伯,孙蕾,秦伟:《基于 AHP 和熵值法的 PPP 项目风险分担研究》,载《项目管理技术》,2016(1)。
③ 参见蒋涌:《基于 ANN 方法的境外基础设施 PPP 项目风险分担研究》,载《国际经贸探索》,2016(12)。
④ 参见向鹏成,蒋飞:《基于风险分担的城市轨道 PPP 项目收益补贴调整模型》,载《建筑经济》,2016(2)。
⑤ 参见操双春:《政府与社会资本合作(PPP)项目风险分担机制研究》,载《安徽建筑》,2016(1)。
⑥ 参见刘穷志,任静:《中国 PPP 模式政府监管制度设计》,载《财政监督》,2016(6)。
⑦ 参见张泽明:《由 PPP 的项目属性与法律属性看监管模式设计》,载《中国政府采购》,2016(1)。
⑧ 参见刘佳丽,谢地:《PPP 背景下我国城市公用事业市场化与政府监管面临的新课题》,载《经济学家》,2016(9)。
⑨ 参见温来成,孟巍:《PPP 项目合同管理及其财政风险监管政策研究》,载《财政监督》,2016(15)。

孙凌志等在案例基础上归纳了 PPP 项目的主要实施方式和合同特点，总结了 PPP 项目区别于传统建设项目的审计重心调整、审计内容深化、审计方式变化等三个方面的监督特点。[1]

（四）PPP 的财政税收问题

财政税收政策对 PPP 模式的发展影响重大，财政支持力度、税收优惠幅度是吸引民间资本参与 PPP 项目的重要措施。2016 年，学者们对这一领域的研究显著增加。

郭建华分析了 PPP 与税收的关联性，介绍了国外有关 PPP 的税收政策，总结了我国 PPP 项目存在的问题，提出支持我国 PPP 发展的过渡性税收政策建议。[2]马蔡琛等总结了 PPP 模式税收优惠政策的国际经验，探讨了我国现行税制如何适应 PPP 事业发展的需要、妥善处理 PPP 项目相关风险分担、解决地方自助税收支持政策与央地税权划分的矛盾等问题。[3]郝震冬通过实证研究，梳理了 PPP 项目财政承受能力论证的工作流程和基本方法，并对其中的主要技术问题进行分析。[4]吴孝灵等基于政府对 PPP 项目补偿决策的困境，引入了一种单期补偿契约，同时，考虑到私人投资者在政府补偿下会存在过度自信倾向，通过"均值——方差"描述引入了私人过度自信系数，建立私人投资的期望效用函数，讨论政府最优补偿契约的设计与选择。[5]王玺等以青岛地铁 X 号线 PPP 项目为例，认为当前 PPP 财政承诺面临的问题包括投资回收期长与预算的相对短期性矛盾、或有负债隐藏成本、缺乏清晰的财政承诺管理机制导致社会资本对政府不信任等，构建管理 PPP 项目财政承诺的基本框架，并提出具体的政策建议。[6]唐曼等在对江苏省调研的基础上，认为当前 PPP 模式的金融体系尚不能形成完善的 PPP 项目的投资支持，满足不了 PPP 项目融资需求，因而需要完善金融支持 PPP 项目配套政策、银行业金融机构要创新 PPP 项目的金融产品、充分利用各类资金市场拓展融资的渠道。[7]温来成等总结了 PPP 项目税收政策的现状和问题，在借鉴典型国家 PPP 项目税收

---

[1] 参见孙凌志，贾宏俊，任一鑫：《PPP 模式建设项目审计监督的特点、机制与路径研究》，载《审计研究》，2016（2）。

[2] 参见郭建华：《我国政府与社会资本合作模式（PPP）有关税收问题研究》，载《财政研究》，2016（3）。

[3] 参见马蔡琛，袁娇：《PPP 模式的税收政策与管理》，载《税务研究》，2016（9）。

[4] 参见郝震冬：《公路 PPP 项目财政承受能力论证实证研究——以山西某一级公路项目为例》，载《经济研究导刊》，2016（4）。

[5] 参见吴孝灵，刘小峰等：《基于私人过度自信的 PPP 项目最优补偿契约设计与选择》，载《中国管理科学》，2016（11）。

[6] 参见王玺，夏强：《政府与社会资本合作（PPP）财政承诺管理研究——以青岛地铁 X 号线 PPP 项目为例》，载《财政研究》，2016（9）。

[7] 参见唐曼，陆粉干：《政府与社会资本合作（PPP）模式中的金融支持问题——基于江苏省调查研究》，载《现代经济信息》，2016（7）。

政策经验的基础上，提出了建立 PPP 项目统一的税收政策体系、适度提高 PPP 项目税收政策优惠力度等建议。①

（五）PPP 的经验借鉴

2016 年有关 PPP 的研究中，如何借鉴国外经验成为一个重要课题。周好甲分析了英国、美国、巴西、印度等国 PPP 模式的特点，据此提出完善法律法规促进 PPP 的发展、设立或统一 PPP 发展的专门机构、建立合理的风险分担机制、创新融资机制等建议。②马秀莲介绍了美国保障房从政府直接提供到 PPP 的历史演变及成功经验，认为 PPP 符合新治理的要求，本质上是一个管理工具，因而需要构建中国的 PPP 模式。③黄景驰等介绍了英国 PPP 政策的决策程序和评估方法，总结了其 PPP 决策体系的实施成效和经验教训。④徐琳介绍了法国 PPP 模式的法律制度规范，并为我国构建 PPP 法律、法规体系提供借鉴。⑤科彭扬等详细介绍了荷兰 PPP 的发展，包括基本内涵、发展的三波浪潮、政策和实践、经验和问题等。⑥汪建强介绍了尼日利亚在实施 PPP 模式解决城市低收入者公共住房问题中的主要政策缺陷和原因，据此认为我国的 PPP 住房模式需要在法制环境、行政治理机制的整合优化、提升公众参与度和政府财力投入的有效性等方面加大举措。⑦杨晓宇则以英、美等发达国家为背景，详细分析了特许经营与 PPP 的关系。⑧

（六）PPP 模式中各因素及其关系

PPP 模式既包括政府和社会资本、民营企业这些核心要素，也涉及公众、社会组织等因素。如何在制度设计中充分考虑各因素的利益、调动他们的积极性，都是值得探讨的问题。李明超认为 PPP 项目中政府的角色包括宏观调控者和规则制定者、中观监管者、微观授权者与合作者以及公共利益代表者，这些角色存在大量冲突，化解冲突需要完善的制度保障、相对独立的政府机构角色定位、有效

---

① 参见温来成，王涛，彭羽：《政府与社会资本合作（PPP）项目税收政策研究》，载《兰州财经大学学报》，2016（3）。

② 参见周好甲：《PPP 发展的国际经验》，载《中国金融》，2016（4）。

③ 参见马秀莲：《从政府直接提供到 PPP：美国保障房的实践及借鉴》，载《中国行政管理》，2016（6）。

④ 参见黄景驰，弗莱德·米尔：《英国政府与社会资本合作（PPP）项目的决策体系研究》，载《公共行政评论》，2016（2）。

⑤ 参见徐琳：《法国公私合作（PPP 模式）法律问题研究》，载《行政法学研究》，2016（3）。

⑥ 参见乔普·科彭扬，马丁·德容：《荷兰公私合作伙伴关系（PPP）的发展》，载《公共行政评论》，2016（2）。

⑦ 参见汪建强：《PPP 模式与城市公共住房供给——尼日利亚的政策失误及启示》，载《当代经济管理》，2016（1）。

⑧ 参见杨晓宇：《特许经营与 PPP 的关系——以发达国家为背景》，载《财政科学》，2016（9）。

的政府机构协调机制和多元的合作治理机制。①卫志民等认为PPP项目风险较高、收益不确定、地方政府观念滞后、法律法规相互冲突、融资困难等因素制约了民营企业参与的积极性；推动民企参与应从加快法律法规建设、推动地方政府观念转变、拓宽融资渠道、规范合同内容、培育专业机构与人才入手。②王俊豪等认为PPP模式中政府和民营企业间的关系是其复杂的契约关系中最为关键的，双方因为目标导向差异和可能采取的机会主义行为而可能导致严重的契约治理问题。③叶晓鲤等从PPP项目全生命周期运行特点出发，以立项决策、竣工验收和运营为重点阶段，探讨公众参与的主体、内容和方式等要素，建立起PPP项目公众参与的框架性机制，并提出保障性建议。④蔡晓琰等探讨了PPP项目中政府和社会资本的投资回报机制，提出在社会资本服务表现偏好能确定或不能确定时，政府和社会资本获得合理投资回报的投资回报分配机制，研究政府和社会资本获得满意投资回报的方法。⑤

2016年，有关PPP的研究还涉及制度优化⑥、激励机制⑦、内部控制体系⑧、补偿机制⑨等方面。总体上，文献反映出以下特点：其一，PPP研究热度持续上升，在2015年有关PPP的研究成果体量已经很大的基础上，2016年仍然有将近1倍的增长；其二，研究内容走向细化和深入，有关PPP的定义等基本问题关注已较少，立法、风险、监管等成为关注的重点；其三，从工程的角度研究PPP仍然比较集中，体现出PPP的"技术性"。

---

① 参见李明超：《PPP中政府多重角色冲突及其化解的法律机制研究——以公用事业特许经营为例》，载《福建行政学院学报》，2016（6）。
② 参见卫志民，孙杨：《民营企业参与"PPP项目"的制约因素分析》，载《江苏行政学院学报》，2016（3）。
③ 参见王俊豪，金暄暄：《PPP模式下政府和民营企业的契约关系及其治理——以中国城市基础设施PPP为例》，载《经济与管理研究》，2016（3）。
④ 参见叶晓鲤，覃丹丹，石世英：《PPP项目公众参与机制研究》，载《建筑经济》，2016（3）。
⑤ 参见蔡晓琰，周国光：《PPP项目政府和社会资本合作的投资回报机制研究》，载《财经科学》，2016（12）。
⑥ 参见盛磊：《交通基础设施建设政府与社会资本合作（PPP）制度优化路径分析》，载《经济研究参考》，2016（18）。
⑦ 参见王颖林，刘继才，赖芨宇：《基于投资方投机行为的PPP项目激励机制博弈研究》，载《管理工程学报》，2016（2）。
⑧ 参见唐大鹏，常语萱，王璐璐：《供给侧改革下政府与社会资本合作（PPP）内部控制制度创新》，载《财政科学》，2016（7）。
⑨ 参见张婷婷，徐丽群：《PPP项目融资的资本机构及补偿模式研究》，载《现代管理科学》，2016（2）。

三、分析与展望

（一）政府与社会资本合作（PPP）发展中的问题

1. 社会资本投资的信心不足，投资有回落现象

2016年，民间固定资产投资365 219亿元，比上年名义上增长3.2%。这相较于2015年10.1%的增速有较显著的下降。社会投资回落是多方面的原因造成的，包括经济周期的影响、国有经济对民营经济的挤出效应等，但社会资本投资的信心不足确是事实。这将直接影响到PPP模式的推进，毕竟，PPP模式在相当程度上是要吸引民间投资的；当社会资本对投资没有信心时，单靠政府的推动难以支撑起PPP大厦，或者会导致PPP的畸形发展。根据2017年3月的统计结果，已经签约的PPP项目社会资本的来源中，国有独资占31%，国有控股占24%，民营企业（含民营独资和民营控股）共占36.6%。①

2. PPP项目签约率仍然偏低，分布不均衡

2016年，中央政府和地方政府都在抓PPP项目的落地，将部分不能落地的项目调出示范项目。这使得PPP项目的签约率有较大的提高，但总体上仍然不高。截至2017年3月底，全国共计12 287个项目进入财政部PPP项目库，已签约落地项目1 729个，落地率为34.5%；库内59.2%的项目仍处于识别阶段，属于PPP备选项目。②从签约项目的情况看，东部地区热而西部地区冷；市政、交通、环保等项目签约率高，公益项目受到冷落。

3. PPP项目操作不规范，变相融资、增加政府债务等问题依然存在

PPP模式本身是降低政府债务的一种形式，但是，由于操作不规范，它依然可能增加地方政府的债务风险。从理论上讲，PPP模式中的社会资本应该是政府之外的私人资本，但在中国的实际运作中，国有企业和地方政府控制的金融公司大量参与PPP项目，一些融资平台公司通过异地中标，或者与中标的社会企业进行下游合作，也参与PPP项目。一些地方通过固定回报承诺、回购安排等拉拢投资方。这些都导致所谓的"假PPP"，一些操作实际是变相融资。这些现象都会增加PPP项目的风险。

4. PPP法律、法规建设和规范管理方面仍存在不足

近几年，中央和地方政府在有关PPP的法律、法规建设方面做了许多努力，

---

① 参见《全国入库PPP项目1.2万个 投资14.6万亿》，见"政府和社会资本合作（PPP）研究中心"网站"行业动态"栏目，2017-04-28。

② 参见《全国入库PPP项目1.2万个 投资14.6万亿》，见"政府和社会资本合作（PPP）研究中心"网站"行业动态"栏目，2017-04-28。

但《政府采购法》和《招标投标法》都不能涵盖所有 PPP 项目,《基础设施和公用事业特许经营管理办法》也不是 PPP 的基本法,政府出台的一系列政策更不能替代法律。这就使得 PPP 模式总体上仍然处于法制不健全的状态中,违约、退出、收益、营收等都存在模糊不清的问题。在项目运作方面,各地都重视推出 PPP 项目,但执行政策和组织实施项目的能力却参差不齐,项目建立后的监管没有引起足够的重视。在 PPP 的管理机构上,目前财政部与发改委仍然是双头运作,难免会出现不一致,甚至可能让地方政府和社会资本无所适从。

5. PPP 人才缺乏

PPP 是一个相对比较专业的事务,需要由专业的人来做专业的事,涉及政府、社会资本方、第三方独立机构等。政府方面,真正熟悉政策和业务的人员并不多,也缺乏 PPP 项目运作经验,到区县一级政府,很可能连专门负责 PPP 事务的人都没有;第三方独立机构方面,除了培训、协调等工作,他们还需要承担最具体的业务工作,比如计算社会资本的回报率等。这需要业务非常精通的人才,而这样的人才是各机构争抢的对象,因为稀缺程度高;社会资本方面,也存在专业人才不足的问题,不管是民营企业还是国有资本,此前基本都没有涉及过 PPP 业务,如何玩转 PPP 从企业管理层到财务人员、业务人员,都需要重新学习。

(二)政府与社会资本合作(PPP)发展建议

1. 吸引民间投资参与 PPP。民间资本投资 PPP 项目肯定要以回报为基本前提,所以,吸引民间投资首先要给民间资本以稳定的投资回报预期,在项目设计时要充分兼顾公共服务需求和投资回报;不管是使用者付费,还是政府付费,或者可行性缺口补助,都需要尊重民间资本的利润回报追求。其次,经济增长稳中回升有助于吸引民间投资参与 PPP 项目。在稳增长、调结构的供给侧改革成效逐步显现的整体背景下,民间投资信心增强,也会增加 PPP 项目投资。最后,吸引民间投资参与 PPP 还要建立在 PPP 模式完善的法律保障体系基础上,只有民间投资看到了完善的制度保障,才可能大胆投资 PPP 项目。

2. 理清政府和市场的职责,规范 PPP 模式。PPP 模式本质上是公共产品和服务供给方式的改革,而不是一种融资方式,这必然涉及政府和市场在公共物品供给上的职能界定。当政府作为公共产品的唯一供给主体时,其承担着全部责任和职能;当公共产品以 PPP 模式供给时,政府的职能就发生变化了,主要承担项目规划、招标、监管等职能,具体的建设、运营等职能则归市场投资主体。只有清楚界定政府和市场的职能,避免越位和缺位,PPP 模式才可能健康运行。

3. 建立健全 PPP 相关法律、法规。首先,要出台位阶高的国家层面的 PPP 法,改变当前以财政部、发改委和地方政府的法规政策推动 PPP 的现象,从而使 PPP 形成系统、规范的制度模式。其次,要处理好特许经营法与 PPP 法的关系。

如是用特许经营法代替 PPP 法，还是将来制定 PPP 法？特许经营法和 PPP 法哪个位阶更高，更有基本法性质？特许经营法和 PPP 法的基本理念是否一致等。再次，要统一 PPP 相关政府部门的规定，避免现有规定的矛盾和冲突。最后，要解决 PPP 法规与预算法、政府采购法、合同法等相关法规之间的衔接。

4. 加强对 PPP 项目监管。PPP 应由专门的机构管理，统一负责政策制定、组织协调、规范指导和信息统计等工作。构建一套完整的 PPP 政策体系，覆盖 PPP 涉及的财政、投资、融资、价格、市场准入、服务质量监管等多个环节。设立具有相当独立性的第三方监管机构，它不能是项目实施的政府自身建立的机构，工作范围涉及项目的甄别、审批、融资、建设、运营、绩效考核、审计等诸多环节的监管。进一步加大督查力度，防止部分地方政府借 PPP 变相融资举债，搞假 PPP。

5. 完善专业人才队伍建设。一是培育 PPP 专业人才队伍，可以采取与国内外高校、专业机构以订单模式进行专门定向培养等形式；二是 PPP 项目管理机构、社会资本方可以社会化招聘等多种方式吸引 PPP 领域专业人才；三是加强培训工作，形成常态化培训机制，为政府部门、第三方机构和社会资本方培训专业人才。

6. 完善和创新金融支持 PPP 的各种措施。一是统筹安排各种公共服务专项资金、PPP 财政补充资金，优先支持条件成熟的 PPP 项目。二是丰富融资渠道。改变单一依靠银行贷款的融资方式，鼓励和引导各类金融机构拓宽 PPP 项目的融资渠道，尝试战略投资者入股、成立私募基金等形式。三是完善 PPP 资产证券化，在解决社会资本退出机制的同时，降低投融资成本，盘活 PPP 项目存量资产，实现 PPP 项目与庞大规模社会资金的对接。

四、报告要点

2016 年是 PPP 走向实际操作、项目逐步落地的一年。本报告对 2016 年政府与社会资本合作的基本情况进行总结，主要涉及 PPP 相关政策和措施、进展情况、学界的研究状况、发展中存在的问题及对策等内容。本报告要点总结如下：

1.PPP 的实践进展情况。2016 年，中国 PPP 的发展主要体现在四个方面：一是存量 PPP 项目加快落地并不断推出新项目。财政部推出第一、二批 PPP 示范项目多数已落地，并推出第三批 516 个示范项目；发改委推介了 1 233 个传统基础设施 PPP 项目；各地方政府也不断推出示范项目或推介项目。二是出台了一系列有关 PPP 的政策法规和政府文件。财政部和发改委出台政策文件最集中，地方政府也出台了一批相关的政策文件。三是 PPP 的各类支持措施更加完善。包括政企合作基金、PPP 专家库建设、国际国内经验借鉴、各种培训工作等。四是 PPP 模式与"一带一路"倡议对接，在拓展 PPP 应用范围的同时，也助推"一带一路"

倡议大发展。

2. PPP 研究综述。2016 年，有关 PPP 的研究主要集中体现为以下六个方面的新进展：一是 PPP 立法问题成为研究者关注的重要议题。二是 PPP 模式的新应用领域，如新型城镇化、土地整治、社会办医等。三是 PPP 的风险及监管方面，风险分担的理论和模型更加丰富，加强监管则是风险管理的重要途径。四是 PPP 的财政税收问题，财政支持力度、税收优惠、融资渠道创新等是研究的重点。五是 PPP 的经验借鉴。英、美、法等发达国家以及巴西、印度、尼日利亚等发展中国家的经验都受到关注。六是 PPP 的各因素及其关系，主要讨论政府、社会资本方、第三方独立机构以及公众等主体的角色和功能。

3. PPP 模式的问题与对策建议。当前 PPP 模式存在的主要问题包括：社会投资信心不足、签约率偏低、操作不规范、法律法规不完善、人才缺失等。有关 PPP 发展的建议主要有：吸引民间投资参与 PPP 项目，厘清政府和市场的职能，建立健全 PPP 相关法律、法规，加强 PPP 项目监管，完善专业人才队伍建设，完善和创新金融支持 PPP 项目的措施等。

作者单位：南开大学周恩来政府管理学院，南开大学中国政府与政策联合研究中心

中国城市商品房社区治理报告

吴晓林

随着商品房社区的迅速扩展和物业管理市场的逐步扩散，城市空间产生了一个数量巨大的"住房阶级"。由"物权"而衍生出来的人权、自治权等既是业主权利扩充的结果，又为社区治理带来了异质性要素。与传统社区不同，商品房社区在传统的"街道办+居委会"治理结构之外，又引入了市场主体（房地产商、物业公司）和社会组织（业委会）等力量，形成了事实上的"三驾马车"并存的现象。在商品房社区领域，业主维权、物业管理纠纷成为商品房社区治理失灵的一些表征，把脉目前中国商品房社区治理现状，寻求治理现代化的路径与方法成为紧要的问题。

一、中国商品房社区发展综述

改革开放以后，我国商品房住宅开发探索起步。随着"单位制"的逐步解体，原有的"工厂住宅混合居住模式"逐渐被"商品房居住模式"取代。1981年，深圳市由港商与深圳经济特区房地产公司合作，建立了中国大陆第一个商品房小区"东湖丽苑"。1988年2月，国务院印发《国务院住房制度改革领导小组关于在全国城镇分期分批推行住房制度改革的实施方案》，提出"开放房地产市场"的改革内容。1991年11月，国务院办公厅颁布《关于全面进行城镇住房制度改革的意见》，再次提出"逐步实现住房商品化"。

1992年11月，《国务院关于发展房地产若干问题的通知》明确指出"房地产行业将成为国民经济发展的支柱之一"，房地产开发在全国全面扩展。1998年，国务院发布《关于进一步深化城镇住房制度改革加快住房建设的通知》，标志着商品房时代的全面到来。此后，中国商品房住宅面积大幅提升，城镇人均住房面积从 1998 年的 18.7 平方米增长到 2016 年的 36.6 平方米。

目前，还未有准确的全国商品房数量统计。一些民间组织估算中国有商品房小区 30 万个[①]。但是，这些数字并不十分准确。例如，全国已经有 10 万个社区居委会，商品房的数量应该远远超过这个数字。2014 年，长沙市一共有 3 000 多个楼盘小区，市内六区常住总人口 375.76 万人，拥有 567 个社区居委会，也即平均每个楼盘小区大约覆盖 1 253 人。根据长沙市的居住比例粗略计算，全国城镇常住人口到 2016 年达到 79 298 万人，也即，全国城镇可能有超过 60 万个楼盘小区。根据每个居委会对应 5.3 个商品房小区，全国城镇应该有 53 万个左右商品房小区。根据一份对全国城镇居民的网络调查，90.61%的居民居住在封闭或半封闭的商品房住宅区，依据这个比例测算，全国商品房小区的数量应该在 50 万左右。综上，以长沙市的居住密度为准，粗略估算，全国城镇商品房小区数量应该在 50 万个左右。

与商品房小区的快速扩张相随，由房产质量和物业纠纷引发的业主维权活动愈演愈烈，逐渐演变为一种席卷全国的抗争运动。无论从规模还是从频率来看，业主维权已成为中国继工人维权、农民维权之后的第三大维权现象。[②]与传统社区不同，商品房社区在传统的"街道办+居委会"治理结构之外，又引入了市场主体（房地产商、物业公司）和社会组织（业委会）等力量，形成了事实上的"三驾马车"并存的现象。

由于中国房地产市场和物业市场的欠规范性，越来越多的中国城市业主维权的社会冲突事件被报道出来。实际上，业主维权起源于业主和市场主体（房地产商、物业公司等）的矛盾，但是因为问题得不到及时解决，这种矛盾极易升级，一些与市场无关的利益主体包括政府也被牵涉了进来。从 2011 年到 2015 年，相似的业主维权冲突升级事件已经被中国媒体公开报道了 32 起，相关业主因小区内维权无望，被迫采取堵路、游行等方式向政府施压。

以"业主维权"为关键词进行媒体指数搜索，平均每周有 114 次的"新闻头条"，峰值达到每周 230 次（见图 1），除了历年春节期间"新闻头条"数量有所下降以外，"业主维权"的指数一直呈现上升态势，这反映了中国城市商品房小区治理水平亟须提升。

[①] 参见杨在锋：《讨论小区事项有去处了 业委会互联网平台正式上线》，载南海网，2015-11-17；《高德地图发布小区数据报告 快看你家小区上榜没有》，载环球网，2016-01-14。

[②] 参见吴晓林：《房权政治：中国城市社区的业主维权》，北京：中央编译出版社，2016 年。

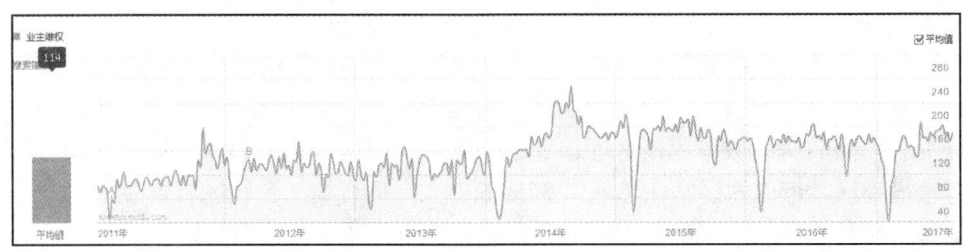

图 1　中国商品房社区治理（业主维权）的研究趋势

二、中国商品房社区治理研究现状综述

中国商品房社区治理的研究大多与"业主维权""业委会"研究联系在一起，这反映了商品房社区治理面临的挑战，也反映了中国商品房社区治理还处于探索之中。

自 1996 年起至 2017 年 7 月底，中国知网收录的以"业主维权""业委会""业主委员会"或"商品房社区治理"为题的论文达到 858 篇（见图 2）。主要的内容涉及业主委员会的运行、商品房社区的物业管理、业主维权、社区自治等（见图3）。

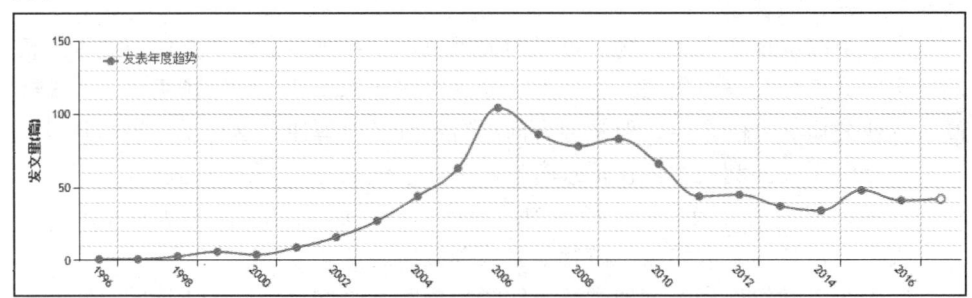

图 2　"业主维权"的百度媒体指数

笔者曾经做过中国业主维权研究的相关综述，在此引用并补充相关研究的现状。大致来看，国内学界对业主维权运动的关注主要集中于以下几方面[①]：

其一，商品房社区业主维权的动机。国内学界对业主维权动机划分为"作为物业产权所有人的业主拥有专有部分的专有所有权、共有部分的持分权以及成员权，也就是建筑物区分所有权（'物'权）；社区自治权（'治'权）[②] 和公民权

---

① 参见吴晓林：《中国城市社区业主维权研究综论》，载《城市问题》，2013（6）。
② 参见陈鑫：《业主自治：以建筑物区分所有权为基础》，北京：北京大学出版社，2007 年。

('人'权),民事权主要包括人身自由、言论、信仰自由、占有财产和缔结契约的权利以及诉诸司法审判的权利等,政治权主要包括选举权和被选举权,社会权主要包括福利权和受教育权等"①等。陈文对业主维权的动机也做了类似的划分,他将其分为"经济权益性维权、自治权利性维权、政治权利性维权"三类②,二者的划分大体重合。

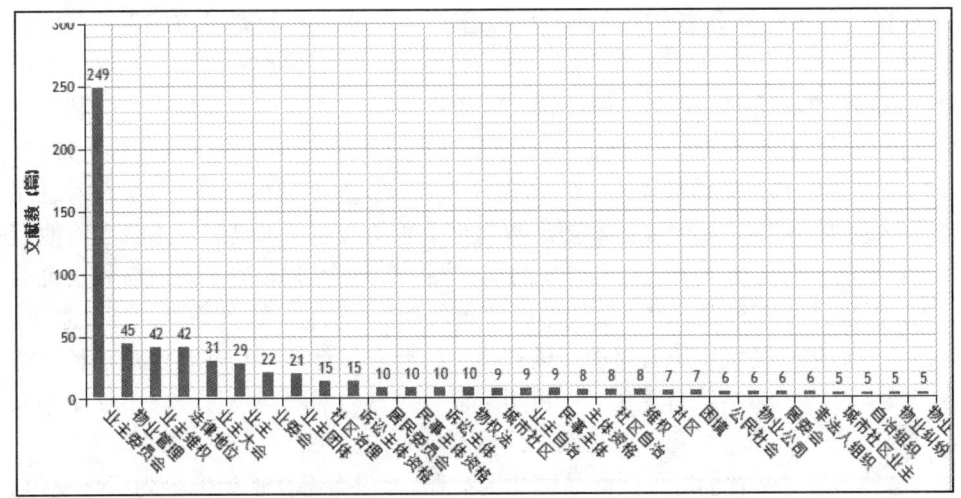

图 3 中国商品房社区治理（业主维权）研究的关键词

其二是业主维权遭遇困境的原因。到目前为止,国内学界对业主维权遭遇困境的原因分析,从社会转型③、法律制度、城市发展模式④等层面给出了不同答案,大体而言集中在"政策滞后"与"结构失衡"两方面。一方面,"政策滞后阻碍业主维权"是学者们特别是法学学者达成的共识。在他们看来,法律制度的滞后和漏洞加剧了业主同资方、政府之间的冲突,"已构成市民组织化表达行动和社会发育的制度瓶颈"⑤。另一方面,结构失衡是业主维权困境的深层次原因,这个原因可以从外部和内部两个角度来解释。从外部来看,业主群体与市场组织力量不均。从业主内部来看,业委会缺乏基本的整合能力①等都影响

---

① 参见陈鹏：《从"产权"走向"公民权"——当前中国城市业主维权研究》,载《开放时代》,2009（4）。
② 参见陈文：《城市社区业主维权：类型与特点探析》,载《贵州社会科学》,2010（4）。
③ 参见曾文慧：《社区自治：冲突与回应——一个业主委员会的成长历程》,载《城市问题》,2002（4）。
④ 参见张磊：《业主维权运动：产生原因及动员机制——对北京市几个小区个案的考查》,载《社会学研究》,2005（6）；朱光喜：《小区业主维权难的多维分析》,载《城市问题》,2010（12）。
⑤ 参见陈映芳：《行动力与制度限制：都市运动中的中产阶层》,载《社会学研究》,2006（4）。
⑥ 参见倪正茂：《小区维权：民主政治的实验场》,载《三联生活周刊》,2003（52）。

了业主群体博弈的能力。归根结底,业主维权之所以兴起,其背后深层次的原因就是"处于中心位置的政府权力、借助于政府权力无限延伸的市场权力,共同压缩着原本就很狭小的社会权力空间(市民权利),实际运作中的失衡远大于制度中的失衡"[②]。

其三是业主维权的性质与过程。在学者们看来,城市业主维权其实就是一场"代表了中国市民社会的中间阶层的社会运动"[③]。业主维权是以市场主体侵权为前提的,因而,这种运动本身就是一种社会举证、争取权利的过程。在这个过程中核心的博弈关系是"业主与房产商或物业公司",业主在博弈过程中的权利如果不能得到保障,就会动员各种资源,"寻求和挖掘体制内的活动空间进行权利维护,其利益博弈能力与集体行动水平日渐提升"[④]。在寻求社区、政府力量介入进而调节失衡的权利时,如果社区和基层政府单位也消极怠工,这时业主就会将他们作为"新的维权对象"一同拉入维权的博弈圈中。这个过程,"不是对自利动机的修正,恰恰是使自利诉求得以实现的有效策,实际是私有产权人在新制度背景下,对日常真实生活处境中所遭遇的问题和产生的要求进行的行动性表达,是私有物业产权人在城市公共政治舞台上'粗陋'但有生命力的'登场'"[⑤]。不管能否成功,都伴随了一种权利意识增长或更改权利规则的结果。

总体来看,学者们对中国商品房社区治理(业主维权)的研究分为三种视角,一是公民社会的视角,主要是观察业主委员会组织和社会运动本身的"自组织性质与意义";二是国家与社会关系的视角,主要是研究业主组织及其维权运动对国家和社会关系的影响;三是社会运动的视角,主要是将业主维权视为一种社会运动,观察其问题产生、社会动员、目标实现等一系列过程。从掌握的文献来看,国内对业主维权的研究几乎全部是定性分析,以个案研究为主。

综上所述,学界对商品房社区业主维权的研究突破了原有的社区治理框架,显示出由民生向民主、由房权向自治权和治理权伸张的图景。但是,现有研究以公民权利、社会运动为主轴,存在"单一环节"的研究局限,对业主维权冲突的发生、演变机制多有忽略。因而,应当引入相应的定量分析,在一定量样本的基础上,进行社会统计进而推广到所研究的总体,从总体上理解全国商品房社区治

[①] 参见白杨:《选举的仪式化功能——从业委会选举来看城市基层民主实践中的博弈》,载《社会科学》,2003(5)。

[②] 参见徐琴:《转型社会的权力再分配——对城市业主维权困境的解读》,载《学海》,2007(2);杨爱兵:《业委会生存处境的法社会学分析——从一则案例说起》,载《郑州大学学报》,2008(2)。

[③] 参见张磊:《业主维权运动:产生原因及动员机制——对北京市几个小区个案的考查》,载《社会学研究》,2005(6)。

[④] 参见陈文,黄卫平:《城市社区业主维权:现状、成因与对策》,载《中州学刊》,2009(3)。

[⑤] 参见孟伟:《日常生活视野下的业主维权与城市政治》,载《理论探讨》,2007(4)。

理的基本形态,应有必要。①

三、中国城市商品房社区治理面临的十大问题

本研究为保证信度与效度,十分注重样本的多样性、代表性和真实性。根据社会经济水平,对城市人口超百万的省会和沿海城市进行编码,按东、中、西部各随机抽取 3 个城市的方法,随机抽取东部的上海、厦门、深圳三市,中部的长沙、武汉、太原三市,西部的成都、重庆、昆明三市作为调研城市。根据对全国 9 大城市的抽样调查,可以发现中国城市商品房小区的治理问题。②

1. 商品房小区的纠纷具有普遍性

城市社区物业纠纷往往是社区业主维权冲突的起因。调查发现,有 85.4%的业主遭遇过各种物业纠纷。就全国 9 大城市的调研来看,业主群体遭遇的物业纠纷问题前 3 位分别为:物业费高、物业服务质量差(占总样本的 38.7%),公用场所缺乏或者被侵占(占总样本的 36.3%),水电、网络、电梯问题(占总样本的 31.8%)(见表 1)。其中,受到过物业或房产商报复、威胁的比例最低,为 6.1%。在业委会成员或者业主积极活动分子看来,成立业委会受阻的比例达到 18.4%。

表 1 城市社区业主遭遇的物业纠纷问题类型

业主群体遭遇的物业纠纷问题	频数(次)	有效百分比(%)
物业费高、服务质量差	794	38.7
公共场所缺乏或被私用、商用	745	36.3
水电、网络、电梯价格、质量、维修问题	651	31.8
房子质量、价格、大小、虚假广告、延期交房等	589	28.7
公益金、维修基金不透明、难申请	529	25.8
周边环境被破坏或被威胁	516	25.2
没有遭遇任何纠纷	300	14.6
选聘物业	206	10
受到过物业或房产商报复、威胁	126	6.1

2. 业主同市场组织的冲突最严重且易激化

通过测量业主同其他主体之间的冲突程度发现,业主同市场组织的冲突最严重并且最容易激化。

---

① 参见吴晓林:《中国城市社区的业主维权冲突及其治理:基于全国 9 大城市的调查研究》,载《中国行政管理》,2016(10)。
② 参见吴晓林:《房权政治:中国城市社区的业主维权》,北京:中央编译出版社,2016 年。

认为业主同物业公司"冲突较大"或者"冲突很大"的业主人数占总样本的21.5%；其次为业主同开发商之间的冲突，认为二者"冲突较大"或者"很大"的比例占到总样本的16.0%（见表2）。业主同业委会、居委会之间的冲突程度仅次于其同市场组织的冲突程度，4.1%的受访者认为业主同街道办和政府部门的"冲突较大"或"很大"，尽管这个比例较小，但是仍需得到充分的重视。

表2 业主同各主体之间的冲突程度　　　　　　　　单位：%

项目	无冲突	冲突不大	一般	冲突较大	冲突很大
1.业主同街道办及上级政府部门	35.1	35.2	25.6	3.0	1.1
2.业主同开发商	26.2	25.9	32.0	12.8	3.2
3.业主同物业公司	17.7	25.7	35.0	17.4	4.1
4.业主同居委会	35.4	32.7	26.5	4.9	0.5
5.业主同业委会或业主之间	31.7	34.7	26.8	5.8	1.0

59.0%的业主认为该小区业主同物业公司之间的冲突有激化的可能（包括"有些可能""可能比较大"和"可能很大"）；47.0%的业主认为小区业主同开发商之间的冲突有激化的可能；37.2%的业主认为小区业主同业委会或业主之间的冲突有激化的可能；31.1%的业主认为其所属小区业主居委会之间的冲突有激化的可能；28.2%的业主认为业主同街道及上级部门的冲突有激化的可能。由此可见，"业主同物业公司之间的冲突"被认为最容易激化，其次为业主同开发商之间的冲突激化。

表3 业主维权冲突激化的可能　　　　　　　　单位：%

项目	绝对不可能	不大可能	有些可能	可能比较大	可能很大
1.业主同街道办及上级政府部门	16.2	55.7	23.3	2.9	2.0
2.业主同开发商	10.4	42.5	33.5	9.7	3.8
3.业主同物业公司	8.7	32.4	40.1	14.1	4.8
4.业主同居委会	14.9	54.2	24.3	5.6	1.2
5.业主同业委会或业主之间	14.3	48.6	28.6	7.4	1.2

统计表明，遭遇过冲突的业主更认同社区冲突会激化。遭遇过冲突与否对业主的社区冲突激化认知有显著影响（P=0.001，曾经遭遇过社区冲突的业主所认为的社区冲突激化的可能性（M=10.36）高于未曾遭遇过社区冲突的业主（M=12.36）。

3. "社区冲突"有可能升级为"街头冲突"

上访和游行可以被视为维权冲突激化行动的方式。因为,走出社区维权,本身意味着对原有维权方式的否定,社区内业主同市场主体的冲突,升级为业主同政府部门的冲突。业主通过这种方式,迫使政府对社区内冲突进行干预。

就全国而言,对于上访或游行的态度选择劝阻的占了样本的10.5%,表示旁观的占了19.6%,只表示同情而不参加的占了样本的44.6%,表示参加的占了25.3%(见表4)。分区域来看,中部地区愿意参加上访或游行的业主比例达到30.6%,是为最高;东部次之,达到23.4%;西部地区达到22.0%。总体来看,中国城市社区业主维权虽然基本上温和可控,但是却有从社区内冲突转向街头冲突的可能。

表4 上访或游行的态度的区域比较【频数(百分比)】

	东部	中部	西部	全国
劝阻	86(12.1%)	66(9.4%)	75(10.2%)	227(10.5%)
旁观	133(18.7%)	135(19.2%)	153(20.8%)	421(19.6%)
只表示同情但不参加	327(45.9%)	287(40.8%)	346(47%)	960(44.6%)
参加	167(23.4%)	215(30.6%)	162(22%)	544(25.3%)
合计	713(100%)	703(100%)	736(100%)	2152(100%)

如果维权时间过长或者政府干预失当,则会增强业主"权利救济"的难度。调查显示,权利救济"问题久拖不决"成为最主要的冲突激发点,38.3%的业主认为一旦发生物业纠纷、与房产商等的冲突长时间得不到解决,就可能采取上访或游行等维权行动;其次,在损失很大的情况下,34.5%的城市业主选择了这个选项;再次,是被打或被报复、政府不管或与物业、房产商勾连的情况,也容易造成冲突的升级。在维权过程中,业主权利意识也不断增强,进而扩大冲突升级的可能。对全国9大城市485名业委会成员或维权积极分子的调研表明,61.4%的人认为"我们有权成立业委会",这反映出,公民权利已经成为组建业委会的主要诉求。

4. 业主自治组织的成立比例低

大多数城市业委会成立的比例低于20%(见表6),而且,大多数业主委员会是基于小区共同权益受损而成立的,他们的诉求一旦得到满足或者长期得不到满足,业委会的集体行动就会"遇冷"走向低潮。本研究同时测量了团结、适应、忠诚、认同[①]等社会整合度的 4 个指标，其认同率分别达到 39.6%、40.2%、42.4% 和 34.9%。通过加总各分项发现，业委会的社会整合认同指数仅有 8.14（见表 5），由此可见，业委会对小区内业主的整合程度不是太高。

表 5　业委会社会整合认同指数

变量	值	均值	数量	标准差	
性别	男	7.70	1 114	6.934	F=9.228
	女	8.61	1 038	6.832	Sig=0.002
	总计	8.14	2 152	6.898	

少数地区成立了业主委员会协会或者筹委会，但是数量少、覆盖面小，目前，全国城市级业主协会成立不超过 10 家，多数城市业委会组织的联合组织以"业主委员会联谊会""业主委员会协会申办委员会（小组）"或者"和谐社区论坛"等形式存在。总体来看，业主组织的联合性组织并非反体制的产物，更多显示出松散联合的特性。

表 6　全国部分城市业委会成立的情况

城市	截止时间	业委会成立比例
上海	2014 年	85%左右
北京	2013 年	26%
杭州	2014 年	20%左右
深圳	2014 年	20%左右
广州	2013 年	24.9%
长沙	2013 年	19.5%
惠州	2014 年	14.7%
西安	2014 年	10%

在组织成立方面，按照《物业管理条例》，小区的入住率和入住面积要达到 50%，才能成立业委会，但是很多小区入住率不高、楼盘规模过大（动辄上万户、上 10 万户），给业委会的成立带来了先天的"阻碍"。此外，房产商和物业公司处于利益考虑还存在不少"阻挠"的动作；一些基层政府出于"维稳"的考虑，宁愿将业主群体视为"乱源"，对于业主群体态度冷漠；甚至直接干预业主维权，将

[①] 参见吴晓林：《社会整合理论的起源与发展：国外研究的考察》，载《国外理论动态》，2013（2）。

法律规定的"业委会成立备案权"转化为事实上的"审批制",对业委会的成立处处设限。

业主与业主组织往往又承担举证责任,这种举证更难获得房产商、物业公司的配合,因而,时间成本和资金成本更大。在这种情况下,多数业主维权基于小区内共同的利益基础进行,并且参与率低,难以形成组织化的区域性集体行动。

5. 市场组织强势影响小区治理

业主群体与市场主体相比处于"弱势权利"地位,业主在"前期物业制度"中处于弱势地位。业主与房产商签订的《前期物业管理合同》不是业主与物业公司谈判的结果,合同的条款往往规定了业主的义务,却规避提及业主的权利和对物业公司责任的限定,造成事实上的"霸王条款";"包干制"模式限制了业主权利,业主直接向物业公司缴纳费用,所有费用有物业公司来支配,业主很难有效约束物业公司。

谢遐龄甚至警告"政府的影响在减退,党组织在社区的影响未见增强,商人(物业公司)大踏步进入社区"①,商业组织在社区建设和治理中的影响也不可忽视。一般而言,越是在新兴城镇,越是在城镇周边,越是在新建楼盘小区,越容易发生市场组织侵权的现象;特别是处于城乡接合地带的县域小城镇或重点小城镇,承担开发建设任务的房地产商、建筑单位参差不齐,政府部门监管职责缺失,房屋质量很难得到保证,往往会出现"建筑成本降低了,矛盾积累了"的大问题。市场组织是逐利性组织,在缺乏规制的情况下很容易发生侵犯业主权益的情况。在商品房小区普遍存在以下现象:部分物管企业服务意识不强,在长沙市一个区50家物管企业中,有33家为三级资质,低资质企业比例偏高,除去310位管理人员,剩余2 000多名从业人员只有45%持有岗位资格证书;企业容易倒置"服务与被服务"关系,制定霸王条款,侵犯业主合法权益;违法、违规收费,侵占业主公共收益;部分物管企业独立于社会管理,不积极配合街道、社区的楼盘管理工作;部分房产开发商重利轻责,偷工减料,房屋质量问题严重影响到楼盘交付使用后的物业管理工作,成为业主与物业公司之间矛盾纠纷的根源。

由于缺乏规划、建设、房管、民政的监管,房产商甚至逃避社区办公用房、物业管理用房等相关公共配套设施的建设与社会管理配套资金的缴纳,缺少与政府相关职能部门、街道社区的沟通协商、主动对接。

6. 政府在商品房小区的治理责任脱嵌

市场主体尽管有趋利的本性,但是,政府监管方面的漏洞,以及在业主维权过程中的不当行为,事实上形成了对业主群体的"二次伤害",容易引发维权冲突

---

① 参见谢遐龄:《社会体制视野下的中国社区建设》,载《探索与争鸣》,2009(3)。

升级。不少房地项目在开发建设环节中就存在质量问题,一些房产项目存在"背后交易"现象,一些房产商在房产保质期还未过,就注销公司,将纠纷问题挤压到物业管理阶段。一些街道办、居委会干部在购房时或者享受购房优惠,或者曾经得到优先选房的优惠,或者受到物业公司减免物业费等私下的好处,"享受着各种明的、暗的开发利益,作为开发利益的分润者"[①]。加上对维护社会稳定的考虑,部分政府工作人员非但不支持业主合法维权,还将业主组织视为"社会稳定的威胁",因此,他们往往遵循一种"不出事"逻辑[②],"极力掩盖辖区中各种矛盾和冲突,尤其是集体上访和其他群体性事件"[③],要么从负面看待业委会或业主维权,对其进行阻挠,要么在业主维权过程中推诿扯皮、不作为。此外,现行物业管理市场的大多企业"资质不高",业主对其服务不满意,就容易产生物业纠纷和冲突。

商品房小区治理涉及多个方面,从"规划—国土—住建—房管—街道办"各个层面都负有前后衔接的不同责任,一旦监管不严,就会留下业主维权冲突的"隐患";同时,住房市场的结构失衡,住房建设企业、物业服务企业的资质问题,也容易造成对业主权利的损害。社区管理是一个综合性的全局工作,涉及政府内部各个部门职责(见图4)。[④]

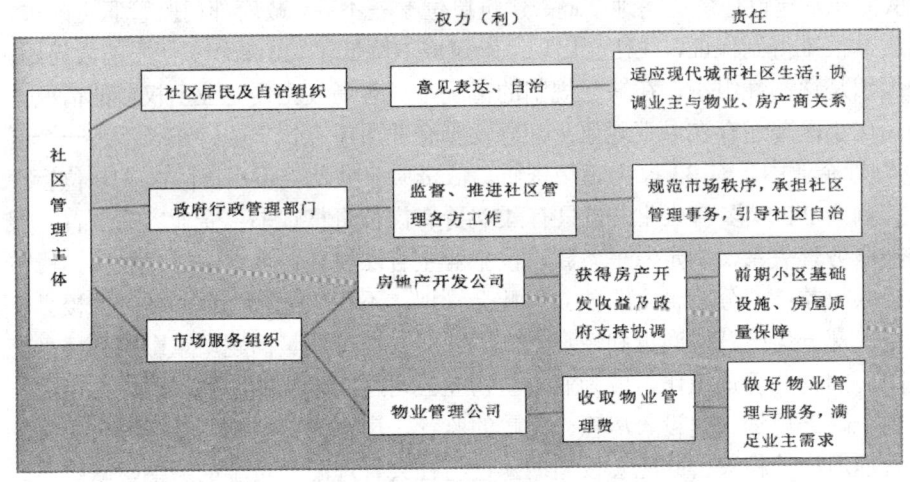

图 4 社区治理上下游的权责分布

---

① 参见陈映芳:《行动力与制度限制:都市运动中的中产阶层》,载《社会学研究》,2006(4)。
② 参见钟伟军:《地方政府在社会管理中的"不出事"逻辑:一个分析框架》,载《浙江社会科学》,2011(9)。
③ 参见石发勇:《业主委员会、准派系政治与基层治理:以一个上海街区为例》,载《社会学研究》,2010(3)。
④ 参见吴晓林,李咏梅:《旧乡村里的新城区:城市"新增空间"的社区风险治理》,载《北京行政学院学报》,2016(4)。

规划部门具有审查社区公用房和共有面积，审批前进行工程许可、审批后进行严格管理之责；建设部门一般负责房产项目质量验收；国土部门负责质量监管；房产部门负责验收、发证；房屋交付使用之后，房管局负责监管物业企业市场行为；民政等职能部门主要负责小区命名和指导社区建设（见表7）。

表7 社区治理各部门职责相关法规及职责内容

部门	法律、法规	职责内容
国土	《中华人民共和国土地管理法实施条例》	负责预审建设项目用地；在社区领域，保证社区办公用房、物业管理用房和共有区域的土地。
规划	《中华人民共和国城乡规划法》	对建设工程是否符合规划许可要求和规划条件予以核实。
建设	《中华人民共和国城乡规划法》	组织竣工验收。
房管	《中华人民共和国城乡规划法》	核实规划许可内容，办理产权登记手续。
	《中华人民共和国城市房地产管理法》	负责监管物业企业市场行为。
	《城市房地产开发经营管理条例》	
民政	《中华人民共和国城市房地产管理法》《城市房地产开发经营管理条例》	负责小区命名和指导社区建设。

但在实际工作中，楼盘住宅小区常出现"难管理、无人管"情况，行政管理严重缺位。规划局、国土局和民政局在社区用房监督方面的责任缺失比较明显，国土局、建设局对房屋质量验收和后期监管的把关也不到位，常常出现因房屋质量、公房被占用、共有面积被侵占等影响居民利益的情况，形成社区冲突隐患。

例如，有的地方规划局反映，前期的规划审查没有问题，但项目竣工验收时，建设局却没有通知规划局工作人员到现场勘察，房管局和建设局都忽略了社区用房，房产证基本是房管局一个部门说了算，很多新建楼盘小区没有验收就拿到了房产证，开始预售；建设局则认为，新建工程多、进度不一样，不可能随时与各局联动，而且，产权握在房管部门手里，建设局没有话语权，很多情况下，竣工验收都是施工方和监理方自己交材料，只要材料里反映的跟原先的审批材料基本一致，建设局就给通过；房管局在工作过程中虽然通知了其他有关部门，但是每个局都有拖延或者不予答复的情况，房管局负责人认为这样做"不好跟开发商交代"。

7. 社会管理与服务未延伸到全部楼盘

依据《中华人民共和国地方各级人民代表大会和地方各级人民政府组织法》

以及《中华人民共和国城市居民委员会组织法》，街道办与社区的职能主要包括：积极开展便民、利民的社区服务和社区教育工作；支持、帮助居民委员会加强思想、组织、制度建设，向上级人民政府和有关部门及时反映居民的意见、建议和要求；开展法律咨询、服务等工作，维护居民的合法权益。社区居委会和其他社区组织要形成成熟的自治意识和制度体系，推动现代城市居民意识的养成。

但是，一些区域的新建楼盘小区没有提前在既有社区居委会备案，也并不属于现有社区组织管理和服务的范畴，政府对于原有社区的管理范围模棱两可，造成了街道办和社区的管理困境。在未经备案的无社区管理小区内，与居民利益相关的公共卫生、计生、办理公共事务等公共服务都是缺失的。同时，由于地处新增空间，社区干部承担着大量的房屋征收、拆迁任务，大大挤压了对社区管理工作的投入。

与此同时，城市基层管理范围日益扩大，部分领域成为基层管理的"盲区"。例如，从2000年到2015年间，中国大陆居委会数量不增反降，下降了11 424个，从1985年到2015年，居委会平均覆盖人口从3 110人增加到7 950人（见图4），这意味着城市基层管理还存在诸多薄弱环节。

表8　2000年以来城镇区划变化情况

年份	2000年	2014年	增长/减少率	增减量
乡（个）	23 199	12 282	-47.06%	-10917
镇（个）	20 312	20 401	0.44%	+89
县（个）	1 674	1 594	-4.78%	+80
县级市（个）	400	361	-9.75%	+39
市辖区（个）	787	897	13.98%	+110
街道办（个）	5 902	7 696	30.40%	+1794
居委会（个）	108 000	96 693	-10.47%	-11307
居民小组（万）	127.2万	135.8万	6.76%	+8.6万
城镇人口（亿）	4.6亿	7.49亿	62.83%	+2.89亿

8. 房产结构为小区治理埋下不稳定隐患

房地产市场扩张速度大于城市居民的消化速度，容易因住房率不高而引发物业成本高、物业服务差、业委会难以成立、维修基金难动用等下游问题，为业主维权冲突埋下诸多隐患。目前，重庆、上海、成都、武汉、天津、北京等城市的空置率均在20%上下。①三线城市住房空置率情况最严重，为23.2%②，一些三四线城市需要10年以上才能消化目前的房产库存③。高空置率带来的一个重大影响就是：法律上成立业委会需要"双过半"的条件，这等于为业主委员会的成立设置了天然的门槛。此外，房子跟人一样，也会面临老化的问题，一定会面临房屋维修等难题，由于居民意识淡薄，相关法律、法规并不完善，使用维修资金时，还有两个"2/3"的门槛，客观上也会引发小区内的矛盾冲突。

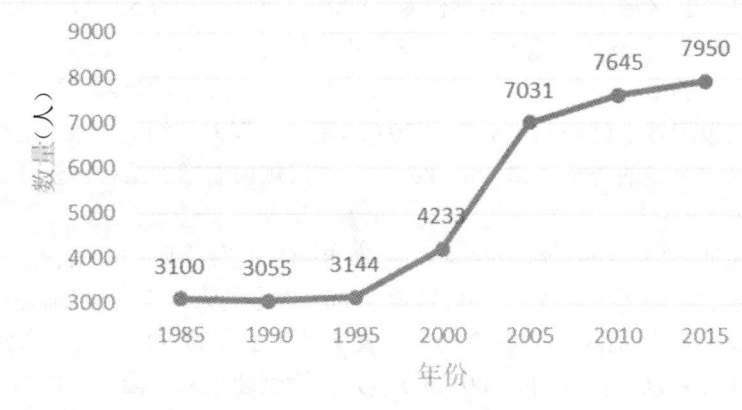

图4　我国居委会平均覆盖人口数

"少子化"与"老龄化"叠加，加剧了住房空置率和物管困境。根据国外经验，人口抚养比的这种长期上升趋势将会在一定程度上导致住房刚性需求的下降。未来20年，中国城市住房需求的总体走势将会呈现出"上升—平稳—下降"的"倒U型"特征，拐点大致出现在2020—2025年间，届时，中国城市的住房需求将不再具备快速增长的条件。④人口老龄化对住房需求有显著影响⑤，我国65岁以上老年人口占全国人口的比重不断上升，少儿抚养比不断下降，而老年抚养比则稳步提升，也就是说，未来中国家庭结构将伴随"老龄化"与"少子化"的趋势，更多地呈现出"4-2-1"结构。这种结构维持一段时间之后，人均占有住房会增多，

---

① 参见高晨：《2014年全国城镇住房空置率高达22.4%》，载《京华时报》，2014-06-11。
② 参见叶锋：《报告称中国城镇住房空置率超20%　官方统计多不公开》，载新华网，2014-06-10。
③ 参见《独家调查：住房空置率整体未触及警戒线　分化加剧》，载腾讯网，2015-06-04。
④ 参见李超，倪鹏飞，万海远：《中国住房需求持续高涨之谜——基于人口结构视角》，载《经济学研究》，2015（5）。
⑤ 参见 Robert F. Martin. "The BabyBoom: Predictability in House Prices and Interest Rates", *International Finance Discussion Papers,* Number 847, November 2005, http://www.federalreserve.gov/pubs/ifdp/2005/847/ifdp847. htm. Levin, Montagnoli, Wright. Demographic Change and the Housing market Urban studies, 2009(46).

城镇人口对于房屋的需求会降低。住房空置率过高,一般会带来物业管理成本上涨的问题,甚至会出现因为物业费居高不下,物业与居民矛盾激化、难以成立业委会进而造成后续物业管理困难的困境。

9. 超大封闭小区治理亟须破局

伴随高层商品房小区的扩展,一些社区的居民动辄超过 1 000 户。广州市番禺区洛浦社区的丽江居委会,管辖内竟有 12 088 户 46 000 余人。广州市天河区共设有 200 个社区居委会,其中规模为 2 000—3 000 户的为 56 个,3 000 户以上的达到 74 个。北京市天通苑社区、回龙观社区常住人口均超过 20 万人,号称"亚洲第一楼盘"的贵阳市花果园社区规划入住人口 20 万,能够容纳居住 50 万人。长沙市湘江世纪城小区商品房数量约 20 000 套,规划入住约 6 万人。这样的超大社区还会聚集大量的外来人口、商业人群,人口规模的增加给社区管理带来了巨大的挑战。

根据统计,"从 1991 到 2000 年,上海 83%的居住小区均以某种方式被封闭起来,广东省封闭了 54 000 个小区覆盖了 80%以上的人口"[①]。当前建设的小区几乎全部都是封闭小区。一般情况下,我国封闭小区的规模巨大,通常占地达 1.2—2 万平方米以上,容纳 2 000—3 000 户,远远超过欧美国家的水平,这就导致超级社区林立,形成了诸多与社会隔离、造成城市拥堵的"毒瘤",也存在消防、公共安全等诸多隐患。

从封闭小区到"街居制"的政策转型,事关代际正义与城市可持续发展,却引发了公共空间的诸多争论。2015 年 2 月 21 日晚,新华社发布的《中共中央 国务院关于进一步加强城市规划建设管理工作的若干意见》(下称《意见》)第十六条提出"新建住宅原则上不再建设封闭住宅小区。已建成的住宅小区和单位大院要逐步打开"(以下简称"小区开放"),成为舆论漩涡。相应的话题迅速引爆舆论场,并且连续多日在社交网络呈现"霸屏"之势,体现了封闭小区治理的难度。

正向来看,小区开放正是为了解决"城市病":其一,小区开放可以缓解交通压力,部分官员和专家回应:不少城市断头路和丁字路皆由封闭的住宅小区引起,带来交通阻塞,因而,要打开占据城市中心地带的单位大院和封闭小区;其二,小区开放有利于激发社区活力,有学者和媒体引用国内、国外开放小区的实例,力证小区开放后,会提升街道的生活品质和公共场所的开放程度,有利于激发社区治理活力。笔者的问卷调查也表明,缓解交通拥堵、提升城市亲和力、集约利用土地分别位列赞成原因的前三位,分别占了赞成小区开放者投票比例的 70.31%、70.11%和 53.26%。

---

① 参见缪朴:《城市生活的癌症——封闭式小区的问题及对策》,载《时代建筑》,2004(5)。

相较而言，数量更多的公众则追求居住的私密性与安全性，担忧会过上被喇叭声和尾气包围、为老人和孩子安全担惊受怕的开放式社区生活。人们认为小区居民在购买住房开始，就承担了小区内公共建设和维护的成本，理应享受独立的私密性、安全性和良好的环境，小区开放可能带来交通不便、噪音、偷盗、老人小孩行路不安全、乱贴小广告、脏乱差、乱摆小摊等种种问题，这些问题无疑会降低居住品质。问卷调查显示，90.4%的不赞成者担忧开放小区后会带来安全问题，76.5%的不赞成者担忧"物业管理难度上升，物业管理水平跟不上"，67.35%的不赞成者担忧"居住品质会下降"（参见图5）①。

选项	小计	比例
居住品质会下降	751	67.35%
居住安全会下降	1008	90.4%
房子价格会下降	130	11.66%
不习惯，一定要有共同的小区	150	13.45%
小区业主已经花钱了	516	46.28%
物业管理难度上升，担忧物业管理水平跟不上	853	76.5%
不懂这个政策	98	8.79%
其他 [详细]	58	5.2%
本题有效填写人次	1115	

图5　选择不赞成"小区拆围"的受访者的原因

细分来看，公众对政策转型的评价具有显著的群体差异，已购房者最不赞成这项政策，其他群体各有各自的利益考量，政策选项的差异以及政策执行的模糊性影响到公众的态度。就其本质而言，城市空间调整涉及广泛的利益变动，业主假以尚未成熟的"共有权益"自我保护，使得个体利益与公共利益存在复杂性，官民之间、个益与公益之间在政策议题上话语失衡，共同导致形势复杂化。

四、中国商品房社区治理问题的原因与出路

通过分析，可以发现，我国商品房小区业主维权具有普遍性，且存在一定的冲突激化的可能。总体来看，业主维权冲突是城市化进程中"公民权利需求"与制度供给不足之间的产物，是住房市场上游问题下游化的结果。

---

① 参见吴晓林：《从封闭小区到街区制的政策转型：形势研判与改革进路》，载《江汉论坛》，2016（5）。

表9 不同群体对于"开房小区"的态度选择　　　　　　　　　　　　单位：%

身份＼选项态度	① 否	② 否	③ 居住安全会下降	③ 物业管理水平下降	③ 居住品质会下降	④ 是	⑤ 公共安全得到保障	⑤ 保障业主共有权益	⑤ 卫生环境得到保障
已购房业主	70.40	45.62	63.77	54.14	47.67	62.27	86.03	75.93	76.87
未购房业主	60.16	42.55	54.20	45.26	39.84	75.34	82.93	保障周边公有设施、绿地公园等 73.98	提升民众素质 73.44
房地产商	60.00	40.00	54.12	45.88	41.18	65.88	78.82	71.76	72.94
物业管理从业者	60.44	36.26	51.65	81.82	32.97	78.02	87.91	70.33	76.92

其一，从共时性因素来看，"业主—市场主体—政府"三角关系失衡，是业主维权冲突的结构困境。业主在"业主—市场主体—政府"三角关系中处于最弱势地位，不但遭受市场主体"趋利行为"带来的权利损害，在法律制度层面还受到"组织权利"的限制，一些基层政府基于维稳和事实中的不规范利益关系的考量，对于业主联合行动存在不同类型的抵制。其二，从历时性因素来看，"政府内部职责体系"脱嵌、市场供需失衡，是业主维权冲突的外部因素。解决城市商品房治理现代化的问题，主要是解决业主权利增长的制度因素，使政府从直接干预的场域退出，更好地发挥业主同市场主体的协商作用。

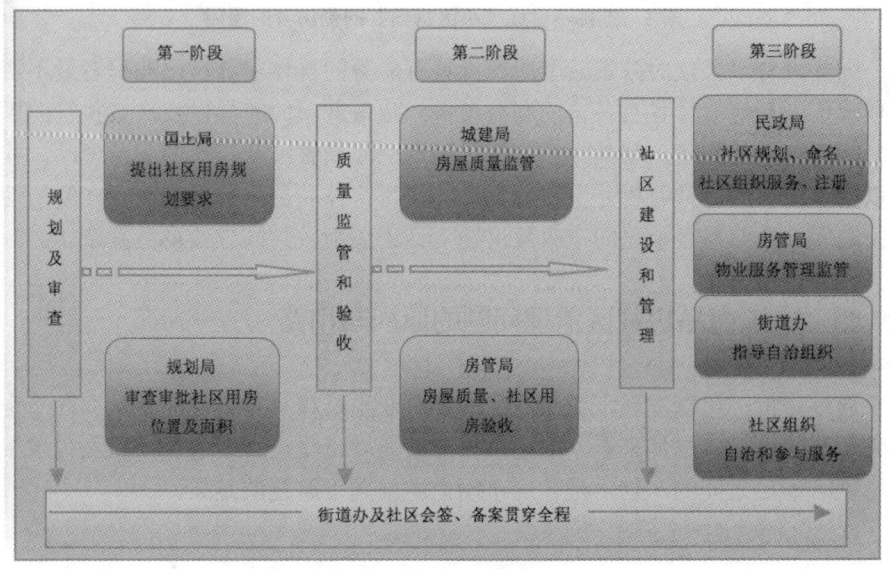

图6　社区治理的职责体系

1. 赋权业主组织，完善商品房小区的治理结构

构建"前期土地审批、规划—中期质量监管—后期社区管理和自治"的无缝隙职责体系，强化政府、社会之间的整体性治理，是推进社区治理的基础工作；从城镇"新增空间"的规划建设到后期管理，在不同环节，使社区治理的三维主体形成前后衔接的职责体系。在履行各部门法定职责的基础上，还要针对当地具体情况，推陈出新，确保履责实效；要考虑我国商品房小区的现实情况，推动社区居委会全覆盖，降低业委会成立的门槛，通过培训和示范，提升业委会成员的素质和能力，支持和培育资质高的物业企业，引入第三方专业评估和服务组织，在小区领域进行业务辅导、法律援助，架构"政府+业主组织+物业公司"为主体的协商平台、"政府＋业主组织＋第三方组织"的物业监管平台，社区居委会和政府部门发挥居中协调、依法行政作用。

2. 调整法律、法规，促使业主与市场主体"权益平衡"

当前，我国部分商品房业主为中产阶级，其是社会的稳定器，不能激化矛盾，将他们推向基层管理体制的对立面。要修改现有法律条文，平衡业主与房产商、物业公司等的关系，赋予业主大会、业委会应有的民事法律地位；对小区共有产权、共有物业尽快确权，确保产权由全体业主共同所有；改革现有物业管理模式，逐步淘汰"干得越好，得的越少"的"包干制"体制，引入物业公司成本公开透明、业主可随时查账、物业公司公示物业支出、业主缴纳费用的"酬金制"，以此维护业主的"主人地位"；在前期物业制度制定过程中，要破除"父建子管"的物业服务体制，房产商在选择前期物业时，要委托第三方进行公开的招标投标，选择服务标准高、信誉好的物业服务企业；要细化《委托管理合同》的条款，如管理事项、管理服务质量、管理服务标准和要求等均应更明确，双方权利和义务方面更应在合同中详尽规定；强化对物业企业、房产商违法、违规后果的追究，要在小区公摊面积、物业收费机制、纠纷解决等方面尽快出台可操作性的法律细则，杜绝和严惩房产开发过程中"权钱交易"导致的房屋质量问题；加强执法力度，鼓励利益各方通过民事调解和司法程序等手段解决矛盾，将各种诉求纳入体制范围内有序释放。

3. 健全市场体制，确保业主群体与市场组织利益增进

要对房产供需市场进行动态预警。住房建设超前于居住需求、人口结构变化影响住房需求、物业服务市场滞后于业主需求，都会成为业主维权冲突的"隐患"，带来的后果是无法弥补的。因而，有必要对房产市场和物业服务市场进行动态预警，依据城市化发展、人口结构变化等合理规划住房小区，引导物业企业发展；通过适当的市场培训，适当降低企业发展成本等措施，加快培育一批资质高、服务好，具有较强竞争力、美誉度高的物业服务企业。通过物业管理行业协会，强

化对物业服务行业从业人员的培训和培养,加强行业自律,建立诚信档案,开展先进经验交流和学习,推广成功的物业管理模式;同时,应当适时增强对物业服务企业的支持,在物业服务企业经营成本上涨、居民排斥物业服务费上涨的环境下,可以适当降低物业服务的税率。

4. 转变"维稳"思路,确保执法公正、公平,保障民众权益

市场主体、政府主体和业主尽管有不同的利益追求,但在小区范围内又具有共同的利益。在理念层面,各方之间最大的公约数是法律意识。当前,各方对于城市商品化住宅小区的不当行为,大多是因为不具备法律意识、不具备契约意识,违规、违约造成的。因而,提升法律意识和契约意识,才能推动城市小区的善治。业主维权的主要对象不是政府,而是物业公司或开发商,体现的主要是"社会与市场"的矛盾,基层政府要破除"刚性维稳"的思路,避免将庞大的业主阶层推向政府的对立面。政府应当允许和支持业主依法维权,确保法律权威,通过"合法维权来实现基层稳定"。

5. 引入大数据技术,推进城市社区治理现代化

要善于利用现代信息技术、网络工具和大数据库技术,对中国城镇房地产市场、物业服务市场与人口结构、业主服务需求等进行科学的分析,对于可能出现的风险和危机进行提前预警,并依照可能发生风险的类型和程度,进行房地产产业结构、物业服务结构的调整。推动房地产体制转型,推动地方逐渐放弃"土地财政",避免对房地产行业的过度依赖,同时,为将来可能居高不下的"高空置率"做好法律、政策上的调整工作;在微观层面,开发小区适用的APP,增加业主通过网络和现代技术参与小区治理、监督物业和业委会工作的机会,构建物业服务信息、账目公开、投票表决的网络平台,提升业主参与治理的热情,通过大数据掌握业主的诉求,针对业主维权冲突的问题进行预警,进而提升小区治理的现代化水平。[①]

五、报告要点

1. 1998 年,国务院发布《关于进一步深化城镇住房制度改革加快住房建设的通知》,标志着我国商品房时代的全面到来。根据长沙市小区居住比例的测算,全国城镇现在拥有 50 万个左右商品房小区。

2. 近年来,我国城市商品房小区急速扩展,与此相随,由房产质量和物业纠纷引发的业主维权活动愈演愈烈,无论从规模还是从频率来看,业主维权已成为

---

① 参见吴晓林:《房权政治:中国城市社区的业主维权》,北京:中央编译出版社,2016 年。

中国继工人维权、农民维权之后的第三大维权现象。与传统社区不同，商品房社区在传统的"街道办＋居委会"治理结构之外，又引入了市场主体（房地产商、物业公司）和社会组织（业委会）等力量，形成了事实上的"三驾马车"并存的现象。这昭示着商品房小区治理水平亟须提高。

3. 中国商品房社区治理的研究大多与"业主维权""业委会"研究联系在一起，这反映了商品房社区治理面临的挑战，也反映出中国商品房社区治理还处于探索阶段。学界研究了业主维权的类型方式、困境与原因、性质以及治理策略等，初步构建了以定性分析为主的分析框架。但是大规模的定量研究不足。

4. 目前，全国商品房小区治理面临 10 大问题：①商品房小区的纠纷具有普遍性；②业主同市场组织的冲突最严重且易激化；③"社区冲突"有可能升级为"街头冲突"；④业主自治组织的成立比例低；⑤市场组织强势影响小区治理；⑥政府监管不善强化业主弱势地位；⑦政府在商品房小区的治理责任脱嵌；⑧社会管理与服务未延伸到全部楼盘；⑨房产结构为小区治理埋下不稳定隐患；⑩超大封闭小区治理亟须破局。究其原因，上述问题是城市化进程中"公民权利需求"与制度供给不足之间的产物，是住房市场上游问题下游化的结果。因而，要推动商品房小区治理现代化，主要是解决影响业主权利增长的制度因素，在对住房市场动态预警的基础上，调整法律、法规，完善商品房小区的治理结构、规范治理过程，促使业主与市场主体"权益平衡"，发挥业主同市场主体的协商作用。

5. 对于商品房社区的业主维权冲突，政府应从直接干预的场域退出，发挥业主同市场主体的协商作用：一是要赋权于业主组织，完善商品房小区的治理结构；二是要调整法律、法规，促使业主与市场主体"权益平衡"；三是要健全市场体制，确保业主群体与市场组织利益增进；四是要转变"维稳"思路，确保执法公正、公平，保障民众权益；五是要引入大数据技术，推进城市社区治理现代化。

作者单位：中南大学公共管理学院、南开大学中国政府与政策联合研究中心

第六部分

政府改革热点与地方政府创新

智慧政府建设研究报告

鲁敏

随着现代信息通信技术的不断发展和进步,智慧政府建设备受关注。智慧政府改变的不仅仅是政府运行的技术条件,而且必将对政府的治理理念、决策方式、组织架构、运行机制等产生影响。智慧政府是现代政府演化的基本趋势。如何顺应这种趋势,把握智慧政府建设的时间节点和关键环节,成为当代中国政府发展的重要内容。

一、2016年智慧政府建设现状综述

(一)2016年智慧政府相关报告、建设标准和行动方案等

2016年5月,国家发改委和中央网信办联合印发了《新型智慧城市建设部际协调工作组2016—2018年任务分工》(以下简称《任务分工》)。《任务分工》对未来3年我国智慧城市建设进行了总体部署,对各部门、各领域工作进行了统筹协调,进一步明确了测绘地理、信息部门在推动智慧城市建设中的职责、定位和主要任务。同时还指出,截至当时,全国地级市和400多个县级市都已经开始了数字城市的建设工作。

2016年8月19日,《北京市大数据和云计算发展行动计划(2016—2020年)》(以下简称《行动计划》)正式发布。该计划提出了"到2020年,北京市大数据和云计算创新发展体系基本建成,成为全国大数据和云计算创新中心、应用中心和产业高地"的战略目标。届时,北京大数据和云计算从业企业将达到500家以上,并打造出千亿元级产业集群。《行动计划》还明确提出,北京将建成国内领先、国际一流的大数据和云计算基础设施;公共大数据融合开放取得实质性进展,实现公共数据开放单位超过90%,数据开放率超过60%,数据开放质量和使用效率大

幅提升；打造 10 个以上大数据和云计算创新应用示范工程，提升政府治理、城市管理、公共服务、产业转型升级的智能化水平；培育 20 家以上面向全球的平台型龙头企业，打造千亿元级产业集群，形成首都新的经济增长点。

2016 年 10 月，昆明市委常委会审议通过了《中共昆明市委昆明人民政府关于加快推进智慧城市建设的实施意见（2016—2018 年）》（以下简称《实施意见》）。《实施意见》明确提出，力争通过 3 年的努力，打造区域信息辐射中心的核心区、"生态＋"融合发展的示范区、资源"慧"聚的标杆区、信息惠民的样板区一体化的发展模式，实现城市经济社会向高端发展。在充分衔接昆明城市发展战略和规划的基础上，将按照"年年有亮点，事事有创新"的理念，逐步实现昆明智慧城市建设的发展目标。到 2018 年，通过智慧城市建设，构建以人为本、惠及全民的民生服务新体系，打造精准治理、多方协作的社会治理新模式，形成数据活化、研判智能的政府决策新能力，培育高端集聚、新兴繁荣的产业发展新格局，提升城市的凝聚力、辐射力、带动力，打造国内发展创新型智慧城市样板，推动昆明区域性国际中心城市建设。

2016 年 11 月 3 日，由住房和城乡建设部信息中心、中国测绘科学研究院、中国卫星导航定位应用管理中心、中国电子技术标准化研究院等单位联合主办的第十一届中国智慧城市建设技术研讨会暨设备博览会（以下简称智慧城市大会）在京召开。大会以"创新·共享"为主题，在总结智慧城市的建设成果、分析当前创建中遭遇问题的同时，也探讨了未来新型智慧城市的发展路径。大会首次发布了《住房和城乡建设行业信息化发展报告（2016）》。该报告梳理了城乡规划管理、市政设施管理、城市综合管理、住房保障与房产管理、工程建设与运营维护等领域的信息化应用现状，并就未来建设行业信息化技术发展方向及趋势进行了展望。该报告由 7 个分报告组成，每个领域的报告均逐一分析了该领域细分专业的信息化建设目标与内容、支撑技术、发展现状、存在问题和发展趋势。

2016 年 11 月 11 日，由沈阳市人民政府、中国城市和小城镇改革发展中心、智慧城市发展联盟共同主办的第三届中国智慧城市（国际）创新大会在沈阳开幕。大会宣布沈阳国家大数据综合试验区建设正式启动，大会发布了由国家 25 个相关部委共同参与编写的《新型智慧城市发展报告（2015—2016）》。本届创新大会举办了主论坛、平行分论坛以及专题研讨会、国际交流会等活动，发布了各相关部委关于促进智慧城市健康发展的相关政策、近期和未来重点工作，并汇聚智慧城市建设的先进理念，展示了国内外智慧城市建设的成功经验。

2016 年 12 月 29 日，国家质检总局、国家标准委批准发布了《新型智慧城市评价指标》等 292 项国家标准。新发布的标准涉及新型城镇化、高端制造、交通管理、工业安全、农业服务、文物管理等方方面面。《新型智慧城市评价指标》是在中央网信办、发改委等部门指导下,根据国家城市发展战略需求制定的。该标准的评价指标体系突出"以人为本、惠民便民"的宗旨,注重民众的获得感、满意度和幸福感。标准共提出"惠民服务、精准治理、生态宜居、智能设施、信息源、网络安全、改革创新以及市民体验"等8个一级评价指标,是智慧城市评价的主要依据,为我国新型城镇化建设提供了有力保障和指导。

(二)2016年智慧政府建设中的政企合作

身处大数据时代,拥有全面数据资源优势的各级政府以智慧政府建设为新一轮发展的突破口,不断加强与相关企业展开合作,寻求技术、人才、资金等方面的支持,补齐短板,成效明显。

2016年8月31日,河南移动与郑州市政府举行"智慧城市"大数据云计算中心建设战略合作框架协议签约仪式,携手打造"智慧郑州"。本次合作是双方优势互补、信息共享、互利双赢的开始,河南移动将依托中国移动物联网基地优势,积极制定出台大数据产业孵化优惠政策,主动推动大数据产业联盟成立,全面加快大数据产业园建设;还将有效依托"智慧城市大数据云计算中心",全力打造"政务云、企业云、民生云、物联网云、农业云"五大云应用,让市民享受到在教育、医疗、安全、绿色环保和日常生活等方面的"云计算、智慧化"的高端服务。

2016年10月13日,在杭州云栖大会上,国家天文台与阿里云进行战略合作,双方计划成立"国家天文台——阿里云天文大数据联合研究中心",并完成中国虚拟天文台上云项目,打造全生命周期的天文大数据管理与开放共享平台。双方还将共同开发云上天文应用软件与服务,针对光学天文、射电天文、数值模拟和数据挖掘等领域的大数据技术与应用开展深度合作。

2016年12月,长沙市政府与华为技术有限公司签订战略合作协议,共建华为长沙云计算数据中心,推动长沙智慧城市、平安城市建设,构建长沙市智能制造云平台、文化创意云平台和商贸物流云平台。双方还将在长沙共同创建全国云计算应用示范基地,结合长沙机械制造、电子信息等优势产业,开放研发云、测试云、编译云等核心能力,构建长沙市智能制造云平台,推动移动互联网、云计算、大数据、物联网等与制造业结合,打造长沙智能制造新标杆。

此外,南阳市与移动南阳分公司、江门市与浪潮集团、汕头市与腾讯公司等众多地方政府与企业之间也纷纷采取了"政府主导,企业出资"的方式展开合作,政府用项目未来的收益作为投资回报吸引企业参与智慧政府建设,大大降低了智慧城市的建设成本和政府债务负担。

(三)2016年电子政务云建设

大数据是信息时代新的战略资源,堪称智慧政府的中央处理器和大脑,因而,以大数据为基础和依托的电子政务云建设将会上升为国家战略。2016年各级地方政府更加注重政务云建设，并加大投入力度，取得了较大进展。

2016年1月20日，四川省级政务云正式启动。四川省省级政务云平台是利用信息化、云计算技术整合建立的跨部门、跨区域的信息共享平台，该平台采用集监管、服务、整合、灾备为一体的"1+N+N+1"模式，即一个云监管平台、多个云服务商平台、多个部门整合平台、一个云灾备平台，具备云主机、云储存、云防火墙等功能。目前已建成1个监管平台，2个云服务商平台。借助该平台建设，四川省将推进"用数据说话、用数据决策、用数据管理、用数据创新"的管理机制，全面提升现代政府公共服务和治理能力。此外，省级政务云平台将打通各部门的"网络壁垒"，让数据即时共享、协同办公成为可能。借助该平台，四川省还将深化政府数据和社会数据关联分析、融合利用，提高宏观调控、市场监管、社会治理和公共服务的精准性和有效性。

2016年5月20日，"2016电子政务信息技术峰会"在江西南昌举行，大会以"政在服务，云领未来"为主题。借助于华为敏捷数据中心，江西将打造统一的"云化数据中心"，构筑绿色高效的政务云网络；加强顶层设计，制定《江西省电子政务云建设规划（2015—2017）》，采用分步实施的策略，逐步建成"1（省）＋11（市）"的两级架构的统一云平台和数据共享平台。

2016年6月30日，国家电子政务外网二期建设工作会议暨2016年全国电子政务外网工作会议中披露，广西正在建设全区统一的电子政务云计算中心。未来3年内，全区各部门网络和业务系统将有序迁移到云计算中心，全面推进政务外网整合、融合。作为国家电子政务外网的重要组成部分，广西电子政务外网从2009年启动建设，2012年1月正式开通运行，已建成自治区连接14个设区市、113个县（市、区）的广域骨干网，实现国家、自治区、市、县4级网络的纵向联网，通过自主铺设光纤线路资源接入126个区直部门单位。

2016年8月19日，北京市发布了《北京市大数据和云计算发展行动计划（2016—2020年）》。计划指出，两年内北京将建成电子证照库，市民同一种证照只需要提交一次就可在多个政府部门间互通使用。在此期间，北京将完成建设以身份证号为身份标识的电子证照库，在确保信息安全的前提下，实现"一窗口受理、一平台共享、一站式服务、一网式办理"，切实做到让数据多跑腿、让公众少跑腿，提高政府工作效率的同时，方便了广大公众的生活。

（四）2016年智慧政府在具体领域的拓展

2016年智慧政府在具体领域中加速拓展，除了在医疗、交通、旅游、文化教育、科技管理等方面有诸多建树，在农业、养老、社区、照明等领域也有很大的突破，本研究选取其中具有代表性的智慧交通、智慧医疗以及新兴的智慧农业和智慧照明进行综述。

1. 智慧交通

2016年4月，福建移动与交通运输部科学研究院合作完成的《基于手机信令的路网运行监测与出行信息服务关键技术研究与示范应用工作大纲》成为智慧交通方面的重要成果。这一成果，通过数学建模分析手机移动终端产生的信令获取与公路网运行状态相关的信息，为公路网的运行监测和信息服务提供数据支撑。截至当时，这一系统已基本覆盖福建省9条高速公路。该项目正处于测试中，成熟后可向全国交通系统推广。

2016年4月，河南首个"事故易处理"App上线，该系统可以最大限度缩短轻微机动车交通事故占路时间，缓解事故致堵压力。这一系统是安阳移动通信公司与当地交警支队携手打造智慧交通的成果。

2016年11月，在首届"互联网＋交通出行服务"论坛上，高德地图发布了首份有关"互联网＋交通"指数研究报告，也就是《2016年中国"互联网＋交通"城市指数研究报告》，旨在综合评价我国主要城市的智慧交通建设水平。在智慧交通方面，高德地图积极推进与交通管理部门的大数据共享和融合，截至当时，已经与70多家地方交通管理部门达成了业务合作，与40多家地方交通管理部门达成了战略合作。

2016年11月1日，工业和信息化部、吉林省人民政府在吉林省长春市共同举办"智能汽车与智慧交通专题研讨会暨基于宽带移动互联网智能汽车与智慧交通应用示范"合作框架协议签约活动。此举目标是促进宽带移动通信、汽车制造业以及交通运输服务领域的融合创新和转型升级，为智慧交通时代的到来提供硬件基础和思想准备。

2016年11月4日，山东省青岛市智慧交通发展联盟成立。联盟由青岛市城市交通、公共交通管理机构、高等院校和科研院所等组成，旨在通过广泛的产、学、研合作推进青岛市综合交通运输信息化建设，加速智慧交通科技成果的转化应用。

2. 智慧医疗

2016年6月22日，阿里健康与保定市卫计委签署《保定市网络医院合作框架协议》。协议将助推地方政府、互联网企业和现代医药企业三方的跨界融合，打通市、县、乡、村4级网络，建立"互联网＋实体医院"模式，建设河北省首家网络医院。

截至2016年10月12日，江苏全省已有近2/3的县（市、区）依托中心医院资源优势，建立了区域性检验检查、影像中心及远程会诊中心，居民在家门口就能享受到大医院专家的诊疗服务。互联网技术改变了就医模式，推进了分级诊疗，优化了医疗资源配置，江苏省智慧医疗已在诸多方面初露峥嵘。

2016年10月15日，拉萨市政府与闻康集团举行《健康拉萨智慧医疗项目合作协议》签约仪式。双方协议将依托拉萨市东城医院，建设先进的互联网医院及运营体系、第三方医学检验中心、远程会诊医疗平台、居民健康管理中心、体检中心、医疗健康大数据中心，推进拉萨市医疗机构信息化升级，加快"健康拉萨"建设发展。

2016年"智慧医疗"领域动作频频。除尚未一一列举的政企合作外，还有企业间合作、重要会议的举办等。以岭药业斥资1.4亿成功入主以色列健康观察（Health Watch）公司，以23.15%的股权成为该公司第一大股东，重点攻关世界级可穿戴心电监护项目。2016年4月13日，由健康报社、中国医学科学院、智医疗联合主办的第六届"移动医疗产业大会暨第四届智慧医疗健康峰会"在北京开幕，来自全国各级卫生计生行政管理部门、医疗机构、行业企业的800多名代表在会上进行了充分交流。11月17日，由国家卫生计生委主办的第三届世界互联网大会"互联网＋智慧医疗"论坛在浙江乌镇成功举办，汇聚全球智慧医疗领域知名专家、学者、企业和政府官员就智慧医疗的发展进行了探讨。

3. 智慧旅游

2016年4月20日，阿里旅行与桂林市旅游发展委员会正式签约。桂林成为与阿里旅行开展"未来景区"城市级战略合作的首个国内城市。阿里旅行将为桂林所有景区提供扫码支付、信用游、地图导览等"未来景区"全线产品，通过技术创新助推桂林"智慧旅游"升级。

2016年10月31日，海南省三亚市通过《三亚市推进智慧城市建设"十三五"行动计划（2016—2020）》，确定将智慧旅游作为建设的重点之一。明确建设包括智慧旅游市场监管与数据服务平台、三亚旅游目的地服务平台等多项内容，为公众提供便捷的旅游移动应用和旅游信息服务。

为加快智慧旅游建设，甘肃省提出"一个中心"（即甘肃智慧旅游大数据中心）和"三大体系"（即甘肃智慧旅游服务体系、智慧旅游营销体系和智慧旅游管理体系）的总体建设方案。建设内容包括：甘肃智慧旅游大数据平台、绚丽甘肃网站、风火轮手机App、微信公众平台、旅游产业运行监测调度系统等11大智慧旅游应用系统。计划到2018年，全省所有5A级景区升级为智慧旅游景区；到2020年，全省3A级及以上旅游景区和3A级及以上旅游饭店实现免费无线网络全覆盖，4A级及以上旅游景区和一批企业建成智慧旅游景区和企业。

2016年11月13日，智慧旅游高峰论坛在福州举办。来自旅游业等相关领域的专家、学者就"互联网＋"时代的旅游整合、信息服务、全域旅游等展开研讨并分享经验。

二、2016年智慧政府建设研究现状综述

（一）智慧政府的治理理念方面

智慧政府时代，大数据成为"未来社会发展的新石油"。知识和信息在互联网的基础设备上快速传输，被转化成为能够在一个物理空间或者行政区域实现交互连接、开放共享的多维变量。这样，不同的社会主体基于独特的社会优势就能够充分运用这些资源。由于大数据的开放性和共享性，可以预见，在智慧政府时代，平等思维、共享思维、跨界思维、协同思维等将浮出水面，深刻地改变人类的生产方式、生活方式和思维方式。基于这种思路，研究者普遍认为智慧政府建设中的治理理念将发生重大转变。

陈潭、杨孟著认为"互联网＋"环境下国家治理权力应去中心化。原有科层制组织中较高层级的组织机构可以不通过较低层级的组织机构获取信息和传递信息，各级政府都可以实现与市场主体和社会公众的双向互动，公共组织内主体间呈现为伙伴关系。于是，传统的自上而下的单向运行的权力运行方式遭受严峻挑战，开放、协作与共赢的价值观成为主流，去中心化、民主化、自组织、去平台化的互联网思维将重塑政治生态。具体而言，"互联网＋"成为公民技术赋权的重要基础，可推动形成新的国家治理形态：一是直接民主。借助"互联网＋"，公民可以随时、随地参与到信息的交流和传播中来，大大拓展了具有实质性意义的公民的知情权、参与权、监督权和表达权，"网络问政"成为权力重构功能发挥作用的典型形式之一。二是全民监督。"互联网＋"环境下的网络社会如同一张全民监督的"天网"，政府被置于全民围观、全民监督的状态下。公众的监督具有即时性、普遍性、全天候、无障碍特征，公民的主体地位和意识在最大程度上得以彰显。①

高奇琦、陈建林认为大数据时代公共治理的思维要素体现为：服务性思维，即加强服务意识，提高服务质量；时效性思维，即高效回应公众诉求，精准掌握公众需求；共享性思维，即大幅削减"信息孤岛"，提升政府业务协同能力；开放性思维，即全面地掌握社会信息，加强政府信息公开。②

李胜认为智慧政府时代，社会治理将呈现出五个方面的模式变革：一是由碎片化模式向整体性模式转变，二是由应急型模式向预防型模式转变，三是由管控型模式向参与型模式转变，四是由粗放型模式向精细化模式转变，五是由静态化模式向动态化模式转变。传统社会管理方式和大数据时代社会管理的比较见下

---

① 参见陈潭、杨孟著：《"互联网＋"与"大数据×"驱动下国家治理的权力嬗变》，载《新疆师范大学学报（哲学社会科学版）》，2016（5）。
② 参见高奇琦、陈建林：《大数据公共治理：思维、构成与操作化》，载《人文杂志》，2016（6）。

表①：

表1 传统社会管理方式和大数据时代社会管理的比较

类别	传统社会管理	大数据时代社会管理
技术基础	工业化、自动化	物联网、智慧城市
管理理念	以政府为中心	以公民为中心
组织结构	官僚科层式组织	开放协作式组织
管理方式	行政命令式	民主协商式
服务形式	无差别统一管理	个性化私人定制
开放程度	缺少公民参与	公民全程参与
舆论传播	传统广电报纸、门户网站	ICT（Information Communication Technology）信息通信技术下的社交网络、微博、微信

陈潭、邓伟认为智慧政府时代政府公共服务模式趋向"五化"：一是走向集成化。建设全国的数据共享交换平台，实现政务信息资源的跨区域、跨层级、跨部门的联通和协同。二是走向标准化。加快政府数据透明公开与数据标准化建设，做到审批标准化、服务标准化、监管标准化。三是走向精准化。政府部门利用大数据技术，精准掌握社会需求，更好地提供个性化、定制化和多样化的公共服务。四是走向便利化。通过网络技术和大数据处理，降低服务门槛，明晰服务清单，简化服务环节。五是走向协同化。建立"一网式"服务模式，实现跨地域、跨部门、跨层级的政务协同运作。②

（二）智慧政府建设的具体路径选择

史军认为大数据时代政府治理机制将经历传统的主动与被动机制，到过渡时期的互动机制，并最终走向大数据时代的联动机制这样一个过程。在未来的联动机制中，信息自由流动和充分交流，各个社会主体具有独立的主体地位，处于平等地位。政府治理是以公共事务为中心的利益相关者构成的联动体系，智慧政府时代的治理将遵从一种真正的"多中心治理"模式（见图1）。为顺应这种变化，要注重政府信息公开法制化，推进大数据外包发展，促进公民意识的觉醒等。③

---

① 参见李胜：《大数据时代的国家社会管理现代化：模式变革与战略应对》，载《广西社会科学》，2016（1）。
② 参见陈潭，邓伟：《大数据驱动"互联网+政务服务"模式创新》，载《中国行政管理》，2016（7）。
③ 参见史军：《从互动到联动：大数据时代政府治理机制的变革》，载《中共福建省委党校学报》，2016（8）。

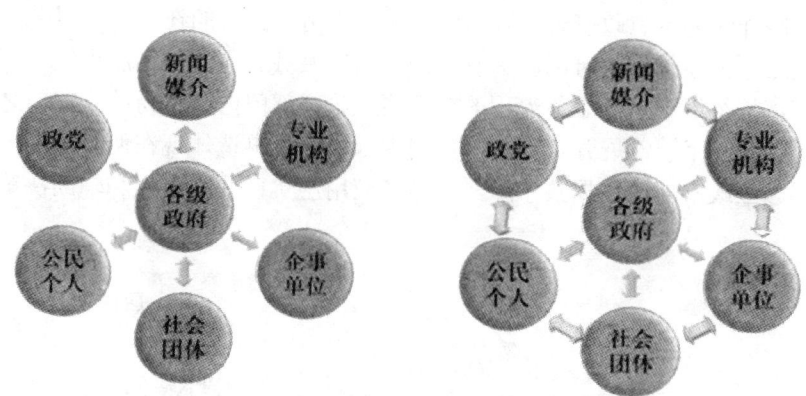

图 1　社会治理从互动机制走向联动机制中各主体的关系

邱福军认为当前推进我国智慧城市建设的路径要体现在以下方面：突出区域优势地位，注重特色；发挥市场导向作用，多方借力；改进城市治理手段，惠及民生等。①

郑志来认为大数据时代的治理创新主要体现在样本选择、部门融合、决策机制、组织架构、评价体系等方面，要构建治理模式创新，即基于数据收集、挖掘、加工、共享和融合，形成以政府为主导、技术型企业为主力、非政府组织和民众参与为桥梁的合作治理平台（见图2）。②

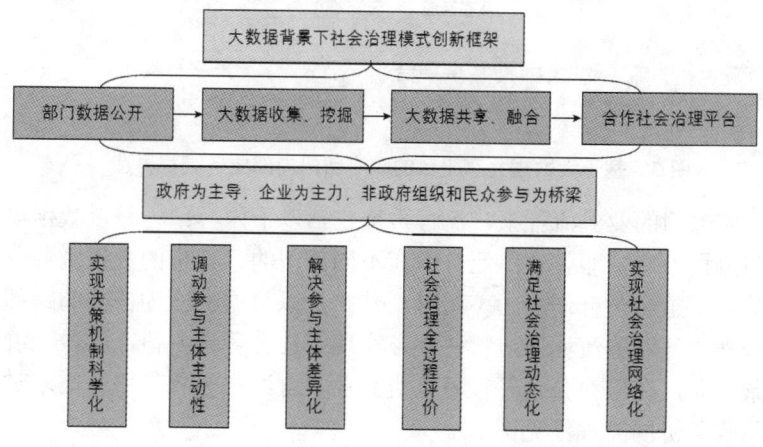

图 2　大数据背景下社会治理模式创新框架

---

① 参见邱福军：《当前中国智慧城市建设的问题与对策》，载《人民论坛》，2016（3）。
② 参见郑志来：《基于大数据视角的社会治理模式创新》，载《电子政务》，2016（9）。

刘晓洋认为智慧政府时代政府流程需要再造，其目的在于构建以公众需求为导向的工作程序，对政府部门原有组织结构、服务流程进行彻底重组。大数据时代政府流程组织结构和服务流程的重组要从政府部门内部、跨政府部门之间和政府对外服务3个层次展开。在政府部门内部，流程再造体现在两个方面：一是在数据层建立政府部门数据共享库，二是在应用层实现并联审批和辅助决策（见图3）。

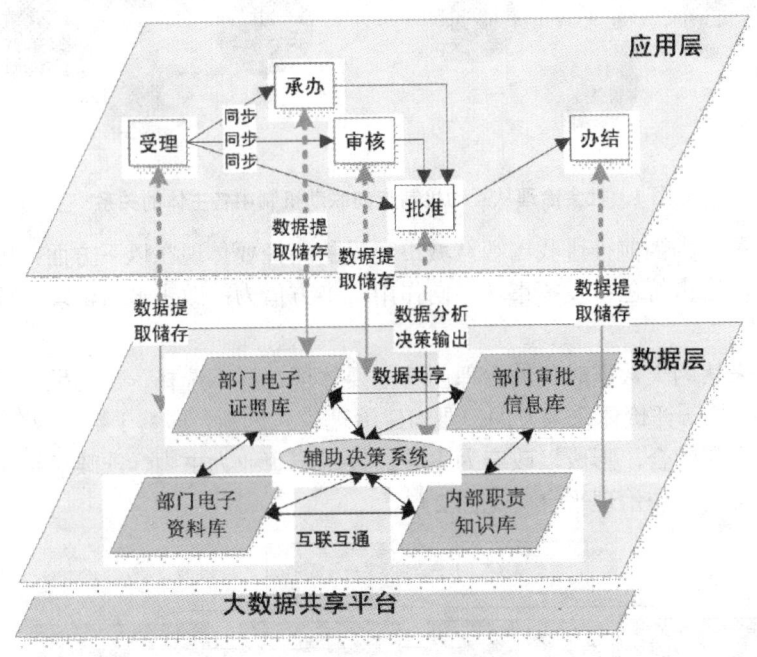

图3 基于大数据共享平台的政府部门内部业务流程再造

在跨政府部门的业务流程上，流程再造包括以下内容：一是以数据集成为基础的跨部门流程再造，即整合广泛分散在不同部门的、异构的数据资源，提升政府跨部门的数据整合与合作能力（见图4）；二是以数据响应为核心的跨部门政务协同，即识别政务业务流程经过哪些环节实现了社会管理价值，生成无缝隙的流程管理链条。如，在应对公众开设餐饮类企业（含酒类零售）服务需求时，可以建立跨部门政务协同流程（见图5）。

智慧政府建设研究报告　277

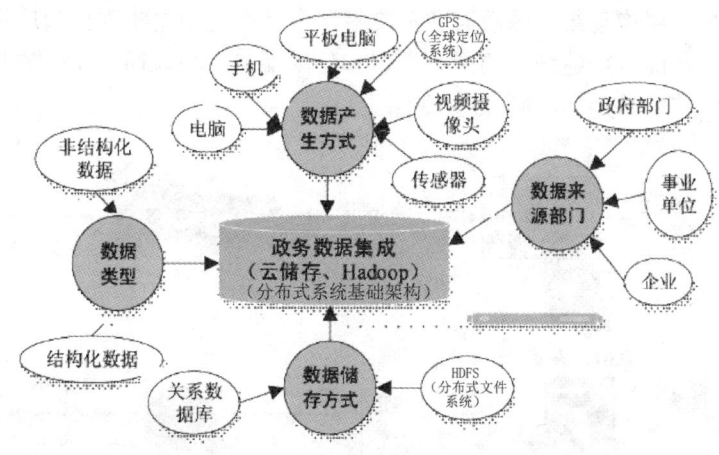

图4　大数据技术支持下跨部门的数据集成

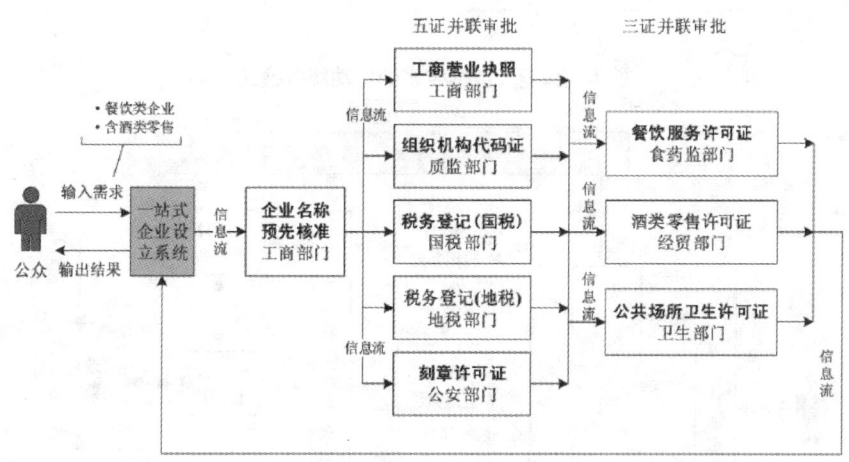

图5　新企业设立贸易类（酒类零售）的跨部门联合审批

在政府对外服务业务流程再造上，体现在三个方面：一是识别服务需求，从被动走向主动。政府使用大数据技术，提前感知和收集公众搜索使用的关键词类型和特征等信息；并利用大数据识别公众的倾向和偏好，主动模拟公共部门向公众提供推荐服务（见图6）。二是服务热点分析，从供给走向需求。也就是采用大数据技术分析网站栏目的综合访问实况，追踪公众服务需求，并通过热点图展现公众需要，为不同的公众提供个性化的网页引导，以公众需求而不是政府供给来设计政府网站内容。三是整合服务渠道，从分散走向整合。也就是政府利用云计算、云平台、云储存等大数据技术，在数据层建立政府大数据库，实现数据库的共享,在平台层构建统一的政府业务支持平台,在应用层实现部门应用系统的互联、互通,在前台构建统一的网站端口和移动端口。公众通过统一的身份认证就可办理不同政府部门的不同业务(见图7)①。

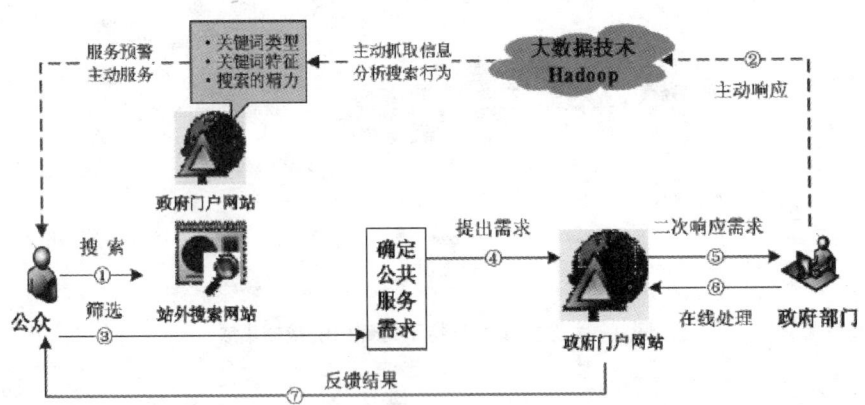

图6 基于大数据技术的主动服务模式

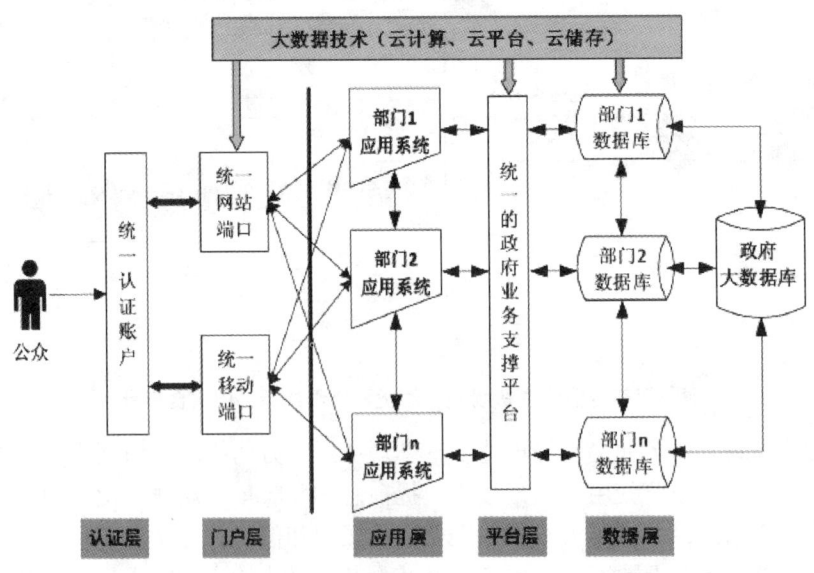

图7 基于大数据技术整合的公众服务流程

---

① 参见刘晓洋:《思维与技术:大数据支持下的政府流程再造》,载《新疆师范大学学报(哲学社会科学版)》,2016(2)。

（三）大数据时代的政府决策

多数研究者认为智慧政府时代政府能够充分利用大数据提高决策水平。闫利平、申灿认为传统政府决策模式已显露疲态，这表现为：一是决策数据搜集量和范围较小，存在数据黑洞；二是数据挖掘能力不足，信息衍生价值得不到体现；三是信息存储量较小，难以发挥数据规模优势。而智慧政府时代，政府可以充分利用虚拟世界传输的规模超大的各种数据，实现数据从抽样走向全样本。不仅如此，由于处理能力不足，传统政府在决策过程中仅关注数据表面即感性数据，忽略了数据深层次的规律即理性数据，难以实现政府决策的预判功能，使得众多政府决策丧失了预测性和前瞻性。智慧政府时代，政府应根据大数据技术的特点，依托信息平台，将数据作为关键要素，建构更具有适应性的政府决策模型。新型决策模型要遵循"收集—存储—分析—输出"的流程进行科学化管理，形成"数据—量化分析—决策—预判—监督反馈"的闭环自调节决策模式①。其中，要注意拓宽公民参政的渠道，确保决策数据的完整性，保证数据的衍生价值（详见图8）。

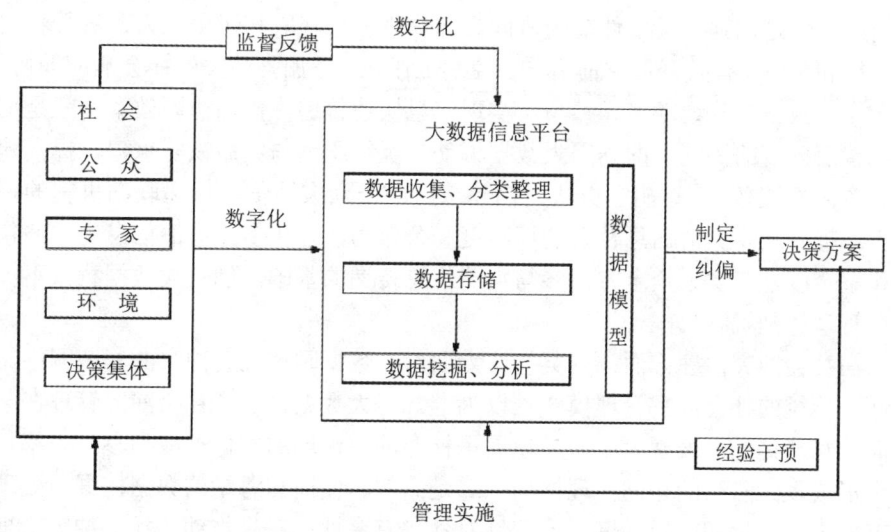

图8 大数据时代政府决策模型

也有研究者认为大数据的关联性分析在提高政府决策的针对性、及时性和渐进改进方面很有价值，但不能忽视存在的风险。这体现在两个方面：一是大数据的谎言。即便再完整的数据也不是真实的社会，大数据也会说谎。在利用大数据进行公共决策辅助时需要优化大数据分析的方法，从更多的维度进行数据挖掘和

---

① 参见闫利平，申灿：《创新大数据时代地方政府决策模式研究》，载《中共天津市委党校学报》，2016（3）。

数据分析。二是个人隐私的泄露。大数据时代每一个个体的行动都完全暴露在网络的监控中，一旦相关数据被非法获取和非法利用，就可能侵犯个人隐私。为此，我们要正确看待大数据预测能力，注意数据管制和制定相应规章制度①。

（四）智慧政府在具体领域的应用

有些研究者将智慧政府的一般精神与所关注的特定领域相结合，推出了一批关于智慧政府具体部门的研究成果。

在应急和救灾方面：何振等认为大数据时代城市应急管理行业的协作面临严重问题，包括行业部门内部信息频遭过滤，行业部门之间信息共享困难，政府应急数据整合能力不足，行业与公众双向信息互动不畅等。建立智慧城市应急管理行业协作体制在于：一是加强行业内部信息互通大联动，二是加强行业之间数据共享大合作，三是加快建设国家数据开放大平台，四是加强行业与公众信息互动大协作②。卢文刚、周爽认为数据挖掘能力和预测分析能力能够提高政府部门对复杂的防灾、救灾应急响应的效率，增加社会应对突发灾害的能力。实现上述目标的关键在于建立基于大数据的政府、社会响应协同机制。这套机制体现在三个层面上：一是加强突发事件前的协同。即增强信息获取和运用能力，进行救灾动员分析和预测，有效开展灾前引导、控制工作。二是加强救灾中社会响应的协同。即运用大数据充分调动多元参与，实现信息快速传递，提高协同效率。三是加强危机善后恢复的协同。即利用大数据调动各类组织参与灾后恢复重建，提高建设中的资源配置效率。③胡守勇认为构建政府与公众灾情信息传递联动机制的路径在于：提升政府灾情信息发布的精准度和公信力，强化多元灾情信息生成的包容性和整合度，夯实公众全方位参与灾情信息传递的基础，创新大数据背景下灾情信息管理体制机制④。

在社会冲突治理方面：刘英基认为面对大数据时代社会冲突的复杂网络结构特性，传统的社会冲突管理模式难以为继。但大数据赋予了社会冲突管理在某些方面的功能提升，表现为：一是拓展了社会冲突治理的主体构成和参与效率，有利于形成多元参与的协同治理格局；二是高效、便捷和海量的数据挖掘与处理能力有助于提升治理的灵敏度、治理针对性、有序性；三是推动了社会冲突治理过程的透明化与公正化，引导舆论导向，优化治理过程。充分利用大数据治理社会冲突需要在以下方面着手：注重引导并形成多元协同治理合力，构建"整体型政

---

① 参见胡亚谦：《大数据预测能力对公共决策的影响》，载《东北大学学报（社会科学版）》，2016（3）。
② 参见何振等：《大数据时代城市应急管理行业协作体制创新研究》，载《湘潭大学学报（哲学社会科学版）》，2016（6）。
③ 参见卢文刚，周爽：《大数据背景下救灾社会响应协同研究》，载《青海民族研究》，2016（3）。
④ 参见胡守勇：《大数据背景下政府与公众间灾情信息传递联动机制研究》，载《青海社会科学》，2016（4）。

府"，提升政府的整体战斗力，创新大数据嵌入的制度与管理模式等。①

在乡村治理方面：张春华认为大数据召唤乡村社会治理的转型，这体现在治理思维上从传统思维转向数据思维，在治理方式上从一元主导转向多元合作，在治理风险上从传统安全转向信息安全，在治理策略上从被动性决策转向主动性决策。为此，需要实现"四化"，即树立数据思维，打造合作治理，推动乡村治理主体多元化；开展数据分析，创新治理实践，实现乡村治理决策科学化；规范数据隐私，完善治理机制，推动乡村治理走向理性化；应对数据冲击，转变治理结构，实现乡村治理体系现代化。②

三、分析与展望

总体来看，"智慧政府"的认识和探讨尚处于起步阶段。虽然相关研究已经从不同的角度展示了智慧政府治理模式和机制创新的基本方向和总体趋势，但研究成果明显呈现出零散化、浅表化特征。面对智慧政府的火热实践，研究者需要在理论上大幅提升，尤其要置身于未来互联、互通的大数据世界，产生一批具有一定畅想性、系统性的关于智慧时代政府运行模式和机制的鸿篇巨作，对这个全新事物进行描述、阐释甚至规划，为现阶段智慧政府的理论和实践提供指导。对此，当前需要关注两个方面问题：

（一）大数据时代纵向政府间的关系调整

大数据时代数据的获取更加容易、处理更加便捷，依托大数据产生的信息更丰富，这为纵向政府间关系的调整创造了条件。这种调整方向应该体现在以下这些方面：

一是高效和准确的数据获取让中央政府和地方政府之间彼此更加透明。中央政府对地方政府的行动方式、内容和效果精准掌握，能够在多数领域准确调控地方政府行为，减少行动的盲目性。同样，地方政府也能通过大数据敏锐感知中央政府的核心关注和政策导向。在当代中国这样一个中央政府起主导作用的国家中，地方政府过去在某些领域中由于信息不对称所表现出的变相执行和违规操作等行为可能由于信息透明而得到制止，中央政府对地方政府的监控能力将更加强大。依靠大数据，中央政府能够更加准确地掌握地方公众的需求，可以将某些原先由于信息获取和处理不便而不得不下放到地方政府的权力回收。

二是分类管理和差异调控。大数据时代，由于能更准确地捕捉公众的需求，

---

① 参见刘英基：《大数据时代的社会冲突治理创新研究》，载《中国特色社会主义研究》，2016（1）。
② 参见张春华：《大数据时代的乡村治理审视与现代化转型》，载《探索》，2016（6）。

政府根据特定区域公众的需求，制定有差异性政策并实施分类管理，成为可能。这样，中央政府在回收一些权力的同时，也会将部分权力下放，并且，在制定基本政策框架的前提下，赋予地方政府分类管理和差异调控的权力，在部分领域赋予地方政府更大的自主权。当然，这个过程中央政府仍会保持强有力的监控能力。在权力的分配上，中央政府能够将核心权力（如宏观调控性类、政治控制类等）更加集中，而将执行性、具有区域差异性的权力赋予地方政府，中央、地方权力的分类更加精准、明确，中央政府对地方政府的监控能力更强。

三是纵向层级的调整。由于信息搜集和传递的能力大幅提升，部分地方政府失去存在的价值，纵向政府层级的调整成为必然。当然，部分层级的地方政府不一定会被撤销（例如乡镇政府），这与当代中国庞大的人口、国土面积以及错综复杂的经济社会转型期有关。但他们的财政、人事以及决策权等可能被回收而变成专注于政策执行的半级政府。由于大数据赋予了中央和省级政府更多获取信息的能力，其权力可能更加强化，而中、下层级地方政府区划和层级调整将显得更为必要。

四是地方政府的角色调整。大数据让中央和地方之间的信息通透，地方政府的行为方式内容、中央地方之间职责权限划分等将更为明确，地方政府将调整自己的角色。过去依靠信息的不对称，地方政府频繁"踩红线"的做法未来将行不通，地方政府也不再纠结于具体问题上的模棱两可，思想动机矛盾性的"非独立化人格"将逐步转变为"独立化人格"[1]。地方政府的行为方式和内容更加明确，要么，成为在中央宏观政策指导和监控下，根据本地实际自主选择的独立行动者（当然，其行动不能超越基本政策边界），要么，完全充当中央政府政策的忠实执行者。

（二）大数据时代横向政府间的关系及运行机制

一是依托大数据打造整体性政府。传统政府管理中政府部门之间相互割裂的现象在大数据时代将大为改观，因为大数据赋予了政府更多的信息资源，让他们彼此更加了解对方的状态。同时，大数据让政府之间过去不明晰的权责界限更为明晰，有利于监管部门确定责任的归属，督促地方政府及其部门认真履责。再者，大数据让公众能更敏锐地知晓地方政府的行为，从而能更适时、高效地监控地方政府行为，"倒逼"地方政府彼此间展开协作，打造整体性政府。

二是建立大量的基于大数据的协同平台。为了更好地统计大数据，并运用大数据打造整体性政府，实施对社会的有效、精准管理，地方政府将建立更多基于大数据的协同平台，如城市交通、医疗卫生、环境治理等。建立这些平台，需要

---

[1] 参见鲁敏：《转型期地方政府的角色定位与行为调适研究》，天津：天津人民出版社，2013年。

打通相关政府部门之间的基础数据，成立大数据分析中心、信息通报中心、会商决策中心、指挥控制中心，通过协同平台，政府之间将实现密切联系、高效协同、有序运作的有机体系。

三是政府内部、政府部门之间的流程和机制将被重构。大数据时代，政府将面临理念、体制、机制和运作模式上的革新。政府在有效协同的基础上，将重构内部的运行流程和机制，采用一个端口面对公众需求，实现"一站式服务"。政府内部的层级化组织将被弱化，政府不应当是僵化不变和冷漠割裂的官僚体系，扁平化组织、智能化导航、个性化并突破时空界限的服务型政府将逐步形成。

四、报告要点

本报告对 2016 年以来全国智慧政府发展的最新情况和理论研究成果进行了初步的归纳和总结，对智慧政府的下一步研究和建设的方向提出了看法。本报告要点总结如下：

1. 2016 年智慧政府在实践方面取得了一些进步，表现为：第一，中央部委和一些地方政府制定了推进智慧政府建设的发展计划和配套政策，不断完善智慧政府的建设标准和评价指标，展示国内外智慧城市建设的成功经验。第二，政企合作进一步推进。地方政府充分借助互联网企业在技术、管理和资金上的优势，相互借力，推进战略合作。第三，进一步推进政务云建设。地方政府通过建设政务云平台，积极推进"用数据说话、用数据决策、用数据管理、用数据创新"的管理机制创新，全面提升政府的公共服务和社会管理能力。第四，智慧政府在具体部门中进一步延伸发展，智慧交通、智慧医疗、智慧旅游、智慧社区等得到快速发展。

2. 2016 年理论界对智慧政府的研究主要集中在这样几个方面：一是智慧政府的治理理念方面。研究者普遍认为大数据时代治理理念将发生重大转变。平等思维、共享思维、跨界思维、协同思维等将浮出水面，深刻地改变人类的生产方式、生活方式和思维方式，政府的治理模式将得到同步演化。二是在智慧政府建设的具体路径选择方面。不同的研究者从治理主体、组织模式、机制创新、流程再造、市场参与等方面展开研究。三是在大数据时代的政府决策方面。研究者普遍认为智慧政府时代政府能够充分利用大数据提高决策水平，但需要适应时代的要求，建立新的决策模型，同时，应注意大数据的谎言和个人隐私的泄露。四是智慧政府在具体领域的应用方面。研究者将智慧政府的思维方式运用到应急与救灾、社会冲突治理、乡村治理等多个具体领域，进行解释并寻找对策。

3. 大数据时代，纵向政府间的关系应该成为下一步研究的关注点之一。高效和准确的数据获取让中央政府和地方政府之间彼此更加透明。中央政府对地方政府的监控能力将更加强大。在权力归属方面，一方面，中央政府可能将某些原先由于信息获取和处理不便而不得不下放到地方政府的权力回收，另一方面，由于地方政府在某些领域中能够更加精准地通过大数据感知公众的需求，因而，中央政府会赋予地方政府分类管理和差异调控的权力，在部分领域赋予地方政府更大的自主权。在纵向层级方面，由于信息搜集和传递的能力大幅提升，部分地方政府失去存在的价值，纵向政府层级的调整成为必然。在地方政府的角色方面，大数据使中央和地方之间的信息通透，地方政府的行为方式内容、中央与地方之间的职责权限等将更为明确。由于信息更加透明，中央政府的监控能力更加强大，地方政府也不再纠结于具体问题上的模棱两可，其思想动机矛盾性的"非独立化人格"将逐步转变为"独立化人格"。地方政府的行为方式和内容更加明确，要么，成为在中央宏观政策指导和监控下根据本地实际自主选择的独立行动者（当然，其行动不能超越基本政策边界），要么，完全充当中央政府政策的忠实执行者。

4. 大数据时代，横向政府间的关系及运行机制应该成为下一步研究的关注点之二。大数据时代，传统政府管理中政府部门之间相互割裂的现象将大为改观，大数据让过去政府之间不明晰的权责界限更为明晰，监管部门确定责任的能力大幅提升，公众能更适时、高效地监控地方政府行为，这些都将"倒逼"地方政府彼此间展开协作，打造整体性政府。为了应对复杂的社会生活，地方政府将依托大数据建立更多的协同平台，实施对社会的有效、精准管理；打通相关政府部门之间的基础数据，成立大数据分析中心、信息通报中心、会商决策中心、指挥控制中心；同时，将重构内部的运行流程和机制，通过一个端口面对公众需求，打造服务型政府。

作者单位：华北理工大学管理学院，南开大学中国政府与政策联合研究中心

深圳市基层政府与民间社会的
互动关系研究

张翔

"国家（政府）—社会"关系是现代政治学分析的一对基本关系。但是，国家（政府）与社会的互动关系并不只是两个逻辑概念之间的矛盾，而是两者在具体动作过程中的实际互动。随着城市化的持续性推进，城市治理已经成为国家治理现代化的主战场。因此，如果将"国家（政府）—社会"关系落实到具体的运作过程中，会发现，"国家（政府）—社会"互动关系将在实践层转换为城市内基层政府与民间社会之间的互动关系。换言之，在具体的政府过程中，基层政府与民间社会的互动关系是"国家（政府）—社会"关系的一个关键维度。近年来，深圳市政府在基层政府与民间社会的关系上做了相应的改革尝试。这些改革实践对于理论界与实务界在理论层面重新思考"国家（政府）—社会"关系具有积极的意义。

一、深圳市基层"政府—社会"关系发展现状综述

作为改革开放的前沿阵地，深圳市的市场经济与民间社会发展相对成熟。截至 2012 年，据不完全统计，深圳市慈善捐款 70%的资金来自民营企业家[①]。进入 21 世纪以来，在城市化深入发展的背景下，"一些非公有制企业、社会团体和民办机构在街道社区落户，离退休人员、待业人员、外地务工人员大量进入社区，社区成为各类矛盾反映比较敏感的汇聚地"[②]。因此，基层政府在管理技术的单

---

① 参见《民营企业家成为深圳慈善事业主力军》，见中国网，2012-07-09。
② 参见江泽民：《江泽民文选（第三卷）》，北京：人民出版社，2006 年。

一性与管理对象的复杂性之间产生了不可避免的矛盾。这个矛盾成为基层政府努力推动"政府—社会"关系调整的一个重要缘起。

（一）基层政府与民间社会关系调整的前奏

基层政府与民间社会的关系调整与地方政府职责转变密不可分。政府职责转变所营造的政府改革实践与民间社会环境也构成了基层"政府—社会"关系调整的前奏。在这个方面，深圳市的基层政府职责转变主要由两个部分构成。

1. 社会组织管理改革

社会组织是民间社会的重要行为主体。2004年之前，深圳的社会组织发展主要面临着两大阻碍：一是"门槛"过高，大量社会组织因为没有依托的业务主管单位而难以完成登记；二是社会组织的行政化色彩过浓，政社不分与企社不分的现象普遍存在。以解决这两个问题为起点，2004年开始，深圳市政府就开始尝试改革传统的社会组织管理模式，并提出了"三个半步走"的部署。大体而言，第一个半步的目标是通过民间化的方式，实现行业协会与业务主管单位的依附关系；第二个半步的目标是实现行业协会由民政部门直接登记、单一管理；第三个半步的目标是建立工商经济类、社会福利类、公益慈善类社会组织由民政部门直接登记管理的体制。通过这三个半步，完成社会组织由业务主管部门分别管理向政府民政部门统一管理的转型，从而明确了政府与社会组织之间的边界。

表1 深圳市社会组织管理模式改革的"三个半步走"示意表

改革时间	机构与职责改革	改革内容
2004年	成立行业协会服务署，统一行使行业协会业务主管单位的职责。	各行业协会在机构、办公场所、人员和财务等方面与原业务主管单位全面脱钩，切断了各行业协会与政府各职能部门的行政依附关系，使行业协会真正拥有独立的社团法人地位。
2006	行业协会服务署与市民政局民间组织管理办公室合并，组建成深圳市民间组织管理局。	最早实行行业协会由民政部门直接登记、单一管理的管理体制。
2008	未做变动。	深圳出台《关于进一步发展和规范我市社会组织的意见》，规定对工商经济类、社会福利类、公益慈善类社会组织实行由民政部门直接登记管理的体制。

相较于传统的社会组织管理模式，这"三个半步"的改革更倾向于对社会组织的"松绑"，更多地表现出地方政府"放松规制"的特点。然而，如果从深层次

的职责转变来看,这一系列的改革是社会组织管理"规范化"的过程。通过这个"规范化"过程,政府、市场与社会之间的关系得到了进一步的厘清。

2. 地方政府的"大部门体制"改革

在改革社会组织管理模式的同时,地方政府本身也在自我改革。其中,最为典型的是2009年以来,深圳市推动的"大部门体制"改革。在"大部门体制"改革的推动下,"小政府,大社会"的格局在深圳市略见雏形,这对基层政府与民间社会之间的关系构成了深刻的影响。

2009年,在"大部门体制"改革推动下,深圳削减15个政府部门,46个政府部门调整为30多个部门,精简三分之一。与此同时,减少内设、下设及派出机构151个,减少事业单位60个。除了机构调整外,"大部门体制"改革也对政府职责进行了大幅度的精简,共取消、调整和转移284项职能事项,这些事项大多以政府购买社会组织服务的形式与社会组织对接。

在精简机构与职责的过程中,地方政府规模变得"小而精",从而为社会组织提供了协同供给公共服务的平台,同时也为民间社会提供了发展的空间。

在地方政府推进社会组织管理模式改革与"大部门体制"改革的双重作用下,基层政府与民间社会之间关系的总基调得以明确。一个相对精简的政府与一个高效运作的社会之间的关系是基层政府与民间社会关系的总方向。在这个总方向下,基层政府与民间社会之间的关系也逐渐开始调整,由原来的以基层政府为主导的"单向规制"模式向基层政府与民间社会互动的"多元治理"模式过渡。这种"多元治理"模式也依据不同的基层地域而具有不同的特点。本研究主要总结当前在深圳市具有影响力的三种典型经验。

(二)南山经验:以人大代表联络工作站为中心

人大代表联络工作站是深圳市南山区的制度改革案例。这里将以人大代表联络工作站最为典型的月亮湾片区人大代表联络工作站为例进行分析。2002年底,月亮湾片区的人大代表联络工作站正式挂牌成立,其目的是通过设立人大代表与社会民众之间的联络员,帮助人大代表调研、了解基层问题,以补充人大代表因兼职而难以深入了解基层问题的不足。截至2015年,通过联络站的日常工作和发挥代表的主体作用,联络站共提交了120多条具有操作性的代表建议,90%形成了政府行动。可以说,经过十几年的发展,月亮湾片区的人大代表联络工作站已经成为该区域社会民众联结基层政府与基层人大的重要纽带。月亮湾片区的人大代表联络工作站已经成为深圳市南山区各个社区基层治理的一项重要创新,人大代表联络工作站也作为一种新的模式在全区范围进行试点推广。

1. 人大代表联络工作站的设置背景

长期以来,城市基层的社会民众是通过信访与人大两个渠道实现意见表达的,但是，这两个制度在城市基层治理过程中运行得并不理想，基层政府与社会民众之间的有效互动并未通过这两个制度得以实现。

首先，"属地原则"影响了信仿制度在城市基层治理中的效能发挥。按照《信访条例》的规定，信访遵循"属地原则"，即"信访工作应当在各级人民政府领导下，坚持属地管理、分级负责，谁主管、谁负责，依法、及时、就地解决问题与疏导教育相结合的原则"[①]。这条原则的实质是能够快速且高效地应对信访中遇到的问题。但在实践过程中，这条原则却成为城市中的"市—区"两级信访部门将城市基层社会民众所反映的问题退回街道办事处与社区组织的重要依据。然而，问题在于，城市基层社会民众对"市—区"信访部门的意见表达，恰恰是街道办事处与社区组织两级基层行政机构难以解决的问题。这就造成了一个循环，基层行政机构无法解决的问题又因为"属地原则"退回基层行政机构，社会民众的意见表达无法得到妥善解决，这种状况给信访制度在城市基层治理中的效能发挥带来显而易见的负面影响。2002年之前，月亮湾片区是南山区有名的脏、乱、差地区，面临的交通、污染、治安等问题都十分突出。许多居民都希望通过信访的方式解决这些问题，但问题依然无法解决。

其次，人大制度在城市基层治理中也面临着运转困境。在2002年之前，深圳市各区的人大代表还难以在城市基层治理中发挥应有的作用。一方面，区人大代表的功能发挥受限于区人大会议期间。区人大代表往往只是在人大开会期间发挥作用，而在闭会期间，区人大代表对于城市基层事务的参与并不充分；另一方面，兼职性的人大代表缺乏足够的时间与精力参与城市基层治理。人大代表的兼职特点使各级人大代表难以对城市基层的具体事务进行充分的调研与分析，这不仅影响了人大代表的提案质量，也限制了社会民意进入政府过程的机会空间。正是基于上述两个方面的原因，在2002年之前，月亮湾片区在不同程度上存在"选民找不到人大代表，人大代表也找不到选民"的尴尬，"零议案代表""形式代表"等现象也普遍存在。在信访制度与人大制度的运转存在缺陷的背景下，社会民众缺乏必要的意见表达渠道，这种境况为人大代表联络工作站的设立提供了制度空间。

2. 月亮湾片区人大代表联络工作站的运作过程

从运行过程的角度看，人大代表联络工作站主要通过两个渠道完成，即"联络站—人大—政府部门"渠道与"联络站—政府部门"渠道。

第一，"民众意见—联络站—人大—政府部门"渠道。人大代表联络工作站的首要职责是人大代表联系选民的平台。根据《深圳市人大代表社区联络站工作办法》的规定，"人大代表联络工作站是人大代表闭会期间集体履职的工作场所，是

[①] 参见：中华人民共和国国务院院令第431号，见中国政府网。

市、区两级人大常委会和街道联系人大代表和人民群众的工作平台"。月亮湾片区的人大代表联络工作站在这一基本原则下努力将社会民众的意见经由人大相关组织与政府部门沟通，推动政府部门解决相关问题。大体上这一过程分为三个阶段：第一阶段：联络站初步研究。社会民众的问题反映至人大代表联络站，人大代表联络站站长会安排联络员组织调研，对相关问题进行初步研究，主要包括：分析问题起因、事权，以及所涉及的相关政府部门，并形成解决问题的初步建议。第二阶段：人大代表视察。在初步建议的基础上，人大代表联络站将组织人大代表对相关问题进行现场视察，使人大代表清晰、全面地认识问题，对联络站提出的初步建议进行全面的认识与细致的分析。第三阶段：联合座谈会。在人大代表参与的条件下，召开一个人大代表、政府部门、人大代表联络站共同参与的座谈会，对解决问题的方案进行协商与确定。座谈会在必要的时候还会邀请部分利益相关者与新闻媒体参与，协助问题的解决。

第二，"民众意见—联络站—政府部门"渠道。根据《深圳市人大代表社区联络站工作办法》的规定，"人大代表联络站并不直接处理群众反映的问题"。但是，作为人大代表的秘书，人大代表联络站的联络员可以协助政府部门解决群众反映的问题。月亮湾片区人大代表联络工作站依托这一角色定位，建立起了"联络站—政府部门"的沟通渠道。这一沟通渠道在应对紧急社会事件中发挥了积极的作用。这一渠道的运作大体由两个部分构成。首先，联络站主动联系区内政府部门。月亮湾片区人大代表联络工作站每年都会安排联络员与群众以"拜年"的名义走访区内各主要政府部门。用联络工作站敖建南站长的话说，"和政府部门联络感情"。通过这种联络机制，月亮湾片区人大代表联络工作站实现了两方面效果：一方面，以人大为中介促进了政府部门与基层社会民众之间的相互了解，避免双方在事务性问题上的误判；另一方面，在相互了解的基础上，这种联络机制也为人大代表参与相关问题的解决奠定了良好的基础。其次，联络站充当政府部门与社会民众的"缓冲带"。当出现社会民众意见较为激烈，或者政府部门与基层社会民众之间的意见分歧十分突出的情况时，联络站则充当两者之间的"缓冲带"。"缓冲带"的意义包括两个方面：一方面，社会民众的激烈意见进入联络站，联络员会帮助民众分析问题。如果是个人问题，联络员会引导民众个人通过法律途径解决；如果是公共问题，联络员将会启动人大代表介入模式，协助问题解决，相关程序与"民众意见—联络站—人大—政府部门"渠道相似；另一方面，联络站为社会民众的意见表达提供一个平台，对民众意见进行必要的分析与归纳，避免社会民众与政府部门之间的直接冲突。这样的方式可以有效地防止群体性事件的发生与扩大，也降低了其他社会不良势力参与群体性事件的可能性。

(三) 盐田经验：以社区民意表达工作室为中心

2010 年，盐田区根据辖区人口结构、社会管理和群众基础等方面的特点，在原有人大联络站的基础上，将人大代表、党代表、政协委员统一汇总，以社区为单元设立"社区民意表达工作室"。

1. 民意表达工作室的权责配置

民意表达工作室隶属社区工作站，由社区综合党委的专职副书记任主任，在业务上对接区社会工作委员会。民意表达工作室内的"两代表一委员"分别对接不同的业务部门，人大代表在业务上对接街道联组，街道联组对接区人大；党代表在业务上对接街道组宣办，街道组宣办对接区委组织部；政协委员在业务上对接街道政协工委，街道政协工委对接区政协。由此可见，民意表达工作室在业务分类、对接上形成了"区—街道—社区"3 级业务对接层次。通过 4 级管理层次与 3 级业务对接层次，政府将"社区民意工作室"嵌入现有的行政管理体制中。

2. 民意表达工作室的运作过程

"社区民意表达工作室"的运作过程大体由四个部分构成：

第一，意见汇总。一方面，民意表达工作室中的"两代表一委员"需要根据包干入户的原则对固定民众进行走访、约访等活动，主动搜集民意；另一方面，"两代表一委员"还需要在固定的时间（每个月半天）在"民意表达工作室"中进行接访，倾听民众反映的意见与问题。

第二，意见传递。通过主动搜集与被动接待两方面的工作，代表（委员）要将民众反映的意见与问题进行整理，形成具体事项，填写《社情民意工作表》，由代表（委员）签字确认后录入社情民意数字化管理系统，向政府及相关职能部门传递民众的意见与问题。这些事项首先会传达至区委组织部，由区委组织部根据事项的情况决定该事项是否转入职能部门。

第三，部门答复。政府及相关部门需要对区委组织部转交的事项做出答复，这个答复的过程大体可以分为两个阶段。在事项转入职能部门后，先由办公室给出拟办意见，转交局领导审批。办公室根据局领导的审批意见对事项退回或下派。退回事项将退回群工科重新处理，下派事项将进入具体的科室。科室根据事项做出延期申请、退回、办理 3 个处理方案，延期申请的事项经由科室领导审批后直接进入群工科，群工科将申请延期的事项报组织部领导批示。退回的事项也由科室领导审批，并给出退回理由后经由群工科退回"民意表达工作室"。办理则由科室进行办理，并将办结事项交局领导审批。局领导审批同意后，由局办公室将办结结果转至民意表达工作室，交由"两代表一委员"进行评价。局领导审批不同意的事项将退回科室重新处理。答复步骤将根据一般问题、重大问题与特殊问题进行分类处理。一般问题 10 个工作日内答复当事人，重大问题 30 个工作日内答复,特殊问题的答复时间也不得超过60天。

第四,代表(委员)评价。政府职能部门答复后,由"民意表达工作室"的代表(委员)进行评价,代表(委员)要根据答复做出确认办结与驳回两种处理结果,结果都将回到群工科处理。通过这4个步骤,民意表达工作室的运作形成了一个完整的流程,这种流程也是政府部门根据民意表达工作室的设立而做出的调整。

通过上述分析,可以发现,民意表达工作室为社会民众的意见与问题向政府传达提供了一个中介平台,也强化了基层政府及其职能部门对社会诉求的反应能力。

3. 民意表达工作室的配套机制

在民意表达工作室运作之初,不可避免地存在着基层政府及其职能部门主导事项处理的问题。但是,随着改革的深入,相关配套机制的跟进开始对基层政府及其职能部门的主导地位构成压力。2015年以来,针对热点、难点问题,区社会工作委员会建立起一系列配套机制推动"民意表达工作室"的功能发挥,同时推动热点、难点诉求问题的解决。

第一,开展"专题议政"。对民意畅达工作中收集到的群众普遍关注的热点、难点问题,由社区民意表达工作室牵头,邀请挂点社区的"两代表一委员"、社区居民代表、驻社区单位和相关职能部门等面对面进行交流、讨论,举办"社区议政"活动,推动社区热点、难点问题的解决。而且,基层政府职能部门参与、反馈的情况将纳入部门绩效考核。

第二,建立"专报制"。针对久拖不决、居民反复上报的停车难、占道经营及盐田港区后方陆域交通等方面的7个诉求,以《盐田信息》专刊的方式,专报区主要领导及相关部门,从更高层面推动解决。此外,"助民微行动"蓬勃开展,依托区慈善会设立"助民微行动"专项资金;引进社会资金设立"爱心助学"主题助民板块;发挥永安社区基金会的作用,推出了"工友驿站""益起来""爱心学业辅导"等服务项目,成为我区服务外来人口工作的新亮点。

第三,建立诉求办理全程跟踪机制。建立了代表委员诉求办理询问制度,代表、委员可向诉求办理部门发放询问函,督促职能部门按时答复诉求,提高处理质量,进一步发挥代表委员对职能部门的监督作用。

(四)罗湖经验:以居民议事会为中心

2012年,在解决文华社区居民与汽车广场矛盾时,罗湖区委、区政府创造性地引入"罗伯特议事规则",组织了一场由居民、企业、政府三方共同参与的"广场对话会"。这种"广场对话会"逐渐制度化为社区的"居民议事会"。罗湖区由此在全区范围内逐渐形成了以居民议事会为中心的"罗湖经验"。

1. 居民议事会的设置背景

随着深圳市各级政府"大部门体制"改革的深入,地方政府机构与政府职责的精简已经成为不可避免的趋势。但与此同时,城市人口的不断增加与民众政治意识的提高使城市社区公共事务不断复杂化,成为当前社区治理中的重要难题。由此,基层政府与民间社会陷入了两难的困境之中:一方面,地方政府很难再像原来那样干预与主导基层公共事务,另一方面,基层复杂化的公共事务又亟须有效解决。在这种背景下,基层政府如何在精简机构的前提下,高效处理公共事务就成为罗湖区政府亟待解决的重要问题。在各种解决方案中,罗湖区选择了一种将社区公共事务交由社区自治处理的解决方式。居民议事会就是社区自治理模式的核心机构。从实践效果来看,这条道路确实与罗湖区的实际情况相适应。

2. 居民议事会的运作过程

居民议事会不是一个简单的机构,而是一个运行机制的中心环节。2015年,罗湖区通过了《罗湖区社区居民议事会规范化建设工作方案》(以下简称《工作方案》),从制度上对居民议事会的运作过程进行规范。根据《工作方案》的要求,居民议事会的运作过程主要包括三个关键环节:

第一,"赋制"——选举居民议事会。居民议事会由不少于50人参加的社区居民代表与楼长联合会议选举产生;由社区综合党委组织议事员、社区居委会议事员、人大代表议事员、社区企事业单位议事员、社区居民议事员构成,其中社区居民议事员达到一半以上。具体而言,居民议事会成员总数为15—17人,其中社区居民议事员需要达到7—9人。居民议事会成员任期3年,与社区居委会任期一致,可连选、连任。

第二,"赋能"——居民议事会议事规则。从经验而言,基层民主最为担心的是民众的参与对于秩序构成的冲击。如何保证民主参与过程中的秩序有效性也是居民议事会需面对的问题,而且一定的秩序本身也是民主参与能力的一个重要标志。对此,罗湖区在文华社区实践的基础上,创造性地发扬了"罗伯特议事规则"的精神,并将之归纳为"十条"适应中国国情而又具有可操作性的规则,包括主持中立、起立发言、面向主持、表明立场、不超时、不打断、不跑题、不攻击、机会均等和服从裁判。通过这10条规则的运用,提升了居民议事会成员议事、决策的能力。

第三,"赋权"——赋予居民议事会社区公共事务的决策权。这些决策权涉及7项权力:"决策社区基金的分配,监督其使用情况;决策、监督社区公益服务项目的设置,公共服务场所的选址;评议区职能部门、街道办事处、社区工作站、社区服务中心等在社区开展工作的情况;决策本社区开展的党政社群社区共治,实施民生'微实事'项目;推选居民议事员代表与其他共治代表共同参与街道层面党政社群社区共治，民生'微实事'项目决议；选定文化部门在社区开展的文化节目；议事员参加议事会可享受会议补助；依据法律法规，应由社区居委会、社区居民议事会议决的其他有关公共服务事项"①。在这7项权力中，"决策社区基金的分配，监督其使用情况"与"评议区职能部门、街道办事处、社区工作站、社区服务中心等在社区开展工作的情况"是关键所在，这两项权力使"居民议事会"具有的真正意义的"自治"权限。

南山经验、盐田经验与罗湖经验都是深圳市基层政府根据当地情况，在探索基层政府与民间社会关系上具有代表性的改革成果。而这三项成果也各具特色：南山经验侧重于激活现有体制内的要素，为基层政府与民间社会建构平台；盐田经验侧重于建构基层政府与民间社会之间的沟通渠道；罗湖经验则侧重于基层政府与民间社会的边界划分。通过这三种经验，可以透视深圳市基层政府与民间社会关系的发展现状。

二、深圳市基层政府与民间社会关系研究现状综述

学界对于深圳市基层政府与民间社会关系的研究，总体上并未形成研究体系。这主要由两个方面的原因造成。

一方面，作为具体的改革经验，要在学术界形成研究体系存在一定的困难。深圳市虽然在基层政府与民间社会的关系上具有较强的典型性，但毕竟是全国诸多改革的一个环节，很难在学术研究上呈现出体系化研究的特点。因此，相关研究多数是零星状的。例如，陈家喜曾从民主创新的角度分析盐田经验②；陈文等也曾从组织吸纳的角度对南山经验的具体案例进行分析③；也有学术期刊曾专门针对南山经验组织过专栏"城市社区治理的南山实践"，在专栏中周庆智从"单位人"向"公民"角色转变的角度进行分析④，孙彩红从多元主体供给公共服务的角度进行分析⑤，郑建君从多元主体参与自治的制度化角度进行分析⑥；周庆智从

---

① 参见《罗湖社区居民议事会有章可循》，见新浪网，2015-07-10。
② 参见陈家喜：《民主创新与基层治理——以深圳盐田民意畅达工作室为例》，载《理论视野》，2013（6）。
③ 参见陈文，黄卫平，汪永成：《"组织（机构）吸纳"的现实运作——以深圳市南山区月亮湾片区"人大代表工作站"为例》，载《云南行政学院学报》，2007（1）。
④ 参见周庆智：《基于公民权利的城市社区治理建构——对深圳市南山区"单位制式"治理的制度分析》，载《学习与探索》，2015（3）。
⑤ 参见孙彩红：《治理视角下的社区公共服务——基于深圳市南山区的案例分析》，载《学习与探索》，2015（3）。
⑥ 参见郑家建：《公共参与：社区治理与社会自治的制度化——基于深圳市南山区"一核多元"社区治理实践的分析》，载《学习与探索》，2015（3）。

集权下的分权角度分析罗湖经验①，罗苗也从基层赋权的角度，较为全面地介绍了罗湖经验②。

另一方面，学界对于具体改革经验的理解多数都内嵌于基层"政府—社会"关系的研究当中。而对于基层"政府—社会"关系，学界的理论研究显然呈现出体系化的特点。基于其与深圳市的具体改革经验之间千丝万缕的联系，在此做一简要说明。当前学界对于基层"政府—社会"关系的研究主要由两个部分构成：一是突出城市基层治理中的社会性内涵，强将城市基层制度变迁的方向定位为："基层民主"。有学者直接将基层治理与"基层民主"之间的关系理解为一种积极互动的关系，认为"在基层民主选举和社区公共事务治理的关系上，基层民主的发展改变了权力的分配，改进了基层治理"③。另外一些学者则更进一步，认为基层治理的改革就是建立一个"与国家相分离"④的公民社会。甚至还有学者将基层治理中的社区建设直接理解为"行政主导向自治性复归"⑤的转变。二是将城市基层制度变迁定位为国家政权建设的一个环节。基于这一观点，街道与社区等基层行政机构被理解为"政府的一条腿"⑥。有学者从目标导向的意义上指出，"国家必须建立以社区为基本单位的新的社会调控、整合和沟通体系，并应努力把社区转化为国家政治建设与政治发展的积极资源"⑦。也有学者从反思的角度指出，社区与单位制并没有发生实质差别，社区只是"将单位制解体后模糊的城市空间改造为标准化与清晰化的国家治理空间的需要，而不是为了建构一个独立于国家的公共领域"⑧，其主要方式"借助现代科研手段（比如'社区网络化'管理）以强力渗透的方式不断地巩固与强化传统的权威结构和功能取向"⑨。因此，"国家权力在社区中的支配地位始终是绝对的,其他力量只扮演国家力量的附属角色"⑩。

---

① 参见周庆智：《权威主义基层治理——以深圳罗湖"质量党建"为例》，载《求实》，2016（10）。
② 参见罗苗：《罗湖社区"活化赋权"试验》，载《决策》，2015（6）。
③ 参见 Guo Zhenglin，Bernsteint. "The Impact of Elections on the Village Structure of Power：the Relationship Between the Village Committees and the Party Branches"，*Journal of Contemporary China*，2004，13(39)。
④ 参见李骏：《社区建设：构建中国的市民社会》，载《人文杂志》，2003（3）。
⑤ 参见刘为民：《转型期我国城市社区建设的政治学分析》，载《理论与改革》，2004（2）。
⑥ 参见沈新坤：《城市社区建设中的全能主义倾向》，载《社会》，2004（6）。
⑦ 参见林尚立：《社区：中国政治建设的战略空间》，载《毛泽东邓小平理论研究》，2002（2）。
⑧ 参见李亚雄：《第三部门的发展与我国城市社区建设》，载《华中师范大学学报》，2003（3）。
⑨ 参见周庆智：《基层治理：一个现代性的讨论——基于政府治理现代化的历时分析》，载《华中师范大学学报》，2014（5）。
⑩ 参见李友梅：《国家在城市社区建设中地位与作用的变迁》，见社会学视野网，2009-04-28。

三、分析与展望

深圳市在基层政府与民间社会关系上的改革经验对于各级政府如何应对市场经济以来日益成熟的民间社会，具有很强的借鉴意义。随着改革的深入，深圳的经验开始具有一些模式性的特征。当然，现在将这些经验称为模式尚不成熟。对这些模式性的特征进行一定的总结与展望是深化理论研究与改革实践的重要工作。

（一）基层政府与民间社会的"二元共治"格局初步成型

长期以来，城市的地方政府习惯于运用"街居制"与"单位制"作为行政体系的末端，联结城市基层的"政府—社会"关系，从而对民间社会进行"单向管制"。具体方式是，"在单位和社区中，管理者会努力要求市民按照政府所规定的行为方式行事"[①]。但是，在市场经济与社会发展的双重推动下，城市基层社会分化的持续性与政治空间的有限性之间的矛盾日益显现，从而对"单向管制"格局构成巨大冲击。

近年来，许多基层政府在处理与民间社会的关系时都对"单向管制"格局做出了一定的改革。一方面，建构基层政府与民间社会之间的互动平台；另一方面，在一定程度上容纳民间社会的参与。但是，由于对"单向管制"格局固有的路径依赖，这些改革都不免带有"政府主导"的色彩。具体表现在，基层政府在决策与施政的过程中，依然是以政府需要替代社会需要，民间社会力量的参与更多地表现为一种"咨询"，而不是平等地"协商"。

但是，在深圳市的三个典型经验中，可以发现，基层政府与民间社会的"二元共治"格局已经初步成型。一方面，"二元共治"格局显然突破了"单向管制"格局的局限。在"二元共治"格局下，民间社会的参与对于基层政府而言，不再是简单的咨询，而是基层政府与民间社会之间的一种协商。在这个协商的过程中，基层政府与民间社会也完成了职责分工。基层政府为民间社会的参与设定秩序框架，而民间社会则在这个秩序框架内开展、参与社会基层治理；另一方面，"二元共治"格局不同于许多学者所倡导的"多元治理"。事实上，在中国这样一个"大政府，小社会"传统较强的国家中，要从"单向管制"跨越式地转向"多元治理"，不仅对于不成熟的民间社会而言是一种压力，而且其改革的成本与成效极难评估。而"二元共治"格局则是一个"双中心"的治理结构，在保障基层政府"有为"

---

① 参见 Whyte, Martin King and Parish, William L. *Urban Life in Contemporary China*, Chicago: University of Chicago Press, 1984.

与基层社会秩序的前提下，充分发挥民间社会力量的作用。这是地方政府与基层政府对于现代社会成长的一种反应。

本文所提及的三个典型经验中有两个趋势可以看出"二元共治"的格局已经初步成型。第一，基层政府对于社区的公共事务由直接参与逐渐转向设定参与规则。在南山经验、盐田经验与罗湖经验中，无论是人大代表联络工作站、民意表达工作室，还是居民议事会，每一个新的机构设置的背后都是参与规则的重新设定。社会民众通过这些新的机构参与基层治理的过程也是一个遵守规则、维系秩序的过程。第二，社会的多元性尚未突出地表现出来。从深圳的现有经验来看，民间社会还不是多元主体，而是作为一个整体与基层政府互动。由此，我们可以看到，"关键性民众"在整个互动过程中的作用。人大代表联络工作站中的联络员、民意表达工作室中的"两代表一委员"、居民议事会的成员都是民间社会中的"关键性民众"。从政府过程的角度上看，他们完成了民间社会的意见综合，是基层政府与民间社会之间的中介力量。由此可见，在与基层政府互动的过程中，民间社会参政还是以一元的形式表现出来。

通过对现有改革经验的总结，可以发现，"二元共治"格局在深圳市的改革经验中已经初步成型；以此为基础，从发展的角度上分析，"二元共治"格局的规范化将是基层政府与民间社会关系需要应对的下一个重要课题。事实上，上述的三种经验中所提及的基层政府对此都已经有所尝试，并形成了一些制度性成果，但如何确保改革成果的可持续发展，依然是一个基层政府需要研究的重要问题。

（二）"机制调整"替代"体制改革"成为改革的主要方式

体制与机制是一个概念的两个方面，既有联系又有区别。但是，长期以来，体制与机制两个概念往往混为一谈，二者之间的区别（被忽视）。事实上，体制与机制同属于一个概念范畴，但在视角分析的侧重点上却有着显著的差异。第一，体制侧重于从静态的视角看制度内各权力主体之间的关系，而机制则重视权力主体在实际的互动过程中所表现出的关系；第二，体制侧重于规范意义上政治权力结构的制度安排，而机制则强调实证意义上这种制度安排的执行效果；第三，体制侧重于从权力归属的角度分析政治权力结构；而机制则重在从过程的角度分析权力的现实运行过程。

长期以来，地方政府习惯运用体制改革的方式解决改革中的问题。改革就往往成为新体制对旧体制的冲击。在推动政府职责由适应计划经济向适应市场经济转变的过程中，这种改革方式是至关重要的。但是，随着市场经济体制的日益稳定，体制改革往往会造成两个方面的问题：一方面，从认识上，地方政府习惯性地将阻碍政府职责转变的因素笼统地概括为"体制性问题"，对于问题的性质存在"以偏概全"的尴尬；另一方面，从实践上，体制改革也容易造成权力结构不稳定，影响改革成效持续性发挥。在一些地方，甚至出现了"体制改革—困境出现—体制再改革—困境再出现"的循环怪圈。

事实上，许多问题，诸如流程设计、工作方式等，往往不是体制层面的问题，而是机制层面的问题。机制调整的滞后也是政府职责转变中的重要阻碍。因此，对于地方政府而言，把握体制改革与机制调整的平衡是至关重要的。而对于基层政府而言，探索以机制调整刺激体制活力的改革方式可能更加符合基层政府的特点。因为，体制改革的主动权是随着行政层级的下降而逐渐递减的，基层政府在体制改革上的空间实际上是十分有限的。

在上述三种经验中，我们可以很清晰地发现，机制调整已经成为基层政府与民间社会关系调整的主要方式。人大代表联络工作站、民意表达工作室、居民议事会没有改变现有体制与权力结构，而是根据社会发展变化的需要，通过一个新的机构（组织）的设立带动基层权力关系与职能部门工作方式的变化，从而促进机制层面的调整。由此可见，在处理基层政府与民间社会的关系上，深圳的基层政府已经探索出一条以"机制调整"替代"体制改革"作为主要改革方式的路径。

当然，从发展的角度上分析，新的运行机制还需要得到现行体制对其进行确认，形成具有约束力的规范，才能使新的运行机制得以持续性地有效运转。因此，现有体制也应积极地对运作较为成熟的机制予以确认，将机制调整的成果转变为体制改革的内容。在此，就需要地方政府考虑两个方面的问题：第一，如何评判新的运行机制的成效？第二，现有体制结构在吸纳新机制的过程中，是否存在摩擦？如何解决这些摩擦？

（三）"代表"与"参与"是制约基层政府与民间社会关系发展的关键

在深圳的三个典型经验中，基层政府与民间社会的关系也存在发展性的阻碍。而制约基层政府与民间社会关系发展的关键主要是两个问题。

第一，代表性问题。如前文所述，当前经验中的民间社会还是以"一元"形式表现出来，这就必然带来民主政治中的一个关键问题——代表性问题。虽然，"关键性民众"具有一定的代表性，但是，在社会利益多元化的趋势下，社会民众针对具体政策也会形成许多不同的利益与意见。那么，"关键性民众"的"一"如何有效代表社会利益群体的"多"，就成为基层政府与民间社会关系的一个重要结点。更进一步而言，基层政府在预设规则框架时，应该解决"一"与"多"的矛盾。罗湖经验是通过选举解决"关键性民众"的合法性问题，但是，选举居民议事会的居民代表与楼长联合会议又如何代表社区内多元的利益群体依然是亟待解决的问题。而南山经验与盐田经验对这一问题并没有一个明确的解决方案。

第二，参与性问题。社会利益群体的"多"在意见表达的效力与意愿上并不是等值的。不同的社会利益群体的参与意识存在显著差异。在深圳市的改革经验中，社区内常住居民对于社区公共事务相对比较关心，而新增的城市人口对于社区公共事务相对冷漠。尤其是深圳市的城乡接合部，在城市化推进过程中出现了大量的"城中村"。从辖区而言，"城中村"的居民也隶属某个具体的社区。但是，对于社区，他们缺乏归属感，对于社区公共事务也自然较为冷漠。这一部分群体在社会利益群体中属于"沉默性群体"。如何保障"沉默性群体"的意见表达在现有规则框架下被代表，是基层政府需要直面的一个重要问题。

这两个问题的叠加对基层政府处理民间社会的关系构成了压力。这意味着，基层政府不仅仅需要解决"关键性民众"有效代表多元利益群体的问题，而且需要解决"关键性民众"如何有效代表"沉默性群体"的问题。从发展的角度看，这两个问题也将是阻碍基层政府与民间社会关系发展的关键性要素。

四、报告要点

本报告对深圳市基层政府与民间社会关系的理论成果与发展现状进行了初步的归纳、总结。在此基础上，从三个方面对深圳市社区治理问题进行分析与展望。

本报告的要点总结如下：

1. 基层政府与民间社会的关系是城市基层治理的一个技术性问题。其目的是为了解决地方各级政府精简化与城市公共事务增加之间的矛盾。作为城市内的基层政府，深圳市3个区政府根据不同的区域特点与现实需要形成了各具特色的典型经验：南山经验、盐田经验、罗湖经验。南山经验侧重于激活现有体制内的要素为基层政府与民间社会建构平台，盐田经验侧重于建构基层政府与民间社会之间的沟通渠道，罗湖经验则侧重于基层政府与民间社会的边界划分。

2. 从深圳市的3个典型经验可以发现，基层政府与民间社会的"二元共治"格局初步成型。"二元共治"格局既区别于传统的"单向管制"格局，也不同于"多元治理"格局。其最大的特点在于：第一，基层政府对于社区的公共事务由直接参与逐渐转向设定参与规则；第二，社会的多元性尚未突出地表现出来，还依赖于"关键性民众"的一元化作用。

3. 从现有改革经验上看，深圳市三个基层政府的主要改革方式已经由"体制改革"转向"机制调整"。从发展角度上看，新的运行机制还需要得到现行体制的确认，形成具有约束力的规范，才能持续性地有效运转。

4. "代表性问题"与"参与性问题"是阻碍基层政府与民间社会关系发展的两个关键性要素：一方面，"关键性民众"应如何代表城市日益多元的社会利益群体？另一方面，基层政府应如何解决不同利益群体参与程度不一的问题？在现有条件下，这一问题与另一个问题密切相关，即"关键性民众"如何有效代表"沉默性群体"的问题。

作者单位：福建师范大学公共管理学院，南开大学中国政府与政策联合研究中心

杭州桐庐县智慧政务调研报告

史普原

自中共中央十八届三中全会做出全面深化改革的决定以来，全方位推进国家治理现代化成为重大政治任务。信息化是现代化的核心组成部分之一，一方面，其能够帮助政府提升治理水平，另一方面，又对政府治理提出了更高要求和更大挑战。随着移动通信与互联网技术的飞速发展和日渐融合，"互联网+"时代对政府治理的全面性、即时性、协调性等提出了多方位要求。中共中央对此高度重视，中央网络安全和信息化建设领导小组应运而生，党和国家领导人分别担任正、副组长，具有战略性意义。在这种背景下，电子政务必将过渡到高级阶段，逐步实现智慧政务。

2016年是智慧政务的启动年。作为一个具有高度信息化水平的城市，杭州明确提出了智慧政务建设。同年12月，杭州市人民政府办公厅印发了《杭州市智慧政务发展"十三五"规划》，指出杭州将在"十三五"期间，以"数字杭州"为引领，推动电子政务的智慧化转型，着力建设智慧政务，以充分释放大数据应用的巨大潜能，助推服务型政府、创新型政府、廉洁政府和法治政府建设，不断提升政府治理能力。作为浙江省基层社会治理机制创新试点县，杭州桐庐县勇立潮头，合理规划，于当年10月正式成立了智慧治理信息中心，致力于全面提升智慧政务的发展水平，赢得了中央到地方多级政府的充分肯定。本报告旨在通过梳理桐庐县的发展背景、具体做法，提炼具有普遍意义的思路与问题，为地方政府发展智慧政务提供借鉴。

一、杭州桐庐县智慧政务发展现状综述

我国早先提出了电子政务发展，并且走过了1.0和2.0时代，智慧政务可谓电

子政务 3.0 时代。实施智慧政务的条件是社会层面基本实现了移动通信、互联网技术的普及和关联，产生了大量的数据信息。这些信息不仅容量庞大，而且高度关联，使得个体与个体之间、国家与社会之间的关系更加扁平化。因此，从电子政务 1.0 到智慧政务，在载体、对象、服务模式、局限来源、服务模式等方面均存在不同（见表 1）。

表 1 电子政务到智慧政务的发展阶段

	电子政务 1.0	电子政务 2.0	智慧政务
建设年份	1995—2004	2005—2015	2016—
政务载体	万维网	Web2.0、移动通信	"互联网+"、大数据
面向对象	面向政府、首站式	面向市民、一站式	面向个体、连接式
服务维度	单向服务	双向服务	智慧化、个性服务
局限来源	一般物理时空	移动载体	无缝对接、随时随地
服务模式	供给统一	公私伙伴关系协作	智慧服务

资料来源：改编自赵盯，陈贵梧：《从电子政务到智慧政务：范式转变、关键问题及政府应对策略》，载《情报杂志》，2013（1）；于冠一、陈卫东、王倩：《电子政务演化模式与智慧政务结构分析》，载《中国行政管理》，2016（2）。

（一）智慧政务发展的制度背景

作为智慧政务的前身，电子政务经历了较长的发展历程。自"十二五"开始，电子政务日渐向着智慧化发展，中共中央和国务院及其下属机构颁布了多种规划、意见等文件，形成了智慧政务发展的制度背景（见表 2）。2011 年 12 月，工信部牵头制定的《国家电子政务"十二五"规划》就要求，加大跨地区、跨层级和跨部门的信息共享，推进县级等基层政府的电子政务应用，提高社会管理科学化。实际上，该规划已经涉及了实施政务智慧化的必要条件：横向（部门间、地区间）和纵向（从中央到基层）的信息普及和共享。

值得注意的是，这项必要条件被不断提及，既反映出其重要性，也体现了其实现难度。2014 年 11 月，国务院办公厅颁发《关于促进电子政务协调发展的指导意见》，该文件级别更高，表明了中央加大信息共享的决心。2015 年 4 月，中共中央办公厅和国务院办公厅联合颁布《关于加强社会治安防控体系建设的意见》，要求构建纵向贯通、横向集成、共享共用、安全可靠的平安建设信息化综合平台，为智慧政务与社会治安的结合指出了方向。2015 年 8 月，国务院颁布《促进大数据发展行动纲要》，要求政府利用大数据，加大信息共享，提升精细化治理水平，为推行智慧政务进一步奠定了基础。

表 2 中央有关电子与智慧政务文件梳理（2011.12—2017.1）

发布时间	发布机构	文件名称	建设内容
2011.12	工信部	《国家电子政务"十二五"规划》	加大解决行业与地方间条块矛盾突出、信息共享和业务协同难以推进等问题的力度；积极推进跨地区、跨部门、跨层级信息共享；加大县级政府政务公开和政务服务应用推进力度
2012.5	国家发改委	《"十二五"国家政务信息化工程建设规划》	到"十二五"期末，形成统一完整的国家电子政务网络，基本满足政务应用需要；初步建成共享开放的国家基础信息资源体系；基本建成国家网络与信息安全基础设施；基本建成覆盖经济社会发展主要领域的重要政务信息系统
2014.1	国家发改委	《关于加快实施信息惠民工程有关工作的通知》	充分调动中央和地方两个层面的积极性，强化中央部门的业务指导和政策支持，形成跨部门联合推进机制；按照先行先试、地方试点为主的思路推进专项实施，要将探索体制机制、服务模式创新作为试点的重点
2014.1	中网办	《关于加强党政机关网站安全管理的通知》	严格党政机关网站信息发布、转载和链接管理；强化党政机关网站应用安全管理；加强党政机关网站技术防护体系建设
2014.11	国办	《关于促进电子政务协调发展的指导意见》	利用5年左右时间，全面建成统一规范的国家电子政务网络；网络信息安全保障能力显著增强；信息共享、业务协同和数据开放水平大幅提升；电子政务协调发展环境更加优化
2014.12	国办	《关于加强政府网站信息内容建设的意见》	强化信息发布更新；做好社会热点回应；加强互动交流；拓宽网站传播渠道；建立完善联动工作机制；建立信息协调机制；规范信息发布流程；加强网上网下融合；推进集约化建设
2015.1	国务院	《关于促进云计算创新发展培育信息产业新业态的意见》	开展"电子政务云计算发展新模式"；推动政务信息资源共享和业务协同
2015.1	国务院	《关于规范国务院部门行政审批行为改进行政审批有关工作的通知》	全面实行"一个窗口"受理；推行受理单制度；实行办理时限承诺制；编制服务指南；制定审查工作细则；探索改进跨部门审批等工作

续表

发布时间	发布机构	文件名称	建设内容
2015.4	中办、国办	《关于加强社会治安防控体系建设的意见》	以网格化管理、社会化服务为方向,健全基层综合服务管理平台,推动社会治安防控力量下沉;加快构建纵向贯通、横向集成、共享共用、安全可靠的平安建设信息化综合平台
2015.8	国务院	《促进大数据发展行动纲要》	大力推动政府部门数据共享;稳步推动公共数据资源开放;统筹规划大数据基础设施建设;推动政府治理精准化
2015.12	国办	《国家标准化体系建设发展规划(2016—2020年)》	加强互联网政务信息数据服务、便民服务平台、行业数据接口、电子政务系统可用性、政务信息资源共享等政务信息标准化工作,促进电子政务标准化水平提升
2016.2	中办、国办	《关于全面推进政务公开工作的意见》	加快建设国家政府数据统一开放平台,制定开放目录和数据采集标准;让公众更大程度参与到政策制定、执行和监督;积极运用大数据、云计算、移动互联网等信息技术;加快推进"互联网+政务",构建基于互联网的一体化政务服务体系
2016.4	国办转发国家发改委等部门	《推进"互联网+政务服务"开展信息惠民试点实施方案》	推进"互联网+政务服务",促进部门间信息共享,是深化简政放权、放管结合、优化服务改革的重要内容;打破信息孤岛,变"群众跑腿"为"信息跑路",变"群众来回跑"为"部门协同办",变被动服务为主动服务
2016.7	中办、国办	《国家信息化发展战略纲要》	提高政府信息化水平,完善部门信息共享机制,建立治理大数据中心;加快创新立体化社会治安防控体系,提高公共安全智能化水平,全面推进平安中国建设;建立强有力的国家电子政务统筹协调机制
2016.9	国务院	《政务信息资源共享管理暂行办法》	以共享为原则,不共享为例外;需求导向,无偿使用;统一标准,统筹建设;建立机制,保障安全
2016.10	国务院	《关于加快推进"互联网+政务服务"工作的指导意见》	打通数据壁垒,实现各部门、各层级数据信息互联互通、充分共享;实现互联网与政务服务深度融合,建成覆盖全国的整体联动、部门协同、省级统筹、一网办理的"互联网+政务服务"体系,大幅提升政务服务智慧化水平

续表

发布时间	发布机构	文件名称	建设内容
2016.11	国家发改委	《关于组织开展新型智慧城市评价工作务实推动新型智慧城市健康快速发展的通知》	以评价工作为指引，明确新型智慧城市工作方向；以评价工作为手段，提升城市便民惠民水平；以评价工作为抓手，促进新型智慧城市经验共享和推广，总结提炼一批可复制、可推广的最佳实践案例，促进各地共享交流
2016.12	国务院	《"十三五"国家信息化规划》	统筹国家基础数据资源建设；基本公共服务事项网上办理率从当前的20%提高到80%；组织实施"互联网＋"重大工程，推进"互联网＋"行动；统筹发展电子政务，建立国家电子政务统筹协调机制，统筹共建电子政务公共基础设施
2017.1	中办、国办	《关于促进移动互联网健康有序发展的意见》	依托移动互联网加强电子政务建设，完善国家电子政务顶层设计，加快推进"互联网＋政务服务"；加快实施信息惠民工程，构建一体化在线服务平台，分级、分类推进新型智慧城市建设，促进移动互联网与公共服务深度融合

资料来源：根据相关政府文件进行整理。

2016年是智慧政务的启动年。当年4月，国务院办公厅转发国家发改委等部门《推进"互联网＋政务服务"开展信息惠民试点实施方案》，要求变被动服务为主动服务，推进"互联网＋"政务服务。7月，中共中央办公厅和国务院办公厅联合颁发《国家信息化发展战略纲要》，要求完善部门信息共享机制，建立治理大数据中心。9月，国务院颁布《政务信息资源共享管理暂行办法》，指出以共享为原则，不共享为例外。10月，国务院颁布《关于加快推进"互联网＋政务服务"工作的指导意见》，要求建成覆盖全国的整体联动、部门协同、省级统筹、一网办理的"互联网＋政务服务"体系，大幅提升政务服务智慧化水平，标志着智慧政务时代的正式开启。

（二）浙江省与杭州市的智慧政务制度与实践

作为地方政府，浙江省与杭州市具有发展智慧政务的良好社会基础，一个重要指标是网民普及率（见表3和表4）。截至2016年底，浙江省网民规模达到3 632万人，普及率达65.6%，居全国省级层面第5名。

表3 浙江网民规模与普及率在中国省级层面的位置

	网民数（万人）	2016普及率（%）	2015普及率（%）	网民规模增速（%）	普及率排名
北京	1690	77.8	76.5	2.6	1
上海	1791	74.1	73.1	1.0	2
浙江	3632	65.6	65.3	1.0	5
甘肃	1101	42.4	38.8	9.6	30
云南	1892	39.9	37.4	7.4	31

资料来源：参见中国互联网络信息中心（CNNIC）：《第39次全国互联网发展统计报告》，2017-01-22。

城市层面，杭州网民规模则达到735.3万人，普及率达80.0%，两项数据均高居浙江省首位。值得一提的是，杭州网民普及率甚至超过了北京和上海。

表4 杭州网民规模与普及率在浙江省的位置

	排名	网民规模（万人）	人口总量（万人）	普及率（%）
杭州	1	735.3	918.8	80.0
宁波	2	578.6	787.5	73.5
金华	3	374.6	552.0	67.9
温州	4	589.6	917.5	64.3
嘉兴	5	276.6	461.4	59.9
舟山	6	67.2	115.8	58.0
台州	7	346.5	608.0	57.0
湖州	8	167.4	297.5	56.3
绍兴	9	266.1	498.8	53.3
衢州	10	115.0	216.2	53.2
丽水	11	115.1	216.5	53.2

资料来源：参见《浙江省互联网发展报告》，浙江省互联网信息办公室、浙江省通信管理局、浙江省网络文化协会和浙江省互联网协会共同编制，2017-05-10。

如此良好的基础促进了浙江省和杭州市在推行智慧政务制度和实践方面，均名列前茅（见表5），呈现出如下特点：

首先，起步早。早在2010年7月，浙江省就颁布了《浙江省信息化促进条例》，强调基层政府在电子政务资源共享和业务协同中的重要作用。2012年5月和9月，浙江省与杭州市都明确了建立智慧城市的目标。《"智慧杭州"建设总体规划（2012—2015）》明确表示，要建立数据中心和公共服务平台，打破条块分割和数字鸿沟的局面。

其次，省、市、县联动。智慧政务一方面要求在基础设施建设、人才队伍等技术层面过硬，另一方面要求在制度理念、组织保障等层面做出得力部署。为此，浙江省和杭州市分别出台了电子政务云计算平台管理、政务服务网建设、政务公开与信息共享、"互联网+"行动、大数据促进计划等多方面的制度条例，对城市地理信息、交通通信、社会治安、环境管理、市容管理、灾害应急处理等多方面工作做了规定。2015 年，浙江省还将桐庐县列入基层社会治理机制创新试点县。通过完善制度、高位推动，在一定程度上，桐庐县具备了智慧政务与社会治理相结合的良好基础。

表5 浙江省、杭州市、桐庐县电子政务与智慧政务有关文件梳理（2010.1—2017.2）

发布时间	发布层级	文件名称	建设内容
2010.7	浙江省	《浙江省信息化促进条例》	县级以上人民政府信息化主管部门负责本行政区域内信息化发展的规划、指导、协调和监督管理工作；县级以上人民政府通过电子政务网络实现信息资源共享和业务协同
2012.5	浙江省	《浙江省人民政府关于务实推进智慧城市建设示范试点工作的指导意见》	追求新的共赢模式和体制，破除条块分割、条条分割的"信息孤岛"；按照利益共享的原则，探索投资与运营分开的新模式；同步开展信息系统标准研究与编制工作
2012.9	杭州市	《"智慧杭州"建设总体规划（2012—2015）》	创新完善"智慧杭州"系统功能，打破政府各部门之间、各行业之间、各领域之间和各企事业单位之间的数字鸿沟与条块分割局面
2014.12	浙江省	《浙江政务服务网信息资源共享管理暂行办法》	省政府负责政务服务网信息共享工作的组织领导，协调解决和信息共享有关的重大问题；各市、县（市、区）政府与省信息共享平台互联互通，充分利用全省统一信息共享平台开展信息资源
2015.1	浙江省	《浙江省电子政务云计算平台管理办法》	有效解决电子政务基础设施重复建设、资源分散等问题，降低行政成本，实现集约化管理和应用，充分发挥省电子政务云计算平台的作用
2015.2	杭州市	《杭州市智慧电子政务项目管理办法（试行）》	以政务资源开发利用为主线，以提高应用水平、发挥系统效能为重点，推动应用系统互联互通、数据共享和业务协同

续表

发布时间	发布层级	文件名称	建设内容
2015.2	杭州市	《杭州市政务数据资源共享管理暂行办法》	与其他行政机关的数据共享与业务协同,实现精细化服务和管理,提升公共服务、社会治理和联合监管能力
2015.3	浙江省	《2015年浙江政务服务网建设工作要点》	按照"服务零距离、办事一站通"的要求,在进一步完善功能、延伸服务、深化应用上下功夫,逐步打造省市县统一架构、多级联动的在线智慧政府,促进政府治理体系和治理能力现代化
2015.4	杭州市	《杭州市人民政府办公厅关于推进杭州市智慧电子政务建设工作的若干意见》	市智慧电子政务建设工作领导小组是全市智慧电子政务建设的领导机构,领导小组办公室(设在市政府电子政务办)是承担领导小组日常工作的实体运行机构
2015.9	杭州市	《杭州市智慧经济促进条例》	市和区、县(市)人民政府应当建设政务大数据平台,整合政务信息资源;除法律、法规另有规定外,有关部门不得再单独建设纵向网络和跨部门网络项目,该类项目不得列入财政预算
2015.11	杭州市	《杭州市人民政府关于推进"互联网+"行动的实施意见》	加快推进政务信息资源融合与共享,制定完善政务数据统一运行管理规范和开放标准,有序推进政务大数据开放和社会化利用;着力构建全市一体化的智慧电子政务管理体系
2016.1	浙江省	《浙江省"互联网+"行动计划》	着力推进"互联网+社会治理"安全有序,运用新一代信息技术,全面实现"智慧城市"管理;构建全省公共安全综合防控体系,将涉及公安、消防等部门的实时动态信息纳入全省统一的政府与公共部门信息资源共享交换平台
2016.2	浙江省	《浙江省促进大数据发展实施计划》	全面加强浙江政务服务网信息资源共享管理;建立电子政务统筹协调发展的工作机制
2016.2	杭州市	《杭州市人民政府办公厅关于调整杭州市智慧电子政务建设工作领导小组等议事协调机构成员的通知》	市长为领导小组组长;领导小组下设办公室(设在市政府电子政务办),负责领导小组日常工作。

续表

发布时间	发布层级	文件名称	建设内容
2016.2	桐庐县	《2016年桐庐县人民政府工作报告》	创新社会治理,深化省社会治理创新试点县工作,完成县社会治理智慧中心建设;继续开展桐庐百姓日、政府开放日等活动
2016.3	浙江省	《2016年浙江政务服务网建设工作要点》	着眼于推进政府治理现代化,按照浙江省"互联网+"行动计划和促进大数据发展实施计划有关工作部署,努力实现"十三五"时期智慧政府建设的良好开局
2016.7	浙江省	《浙江省人民政府办公厅关于进一步加强和改进政务公开工作的通知》	落实决策、执行、管理、服务、结果"五公开",扩大公开范围;加快政务服务网数据交换平台建设,形成全省统一的数据资源共享交换体系
2016.8	浙江省	《关于全面推进政务公开工作的实施意见》	以"四张清单(政府权力清单、政府责任清单、企业投资负面清单、财政专项资金管理清单)一张网(浙江政务服务网)"改革为重要抓手,积极推行"互联网+"政务服务
2016.12	浙江省	《关于加强县乡两级社会治理综合指挥平台建设的指导意见》	深入推进基层社会治理"一张网"建设,做强、做实专兼职网格员队伍;完善和落实信息采集上报"以奖代补"制度,广泛发动、激励群众发现问题、上报信息、监督问题解决
2016.12	杭州市	《杭州市智慧政务发展"十三五"规划》	"十三五"期间,杭州市将以"数字杭州"为引领,通过电子政务的智慧化转型,着力建设智慧政务,以充分释放大数据应用的巨大潜能不断提升政府治理能力
2017.2	桐庐县	《2017年桐庐县人民政府工作报告》	深化全省基层社会治理创新试点县建设,完善桐庐百姓日、政府开放日、网络问政等载体,拓展县智慧治理信息中心功能

资料来源:根据相关政府文件与调研实践整理。

最后,理念明确,行动扎实。2015年4月,《杭州市人民政府办公厅关于推进杭州市智慧电子政务建设工作的若干意见》颁布,并设立了领导小组和专门的电子政务办,使组织机制更为顺畅。2016年12月,《杭州市智慧政务发展"十三五"规划》颁布,明确了电子政务向智慧化转型的发展理念,较早地在政府文件中使用了"智慧政务"一词。

（三）桐庐县智慧政务的发展现状与特色

2015 年，桐庐县被浙江省确定为基层社会治理创新机制试点县，迈入了智慧政务发展的快车道。《2016 年桐庐县人民政府工作报告》指出，要深化创新试点工作，完成该县社会治理智慧中心建设。2017 年初，工作报告在总结 2016 年的智慧政务建设时指出，当年深化了创新试点县建设，完善了桐庐百姓日、政府开放日、网络问政等载体，拓展了县智慧治理信息中心功能。可以说，桐庐县智慧治理信息中心的建设已经成为桐庐智慧政务的一张"名片"，代表着地方政府的一种智慧政务发展模式。

桐庐县智慧治理信息中心的建设赢得了广泛认可。在纵向上，2016 年 7 月，杭州市长前来调研维稳、安保、技防工作落实情况。同月，浙江省县、乡两级社会治理综合指挥平台建设现场会在桐庐召开，浙江平安办主任前来考察。同月，中国工程院常务副院长、原浙江大学校长潘云鹤携近百名工程院、科学院院士前来考察。8 月，国家信访局党组副书记一行前来考察基层社会治理及信访平台建设。在横向上，浙江省其他市县、外地市县多次前来考察学习。《瞭望东方周刊》、新华网、中新网、网易新闻、凤凰新闻等媒体对桐庐打造智慧治理信息平台工作进行多次宣传报道。总之，桐庐县当前的建设已经构成智慧政务的县域样本。之所以取得这样的成绩，是因为桐庐县在如下几个方面有所特长：

1. 智慧经济和社会基础较好，发展速度快

智慧政务需要有广泛的基础设施、数据、民众支持等经济与社会支撑。2016 年，浙江省经信委、统计局联合组织了 2015 年度全省各市、县（市、区）信息经济发展水平的综合评价工作，并在 12 月发布了《2016 年浙江省信息经济发展综合评价报告》。其中，桐庐县（见表 6）在全省处于中上游位置，排除可比性不强的区，桐庐县在以综合发展为特色的县域层面名列前茅。值得一提的是，相比于 2014 年，桐庐县的名次提升了 14 位，信息经济核心产业飞速发展，提升了 37 位，个人应用和企业应用分别提升了 17 位和 15 位。

表 6　2015 年桐庐县智慧经济在浙江省中的位置

名次	地区	基础设施	核心产业	个人应用	企业应用	总分
1	滨江区	151.77	182.38	185.76	162.8	171.0
2	西湖区	154.63	165.50	144.88	149.1	154.5
19	江干区	142.51	32.18	120.28	132.2	102.2
38	桐庐县	81.95	83.52	68.49	107.3	85.3
89	嵊泗县	90.21	6.40	65.64	57.3	52.1
90	景宁县	57.74	18.45	39.46	90.5	49.5

资料来源：参见浙江省经信委、统计局编《2016 年浙江省信息经济发展综合评价报告》。

2016年，桐庐县的产业智慧化和智慧产业化速度进一步加快，智慧安防、智慧医疗、通信设备、智慧物流等"1+X"智慧产业园全面推进，淘仓仓配、大运物流等9个电商仓储、物流平台建成。桐庐县与联通桐庐分公司签订了战略合作协议，为首批20家企业免费开通无线网络，并完成《桐庐县移动（无线）通信基站布点规划（2015—2020）》，智慧城市建设步伐进一步加快。全年实现信息经济（智慧经济）增加值22.49亿元（剔重），同比增长24.9%，高出全县GDP增幅16.2个百分点。在各业务收入规模与增长率方面（见表7），桐庐县的前三大智慧产业分别是智慧物流、电子信息制造与电子商务。

表7 2016年桐庐县智慧经济主要收入及增长率

分类名称	收入规模（亿元）	占比（%）	年度增长率（%）
电子商务	40.44	17.2	51.8
云计算与大数据	5.07	2.2	5.4
物联网	25.67	10.9	0.1
智慧物流	64.56	27.4	246.0
数字内容	4.58	1.9	-3.2
信息软件	15.75	6.7	3.4
电子信息制造	52.18	22.1	74.0
集成电路	1.73	0.7	5.5
信息安全	25.67	10.9	0.1
总额	235.65	100	48.2

资料来源：参见桐庐县统计局等编《桐庐县2016年国民经济和社会发展统计年报》。

以智慧物流业为例，智慧治理可谓"深植其中"，桐庐县积极营造"快递员就是网格员"的社会自治环境，方便了数据生成与采集，为大数据分析打下了基础。通过快递箱上的视频监控，信息中心对特定类型人员实行研判预警和重点监管，使快递员、快递箱成为智慧政务的重要信息来源。

2. 构建独立平台，推动社会治理

截至当前，绝大多数地方政府将智慧政务建设的牵头部门放在经信委等部门，没有设置独立的平台，在组织结构上受到很多掣肘。2016年，经过酝酿，桐庐县决定打造独立的智慧政务平台——智慧治理信息中心，通过信息采集、对比、交互以及"大数据"运用，实现全县信息资源的动态管理、互联互通和共建共享，提升城市管理的精细化程度和服务效能，初步形成了智慧政务的桐庐模式。当前，桐庐县的智慧治理工作由县委、政法委牵头，并且设置了独立的常设机构（见

表8)。

表8　桐庐县智慧治理信息中心组织架构

实体机构	增挂机构
综合办公室	社会治理综合指挥中心
建设运营科	应急指挥中心
信息安全科	县长公开电话受理中心
督查考评科	公共信息服务中心

资料来源：根据调研材料整理。

值得一提的是，智慧治理信息中心不增加编制，工作人员也是从各个相关部门抽调而来，降低了组织成本。通过智慧治理信息中心的建设，桐庐县初步形成了大数据信息库，打造了县、乡社会治理综合指挥平台，融合了基层社会治理网、平安建设信息系统网和综合治理视联网，建设了信息感知体系、智能应用体系、安全防护体系三大体系，使该中心初步成为政府决策的"研判器"、社会治理的"晴雨表"、维护稳定的"调度室"、服务群众的"连心桥"。

3. 纵横联动，协同治理

调研发现，技术问题不是智慧政务的首要难题，政府组织内部的条块分割，"九龙治水"才是要解决的最大难题。自电子政务建设以来，上至中央，下至乡镇，都没有很好地解决这个问题，导致数据资源难以共享，产生"信息孤岛"，基础设施等重复建设，不仅增加了管理和使用成本，而且不利于社会效益的发挥。为此，桐庐县提出"大整合""大联动"和"大治理"（见表9）。

表9　桐庐智慧治理信息中心建设模式

大整合	大联动		大治理
	纵向	横向	被动发现、主动发现、
人员、热线、视频	县、乡镇、村/社区、网格员	部门	智慧发现

资料来源：根据调研材料整理。

首先，"大整合"。在热线整合方面，桐庐县借鉴了宁波的经验，将原本分散在民政、文广新、农林、残联等部门的热线整合起来，目前，已整理出16条热线，整合了除"110""119""120"以外的部门信访和服务热线，统一为县长公开电话"12345"和百姓热线"967000"，信息接收渠道更加统一。整合之后，对民众来讲，与政府联系更加便利了；对政府来讲，有利于信息的集中、分类梳理和跟踪督办。

两条热线还与"110"社会应急联动平台互动对接,本着"资源整合、统一入口、一门受理、一站分流"的原则,两条热线实行前、后台运转模式。前台是接线部,主要由"967000"百姓热线工作人员组成,负责所有热线电话接听,民生资讯类信息进行即时答复,举报投诉类信息转后台流转处理。后台是指挥部,主要由政法委、县长公开电话受理中心工作人员,以及县公安、城管、安监、人社等部门派驻人员和百姓热线执行部、社会治理综合指挥中心组成,负责举报投诉类信息和其他信息的流转交办、督办以及联动指挥处置。热线受理全年无休,实行三班倒工作制,24小时接听电话。社会治理综合指挥中心实行二班制AB岗上班,24小时值班。在视频整合方面,2016年4月,整合了公安、交通、水利、环保等全县20多个政府部门的视频监控系统,目前全县已有3 045个视频监控设备接入智慧信息平台。在人员整合方面,由于实行集中办公,仅热线电话整合一项,就将全县从事政务热线服务的工作人员数量由之前的51人减少到25人,人力节省49.1%。政府在热线业务上的投入也从510万元下降至197.5万元,资金节约61.3%。①

其次,"大联动"。依托平安建设信息系统,结合桐庐县实际进行创新开发,逐步实现事件流转处置、智慧发现和大数据分析。在纵向方面,桐庐县"一插到底",不仅将工作推进到村和社区,而且落实到网格员。网格覆盖范围小,工作人员熟悉当地情况,即时性强。桐庐智慧政务体系中的网格,与以往部门自行设置的职能性网格不同,实现了统一整合,目前有981个行政综合性网格,每1—2个网格中设置一个基层党支部,将党的堡垒推进到最前沿。在横向方面,智慧治理信息中心负责人指出,部门联动是当前的最大难题,因为很多部门都将数据、信息看作自身的核心资源,不肯放手,并且县级部门掌握的资源并不全面,很多信息在省、市层面。针对于此,桐庐县抓住机会,循序渐进。在数据方面,将同时给两个或以上部门的数据作为重点整合对象。此外,桐庐还采取了"增量整合"的策略,重点整合新生数据。如此,一定程度上,部门联动阻力减小了。

最后,"大治理"。桐庐县智慧治理信息中心划分了问题的三种发现模式,包括被动发现、主动发现和智慧发现。所谓被动发现,是指群众通过互联网、热线电话、门户网站、公众版APP、微信等方式进行投诉、咨询和求助。所谓主动发现,是指基层网格员在巡查走访、排忧解难、服务群众等过程中,主动发现问题,通过村或社区社会服务管理中心、乡镇或街道社会治理综合指挥室,上报、反馈给智慧治理信息中心。所谓智慧发现,是指通过视频监测等智能感知设备观察、记录、检测和预警到的问题。调研中,从大联动云图统计来看,被动发现比例以

---

① 参见王元元:《桐庐:智慧治理的县域样本》,载《瞭望东方周刊》,2016-09-08。

较快的速度下降，目前已下降了 20%左右，主动发现和智慧发现的比例则逐渐上升。

4. 善于利用 PPP 模式，撬动社会资本

目前，智慧政务基础设施建设与设备使用、管理方面存在三种模式：第一，政府投资建设并自我管理。这个模式的优点是可以根据自身需要，量身定做，便于控制风险，但是建设成本大，周期长，并且难以发挥市场机构的专业特长。第二，政府投资，企业托管。这个模式的优点是便于发挥企业的技术优势，但是，仍然需要较高的资金水平，并且在管理上容易造成较大风险。第三，企业投资，政府购买。这个模式的优点是在一定程度上降低了政府的建设成本，机动性和灵活性强，但是不利于发挥政府自身的已有资源，并且未必符合政府的多元需求。

桐庐县智慧治理信息中心采取了 PPP 模式，有利于发挥政府和企业两方面的优势。2015 年，桐庐县人民政府与中电海康集团有限公司签订战略合作协议，共建桐庐智慧城市前沿科技应用示范基地。同年，桐庐与杭州海康威视数字技术股份有限公司签订《桐庐智慧治理信息平台项目 PPP 投资合作框架协议》。杭州海康威视数字技术股份有限公司是全球著名的安防产品制造商、视频应用解决方案提供商，2015 年习近平总书记曾亲临考察。桐庐县城市建设投资集团有限公司与该公司共同成立海康智城发展有限公司。这是桐庐县首个实施 PPP 的智慧经济企业，公司注册资本金 3 000 万元，公私合营比例为 2:8，项目合作期十年总投资 1.5 亿，从事智慧治理信息平台项目建设运营，覆盖公安、交通、旅游、物流、城建、环保、安监、食品卫生等领域的社会治理、民生服务和智慧政务等方面的信息化应用服务支撑。海康智城发展有限公司成立后，大大加快了桐庐县智慧治理信息中心的建设进程。2016 年 9 月，桐庐县与中电海康集团有限公司合作成立大数据联合实验室，该实验室将智慧治理信息平台积累的大量与公众生产、生活息息相关的数据，作为公共数据开放性平台、大数据产业孵化平台的资源，挖掘大数据在基层社会治理和民生服务上的应用价值，使智慧治理信息平台成为政府决策的高端智库。

5. 以平安桐庐为核心，鼓励和激励群众参与

桐庐县相关人员向我们强调，信息中心之所以能够在较短的时间内面世，还在于他们抓住了试点等有利的建设时机。当前，对智慧政务要求最迫切的是公安等政法部门。2015 年，桐庐县被确定为省基层社会治理机制创新试点县，政法委利用这个机会，将智慧政务与社会平安紧密地结合起来。在做信息中心的顶层设计时，县委、县政府及相关下属机构为谁来牵头探讨了一个月，最终政法委成为牵头建设部门，并且利用试点契机，推动"大联动"和"大整合"。为此，2016 年 7 月，浙江省将县、乡两级社会治理综合指挥平台建设现场推进会开到了桐庐，让各地借此"取经"。近两年,桐庐县的平安考核进步飞速,取得了非常好的成绩。

桐庐县智慧政务之所以能够取得这样的成绩,与鼓励群众积极反映信息、参与智慧治理也是分不开的。为鼓励公众积极参与社会治理,桐庐县出台了《社会治理信息化建设工作考核办法》,采取"以奖代补"的办法,对公众上报的涉及社会治理方面有价值的信息给予一定奖励,以促进群众及时发现并上报问题隐患,力争在事件处置中做到"小事不出村、大事不出镇",排查隐患在基层,消除隐患在基层,形成基层社会治理的良性循环。此外,桐庐县还在智慧治理信息中心建立了专门的智慧治理百姓体验馆,2016年6月正式启用,建筑面积1 200平方米,划分出22个功能区,有智慧党建、医疗、快递、出行、养老、溯源以及公共管理服务、自助式终端设备、视屏数据分析等多个板块。体验馆运用科技手法将桐庐智慧治理进行描绘,让民众看到并体验城市智慧。作为智慧桐庐的重要门户,体验馆承载着展示社会智慧治理发展成果与信息的功能,搭建起了政府、行业和社会间沟通的有效桥梁。体验馆在向社会推广普及的同时,也在不断促进桐庐智慧服务的自我优化。

二、智慧政务研究现状综述

随着中央层面"互联网+""大数据行动""电子政务"协调发展等顶层设计的相继出台,智慧政务研究范围逐渐扩大。本报告虽然以杭州桐庐为案例,但是主要目的在于从中提炼一般性经验和问题。因此,本部分的研究综述不局限于针对某个地方的研究。2016年,相关研究主要分为发展路径、新技术条件、共享与管理难题和政社关系四大类。

(一)智慧政务的发展路径

有学者较早就指出,智慧政务并非一种全新的政务形式,而是电子政务发展到一定程度后的高级阶段,其要求政府公共服务范式从全能型转向服务型和智慧型。他们指出传统城市和政府是按业务管理职责分别设定的,当今时代则是以互联网、物联网、电信网、广电网、无线宽带网等网络组合为基础,对政府建设提出了更高的要求,为智慧政务建设创造了条件。他们对智慧政务的定义是:建基于实境网络,通过综合应用云计算、语义网等多种技术,面向公民和企业提供无缝对接的政府公共服务的高级阶段电子政务。[1]最近的研究提出电子政务从"数字政务"到"智能政务",再到"智慧政务"的演化模式,认为智慧政务的操作特

---

[1] 参见赵钉,陈贵梧:《从电子政务到智慧政务:范式转变、关键问题及政府应对策略》,载《情报杂志》,2013(1)。

点是移动性、普及性（通过移动设备、通信设备进行服务，如手机、电话、智能电视、计算机等）、全时性、即时性、客制性（针对被服务者个人的服务）、易用性以及知识交互性（民众之间、民众与政府之间、民众与企业之间以及政府与企业之间）；主要技术特点是系统集成化、业务全面化、服务衔接无缝化、应用整合化、信息安全化、个人资料私密化、政务架构重新设计化、决策协同性与敏捷性以及业务自适应等。①有学者意识到"互联网＋"对政务新模式的影响，他们列举了6种创新模式，指出政务智慧化是未来的发展趋势。②

另一部分研究者注意到智慧城市背景下，向智慧政务转型存在着一定的困难。朱膺翰对比分析了传统和智慧城市建设环境下的政务信息特征，指出智慧政务面临的新问题，并以天津为例，认为当前智慧政务面临的困境是：缺乏统一规划，网络基础设施建设依然落后，信息共享水平依然较低，协调能力有待提高，专业人才短缺等。③徐筱越等人也指出，目前，智慧政务的建设仍处于初级发展阶段，尤其是在西部地区。他们以南宁为例，指出困难主要包括高昂的建设资金支持、数据采集难度大、绩效考核难等。④

（二）新技术条件下的智慧政务

当前研究最经常提到的新技术概念主要是"互联网＋"和"大数据"，学者们主要就新技术带来的新特征、新机遇，以及可能的局限、问题与风险等进行了研究。

1. "互联网＋"背景下的智慧政务

董立人认为，传统管理中数据更新慢，对政府科层制的认知模糊。"互联网＋"背景下，数据更新快，信息获取方式更加扁平，可视化和立体化程度高，有助于减少"拍脑袋"决策，促进精细化治理。⑤在另一篇研究中，他进一步指出，面对知识信息社会、数字经济深入发展、信息技术与政府管理深度融合等新的治理环境，如何提高政务水平和质量，既是各级党委、政府值得高度重视的问题，也是理论和实践的重要课题。⑥

有的研究还以杭州市为例，提供了两个具体案例。汪锦军介绍，杭州市上城区构建了社会服务管理联动网（"上城平安365平台"），该服务管理联动网把居民

---

① 参见于冠一，陈卫东，王倩：《电子政务演化模式与智慧政务结构分析》，载《中国行政管理》，2016（2）。
② 参见汪玉凯：《智能化治理与智慧化服务：打造政务服务新模式》，载《信息化建设》，2017（1）。
③ 参见朱膺翰：《面向智慧城市的电子政务信息资源管理研究》，黑龙江大学硕士论文，2016年。
④ 参见徐筱越，乔冠宇，吕冬妮：《治理现代化视角中的南宁智慧政务建设研究》，载《中共南宁市委党校学报》，2016（2）。
⑤ 参见董立人：《"互联网＋"助推国家治理体系和治理能力现代化》，载《中共四川省委党校学报》，2016（4）。
⑥ 参见董立人：《智慧治理："互联网＋"时代政府治理创新研究》，载《行政管理改革》，2016（12）。

信息和问题采集、上报、交办、处置、反馈、评价及结果运用等环节融为一体，实现了基层社会治理与信息技术的有效衔接。①王萍、刘诗梦则介绍了杭州市三墩镇的做法。该镇在推进智慧社区治理中，借助互联网、大数据系统以及数据终端打造"虚拟社区"，将实体社区中难以整合的中青年群体较好地纳入社区治理网络中，缓解了实体社区中青年群体参与不足的难题。当然，这也造成了对技术掌握能力不高的老年人等群体参与社区治理的困难。②

2. 大数据背景下的智慧政务

潘云鹤等人认为，城市大数据是城市智能化发展的核心，城市智能化发展对中国而言，是一个极好的抓手，应该充分采集城市运行中产生的海量结构化和非结构化数据，并将其汇聚到统一的城市数据平台，形成城市基础数据库和综合数据库。③吴湛微等人分析了国外大数据社会治理的主要应用领域，识别了四种基本模式，并总结了具体经验，包括开放大数据、大数据决策、大数据沟通和大数据群体智慧，还提出了目前中国实践过程中应当关注的三个问题，即大小并重、平台应用并重和善用群体智慧。④

有学者指出大数据对政府治理的影响。陶国根指出，大数据作为信息技术演化的最新产物，有利于政府公共服务决策的科学化、政府公共服务供给的精细化和政府公共服务体系的现代化。⑤黄东哲进一步认识到大数据对政府权力监督有积极影响。⑥胡税根等人的两篇文章较系统地研究了大数据对公共政务的影响。他们指出，智慧公共决策是大数据驱动时代公共决策理论和实践范式的新发展。⑦在政策主体方面，智慧公共决策的客观透明性、多元共治性对政策参与的多元性、民主性将产生内在张力。在政策工具方面，其全面感知性和自主预置性将进一步提升政策议题筛选、政策问题识别以及政策结果的时效性、有效性。中国智慧政府治理创新发展必须重视智慧政府治理的顶层设计，创新动态网络协同治理方式，推进政府数据开放共享，探索智慧公共决策的路径，加强智慧政府治理技术的研

---

① 参见汪锦军：《"智慧治理"：信息技术、政府职能与社会治理的整合机制——以杭州市上城区的城市治理创新为例》，载《观察与思考》，2014（7）。

② 参见王萍，刘诗梦：《从智能管理迈向智慧治理——以杭州市西湖区三墩镇"智慧社区"为观察样本》，载《中共杭州市委党校学报》，2017（1）。

③ 参见 Pan Yunhe, Yun Tian, Xiaolong Liu, Dedao Gu, Gang Hua. "Urban Big Data and the Development of City Intelligence", *Engineering*, 2016(2)。

④ 参见吴湛微，禹卫华：《大数据如何改善社会治理：国外"大数据社会福祉"运动的案例分析和借鉴》，载《中国行政管理》，2016（1）。

⑤ 参见陶国根：《大数据视域下的政府公共服务创新之道》载《电子政务》，2016（2）。

⑥ 参见黄冬哲：《大数据在构建新型权力监督模式中的应用探究》，载《决策探索》，2016（10）。

⑦ 参见胡税根，单立栋，徐靖芮：《基于大数据的智慧公共决策特征研究》，载《浙江大学学报（人文社会科学版）》，2015（3）；胡税根，王汇宇，莫锦江：《基于大数据的智慧政府治理创新研究》，载《探索》，2017（1）。

发与应用以及完善治理网络基础设施建设。还有学人以杭州市为例建议，认为应基于政务服务网、杭州数据交换平台和目录平台，归集各政府部门的数据资源，建立数据标准与规范，以此进行数据标准化、数据转换、数据分类、数据存储等，形成人口数据库、地理空间数据库、宏观经济数据库、法人单位数据库等基础数据库。[1]也有研究者注意到大数据中可能存在的问题，翁列恩等发现，政务大数据开放与共享过程中供给与需求脱节：一方面，中国政府非常重视信息公开，建立网站、开设机构、下拨经费以支持相关工作的开展；另一方面，政府在进行以上工作时，又通过设立门槛、附加条款等方式抑制公民对信息公开的需求。[2]

3. 新技术的局限与风险

张丙宣等认为，智慧时代加剧了城市的两极分化和社会隔阂，增加了个人隐私和公共部门信息泄露的风险，恶化了社会治理的碎片化问题，产生了由技术官僚化带来的计算机官僚主义为城市设置的新的道德秩序。[3]石雅丽指出由于信息技术普及水平不同，普及水平有差异，导致数字鸿沟。[4]康红霄分析了数据质量隐患，包括统计口径、重复计算、错误的政绩观、行政干预、外包企业扭曲数据、数据的呈现和解读的谬误，以及数据采集的非全面性和非平等性。[5]

有研究者进一步指出了智慧时代下的风险问题。孙厚权等认为，网络社会的崛起使对社会风险有效预测与管控变得更加困难，风险治理亟须在精准预测、有效评估、风险量化和高效应对等环节得到改善。[6]陶建武等发现，大数据时代，各级政府有被俘获的危险。[7]孙建军等总结和阐释了智慧城市建设项目面临的多维风险因素，并从数据治理角度提出了推进数据源头、数据管理和数据应用的风险应对路径。[8]

（二）智慧政务的管理难题及破解

智慧政务的发展不可能单纯依靠技术，管理问题在当前阶段可能更为严重。

---

[1] 参见俞晓梅，刘汉武，王赟萃等：《借力政务大数据推动智慧电子政务创新发展》，载《杭州科技》，2016（5）。

[2] 参见翁列恩，李幼芸：《政务大数据的开放与共享：条件、障碍与基本准则研究》，载《经济社会体制比较》，2016（2）。

[3] 参见张丙宣，周涛：《智慧能否带来治理——对新常态下智慧城市建设热的冷思考》，载《武汉大学学报（哲学社科版）》，2016（1）。

[4] 参见石雅丽：《"互联网+政务"存在的问题及对策分析》，载《经济研究导刊》，2016（31）。

[5] 参见康红霄：《智慧政务模型构建及其推广研究》，燕山大学硕士论文，2015。

[6] 参见孙厚权，万黎明：《基于大数据的社会风险治理探微》，载《理论月刊》，2016（12）。

[7] 参见陶建武，梅立润：《大数据技术嵌入政府治理的再生风险及其控制》，载《天水行政学院学报》，2016（1）。

[8] 参见孙建军，裴雷，仇鹏飞等：《智慧城市建设项目风险挑战与解决经验——基于文献回顾与案例分析》，载《图书与情报》，2016（6）。

相当多研究者注意到由于部门信息共享难所带来的"信息孤岛"问题。叶小东认为,"信息孤岛"主要有两大特征:一是部门内部建设得比较庞大且健全,只考虑到了自身业务,却与外界隔离,造成网络封闭;二是数据库类型各异,标准不同,即各部门的业务系统都是根据自身的业务而制定,每个数据库都是相互独立的,相互之间无法关联在一起,从而导致无法统一信息标准与数据编码。①刘增和康凯认为,"信息孤岛"的原因包括政治体制组织架构缺陷、硬件与软件失衡、网络与数据失衡、眼前实用与系统远景失衡、法规制度不健全、信息流通不畅、利益分配不均、观念滞后、体制障碍、未建立统一的标准和未形成多方利益平衡等。②

针对信息共享难题,有研究者提出了一些对策、建议。夏一雪等提出融合、协同、可持续的构建原则,认为从资源层、组织层和运行层等三个层面构建公共安全智慧治理模式,可实现对传统公共安全治理模式的系统性、整体性优化,并从机构设置、职能定位、组织结构、资源配置、运行机制等方面提出了具体的优化建议。③匡荣等人的建议是建立专门的管理机构,完善相应的管理法规、统一标准等数据信息管理手段,健全智慧政务平台建设。④唐平秋等人认为,政府组织对信息资源的垄断,必然排斥和限制与市场的竞争,形成政府与市场、社会之间的"信息孤岛",指出问题的出路是建立学习型组织。⑤

(三)政社协同运作下的智慧政务

此类研究强调,单纯依靠政府组织无法实现高水平的智慧政务,必须调动社会力量,实现政社协同治理。饶守艳通过浙江省宁波市海曙区智慧政务新发展、"浦东模式"智慧城市探索等案例,发现从单向智慧民生服务推送向多方互动的服务模式转变极大地提升了政务效能。⑥金蕾介绍了杭州市的案例,指出上城区人民政府探索打造了"民情E点通"服务平台,其由手机互动平台、运行管理平台和综合展示平台组成,通过在党员干部、居民群众手机中安装APP,街道各科室、社区电脑中安装运行管理终端,由网上指挥中心网络云端互联,把各类需求与服

---

① 参见叶小东:《打破信息孤岛 构建数据共享桥梁》,载《科技展望》,2017(5)。
② 参见刘增:《基于克服信息孤岛现象的电子政务流程优化研究》,湖南大学硕士论文,2015;参见康凯:《中国电子政务领域中的信息孤岛问题探析》,贵州师范大学硕士论文,2016年。
③ 参见夏一雪,韦凡,郭其云:《面向智慧城市的公共安全治理模式研究》,载《中国安全生产科学技术》,2016(4)。
④ 参见匡荣,黄绍斌,陈永国等:《智慧政务背景下政府部门间信息协同效率的改进》,载《萍乡学院学报》,2016(2)。
⑤ 参见唐平秋,蒋晓飞:《论"信息孤岛"对政府组织发展的制约与对策——基于学习型组织理论的视角》,载《中国行政管理》,2015(5)。
⑥ 参见饶守艳:《智慧政务提升政务效能的理论与实践》,载《技术经济与管理研究》,2016(5)。

务有效对接，做到辖区群众能随时表达诉求、社会各方能精准提供服务。[1]邓思思的案例来自株洲市荷塘区，该区通过"一门式"政务服务模式的构建，将服务资源集中到离群众最近的地方，主动、精准地为群众提供服务，增强了群众的"获得感"。[2]

有学者进一步提出了对策、建议，许爱萍指出，智慧政务建设应在优化公共服务平台功能、拓宽资金来源以及培育智慧城市文化等方面协调政社关系，鼓励社会力量积极参与建设，提升政府治理。[3]马倩指出，应塑造"以民为本"的政务流程和"服务型政府"，加快经济建设、加强网络基础设施建设，实现资源整合、集约建设、信息共享、协同应用。[4]齐特对北京、上海、南京、长治、银川5个智慧政务较先进城市的经验进行总结，认为要加强政治沟通。[5]王广斌等人在分析国外先进经验之后，认为应推动智慧政务的参与式决策。[6]

三、分析与展望

毋庸置疑，杭州桐庐智慧治理信息中心具有自身的发展特色，也取得了一定的政府组织内部和社会的认可，形成了进一步推动自身发展的良好基础。调研中，谈到对未来的展望，桐庐县相关负责人有自己的初步想法。本报告根据走访调研情况、中央和地方的制度理念和实践，以及相关研究综述，做出如下展望与分析：

（一）进一步拓宽目标定位

有什么样的目标定位，决定着智慧政务有什么样的目标和发展方向。目前，桐庐县政法委是智慧治理信息中心的牵头部门。调研表明，一方面，相对于其他机构，政法委面临着更大的考核压力，有推进治理智慧化的责任；另一方面，桐庐抓住了被列为基层社会治理创新试点县这个契机，政法委首当其冲，指定政法委作为牵头部门，可以说找到了推进智慧政务的重要突破点，容易达成政府组织内部共识，因为平安是社会治理的重要保障。

当然，政法委牵头推进智慧政务，也有很大局限，表现在：第一，平安目标太狭窄，导致难以全面整合分散在公安、交通等部门之外、与社会治安没有直接

---

[1] 参见金蕾：《政府与社会的协同治理——以杭州市上城区"民情E点通"为例》，载《经营与管理》，2016（4）。
[2] 参见邓思思：《智慧型政府"一门式"政务服务模式构建研究——以株洲市荷塘区为例》，湘潭大学硕士论文，2016年。
[3] 参见许爱萍：《智慧城市政府治理的功能定位及提升路径》，载《电子政务》，2016（4）。
[4] 参见马倩：《智慧政务的服务流程优化研究》，燕山大学硕士论文，2016年。
[5] 参见齐特：《政治沟通视域下智慧政务发展研究》，西南大学硕士论文，2016年。
[6] 参见王广斌，崔庆宏，刘欢：《国外智慧城市研究的现状分析与启示》，载《工程管理学报》，2016（6）。

关联、不属于政法委管辖的部门信息。第二，更重要的是，如果将智慧政务的目标局限在平安方面，必然会忽视社会治理目标的多元性和复杂性，带来权利侵犯、管辖过死等问题，背离了智慧政务的根本目标——服务性。桐庐虽然比较明确地提出要融合"三张网"，即基层社会治理网、平安建设信息网、综治视联网。但当前，连如何搭建一个科学、有效、服务性的基层社会治理网都在摸索阶段，更谈不上将三个网络融合起来。下一步，桐庐必须着力解决这个问题，否则智慧政务就可能发生方向性偏离。为解决这个问题，可以考虑如下三种办法：第一，新建或合并成立专门的信息与智慧政务委员会，直接接受党委领导，全面负责智慧政务有关的事项，明确服务社会的目标定位；第二，不成立相关机构，但是，将领导小组和运转机构放在更具综合性的机构，比如县委办、县政府办等，以便更加全面地利用数据信息；第三，与行政服务中心合并，提升行政服务中心的级别和地位，进一步完善其权责配置。只有这样，才能真正地实现"信息惠民"，而不是"扰民""管民"。

（二）进一步理顺管理体制

运转高效的管理体制是智慧政务的重要组织保障。当前，对于智慧政务，有些地方没有专门的领导机构或牵头机构，有些地方虽然有领导机构，但是没有设置独立的智慧政务管理单位。桐庐在这方面是走在全国前列的。另外，有些地方指定工信部门或发改部门作为领导机构，部门性较强，综合性不足。桐庐则指定政法委作为牵头机构，政法委本身具有综合性，有利于协调部门利益。

但是调研表明，桐庐智慧治理信息中心仍然只是一个过渡性的机构，主要表现在：第一，它只是一个集合型的平台，没有具体的行政级别，没有专门设定的编制，人员均从相关部门抽调，这些人员的激励机制、综合素质均没有得到有效体现。这就造成难以吸引高层次、专门的技术人才，难以满足智慧政务对数据处理和技术分析能力的高要求。第二，虽然由党口综合机构牵头，但是约束力较弱。桐庐出台了一定的考核办法，对部门信息共享设置了一定分值，但这种约束力较弱，甚至还不如一些比较常规化的部门任务。这些都表明，桐庐智慧治理信息中心的建设还处于起步阶段，是一个临时性组织。下一步，桐庐应着力解决上述问题，在行政级别确认、编制设置、人才引进等方面做出更多推进性工作。

（三）进一步协调部门利益

再好的智慧政务平台，也无法替代部门的专业性，同样，平台也必须正确、合理地面对部门利益。毋庸否认，桐庐智慧治理信息中心利用循序渐进的方式，初步整合了一些部门信息。但是，尚存在一些问题，本报告将相应地提出对策、建议。

首先，只动增量的策略，虽然降低了整合难度，但是这种"双轨制"也会导致存量数据与增量数据对接难，而且存量数据如果不能整合，势必会影响工作的整体性和全面性。下一步，应着力解决部门业务协同、资源共享和信息互联，尤其要敢于、善于动存量。当然，为此，需要进一步完善部门预算、目标考核等相关制度。

其次，信息使用标准化程度低是部门利益固化的重要原因，这在大数据时代显得尤其突出。如今，数据使用平台的移动化、多元化、规模化，内容层面的个性化、碎片化、即时化特征日益突出。不同部门由于自身业务的不同，自然地形成了更符合自身利益的做法，却给智慧政务的整体工作带来了障碍。下一步，应通过标准设定，从源头上解决或者缓解这个重大难题。

最后，虽然中国目前出台了一些重要文件，包括政务公开、资源协调等，可以说是顶层设计的起点。但是，调研表明，智慧政务依旧面临着管理体制造成的障碍，如何促使这些条文发挥实际效力，还是一个问号。下一步，应推动政府条文向法律制度的转变，出台更完善、约束力更强的智慧政务法规，以从根本上打破狭隘部门利益造成的障碍。

（四）善于利用技术"双刃剑"

技术是把"双刃剑"，尤其是在智慧化时代。桐庐目前积极利用PPP模式和高科技企业的力量，加快了智慧政务的建设和技术升级速度。但是，由于桐庐智慧治理信息中心刚刚建成，投入使用时间并不长，技术掌握主要还在基础设施和数据设备方面，对技术"双刃剑"的特质还重视不够。下一步，桐庐应从如下三个方面着手：

第一，充分打造更加符合智慧治理需求的技术条件，广招技术人才。目前，桐庐城投公司与企业单位共同建立的公司投入运营不久，如何更加科学地划定政企边界应早日提上日程。一方面，不能让企业被营利性目标牵着走，要将政府自身的目标与技术路径结合起来；另一方面，在人才队伍方面，不能只局限于工程技术人才，还要善于招揽懂得公共管理、有效治理、社会调研和服务等方面的人才。

第二，对于数据使用可能造成的风险，重视程度尚且不够。风险来自两个维度：一方面，数据整合后，如何保证不产生"数据污染"，如何保证涉及重要机密的数据不泄露，应得到更多关注。毕竟，智慧化的高收益伴随着高风险；另一方面，在数据采集、整理、使用时，可能会给社会公众带来一些风险，如隐私侵犯或信息外泄等。此外，如果智慧政务只是政府组织内部的技术，而得不到整个社会群体的支撑，就会造成数据信息质量差，若政府以此作为决策依据，可能会导致较大失误，甚至带来严重的负面影响。

第三，统合城乡，避免造成"技术鸿沟"。调研中，桐庐有关人员指出，目前对城市数据的整合难度较小，但对农村地区数据的使用和整合难度很大。因此，整合问题既包括部门整合，也包括城乡融合。下一步，桐庐应扩大对农村地区的"信息技术扶贫"，避免城乡两极在智慧政务时代的进一步割裂。

四、报告要点

本报告以杭州桐庐县的智慧政务为案例，考察了其制度背景和具体实践，并以 2016 年为基点年份，顺带涉及相关性强、重要程度高的其他年份事件。通过对桐庐智慧治理信息中心的考察，以及对相关制度和研究的梳理，本报告的目的不是拘泥或停留于一城一地的经验总结、介绍，而是试图"以小见大"，提炼智慧政务的一般性经验和教训，进一步提升"互联网＋"和大数据、智慧城市时代的治理水平。本报告要点如下：

1. 作为智慧政务的前身，电子政务经历了较长的发展历程。自"十二五"开始，电子政务日渐向着智慧化发展，中共中央和国务院及其下属机构颁发了多项规划、意见等文件，构成了智慧政务发展的制度背景。2016 年是智慧政务的启动年，中央层面相继颁布《推进"互联网＋政务服务"开展信息惠民试点实施方案》《国家信息化发展战略纲要》《政务信息资源共享管理暂行办法》等文件。同年 10 月，国务院颁布《关于加快推进"互联网＋政务服务"工作的指导意见》，要求大幅提升政务服务智慧化水平，标志着智慧政务时代的正式开启。作为地方政府，浙江省与杭州市具有发展智慧政务的良好社会基础，体现在信息普及率、制度完善程度、重视程度等多个方面。2016 年 12 月，《杭州市智慧政务发展"十三五"规划》颁布，较早地在政府文件中使用了"智慧政务"，明确了电子政务向智慧化转型的发展方向。

2. 桐庐县智慧治理信息中心的建设已经成为地方政府智慧政务的重要特色，代表着一种新模式，赢得了政府内部和社会公众的广泛认可，形成了智慧政务的县域样本。之所以取得如此成绩，是因为桐庐在如下五方面有所作为：第一，智慧经济和社会基础较好，发展速度快；第二，构建了独立平台，致力于理顺体制，着力推动社会治理；第三，纵横联动，协同治理，初步实现了"大整合""大联动"和"大治理"；第四，善于利用 PPP 模式，撬动社会资本，有利于发挥政府和企业两方面的优势；第五，以平安桐庐为核心，鼓励和激励群众参与，搭建起了政府、行业和社会间有效沟通的桥梁。

3. 智慧政务的相关研究主要分为发展路径、新技术条件、共享与管理难题和政社关系四大类。在发展路径方面，研究者指出智慧政务并非一种全新的政务形式，而是电子政务发展到一定程度后的高级阶段，并且分析了不同阶段的特征。

在新技术条件方面，研究者分别从"互联网＋"、大数据和技术风险三个角度切入，分析了新技术为智慧政务带来的机遇和挑战。在共享与管理难题方面，相当多研究者注意到由于部门信息共享难所带来的"信息孤岛"问题，并提出了较切实的建议。在政社关系方面，研究者强调，单纯依靠政府组织无法实现高水平的智慧政务，必须调动社会力量，实现政、社协同治理。

4. 桐庐乃至全国地区的智慧政务，需要在拓宽目标定位、理顺管理体制、协调部门利益、合理利用技术"双刃剑"四个方面继续着力。在拓宽目标定位方面，不能将整合目标仅仅停留在政法层面，而应该真正地实现智慧政务对社会治理的作用，具体有三种解决办法。在理顺管理体制方面，桐庐县智慧信息中心仍然只是一个过渡性机构，难以吸引高层次的、专门的技术人才，难以满足智慧政务对数据处理和技术分析能力的高要求，应在行政级别确认、编制设置、人才引进等方面做出更大推进工作。在协调部门利益方面，应着力解决部门业务协同、资源共享和信息互联问题，尤其要敢于、善于动存量，还要在标准设定、法律条文等方面做更多工作。在合理利用技术"双刃剑"方面，应充分打造更加符合政府治理需求的技术条件，招揽技术人才，更加重视数据使用可能造成的风险，并且统合城乡，避免造成"技术鸿沟"。

作者单位：浙江大学社会思想所，南开大学中国政府与政策联合研究中心

第七部分

地方政府发展能力指数研究报告

中国地方政府发展能力指数报告（2017）

南开大学中国政府与政策联合研究中心课题组[①]

通过2015、2016两个年度的探索性研究，课题组在不断总结、完善的基础上，进一步明确了对地方政府发展能力构成的认识：其一，地方政府发展能力既包括促进地区全面发展的能力，也包括政府自身发展的能力；其二，地方政府促进地区发展的能力指的是政府适应环境的挑战、满足公共需要的程度[②]；其三，地方政府自身的发展能力是指政府能力的增长和能力结构的变动[③]。在地区发展方面，将主要依据政府职能来分析政府能力的构成。地方政府所从事的实际上是经济发展（微观经济调节和市场监管）、社会发展、公共服务3项基本的职能，因此可以将地区发展能力概括为3项核心发展能力，即经济发展能力、社会发展能力和服务提供能力。政府自身发展能力的构成可以综合采用组织能力理论和政府发展理论进行分析，将其概括为3个方面的核心发展能力，即资源利用能力、科学履职能力和学习创新能力。

截至2017年，中国地方政府发展能力数据收集已经连续开展了3年，其中，2015年首次收集的数据覆盖全国23座城市，有效问卷数量为574份；2016年收集的数据覆盖全国119座城市，有效问卷数量达到11 756份；2017年在对问卷收集方式进行调整后，收集数据覆盖城市数量为62个，有效问卷的数量为3 903份。通过连续3年的数据收集与整理，目前已形成了相对稳定的指标体系，并且培养了相对稳定的主、客观数据收集整理队伍。在此基础上，课题组拟委托专门机构搭建数据库平台，从而使数据库的建设工作日益完善，为后续研究提供更为有力

[①] 课题组顾问：朱光磊；课题组组长：翟磊、李晨光；主要成员：安园园、杨佳譞、赵岩。其中，"年度热点：京津冀城市政府发展能力的现状和协同提升路径"课题由安园园独立完成。
[②] 参见胡宁生、张成福：《中国政府形象战略》，北京：中共中央党校出版社，1998年。
[③] 参见王文友：《政府能力发展论》，载《学术论坛》，2006（3）。

的支撑。

一、地方政府发展能力指标体系与评价方法的进一步完善

基于 2016 年大规模的问卷分析,课题组得以对指标体系和评价方法中存在的问题做进一步修正,但 2017 年度总体上保持了与 2016 年相同的指标结构与分析框架。

(一)指标体系的完善

2017 年度确定的地方政府发展能力指标体系共包含 6 个一级指标、14 个二级指标和 60 个三级指标,如表 1 所示。其中前 3 项一级指标,即经济发展能力、社会发展能力和服务提供能力属于外部维度,即对地区发展能力的评价。后 3 项一级指标,即资源利用能力、科学履职能力和学习创新能力属于内部维度,即对地方政府自身发展能力的评价。

表 1　2017 年度地方政府发展能力指标体系

	一级指标 (核心能力)	二级指标 (分解能力)	三级指标 (主客观数据)	三级指标性质
地方政府发展能力(指数)	经济发展能力	保证生产能力	地区生产总值	客观指标
			地区生产总值增长率	客观指标
			有效引导地方经济健康运行的能力	主观指标
			有效改善当地基础设施建设的能力	主观指标
		促进消费能力	城镇居民人均可支配收入增长率	客观指标
			居民消费价格指数	客观指标
			社会消费品零售总额	客观指标
			稳定当地物价水平的能力	主观指标
			有效搭建消费平台的能力	主观指标
			提高家庭消费水平的能力	主观指标
		推动转型能力	第三产业比重	客观指标
			促进产业升级的能力	主观指标
			促进民营企业发展的能力	主观指标
			促进科技创新的能力	主观指标
	社会发展能力	推动发展能力	预期寿命	客观指标
			当地生活的幸福感	主观指标
			参与公共事务的渠道	主观指标
			当地社会组织在公共事务中发挥的作用	主观指标

续表

一级指标（核心能力）	二级指标（分解能力）	三级指标（主客观数据）	三级指标性质
地方政府发展能力（指数）	秩序维护能力	城镇登记失业率	客观指标
		城乡居民可支配收入比	客观指标
		对社会治安状况的评价	主观指标
		化解社会矛盾能力	主观指标
		对个人发展机会公平的评价	主观指标
	保障基本公共服务的能力	千人口卫生技术人员数	客观指标
		千人口医疗床位数	客观指标
		政府在教育方面的财政支出占比	客观指标
		就业、养老等公共保障制度建设	主观指标
		公共服务设施建设	主观指标
		教育、卫生等社会事业的发展	主观指标
服务提供能力	均等化区域公共服务能力	公共服务设施均等化程度	主观指标
		医疗服务均等化程度	主观指标
		教育资源均等化程度	主观指标
	环境保护能力	城市建成区绿地率	客观指标
		城市空气质量达二级以上的天数	客观指标
		城市污水处理率	客观指标
		环境质量	主观指标
		环境治理能力	主观指标
资源利用能力	资源获取能力	税收收入增长率	客观指标
		一般性公共服务支出占财政支出的比重	客观指标
		财政收入增长率	客观指标
		吸引外来人才的能力	主观指标
		有效引进项目的能力	主观指标
	资源整合能力	财政支出占GDP比重	客观指标
		与智库展开有效合作的能力	主观指标
		与媒体构建良好关系的能力	主观指标
		与企业实施有效协作的能力	主观指标
科学履职能力	政策制定能力	全年发布政策文件数量	客观指标
		决策的科学性	主观指标
		政策制定过程中公众参与的有效性	主观指标

续表

一级指标 （核心能力）	二级指标 （分解能力）	三级指标 （主客观数据）	三级指标性质
地方政府发展能力（指数）	政策执行能力	环境支持度指数	客观指标
		机构设置合理性	主观指标
		各部门的工作效率	主观指标
		工作人员服务态度	主观指标
	主动学习能力	公务员年度参加培训次数	客观指标
学习创新能力		公务员每年用于学习提升的时间	客观指标
		激励公务员学习措施	主观指标
		组织内部信息共享机	主观指标
	管理和服务创新能力	公务员年度创新建议数量	客观指标
		政府对创新的重视程度	主观指标
		政府的创新意识	主观指标

1. 一级指标的调整

2017年度的一级指标构成与2015、2016年基本保持一致，只是在措辞方面有所调整。其中，前3项一级指标属于外部维度，反映地方政府的地区发展能力。为了更加突出其能力的指向，2017年度对这3项一级指标的用词顺序进行了调整，由2016年的"发展经济能力""管理社会能力"和"提供服务能力"调整为"经济发展能力""社会发展能力"和"服务提供能力"。第4项一级指标是基于资源基础理论和一般组织能力理论发展而来的，由于在2016年的调查问卷反馈中，部分问卷调查对象提出该指标以"配置资源能力"命名无法有效涵盖从资源获取到资源整合与配置的全部内容，因此，2017年度修正为"资源利用能力"，从而更好地与资源基础理论的核心思想相匹配。

2. 二级指标的调整

二级指标的构成2017年度也未做大的调整，总量为14个，与2016年一致。其中有两项做了微调，一是将"基本公共服务支持能力"改为"保障基本公共服务能力"。由于地方政府在基本公共服务提供方面的职能不只是支持，还包括提供和保障，因此措辞上进行了调整。二是对"科学履职能力"一级指标之下的二级指标进行了逻辑重构，2016年该一级指标包含的两个二级指标分别为"政策支持度"和"政策执行能力"，其所采用的是偏静态的视角，2017年度将二级指标改为"政策制定能力"和"政策执行能力"，着眼于动态的政策制定到执行的过程。

3. 三级指标的调整

三级指标与一、二级指标相比，2017年度变动相对较大。从数量上来看，2016年三级指标共计66项，2017年度调整为60项。其中客观指标从2016年的26项调整为24项，主观指标从40项调整为36项。

"经济发展能力"一级指标中的三级指标基本与2016年相同，除了表述方式调整外，还删除了一个客观指标，即反映"推动转型能力"中的"万元地区生产总值能耗"。原因有二：一是该项指标与"环境保护能力"中的三级指标存在交叉，二是近半数城市的该项指标缺失。

"社会发展能力"一级指标中，删除了"基层治理能力"，原因是在2016年的问卷调查中发现该项指标的区分度不高，并非因为基层治理实践本身的区分度不高，而是大众对这一概念的理解不足。2017年度新增"当地生活的幸福感"这一更为贴近调查对象的指标。

"服务提供能力"一级指标中，根据2016年数据的代表性分析，删除了"就业增长率""单位GDP建设用地占用面积""城市生活垃圾无害化处理率"以及"环境保护支出占财政比重"4项指标。新增了"公共服务设施均等化程度""城市建成区绿地率"两项指标。调整了两项指标，一是将"小学教育师生比"调整为"政府在教育方面的财政支出占比"；二是将"城市空气质量达标率"具体化为"城市空气质量达二级以上的天数"。

"资源利用能力"一级指标中的各项三级指标，除了表述方式的微调外，与2016年总体保持一致。

"科学履职能力"中由于二级指标的调整，相应地，三级指标调整幅度也较大。原"政策支持度"二级指标之下的4项三级指标，除了"环境支持度指数"调整到"政策执行能力"之下外，其余3项三级指标删除。调整后的二级指标"政策制定能力"之下，新增3项三级指标，即"全年发布政策文件数量""决策的科学性"和"决策制定过程中公众参与的有效性"。"政策执行能力"二级指标中除了增加"环境支持度指数"外，还将2016年"部门权责明晰度"和"部门间协调度"两项三级指标合并为"机构设置合理性"。

"学习创新能力"一级指标中包含的三级指标调整幅度也相对较大，主要是将2016年数据中代表性不强、不易量化的指标删除，包括"有无建立新闻发言人制度""是否提出建设学习型政府的理念"等5项。根据彼得·圣吉等提出的学习型组织理论，新增"组织内部信息共享机制"和"政府对创新的重视程度"2项指标，将"组织学习的频率"具体化为"公务员年度参加培训次数"和"公务员每年用于学习提升的时间"2项指标，将"创新的意愿"和"创新的频率"调整为"政府的创新意识"和"公务员年度创新建议数量"。

（二）评价方法的改进

2016年的指标权重确定方法结合了由下而上的因子分析赋权法和由上而下的回归分析赋权法，将主观评价和客观评价结合了起来，同时平衡了由上而下的指标体系和由下而上的数据架构。数据分析也拓展了视角，从区域、城市群、行政级别、人口规模、资源禀赋等方面对地方政府的发展能力做了深入分析。2017年度则更进一步，采用主客观综合赋权法来确定指标的权重，并引入了重要性—实际绩效分析（IPA）来细化指标属性，使数据分析更加深入翔实。

1. 基于重要性—绩效分析法的调查问卷设计

重要性—绩效分析法是广泛应用于服务行业，用于评判某项服务或设施的实施或使用效果，继而指导组织有针对性地进行服务改进的方法。重要性—绩效分析法的核心理念在于：服务对象对某项服务或设施的满意程度是其对该项服务或设施的某些重要属性的期望值和对相应属性的实际绩效的评判函数。重要性—绩效分析法的数据呈现和分析方法如图1-1所示。在由重要性评价为x轴和绩效评价为y轴的二维坐标系上，将每个评价指标依据其重要性和绩效评价值绘入相应位置，形成二维散点图。根据研究需要确定四象限图分割线的位置，再根据每个指标所落入的象限来判断指标属性（优势指标、劣势指标、过度供给指标、低优先级指标），继而形成评价结论。相较于传统的针对绩效的满意度评价，这种方法可以获取更全面、深入的数据，一是考察指标设置的合理性并为具体的分析提供帮助，二是通过对不同指标的重要性分析，考察居民的关注对象，并就居民普遍关注的部分进行进一步的指标增补、修订，为今后的调查研究提供完善的空间。

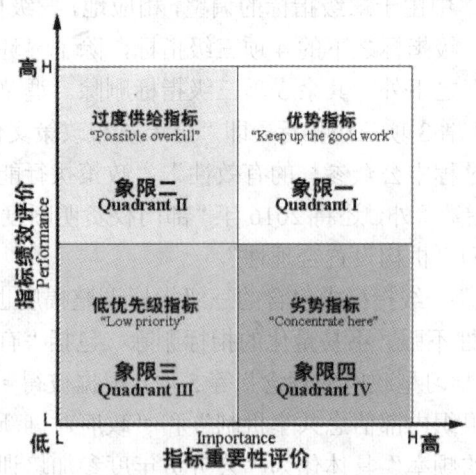

图1 重要性—绩效分析法（IPA）四象限图

基于重要性—绩效分析法，2017年度的调查问卷包括8个部分：卷首语、答卷人的人口学信息、对所在地方政府发展能力的总体评价、对一级指标的实际绩效评价、对二级指标的实际绩效评价、对三级指标的实际绩效评价、对二级指标的重要性评价，以及对一级指标的重要性评价。卷首语对调查问卷的目的、数据的用途、个人信息的保护等均做了说明；人口学信息涵盖了性别、受教育程度、户籍状况、居住情况和工作单位性质等多项指标；随后，是对所在地方政府发展能力的总体评价，以及对一、二级指标实际表现的综合评价；继而，是对所在城市三级指标的实际表现进行评价，根据被调查人的工作属性，公务员除了对外部指标之外的内部指标进行评价，还要提供两项客观指标数据："公务员年度参加培训次数"和"每年用于学习提升的时间"。最后，是分别就一级指标和二级指标的重要性做出评价。指标体系中，由于二级指标内容较多，因此，仍然采用量表的方式进行提问；一级指标自身内容较少，因此，采取排序的方式进行提问，以此，课题组可以更好地明确调查对象对不同指标的重要性排位与取舍。

在进行正式的问卷发放之前，课题组做了小范围的预调研，对量表题目理解的一致性做了检验，并根据反馈情况对问卷做了调整。同时，问卷根据相关部门的要求进行了微调，以此更好地在网络等公开环境中进行传播，并形成最终的调查问卷。

2. 网络与调查员相结合的问卷调查方式

问卷调查采用了网络问卷的方式，基于国内最大的网络调查平台问卷星（www.sojump.com）发布，充分利用网络调研的低成本、高效率、易扩散等优势，在有限的时间内获取尽可能多的样本。同时，课题组邀请经过培训的南开大学、天津商业大学和天津师范大学的相关专业学生担任调研员，通过电子邮件、微信、微博等社交网络服务（SNS）媒介方式推送问卷，并利用寒假开展针对性问卷调查，要求调查对象必须涵盖政府和事业单位工作人员、国有及私营企业工作人员、社会组织从业人员和自由职业者等，以确保调查对象的多样性。在此，调研员调查也可以提高问卷的实际填答率及样本的相关性和专业性。

3. 主客观综合赋权法

传统的指标体系赋权方法分为两类：一类称为主观赋权法，即根据专业人士对各指标的主观重视程度赋权，如Delphi法、二项系数法、层次分析法（AHP）等；另一类为客观赋权法，即依据客观信息数据进行赋权，如主成分分析法、熵值法、差异系数法等。前者能够反映专家、学者、决策者和参与者的意志，但权重结果具有很大的主观随意性。后者具有较强的数学理论依据，可以避免评价结果的主观随意性，但是同时又难以体现专业人士的意愿。因此，主、客观赋权法具有各自的特点，但都存在一定的局限性。

基于以上的原因，本研究采用了主客观相结合的综合赋权法。一方面，通过问卷调查，获取了调查对象对 6 项一级指标的相对重要性排序，根据排序结果，给定对应序列值得分（本研究按照排名第一得 5 分，第二得 4 分，第三得 3 分，第四得 2 分，第五得 1 分，第六得 0 分），可计算得到每一项的重要性得分，最后经过归一化处理，得到基于主观赋权法的 6 项一级指标的权重。另一方面，将 62 个案例城市的三级指标数据进行标准化，利用差异系数法，求得每一项三级指标的权重，通过求和可得各项二级指标权重，继而得到基于客观赋权法的 6 项一级指标权重。最后，将两种方法得到的一级指标权重进行均值处理，得到最终的一级指标权重，而后利用回归系数法，求出二级指标和三级指标权重。

二、城市地方政府发展能力指数分析

2017 年度最终满足课题组数据分析要求的共有 62 座城市。基本覆盖全国的重要城市，包括 4 个直辖市、绝大部分省会（自治区首府）、计划单列市以及部分地级市。在东、中、西与东北的各个地区均有城市分布，但同时存在西部城市数量偏少，省份间的数据不均衡等问题。

（一）数据收集的总体情况

通过问卷调查数据的收集、分析，确定符合分析条件的 62 个样本城市后，组织课题组成员对这些城市的统计数据进行收集、整理。统计数据的主要来源包括各个城市的统计公报、统计年鉴、政府官方网站等。

1. 问卷调查数据收集情况

（1）问卷调查数据的基本信息分析

通过问卷采集，共获得来自全国所有省份主要城市的 5 086 份问卷。根据问卷回收与城市分布情况，原则上按照该城市的问卷数大于 20 份，公务员与事业单位公职人员的问卷数大于 5 份的标准筛选有效城市，最终得到 62 座城市、3 903 份有效问卷，其中政府及事业单位公职人员问卷 1 471 份，占全部有效问卷的 11.8%。有效问卷的城市分布情况见表 2 所示：

表 2　城市地方政府发展能力指数问卷回收数量表

城市	问卷数	城市	问卷数	城市	问卷数
保定	29	拉萨	32	太原	21
北京	327	莱芜	47	天津	426
沧州	75	兰州	99	乌鲁木齐	31

续表

城市	问卷数	城市	问卷数	城市	问卷数
成都	60	廊坊	62	无锡	37
大连	33	丽水	27	武汉	25
大庆	20	凉山	45	西安	60
福州	41	临汾	30	忻州	43
广安	25	临沂	97	信阳	21
广州	25	泸州	46	邢台	43
贵阳	49	南京	39	许昌	26
哈尔滨	27	怒江	25	雅安	20
海口	22	平顶山	21	延边	39
杭州	21	黔南	116	营口	24
合肥	35	钦州	34	长春	22
衡水	53	秦皇岛	83	长沙	48
红河	33	厦门	28	郑州	218
呼和浩特	41	上海	39	重庆	45
淮安	21	深圳	36	周口	25
济南	54	沈阳	31	珠海	32
晋城	20	石家庄	207	淄博	452
昆明	70	遂宁	21		

（2）问卷的可靠性与一致性分析

本研究采用统计学方法——Cronbach's Alpha（α），来检测问卷内容的可靠性。问卷调查结果可以划分为3个维度，即对一级指标的综合评价、对二级指标的综合评价以及对三级指标的实际表现评价。本研究对三个维度进行了可靠性分析，使用SPSS软件来进行测算，结果如表3所示：

表3 调查问卷的内部一致性分析结果

维度		Cronbach's Alpha	项数
对一级指标的综合评价		0.973	6
对二级指标的综合评价		0.987	14
对三级指标的实际表现评价	公务员	0.979	36
	非公务员	0.990	34

通常可以接受的 Cronbach's Alpha 值是大于等于 0.8，本研究所使用的问卷各个维度的值均大于 0.97，结果表明本调查问卷的内容可靠性和内部的一致性达到了很高水准。

（3）调查对象的人口信息分析

人口信息描述性分析的目的是了解本次调查对象的基本信息及其覆盖范围能否满足实际需要。

性别指标主要用来评估调查对象的性别分布状况及其所作评价的性别差异。如图 2 所示，在参与本研究的 3 903 位调查对象中，1 660 位（占总数的 42.5%）为男性，2 243 位（占总数的 57.5%）为女性，男女比例相对均衡，这在很大程度上减少了调研结果所产生的性别偏差，也有利于在样本量相近的情况下，评估男性与女性对各项指标评价的差异。

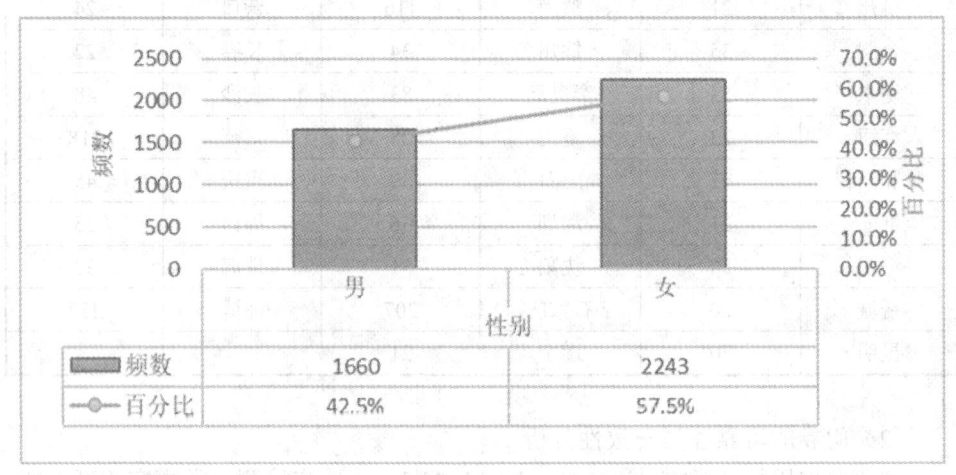

图 2　调查对象性别分布情况

本次问卷调查对象的年龄分布如图 3 所示。在 3 903 位调查对象中，343 位（占总数的 8.8%）为 20 岁以下，1 389 位（占总数的 35.6%）为 20—35 岁，1 877 位（占总数的 48.1%）为 36—50 岁，271 位（占总数的 6.9%）为 51—65 岁，23 位（占总数的 0.6%）为 65 岁以上。年龄分布的广泛性在很大程度上减少了调查结果的年龄偏差，也有利于分析不同年龄层次调查对象对各项指标评价的差异。

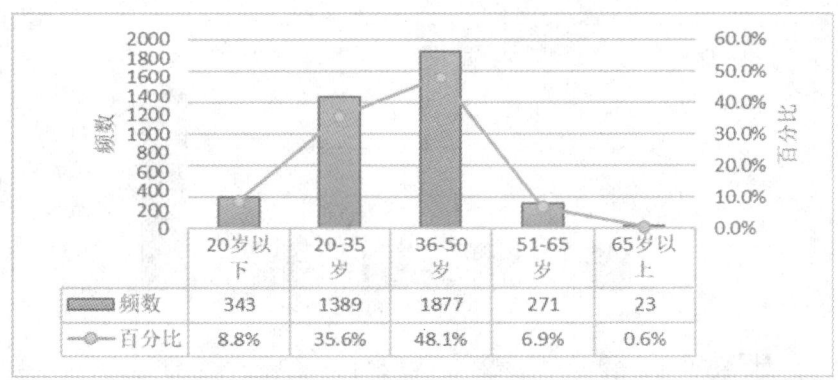

图 3　调查对象年龄分布情况

本次问卷调查对象的学历分布如图 4 所示。在 3 903 位调查对象中，175 位（占总数的 4.5%）为初中及以下学历，438 位（占总数的 11.2%）为高中学历，2 802 位（占总数的 71.8%）为大专及本科学历，415 位（占总数的 10.6%）为硕士学历，73 位（占总数的 1.9%）为博士学历。调查对象学历分布具有较强的代表性，减少了调研结果所产生的学历偏差，也有利于分析不同学历层次的调查对象对各项指标评价的差异。

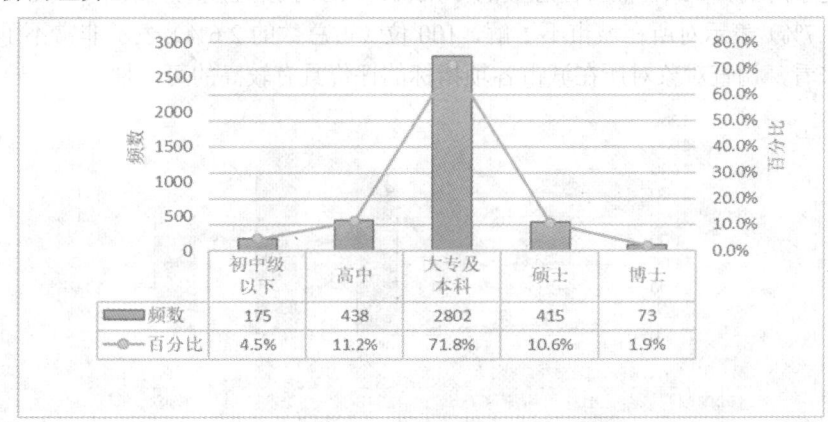

图 4　调查对象学历分布情况

本次问卷调查对象所在城市生活时长的分布情况如图 5 所示。在 3 903 位调查对象中，449 位（占总数的 11.5%）为 5 年以下，455 位（占总数的 11.7%）为 6—10 年，415 位（占总数的 10.7%）为 11—15 年，517 位（占总数的 13.2%）为 16—20 年，2 066 位（占总数的 52.8%）为 20 年以上，这无疑保证了调查对象对所在城市各项指标评价的可靠性。

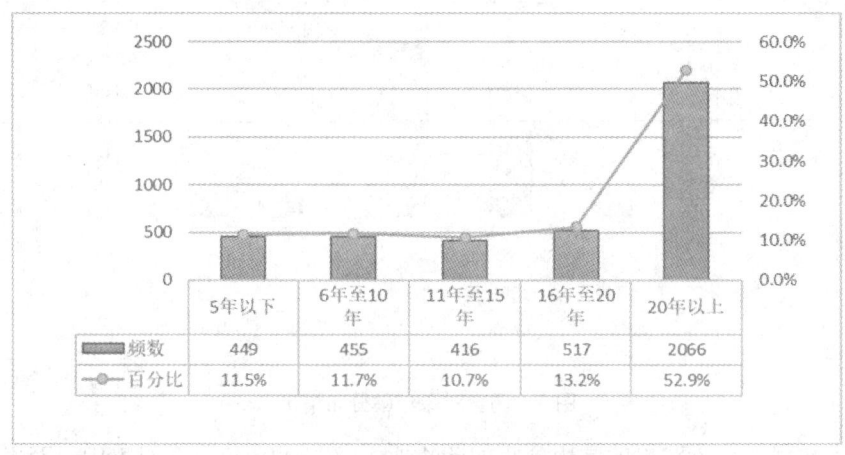

图 5 调查对象生活城市时长分布情况

本研究通过调查对象对其所在城市了解程度的主观评价来检测本次问卷调查的可信度。如图 6 所示，在参与本研究的 3 903 位调查对象中，834 位（占总数的 21.4%）表示对所在城市非常了解，有 1 555 位（占总数的 39.8%）表示对所在城市是了解的，1 347 位（占总数的 34.5%）表示了解程度为一般，67 位（占总数的 1.7%）表示对所在城市不了解，100 位（占总数的 2.6%）表示非常不了解。总体来看，调查对象对所在城市各项指标的评价具有较高的可靠性。

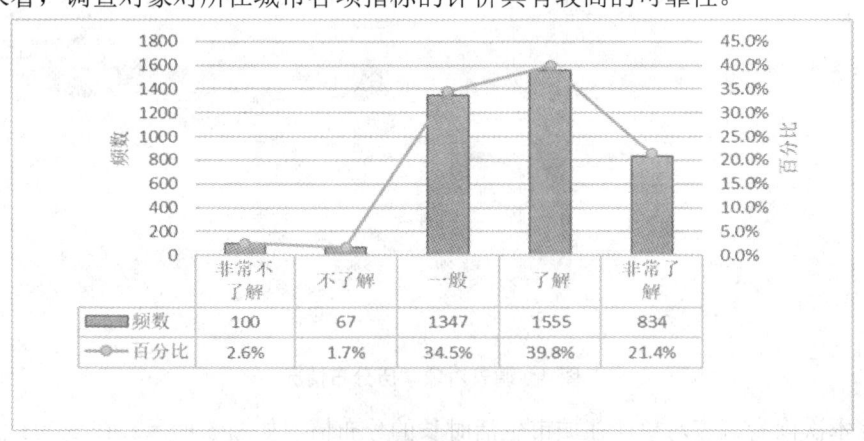

图 6 调查对象生活城市了解程度分布情况

本次问卷调查对象的月收入分布状况如图 7 所示。在 3 903 位调查对象中，584 位（占总数的 15.0%）月收入为 1 500 元以下，681 位（占总数的 17.4%）为 1 500—3 000 元，1 213 位（占总数的 31.1%）为 3 000—5 000 元，693 位（占总数的 17.8%）为 5 000—7 500 元，336 位（占总数的 8.6%）为 7 500—10 000 元，

210位（占总数的5.4%）为10 000—15 000元，186位（占总数的4.8%）为15 000元以上。调查对象收入分布较广，有利于评估不同收入调查对象对各项指标评价的差异。

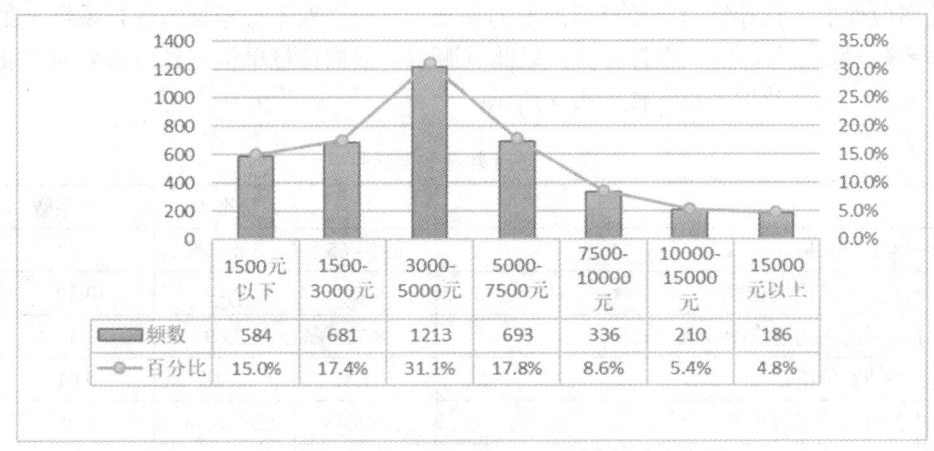

图7　调查对象月收入分布情况

本次问卷调查对象的单位性质分布状况，如图8所示。在3 903位调查对象中，453位（占总数的11.6%）就职于政府部门，1 018位（占总数的26.1%）就职于事业单位，709位（占总数的18.2%）就职于国有企业，751位（占总数的19.2%）就职于私企，51位（占总数的1.3%）就职于社会组织，317位（占总数的8.1%）为自由职业者，604位（占总数的15.5%）从事其他职业。调查对象工作性质差异显著，有利于评估不同单位性质的调查对象对各项指标评价的差异。

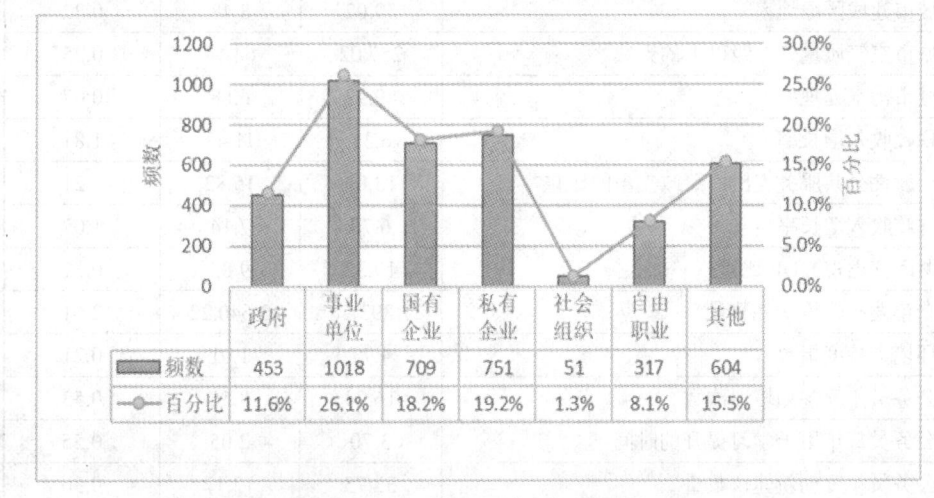

图8　调查对象工作单位性质分布情况

2. 统计数据收集情况

课题组首先对统计数据进行整理与统计,由于统计数据的计量单位差异较大,无法直接进行横向对比分析,因此,课题组将统计数据特征分析的重点放在数据的离散性上。在计算统计数据标准差的基础上,分别对不同指标的变异系数(变异系数=标准差/均值)进行计算,以此克服由于数据计量单位差异而带来的标准差差异。统计数据的离散性如表4所示:

表4 统计数据的离散性

	均值	标准差	变异系数
地区生产总值	5354.65	5982.89	1.12
地区生产总值增长率	8.19	2.44	0.30
城镇居民人均可支配收入增长率	8.76	3.69	0.42
居民消费价格指数	101.81	0.91	0.01
社会消费品零售总额	2298.48	2408.74	1.05
第三产业比重	49.08	12.72	0.26
预期寿命	77.17	2.61	0.03
城镇登记失业率	3.02	0.77	0.26
城乡居民可支配收入比	2.32	0.51	0.22
千人口卫生技术人员数	13.06	34.42	2.64
千人口医疗床位数	9.21	17.18	1.86
政府在教育方面的财政支出占比	15.20	5.25	0.35
城市建成区绿地率	39.02	8.48	0.22
城市空气质量达二级以上的天数	257.02	64.14	0.25
城市污水处理率	89.92	6.68	0.07
税收入增长率	6.31	11.43	1.81
一般性公共服务支出占财政支出的比重	13.07	15.82	1.21
财政收入增长率	6.70	7.14	1.07
财政支出占GDP比重	19.32	9.85	0.51
全年发布政策文件数量	1393.58	3640.22	2.61
环境支持度指数	4.77	1.01	0.21
公务员年度参加培训次数	16.24	8.56	0.53
公务员每年用于学习提升的时间	3.70	2.05	0.55
公务员年度创新建议数量	33.75	12.17	0.36

从各三级指标的变异系数来看,千人口卫生技术人员数(2.64)与全年发布政策文件数量(2.61)这两项指标的变异系数最大,这说明,我国城市公共卫生服务的供给和不同城市地方政府所管辖的事务复杂程度具有较大差异。

千人口医疗床位数(1.86)、税收收入增长率(1.81)、一般性公共服务支出占财政支出的比重(1.21)、地区生产总值(1.12)财政收入增长率(1.07)、社会消费品零售总额(1.05)这几项指标的变异系数也存在较大差异。这说明,我国城市的经济基础与财政基础的差异较大,这种差异将对基础设施建设水平及公共服务均等化等造成影响。如何通过转移支付等各种方式平衡政府发展能力的基础,是中国城市地方政府与中央政府应当共同面对的问题。

城市污水处理率(0.07)、预期寿命(0.03)、居民消费价格指数(0.01)这几项指标的变异系数差别很小。主要是我国的城市污水处理率基本上都超过90%,预期寿命主要受到国家总体发展情况的影响,而居民消费价格指数也与国家整体的货币发行与经济发展状况密切相关,因此,城市间的差别不大。

综上所述,通过统计数据的分析,城市地方政府应当加强公共卫生服务的均等化,同时,积极提升自身的发展基础,促进我国城市的多中心发展,缓和当前大城市的体量过大等问题。

(二)地方政府发展能力评价结果的统计分析

本部分将对62个样本城市的发展能力总体特征进行分析,具体从两个部分展开:一是对问卷调查所涉及的地方政府发展能力总体评价和对一、二级指标的重要性—绩效评价;二是综合使用主客观数据,对城市地方政府的发展能力开展聚类分析。

1. 地方政府发展能力的总体分析

(1)地方政府发展能力总体评价和总体满意度

通过问卷调查获取数据时,问题的设定和表述方式可能会影响获取的结果。本研究以获取调研对象对当地地方政府发展能力的评价为目标,因此,在调查问卷中,分别采用了总体评价和总体满意度两种方式,请答卷人就居住地的地方政府发展能力做主观评价。62个案例城市的统计结果如表5所示:

表5 案例城市地方政府发展能力总体评价和总体满意度的基本情况

	极小值	极大值	均值	标准差
对当地政府发展能力的总体评价	2.76	4.11	3.3289	0.26145
对当地政府发展能力的总体满意度	2.67	4.08	3.3153	0.25708

通过配对样本T检验,比较两种提问方式的均值,可以发现,如表6所示,

总体评价与总体满意度的相关系数达到 0.901，在统计上显著相关，而且，并不存在显著不同（p=0.358），因此，可以得到结论，即从统计学上来看，"对当地政府发展能力的总体评价"和"对当地政府发展能力的总体满意度"这两种提问方式，并不会对最终的结果产生显著影响。

表 6 两种提问方式的均指比较配对样本 T 检验

		成对样本相关系数						
		N	相关系数	Sig.	相关系数 Bootstrap[a]			
					偏差	标准误差	95% 置信区间	
							下限	上限
对 1	总体评价 &总体满意度	62	0.901	0.000	-0.002	0.026	0.843	0.945

a. 除非另行注明，bootstrap 结果将基于 1000 bootstrap samples

		成对样本检验							
		成对差分					t	df	Sig.（双侧）
		均值	标准差	均值的标准误	差分的95%置信区间				
					下限	上限			
对 1	总体评价 -总体满意度	0.013 55	0.115 26	0.014 64	-0.015 72	0.042 82	0.926	61	0.358

（2）一级指标（核心发展能力）重要性—绩效分析

问卷调查获取了一级指标的实际绩效评价和重要性排序，通过排序的分值转化得到重要性得分，结果如表 7 所示。62 座样本城市的调查对象对城市发展的总体评价较为积极，均值达到 3.33（最高为 5、最低为 1）。总体来说 6 个指标在不同城市中的最大值与最小值较为接近，且数据离散程度也较为接近。从具体的指标评价来看，社会发展能力在所有一级指标评价中的均值最高，达到 3.38，这说明调查对象对城市地方政府的社会发展能力相对最为满意。资源利用能力的均值最低，为 3.22，这说明调查对象认为城市地方政府的科学履职能力尚有较大提升空间。

从标准差来看，经济发展能力的标准差最高，达到 0.31，这说明不同城市间的调查对象对政府的经济发展能力评价的差异性较大，其可能的原因是由于经济发展的成果分配问题、城市自身经济总量的问题、与周围城市发展速度比较的问题等，造成调查对象对城市地方政府的经济发展能力的认知具有较大差异性。服务提供能力与资源运用能力的标准差最低，为 0.24，说明调查对象对政府服务提供能力与资源利用能力的评价差异性较小。对于政府资源运用能力与服务提供能力这两个指标，调查对象的评价结果差异也相对较小。因此，未来城市地方政府在自身经济发展的同时，还应当加速区域合作、区域一体化和协同发展的进程。

表7 案例城市一级指标重要性—绩效评价结果

		最大值	最小值	均值	标准差
经济发展能力	绩效	4.28	2.67	3.26	0.31
	重要性	4.20	2.60	3.45	0.34
社会发展能力	绩效	4.03	2.62	3.38	0.28
	重要性	3.58	2.55	3.16	0.25
服务提供能力	绩效	4.00	2.86	3.35	0.24
	重要性	3.44	1.84	2.64	0.33
资源利用能力	绩效	3.81	2.72	3.22	0.24
	重要性	2.65	0.86	1.90	0.33
科学履职能力	绩效	3.86	2.67	3.25	0.25
	重要性	2.85	0.95	1.71	0.35
学习创新能力	绩效	4.03	2.76	3.27	0.25
	重要性	2.82	0.75	1.76	0.39

从表7可以看出调查对象对6个指标的重要性排序依次为：经济发展能力、社会发展能力、服务提供能力、资源利用能力、学习创新能力、科学履职能力。由此可见，调查对象首先关注城市经济发展情况与社会发展，其次是公共服务，最后是对政府的实际运行情况。其原因在于指标与调查对象之间关系的密切程度。调查对象自身体会越强、关联越大的指标越会被排在相对重要的位置，而调查对象自身体会越弱、关联越小的指标则会被排在不重要的位置。

（3）二级指标（分解发展能力）重要性—绩效分析

问卷调查获取了调查对象对居住城市地方政府发展能力二级指标的实际绩效评价和重要性评价，结果如表8所示。具体来看，二级指标中的社会发展能力（3.40）与基本公共服务支持能力（3.46分）的均值较高，说明样本城市的调查对象对城市地方政府在社会发展与公共服务建设方面的能力较为满意，而城市地方政府的环境保护能力（3.18）与推动转型能力（3.23）均值较低，特别是城市地方政府的环境保护能力在所有能力的评价中均值最低，说明调查对象高度重视城市环境发展情况，并对当前政府所采取的措施存在不满，对城市地方政府治理环境的举措有更多要求。而推动转型能力则直接影响城市发展的未来潜力，因此，城市地方政府在做好经济发展与公共服务环境构建的基础上，还要积极推动环境建设与自身转型能力，为城市未来发展奠定基础。

从标准差方面来看，环境保护能力的离散程度最高，标准差达到0.35，其原因主要是 62 座样本城市的地理分布不均,环境质量存在较大差别,因此,评价分数可能会由此而分散。不同城市的调查对象对政策执行能力(0.24)、保证生产能力(0.25)、政策制定能力(0.25)、资源获取能力(0.25)的评价相对较为集中,这说明城市地方政府在主抓经济建设与政府运行等方面建设能力的公众感知差异较小,也就是说城市地方政府在这些二级指标方面所采取的措施可能具有较高的同质性。

表 8　案例城市二级指标重要性—绩效评价结果

一级指标	二级指标		最大值	最小值	均值	标准差
经济发展能力	保证生产能力	绩效	4.11	2.90	3.37	0.25
		重要性	4.17	3.00	3.57	0.23
	促进消费能力	绩效	4.22	2.57	3.37	0.28
		重要性	4.10	2.90	3.53	0.24
	推动转型能力	绩效	4.19	2.48	3.23	0.28
		重要性	4.15	3.00	3.58	0.23
社会发展能力	推动发展能力	绩效	4.14	2.67	3.40	0.27
		重要性	4.11	3.00	3.60	0.24
	秩序维护能力	绩效	3.92	2.52	3.35	0.27
		重要性	4.22	3.04	3.64	0.25
服务提供能力	保障基本公共服务的能力	绩效	4.14	2.88	3.46	0.27
		重要性	4.18	2.92	3.64	0.23
	均等化区域公共服务能力	绩效	3.86	2.62	3.30	0.27
		重要性	4.20	3.00	3.59	0.23
	环境保护能力	绩效	3.97	2.38	3.18	0.35
		重要性	4.29	3.00	3.66	0.27
资源利用能力	资源获取能力	绩效	3.94	2.80	3.30	0.25
		重要性	4.04	3.00	3.58	0.22
	资源整合能力	绩效	4.14	2.76	3.26	0.27
		重要性	4.18	3.12	3.61	0.23
科学履职能力	政策制定能力	绩效	3.92	2.67	3.32	0.25
		重要性	4.10	3.05	3.63	0.22
	政策执行能力	绩效	3.86	2.76	3.30	0.24
		重要性	4.17	3.12	3.67	0.23
学习创新能力	主动学习能力	绩效	4.00	2.76	3.29	0.26
		重要性	4.15	3.04	3.62	0.23
	管理和服务的创新能力	绩效	4.00	2.67	3.30	0.27
		重要性	4.17	3.00	3.64	0.24

从表上的数据可以看出调查对象对二级指标的重要性排序依次为：环境保护能力、秩序维护的能力、均等化区域公共服务能力、保障基本公共服务的能力、资源整合能力、政策执行能力、管理和服务的创新能力、保证生产能力、推动转型能力、主动学习能力、推动发展能力、促进消费能力、政策制定能力、资源获取能力，这与各指标所属的一级指标的排序基本一致。

二级指标的重要性排序与一级指标排序略有不同的是，调查对象认为环境保护指标和公共服务能力指标的重要性较为突出，说明调查对象对细化的更加清晰的指标有不一样的要求。从表8可以看出调查对象除了重视政府的经济发展能力以外，如何得到更好的环境与公共服务也是市民考察城市地方政府的重要标准，城市地方政府应当在环境保护与公共服务方面给予足够的重视。

通过对比各二级指标（分解发展能力）重要性—绩效评价，如图9所示，推动转型能力（0.35）、环境保护能力（0.48）、资源整合能力（0.35）和政策执行能力（0.37）之间的落差较大，也就是人们普遍认为比较重要，但同时也是当地政府表现较差的能力。相应的，促进消费能力（0.16）、保证生产能力（0.2）、推动发展能力（0.2）和保障基本公共服务能力（0.18）之间的落差较小，是案例城市地方政府表现较好的能力。

2.地方政府发展能力的聚类分析

课题组采取客观的系统聚类结果和主观判断相结合的方法来确定最终的聚类数量，并采用K均值聚类方式确定聚类成员。首先，利用SPSS软件对样本城市的6个一级指标进行系统聚类，结果如图10所示。根据系统聚类的结果，样本城市可以分为2类、3类、4类、6类、12类。其次，根据各种分类的城市名单，综合2015年和2016年城市的聚类名单，确定最终的聚类数为4类。最后，采用K均值聚类方法对样本城市进行聚类，各类的聚类中心如表9所示，方差分析（ANOVA）如表10所示。需要说明的是，为了便于直观比较，本研究按照功效系数法将62座案例城市的各项指标标准化数值转换成5-95的数据列。

表9 地方政府发展能力指数聚类中心

	第一类	第二类	第三类	第四类
经济发展能力	16.70	34.46	53.49	81.48
社会发展能力	33.38	55.21	73.80	83.21
服务提供能力	22.69	45.45	67.97	91.59
资源利用能力	15.48	30.69	50.21	77.58
科学履职能力	23.68	46.01	67.78	92.30
学习创新能力	23.36	44.08	64.05	85.02

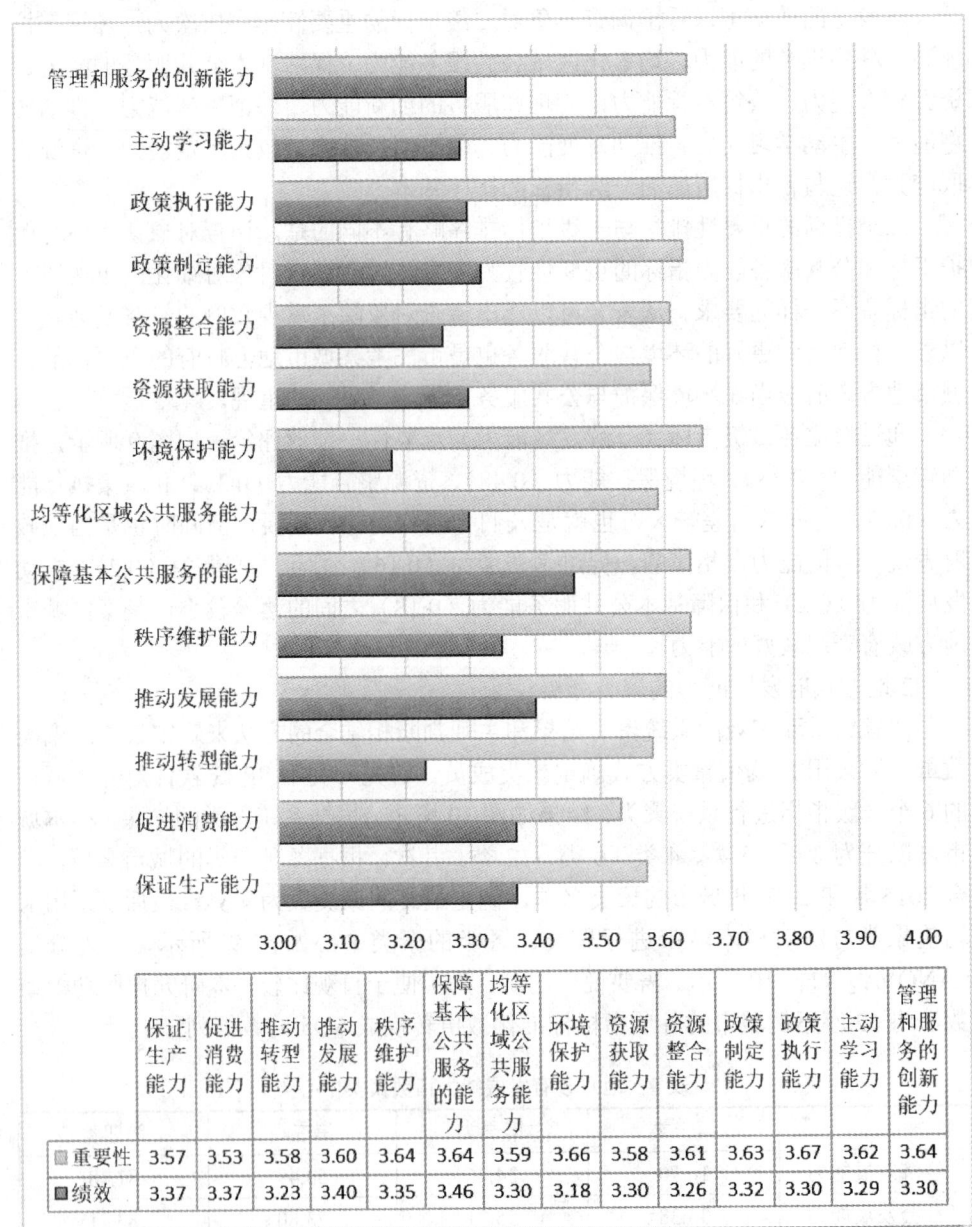

图9 案例城市二级指标重要性-绩效分析

中国地方政府发展能力指数报告（2017） 347

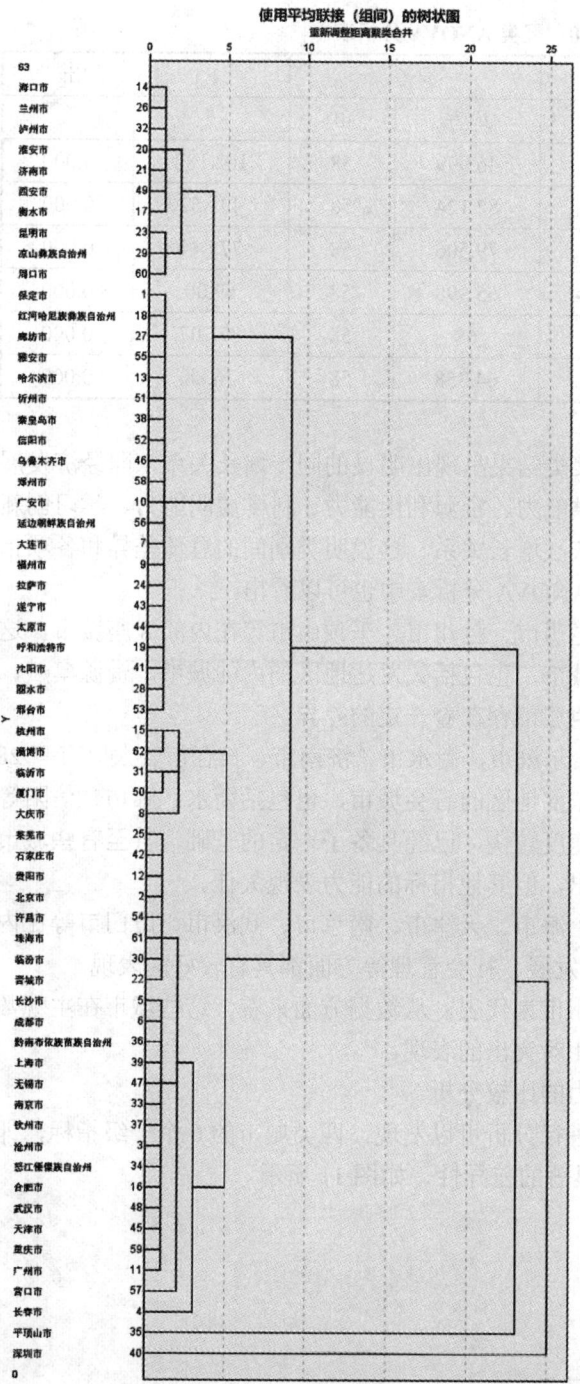

图10 采用系统聚类法对样本城市聚类的结果

表 10 聚类 ANOVA 分析表

	聚类		误差		F	Sig.
	均方	df	均方	df		
经济发展能力	4 802.474	3	46.999	58	102.182	0.000
社会发展能力	4 094.457	3	82.124	58	49.857	0.000
服务提供能力	6 189.073	3	79.506	58	77.844	0.000
资源利用能力	4 557.802	3	65.998	58	69.06	0.000
科学履职能力	5 964.094	3	68	58	87.707	0.000
学习创新能力	4 947.787	3	64.358	58	76.88	0.000

如表 9 所示，样本城市的聚类结果呈现出明显的同步增长关系，即经济发展能力、社会发展能力、服务提供能力、资源利用能力、科学履职能力、学习创新能力都明显地呈现出类别间的依次增长关系。这说明类别间的总体差异和各项指标差异都较为明显，这一点在 ANOVA 分析表中也可以看出。

第一类城市包括海口市、昆明市、兰州市、平顶山市等在内的 8 座城市，这些城市包含欠发达地区的省会城市，也包括欠发达地区的内陆城市，资源禀赋、经济总量、地理位置等都与其他城市存在着一定的差异。

第二类城市包括沈阳市、哈尔滨市、衡水市、济南市、长春市、太原市等 28 座城市，这些城市包含一些中东部地区的省会城市，也包括衡水、廊坊、信阳等城市，这些城市中大部分发展速度较快，已经具备了一定的基础，甚至有些城市在经济发展方面的表现异常突出，但其他指标的能力表现欠佳。

第三类城市包括北京市、上海市、天津市、南京市、武汉市、厦门市等在内的 23 座城市，这类城市在经济发展、社会管理等方面都具有较好的表现。

第四类城市以深圳市和杭州市为代表，从数据方面来看，这些城市在主观数据层面和客观数据层面都具有相对突出的表现。

（1）地方政府核心发展能力的比较分析

通过对各一级指标的得分进行分析可以发现，四类城市的 6 个一级指标，即 6 项核心发展能力的表现具有显著的差异性，如图 11 所示。

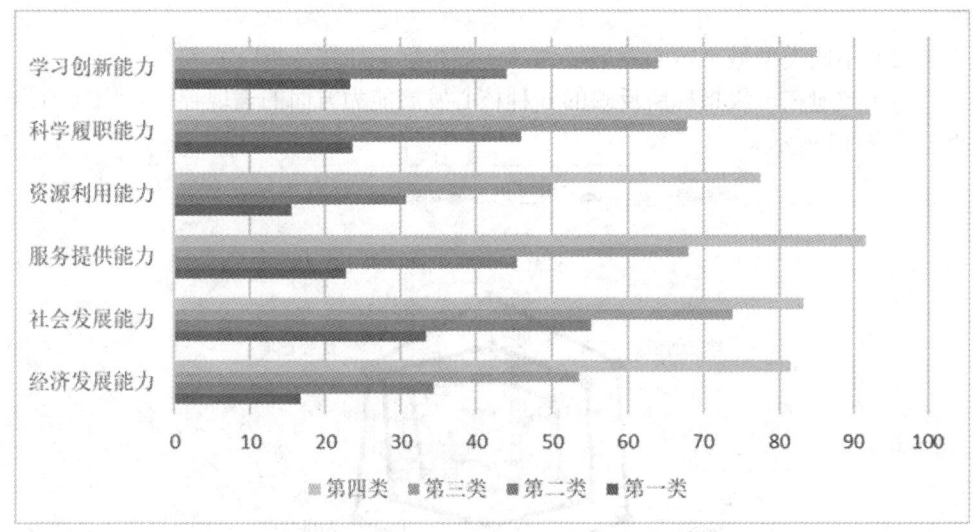

图 11　四类城市各一级指标比较

从图 11 可以看出四类城市之间差异性最大的指标是服务提供能力，该项能力在第一类与第四类城市之间的分差为 68.9。这就说明在政府能力提升的过程中，公共服务提供能力提升速度最快。这与我国服务型政府建设和基本公共服务均等化的部署有关，也与我国不断深化改革的实践有关。

四类城市之间差异性最小的指标是社会发展能力，该能力在第一类与第四类城市之间的分差仅为 49.83。其原因主要是不同城市地方政府所采用的社会发展方式趋同，这与我国单一制体制相关，同时，与我国的条块关系、党政关系和职责同构等都密切相关。在纵向上我国地方政府集体与中央保持一致，不同级别的地方政府具有基本相同的政府架构，这就决定了地方政府在管理社会发展方面拥有类似的能力。

总体来看，各类城市的社会发展能力最强，在该项能力方面，四类城市得分的均值达到 61.4 分，并且在一、二、三类城市中，该项指标的得分均为该类城市核心发展能力得分的最高分。其原因可能包括两个方面：一是我国目前正处于经济社会平稳发展阶段，二是各级政府不断加强对社会治理的总体部署。这些说明，当前地方政府在社会发展方面的成效比较显著，同时得到了公众的广泛认可，这也是地方经济发展的前提。

各类城市总体能力最弱的是资源利用能力，在该项能力方面，四类城市得分均值仅为 43.49 分，并且在四类城市中，该项指标的得分均为该类城市核心发展能力得分的最低分。这说明我国地方政府在有效利用资源方面尚有较大的提升空间。

(2) 不同类型城市核心发展能力(一级指标)比较分析

四类政府在一级指标所反映的 6 种核心发展能力方面的表现存在不均衡的特点,如图 12 所示。

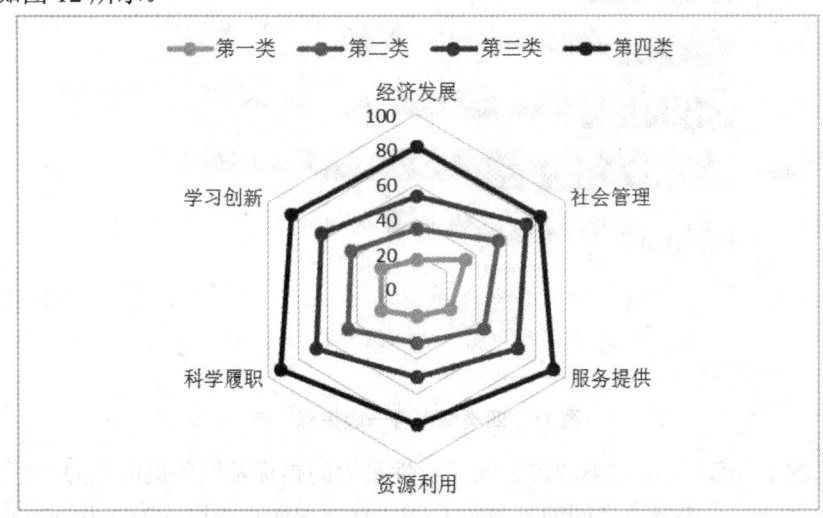

图 12　核心发展能力(一级指标)雷达图

由图 12 可以看出,第一类、第二类和第三类城市的资源利用能力相对较强,社会发展能力相对较弱。第四类城市科学履职能力和服务提供能力突出,而经济发展能力相对较弱。由于本年度评价地方政府发展能力时,各项一级指标均包含了主观与客观两类指标,因此,四种不同类型政府在不同能力上存在差异的原因可以归纳为两个方面:一是其仕不同能力方面的客观表现存在差异,二是民众对该能力的满意程度存在差异。从总体能力提升的角度对各类城市进行分析,建议各类城市着力提升能力的短板,实现能力的均衡发展。本研究采用独立样本 T 检验的方法来检验类型间一级指标差异的显著性,详见表 11 和表 12。

表 11　第一类城市和其他类型城市的一级指标比较

	第一类和第二类			第一类和第三类			第一类和第四类		
	t	Sig	均差	t	Sig	均差	t	Sig	均差
经济发展能力	-6.10	0.00	-17.75	-12.82	0.00	-36.78	-8.48	0.01	-64.77
社会发展能力	-4.92	0.00	-21.83	-8.59	0.00	-40.42	-4.17	0.03	-49.84
服务提供能力	-6.03	0.00	-22.76	-11.12	0.00	-45.28	-16.80	0.00	-68.90
资源利用能力	-5.30	0.00	-15.21	-11.49	0.00	-34.72	-9.69	0.00	-62.10
科学履职能力	-6.16	0.00	-22.34	-11.82	0.00	-44.11	-19.13	0.00	-68.63
学习创新能力	-6.19	0.00	-20.72	-12.24	0.00	-40.70	-10.61	0.00	-61.67

如表 11 所示，第一类城市在 6 项一级指标上均小于其他类型城市，差异最大的均是服务提供能力，差异最小的均是资源利用能力，并且通过了显著性为 0.05 的统计学检验。第二类城市和第三类城市，第三类城市和第四类城市的 6 项一级指标的差异性检验结果如表 12 所示。

表 12　第二类、第三类和第四类城市一级指标差异比较

	第二类和第三类			第二类和第四类			第四类和第三类		
	t	Sig	均差	t	Sig	均差	t	Sig	均差
经济发展能力	-10.67	0.00	-19.03	-6.44	0.02	-47.02	3.84	0.06	27.99
社会发展能力	-8.45	0.00	-18.59	-5.86	0.00	-28.01	1.45	0.16	9.42
服务提供能力	-8.73	0.00	-22.52	-17.58	0.00	-46.14	7.79	0.00	23.62
资源利用能力	-8.76	0.00	-19.51	-9.29	0.00	-46.89	3.07	0.08	27.38
科学履职能力	-9.35	0.00	-21.77	-22.15	0.00	-46.29	10.85	0.00	24.52
学习创新能力	-9.05	0.00	-19.97	-7.80	0.01	-40.95	4.01	0.04	20.97

如表 12 所示，第二类城市和第三类城市在 6 项一级指标间存在明显的差异，其中差异最大的是服务提供能力，差异最小的是社会发展能力；第二类与第四类城市在 6 项一级指标间也存在明显的差异，差异最大的是经济发展能力，差异最小的是社会发展能力，并且都通过了显著性是 0.05 的统计学检验。而第三类城市和第四类城市中，除社会发展能力外，也体现出明显的差异，差异最大的是经济发展能力，差异最小的是学习创新能力。综上，四类城市之间呈现出较为明显的递增规律，即第四类城市在 6 项指标上高于第三类城市，第三类城市高于第二类城市，第二类城市高于第一类城市，这说明本研究的聚类结果较为理想，各类城市间存在着较为明显的差异。

（3）不同类型城市二级指标比较分析

不同类型城市间的差异不仅体现在一级指标上，在二级指标上也存在着较为明显的差异，14 项二级指标的 T 检验统计表格见表 13 和表 14。

表 13　第一类城市与其他类别城市二级指标比较

	第一类和第二类			第一类和第三类			第一类和第四类		
	t	Sig	均差	t	Sig	均差	t	Sig	均差
保证生产能力	-5.21	0.00	-16.26	-12.02	0.00	-36.01	-6.87	0.01	-61.94
促进消费能力	-7.01	0.00	-22.41	-12.90	0.00	-42.06	-15.24	0.00	-69.13
推动转型能力	-5.80	0.00	-17.47	-11.85	0.00	-35.75	-8.43	0.01	-65.63

续表

	第一类和第二类			第一类和第三类			第一类和第四类		
	t	Sig	均差	t	Sig	均差	t	Sig	均差
推动发展能力	-5.34	0.00	-20.91	-9.62	0.00	-39.69	-14.03	0.00	-61.01
秩序维护能力	-3.98	0.00	-19.91	-6.91	0.00	-36.60	-4.00	0.03	-46.45
保障基本公共服务的能力	-5.63	0.00	-19.48	-11.10	0.00	-41.76	-14.35	0.00	-63.37
均等化区域公共服务能力	-7.68	0.00	-25.63	-10.27	0.00	-46.87	-10.47	0.00	-70.26
环境保护能力	-1.04	0.32	-8.39	-2.43	0.04	-19.86	-3.12	0.03	-39.36
资源获取能力	-4.92	0.00	-14.47	-11.04	0.00	-33.73	-6.74	0.01	-61.28
资源整合能力	-5.64	0.00	-16.65	-11.63	0.00	-38.02	-9.58	0.00	-63.69
政策制定能力	-7.29	0.00	-25.36	-12.24	0.00	-45.61	-23.24	0.00	-72.51
政策执行能力	-4.67	0.00	-19.74	-10.00	0.00	-42.81	-14.25	0.00	-65.28
主动学习能力	-1.71	0.12	-12.45	-2.01	0.07	-13.98	-0.50	0.64	-4.22
管理和服务的创新能力	-6.96	0.00	-19.70	-14.11	0.00	-40.74	-9.50	0.00	-65.05

如表 13 所示，四类城市的二级指标间存在明显的差异，从直观来看，呈现出明显的依次增加的趋势，即在 14 项二级指标方面，第一类城市数值最小，第四类城市数值最大。这一直观表现也能得到统计学的支撑，除环境保护能力和主动学习能力外，其他 12 项指标在第一类城市和第二类城市间存在明显的差异，其中，差异最大的是均等化区域公共服务能力，差异最小的是保证生产能力，通过了显著性是 0.05 的统计学检验；第一类和第三类城市间所有指标都存在显著差异，差异最大的是均等化区域公共服务能力，差异最小的是主动学习能力；第一类城市和第四类城市间也存在明显的差异，除主动学习能力外，其余 13 项指标均存在显著差异，差异最大的是政策制定能力，差异最小的是环境保护能力。类似的，第二类城市、第三类城市和第四类城市的二级指标间也存在着显著的差异，详见表 14。

表 14 第二类、第三类和第四类城市二级指标差异比较

	第二类和第三类			第二类和第四类			第四类和第三类		
	t	Sig	均差	t	Sig	均差	t	Sig	均差
保证生产能力	-9.25	0.00	-19.75	-5.21	0.03	-45.69	5.51	0.00	25.93
促进消费能力	-8.64	0.00	-19.64	-12.02	0.00	-46.71	6.87	0.01	27.07
推动转型能力	-9.37	0.00	-18.28	-6.48	0.02	-48.16	4.02	0.05	29.88

续表

	第二类和第三类			第二类和第四类			第四类和第三类		
	t	Sig	均差	t	Sig	均差	t	Sig	均差
推动发展能力	-8.60	0.00	-18.77	-15.54	0.00	-40.09	7.39	0.00	21.32
秩序维护能力	-6.34	0.00	-16.69	-5.06	0.00	-26.54	0.91	0.45	9.85
保障基本公共服务的能力	-7.71	0.00	-22.28	-11.86	0.00	-43.89	5.42	0.00	21.61
均等化区域公共服务能力	-7.98	0.00	-21.24	-27.08	0.00	-44.63	9.63	0.00	23.39
环境保护能力	-2.55	0.01	-11.48	-2.92	0.08	-30.97	1.82	0.19	19.50
资源获取能力	-8.52	0.00	-19.26	-5.28	0.03	-46.80	3.09	0.00	27.55
资源整合能力	-8.62	0.00	-21.38	-9.16	0.00	-47.05	2.75	0.10	25.67
政策制定能力	-7.85	0.00	-20.25	-9.74	0.00	-47.15	13.00	0.00	26.90
政策执行能力	-9.33	0.00	-23.07	-15.39	0.00	-45.55	7.39	0.00	22.47
主动学习能力	-0.36	0.72	-1.53	1.27	0.28	8.23	-1.60	0.21	-9.76
管理和服务的创新能力	-9.62	0.00	-21.04	-6.89	0.02	-45.35	3.68	0.06	24.31

如表14所示，第二类和第三类城市之间，除主动学习能力外，其余13项二级指标间均存在显著的差异，其中差异最大的是政策执行能力，差异最小的是环境保护能力；第二类和第四类城市之间，除主动学习和环境保护能力外，其余12项指标均存在显著的差异，其中差异最大的是推动转型能力，差异最小的是秩序维护能力。第三类和第四类城市之间在秩序维护能力、环境保护能力、资源获取能力、资源整合能力和主动学习能力5个方面没有通过检验，而其他9项指标均存在显著差异，其中差异最大的是推动转型能力，差异最小的是保障基本公共服务的能力。

三、年度热点：京津冀城市地方政府发展能力的现状和协同提升路径

区域一体化是伴随经济全球化的浪潮一起进入中国的，受经济发展状况和客观环境的影响，直到20世纪70年代末，中国第一个城市群——珠三角城市群才开始出现。近些年来大量涌现的有关区域一体化的研究成果和政界对东部3大城市群的探索实践，特别是雄安新区的设立，足以反映出中国学界和政界对该问题

的重视。区域一体化是新时期推动中国转型发展的核心内容之一，也是中央与地方关系调整和横向政府间关系调整的结合部，是规范政企关系、推动经济转型发展、有效扩大内需、调整区域结构等多项战略规划的重要内容或重要基础。目前，已经形成长三角、珠三角和京津冀3个主要城市群。在珠三角和长三角已有经验积累的基础上，学术界和政界对京津冀一体化重要性和建设方向的认识已经达成基本共识。在经济全球化与国内破解行政区经济壁垒、实现统筹发展的背景下，我们需要对区域一体化的现实状况进行判断，并对其进行反思和做进一步探索。

（一）问题提出：区域协同发展与城市地方政府发展能力协同提升

学术界对京津冀一体化的研究起步较晚，最初是从城市规划的角度出发的。清华大学的吴良镛教授最先提出对北京潜在城市问题的担忧，以及京津冀协同发展的战略建议。[1]随后，学者们分别从经济学和公共行政学角度继续深入，开始从不同侧面研究京津冀一体化问题，取得了较为丰富的研究成果。总体来看，学界关于京津冀协同发展的研究受政府决策影响明显，以"十二五"为分界点，可以划分为两个阶段。早期的研究侧重于珠三角和长三角城市群的比较，从行政区划和区域经济领域探索京津冀城市群的特殊性。2011年，"十二五"规划纲要提出"首都经济圈"的概念，之后，中央政府多次就京津冀一体化做出指示，关于京津冀问题的研究才逐渐扩展到公共行政领域，学者们开始从"治理""新区域主义"等视角展开研究工作。当然，受到分析视角、学科背景的影响，学界研究该问题的侧重点也有所差异。具体来看，近年来关于京津冀区域的研究主要集中在三个方面：一是从京津冀区域差距的角度进行分析，立足新制度经济学、要素流动的因果累计效应、构建指标体系等不同视角，侧重探讨京津冀区域经济发展差距产生的原因、影响因素、变动趋势及解决对策。[2]二是比较研究，从区域竞争力、经济一体化程度、产业结构等方面对京津冀、珠三角、长三角3大城市群进行比较分析。[3]三是从京津冀协同发展的角度进行分析，从顶层设计、利益分配、治理结构优化、战略定位等不同视角探讨京津冀协同发展下的影响因素、战略选

---

[1] 参见吴良镛：《京津冀北城乡空间发展规划研究——对该地区当前建设战略的探索之一》，载《城市规划》，2000（12）。

[2] 参见宋蓓，谷艳霞，沈玉芳：《基于新制度经济学的京津冀地区差异研究》，载《城市发展研究》，2011（8）；汪彬：《京津冀城市发展差距测算及协同发展研究》，载《上海经济研究》，2015（8）；周立群，邹卫星：《京津冀地区差距、因果积累与经济增长》，载《天津社会科学》，2006（6）。

[3] 参见戴宏伟，刘敏：《京津冀与长三角区域竞争力的比较分析》，载《财贸经济》，2010（1）；颜烨，卢芳华：《长三角、珠三角与京津冀的发展比较与思考》，载《北京行政学院学报》，2014（5）。

择、利益分配方案和治理模式。①

通过对相关研究的梳理，发现已有的研究工作已经取得了一定的进展，为后续研究工作的深入奠定了基础。但是，由于缺乏理论积累并受到传统思维定式的影响，对于一些问题的认识还存在偏差，主要表现在两个方面。

一是已有的研究成果所凸显的强经济色彩存在一定的导向偏差。虽然近年来国内的行政区划研究取得很大的进展，然而，如果对已有研究成果进行大致梳理，就不难发现普遍存在这样一个趋向：虽然研究者对京津冀区域发展、协同发展的具体实施方案众说纷纭，但多数观点却贯穿着这样一个主线，即主张将京津冀一体化等同于京津冀经济一体化，将区域合作等同于区域经济合作。②比如，张可云教授认为"要实现区域一体化，必须促进区域协同发展，促进区域协同发展的关键之一是促进区域经济合作"③，杨龙教授从"城市人口、城市建设用地面积、全社会固定资产投资、区域内国内生产总值指标"方面来衡量京津冀协同发展程度。不可否认，经济一体化是区域一体化的一个重要方面，但作为推动经济社会发展转型的重要战略，经济因素只是影响区域协同发展的因素之一，而不是唯一的因素。

二是政治学界和行政学界对该问题的关注不够。区域协同发展作为打破经济行政壁垒的重要手段，是一种跨越行政区的特殊府际关系，是调整行政管理体制机制，调适政府、市场和社会关系的重要契机。因而，需要从政治学和公共行政学的学科范畴开展这一领域的相关研究，但目前中国政治学界和行政学界都没有对该问题给予足够的关注。上述研究格局也是造成目前京津冀协同发展领域研究普遍存在重经济、轻行政倾向的重要根源。

当下的京津冀协同发展研究，必须跳出"区域一体化等于经济一体化"的思

---

① 参见连玉明：《试论京津冀协同发展的顶层设计》，载《中国特色社会主义研究》，2014（4）；潘家华、陈洪波、储成山：《突破利益藩篱实现京津冀协同均衡发展——以河北省三河县燕郊镇为例》，载《环境保护》，2014（17）；丛屹、王焱：《协同发展、合作治理、困境摆脱以及京津冀体制机制创新》，载《改革》，2014（6）；耿云：《新区域主义视角下的京津冀都市圈治理结构研究》，载《城市发展研究》，2015（8）；曹海军：《新区域主义视野下京津冀协同治理及其制度创新》，载《天津社会科学》，2015（2）；孙冬虎：《京津冀一体化的历史考察》，载《北京社会科学》，2014（12）；阎东彬：《京津冀一体化进程中重点城市综合承载力研究》，载《国家行政学院学报》，2015（2）；冯昌：《京津冀议一体化背景下环京小城镇空间发展特征研究——以河北大厂为例》，载《城市发展研究》，2014（8）；臧秀清：《京津冀协同发展中的利益分配问题研究》，载《河北学刊》，2015（1）；孙久文，原倩：《京津冀协同发展战略的比较和演进重点》，载《经济体制比较》，2014（9）；张可云、蔡之兵：《京津冀协同发展历程、制约因素及未来方向》，载《河北学刊》，2014（11）。

② 参见周立群，邹卫星：《京津冀地区差距、因果积累与经济增长》，载《天津社会科学》，2006（6）；汪彬：《京津冀城市发展差距测算及协同发展研究》，载《上海经济研究》，2015（8）；臧秀清：《京津冀协同发展中的利益分配问题研究》，载《河北学刊》，2015（1）。

③ 参见张可云，蔡之兵：《京津冀协同发展历程、制约因素及未来方向》，载《河北学刊》，2014（11）。

维范式，从地方政府间关系、地方政府发展能力协同提升的角度开展更多的研究工作。具体而言，应当在对京津冀区域内城市地方政府发展能力进行评价的基础上，分析各城市发展能力的特征、不足以及城市地方政府间发展能力的差异性，通过京津冀各城市地方政府能力的协同提升，促进相关政策、措施的落地，推动京津冀全方位、一体化的发展。

（二）京津冀城市地方政府发展能力的总体评价

《京津冀协同发展规划纲要》强调"京津冀协同发展是区域发展总体战略的重要一环""围绕科学定位抓紧规划编制，统筹推进基础设施建设、产业转型接续、区域环境治理和民生改善等重点任务。"实现一体化是京津冀协同发展的基础，经济一体化是协同发展的重要因素之一，但不是唯一因素。

区域一体化的概念可以分解为企业行为和政府行为两个层面。根据世界银行 2009 年总结的区域经济发展理论和政策分析框架，区域一体化的政策框架由无空间差异的公共制度、联结性基础设施、针对特定地区的干预措施 3 项区域政策构成。①这 3 项区域政策属于政府行为，在区域政策的背景下以商品、服务和生产要素自由流动为目标的经济合作是企业行为。按照区域一体化的政策框架来反思京津冀区域一体化，可以发现，中国学术界和政界似乎更关注"对特定地区的干预"，即从财政和产业方面对河北的帮扶，而对"连接地区的基础设施"（除交通外）和"公共制度差异"关注不足。无差异的公共制度有利于缩短距离、缩减区分，是区域一体化的基础；连接性的基础设施能够为不同地区提供生产机会，有利于提升产业聚集，助力经济增长。而对这两方面关注不足，则形成"要素流动——地区差距扩大——要素流动——地区差距扩大"的因果累积效应。②结果是，区域经济增长并没有以区域一体化为前提，导致区域差距扩大，区域协同发展更加难以实现。由此可见，在京津冀协同发展的过程中，"在地区差距形成和发展的机制中，政府行为推动的因果累积效应，可能更加适合解释京津冀经济发展中地区差距不断扩大的事实"，政府行为推动对京津冀协同发展的影响远超过市场机制的推动作用。结合以上分析，本研究运用"政府发展能力"这一综合指数来评估京津冀区域内城市地方政府发展能力的现状，填补学术界在京津冀协同发展问题的研究上对"政府行为推动"层面关注的不足。

1. 京津冀城市地方政府发展能力的总体评价

京津冀地区包括北京、天津 2 个直辖市，河北省的石家庄、唐山、秦皇岛、保定、张家口、承德、沧州、廊坊、衡水、邯郸和邢台 11 个地级市。在本次问卷

---

① 参见世界银行：《2009 年世界经济发展报告：重塑世界经济地理》，北京：清华大学出版社，2009 年。
② 参见周立群，邹卫星：《京津冀地区差距、因果积累与经济增长》，载《天津社会科学》，2006（6）。

调查中，唐山、张家口、承德和邯郸4座城市公务员问卷数量不足，为保证研究质量，选取石家庄、秦皇岛、保定、沧州、廊坊、衡水和邢台7座城市为样本，与北京、天津的城市地方政府能力进行对比，试图找到各城市地方政府发展的相对优势和短板，助力三地寻找协同发展路径。

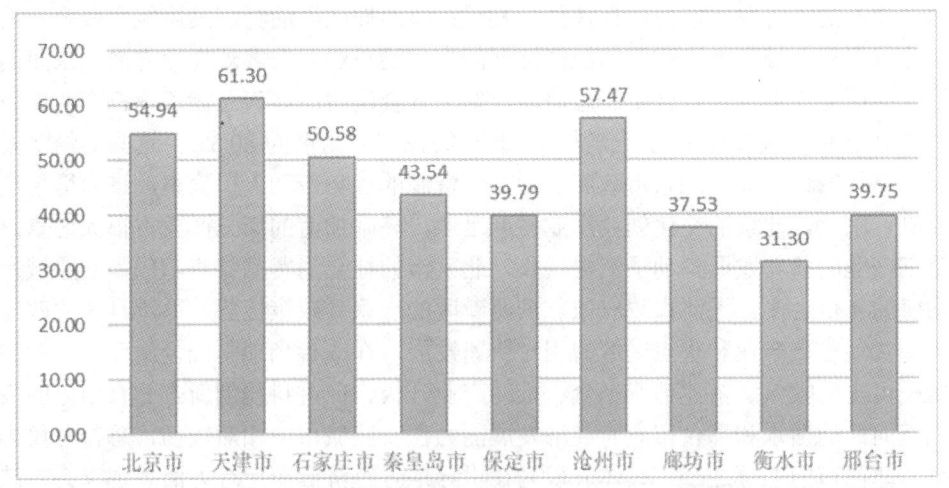

图13　京津冀部分城市地方政府发展能力的总体得分

由图13可知，通过调查所得京津冀9座城市地方政府发展能力的总体评价由强至弱的排名依次为：天津、沧州、北京、石家庄、秦皇岛、保定、邢台、廊坊、衡水。其中，天津、沧州和北京市政府的发展能力较强，分别为61.3、57.47和54.94，这意味着天津、北京和沧州的城市地方政府具有较强的政府发展能力。而毗邻京津的河北7个地级市，除沧州和石家庄外，其余城市的发展能力普遍较低，尤其是衡水与廊坊，两城市地方政府发展能力的提升迫在眉睫。值得注意的是，沧州得分超过北京与河北省会石家庄，排名第二仅次于天津。这意味着沧州市政府在促进本地区发展和京津冀协同发展的进程中将发挥出相对突出的作用。

2. 京津冀城市核心发展能力的比较分析

通过研究京津冀9个样本城市的核心发展能力，即6项一级指标得分可以发现，京津冀区域城市地方政府发展能力呈现比较明显的分化，北京、天津、沧州、石家庄得分远高于其余5座城市。其中，两极分化最为严重的是经济发展能力和科学履职能力。在经济发展能力方面，在高分区域，天津、北京、沧州3座城市得分非常接近；在低分区域，保定、秦皇岛和廊坊3座城市得分相似，邢台和衡水得分最低，存在较大提升空间。在科学履职方面，各城市得分分为三个等级，北京、石家庄、沧州3座城市能力相近，邢台、保定、秦皇岛3座城市位于同一水平，廊坊、衡水最低。

(1) 经济发展能力

观察样本城市得分可以发现，京津冀各城市地方政府的经济发展能力差距较大，发展不平衡。本研究从保证生产、促进消费和推动转型三个方面对样本城市地方政府的经济发展能力进行评估，发现京津两地政府的经济发展能力较强，而河北省大部分城市地方政府的经济发展能力普遍较弱。在客观指标方面，京津两地的地区生产总值、地区生产总值增长率、社会消费品零售总额和第三产业比较中均高于 9 座城市的平均值。其中，北京第三产业比重为 80.3%，这与其经济发展的路径密切相关。北京市政府借助首都资源的优势带动人口聚集，进而衍生出商机，因此，北京的文化创业产业发展迅速，高附加值的第三产业占很大比重。第三产业的蓬勃发展拉动了消费增长，北京市的社会消费品零售总额是 9 座城市均值的 4 倍之多。天津市政府依靠滨海新区的一系列政策优势，通过具体的政策措施实现重点产业和重点区域的相对快速发展，在改善当地基础设施建设、增加居民可支配收入、搭建消费平台、推动产业升级、促进科技创新方面有出色的表现。河北的衡水和邢台市政府经济发展能力在 9 座城市中相对较弱，总得分仅为京、津两市的二分之一，具体表现为在引导地方经济健康运行方面表现乏力，缺少足够的资金完善基础设施建设，促进科技创新的动力不足。不可否认，在区域经济发展的过程中，不可避免地会存在地区发展不平衡的现象，但当差距超过一定界限时，就会对区域经济的协同发展产生阻碍。资本具有趋利性，地区差距决定着资本和生产要素流动的走向，理性的个体会以自身利益最大化为前提进行选择。在自由竞争的机制下，生产要素会不断从收益较低的地区流向收益更高的地区。要素的流动加剧京津冀地区经济发展差距。当要素整体上从欠发达地区向发达地区流动时，地区差异进一步扩大，阻碍区域协同发展，影响区域协同发展政策落实。试图用经济手段化解京津冀区域经济发展的失衡，显然是违背市场经济规律的，因此，需要从其他方面寻求协同发展的突破口。

(2) 社会发展能力

城市地方政府的社会发展能力包括推动社会发展和秩序维护两个方面。北京、天津、沧州 3 个城市地方政府总体排名比较靠前。其中，北京市政府维护社会秩序与公平的能力最强，在有效化解社会矛盾、保证个人发展机会的公平性方面得分较高；天津市政府比较注重公众参与和社会组织在公共事务中发挥的作用，同时，在化解社会矛盾方面让居民满意；沧州市居民的生活幸福感最高。总体来看，天津在推动发展和秩序维护方面的表现比较均衡。社会发展需要制度规范和政府引导相互作用，其发展具有一定的时滞性。天津在社会发展领域取得的较高评价，与近年来天津市政府在社会发展领域工作的不懈推进有重要关系，早在 2012 年，天津市委市、政府就先后出台全市加强和创新社会管理实施意见和规划纲要，制定 22 个配套实施意见，确定 16 项重点工作、77 个社会发展的创新项目[①]；并在全国率先推行"重大事项社会稳定风险评估"机制，率先建立人民法院诉讼服务中心、医疗纠纷人民调解委员会，有效破解涉法涉诉矛盾、医患矛盾等难题。医患矛盾、涉法涉诉矛盾是引发社会矛盾的主要诱因，天津市通过社会管理机制创新实现了社会矛盾的有效、稳妥化解。

（3）服务提供能力

从城市地方政府提供公共服务的能力来看，沧州市得分 63.34，超过北京和天津位列第一。然而，衡水市政府的公共服务提供能力得分仅为 29.21，这也反映出河北省内部城市地方政府的服务提供能力差异巨大。本研究将城市地方政府公共服务提供能力分解为保障基本公共服务的能力、均等化区域公共服务能力和环境保护能力 3 个方面。医疗卫生、教育、就业、养老和基础设施等公共服务的提供需要财政能力的支持，而政府财政能力又与当地的经济发展程度密切相关。因此，结合衡水市的经济发展能力得分状况，也就基本可以理解衡水市政府公共服务提供能力水平低下，这也是保障基本公共服务、均等化区域公共服务两方面能力得分较低的原因。公共服务均等化是区域一体化的重要标志和重要指标之一，因此，在未来的京津冀协同发展过程中，对于服务提供能力相对较弱的城市地方政府而言，一要充分发挥区位和生态环境优势，把握雄安新区设立等重大政策带来的历史发展机遇，加快推动基础设施建设，为投资者提供良好的投资环境；二要通过京津冀政府间的协同，积极争取财政支持，进行区域公共服务设施建设。

（4）资源利用能力

资源利用能力是对地方政府的资源获取与资源整合能力的评价，在该指标上排在前三位的依然是北京、天津和沧州 3 座城市。北京作为首都，良好的基础设施和丰富的政治资源使其具备极强的吸引高端人才和生产要素的能力，经济的高速发展使北京市政府有充足的财政资金用于社会发展和秩序维护。天津市借助滨海新区实现经济的相对快速发展，因此，天津市政府在财政收入增长、人才引进、项目引进等方面表现均相对突出，在资源利用能力方面得分较高。沧州是京津冀滨海临港重化工产业带南部的节点城市，拥有较多以石油化工、盐化工为主的重工、化工产业基地，是连接冀中南、鲁西北、西北地区的能源输出港，具有非常丰富的开发资源和集聚资源的能力。而毗邻沧州的衡水市和位于石家庄和廊坊之间的保定市，二者的资源利用能力得分在 9 座城市中排名靠后，得分尚不足沧州市的一半，这一方面说明两市在获取人才、资金和生产要素等资源上的乏力、吸

---

① 参见王学军：《创新社会管理 成就平安天津》，载《今晚报》，2012-08-10。

引力不足，另一方面资源整合能力低下，也说明两地在承接京津产业转移方面没有明显优势。

（5）科学履职能力

从政府履职过程的角度，本研究将科学履职能力划分为"政策制定"和"政策执行"两个维度，9座城市的得分呈现比较明显的分层。在政策制定方面，北京、天津、石家庄、沧州在政策文件发布数量、公众有效参与和科学决策方面的得分较高且分布相对均衡；邢台、秦皇岛、保定得分则明显低于9座城市的平均水平，且在政策文件发布方面能力较弱；廊坊和衡水得分最低，其中廊坊在政策制定的3个方面都比较落后，而衡水在政策文件发布数量和决策科学性方面表现比较突出，在公众参与决策过程方面明显不足。在政策执行方面，北京、天津、沧州和石家庄在各方面表现都比较出色，也相对均衡；廊坊和衡水则得分较低，在机构设置合理性和各部门工作效率方面均出现比较严重的问题。

（6）学习创新能力

9座城市的排名情况仍然是天津、北京、石家庄、沧州排在前列。学习创新能力包括主动学习能力、管理和服务的创新能力两个维度。在主动学习能力方面，秦皇岛、沧州对公务员积极提升、激励学习非常重视，在这两方面得分最高。天津、北京市政府对公务员参加培训次数和组织内部信息共享机制建设的重视程度较高。在信息共享方面，北京和天津都有比较出色的表现，2015年在《北京市人民政府办公厅关于加强税收保障工作意见》中明确表示要建立涉税信息共享工作机制，工商、国土、人力社保、住建部门、公安、金融监管等部门在涉税信息共享方面需要提供支持；天津市审计局利用"制度加科技"的办法，通过跨部门比对、跨系统比对、批量审计、跟踪审计，确保审计"纵向一体化"和"横向一体化"的实现。在其他指标方面，北京市公务员每年用于学习、提升的时间较长，但激励公务员学习的措施方面表现不足；衡水市在组织内部信息共享机制建设方面有比较明显的短板，影响了组织机构的协调能力。管理和服务创新的能力包括"公务员年度创新建议数量""政府创新意识"和"政府对创新的重视程度"3个指标，天津、北京、沧州、保定、石家庄在3个指标上表现都非常均衡且得分较高；秦皇岛市、沧州市政府对创新的重视程度不足，其中沧州市得分最低。样本城市的6项核心发展能力，即一级指标的得分比较如图14所示。

（三）京津冀城市地方政府发展能力聚类分析

根据研究需要，本部分采用分层聚类的方法对京津冀区域内样本城市的政府发展能力进行聚类分析。分层聚类方法即首先将每个个体看作一类，将相近程度最高的两类进行合并组成新类，不断重复这一过程直到将个体都归入分类结果为止。京津冀城市地方政府发展能力的聚类结果能够客观揭示区域内各城市发展能力之间内在的联系与区别。

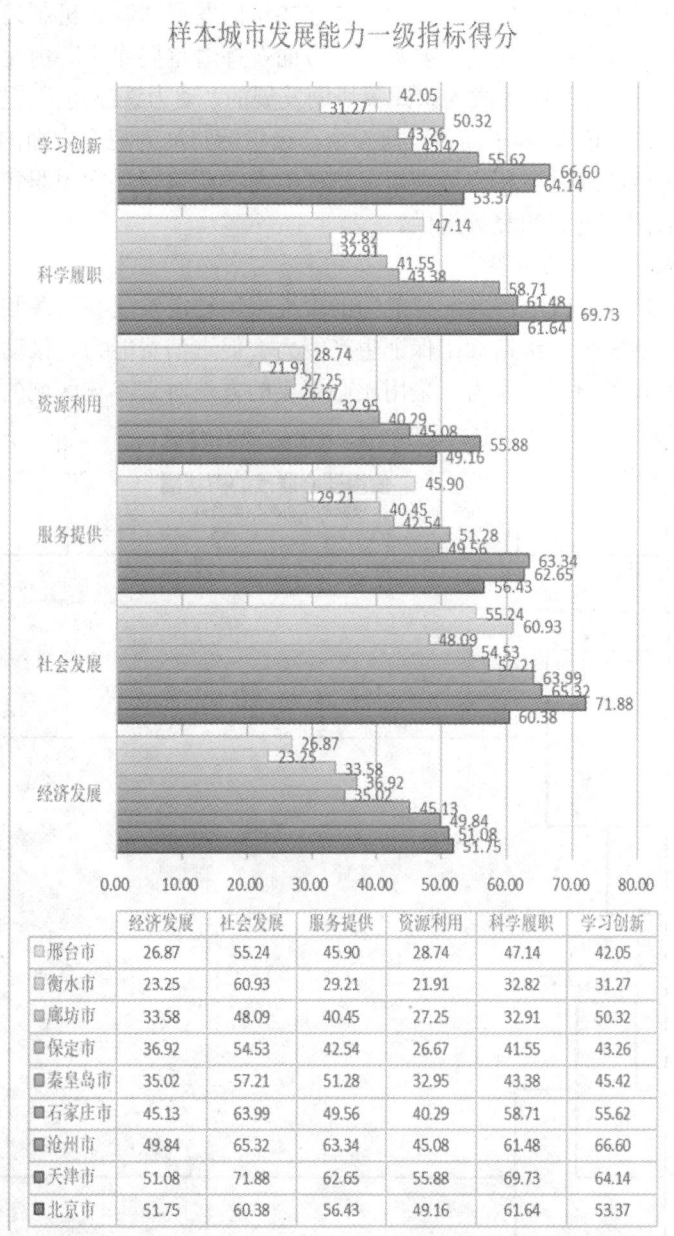

图14 京津冀样本城市6项一级指标得分比较

《京津冀协同发展规划纲要》提出"三大改革步伐",京津冀协同发展主要在资源和市场配置的基础上展开,以政府构建的协同发展体制、机制为保障,公共服务一体化也在推动协同发展、要素流动方面发挥着重要作用。由此可见,市场配置、政府保障和公共服务成为京津冀协同发展的"动力铁三角"。根据规划纲要提出的"动力铁三角",为了简便,把6个一级指标归纳为三个方面的能力:第一个方面主要包括经济发展和资源利用,第二方面主要包括科学履职和学习创新,第三方面包括社会发展和服务提供。

1. 市场配置能力的聚类

京津冀城市地方政府市场配置能力的聚类采用经济发展和资源利用两个一级指标,具体包括5个二级指标:保证生产能力、促进消费能力、推动转型能力、资源获取能力和资源整合能力。采用质心聚类的方法对京津冀区域的9个样本城市进行分层聚类,其结果如图15所示。

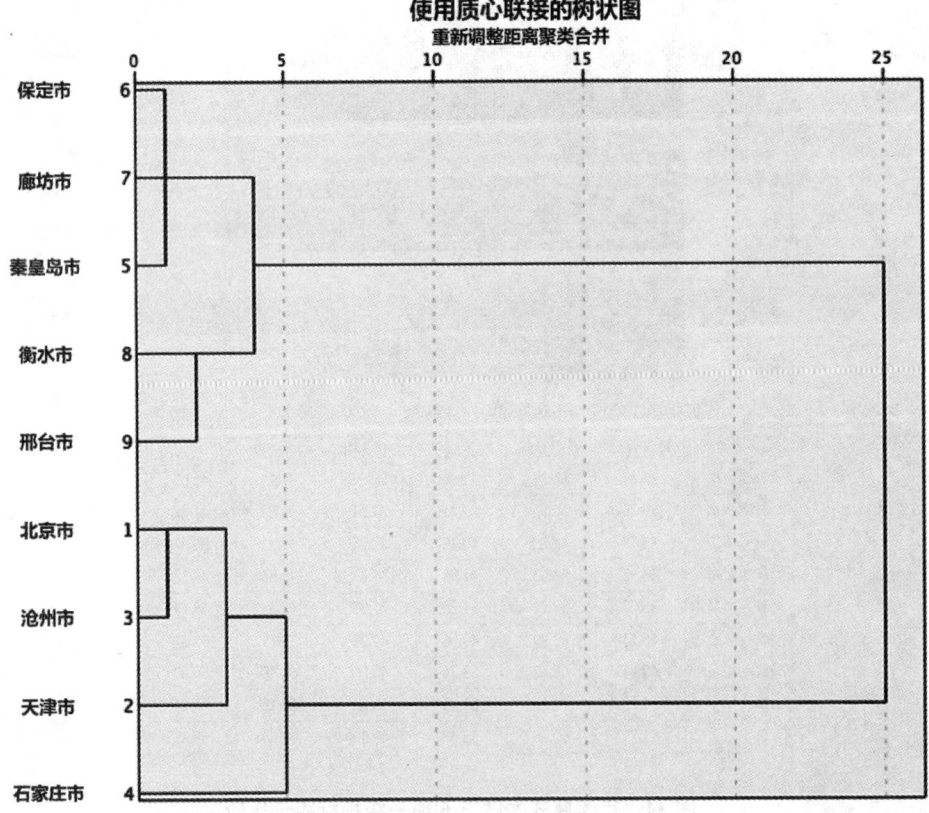

图15 京津冀样本城市经济发展和资源利用聚类树形图

根据聚类树形图可以把9座城市分成两种类型，比较如下：

第一类包括京津两个直辖市、河北省会城市石家庄和地级市沧州。这一类型的基本特点为：资源利用能力和经济发展能力得分均在40分以上，超过平均水平；具备非常强的资源获取能力、资源整合能力、保证生产能力和推动转型能力。在客观指标上具体表现为，地区生产总值超过3 500亿元，社会消费品零售总额超过1 200亿元，第三产业比重较高。虽然北京、天津、石家庄、沧州4座城市被划分为同一类型，但是从聚类树形图中可以进一步看出，北京、天津和沧州的指标比较接近，石家庄则略有不同。从三级指标来看，石家庄在"有效引导地方经济健康运行""改善当地基础设施建设""有效搭建消费平台""提高家庭消费水平""扶持民营企业发展"和"促进科技创新"方面的得分低于平均水平且差距较大。

第二类包括保定、廊坊、秦皇岛、邢台与衡水。这一类型的基本特点为：资源利用能力和经济发展能力得分均在20—40分之间，地区生产总值范围在1 000—3 100亿元之间，社会消费品零售总额不高，第三产业比重不高。不过，虽然保定、廊坊、秦皇岛、邢台与衡水5座城市被划分为同一类型，但从树形图中可以看出保定、廊坊和秦皇岛的指标比较接近，衡水、邢台两市指标相近。这5座城市的"保证生产能力"平均得分为27.64，衡水和邢台均低于平均水平；"促进消费能力"平均得分为40.61，衡水和邢台低于平均水平。具体而言，邢台和衡水市政府在"引导地方经济健康运行""改善当地基础设施""促进产业升级"和"促进民营企业发展"方面得分均低于平均水平，且差距很大。

就9座城市在经济发展和资源利用方面的两种类型来看：第一类城市在保证经济增长、推动转型、获取资源和整合资源方面表现突出。北京和天津分别作为中国政治中心和北方经济中心，二者所具备的行政层级优势和政治资源在吸引人才、生产要素和资金方面发挥了决定性的作用，这一点在北京表现得尤为突出。天津的滨海新区是高水平现代制造业和研发转化基地，成为拉动天津经济发展的重要力量。第二类城市又可以分为两类：一类是保定、秦皇岛和廊坊3个中等水平的城市，经济发展能力和资源利用能力较好，但社会总体消费能力和第三产业比重不高；另一类包括邢台和衡水，其在保证生产、引导地方经济健康运行、促进消费等方面能力较差，财政资金不足影响基础设施改善，政府带动产业转型升级、带动民营企业发展的能力较弱。

2. 政府保障能力的聚类

京津冀9个样本城市地方政府保障能力的聚类采用科学履职和学习创新能力两个一级指标，具体包括4个二级指标，即政策制定能力、政策执行能力、主动学习能力、管理和服务创新能力。采用统计数据聚类结果如图16所示。

根据聚类结果可以把9座城市分成三种类型，比较如下：

第一类包括北京、天津、石家庄和沧州。这一类型城市地方政府的基本特点是：政府在政策制定、政策执行、主动学习和管理创新4个方面的能力相对均衡，政策制定和管理创新能力强且高于平均水平。具体表现为，在确保决策科学性和公众参与度的同时及时制定出台政策；政府具有强烈的创新意识，对创新重视程度高；公务员具有较强的创新动力；组织机构设置合理，部门间具有较强的协同能力。但是，由于城市体量大、需要处理的政务较多，此类城市地方政府"用于学习提升的时间"较少，公务员参与学习培训的次数需要增加，此外，还需要采取更多的措施激励公务员不断学习、创新。

第二类包括秦皇岛、保定、邢台和廊坊。这类城市地方政府内部的信息共享机制建设不完善，公务员服务态度有待提升。但相对而言，公务员的创新热情比较高，政府机构设置的合理性和部门间的协同能力较强。通过观察树状图可以发现，秦皇岛、保定、邢台、廊坊被归为一类，但其中还是存在比较细微的差别。与同类型的其他3座城市相比较，邢台市政府部门工作效率、决策科学性以及机构设置合理性方面得分较低，但在公务员年度参加培训次数方面得分最高，甚至超过第一类城市。

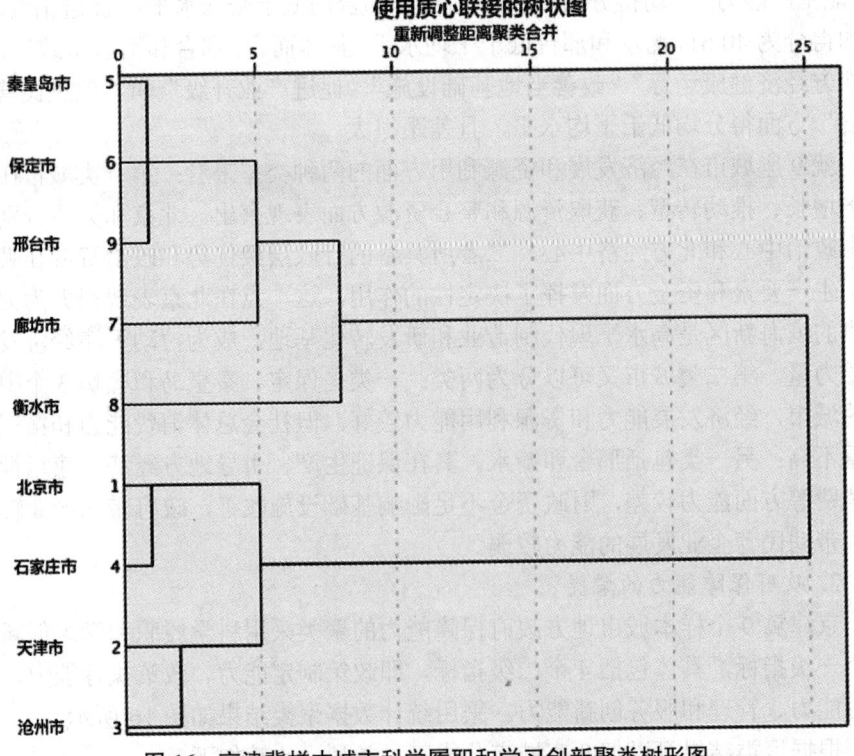

图16　京津冀样本城市科学履职和学习创新聚类树形图

第三类为衡水市。与其他两类城市相比，衡水市政府在科学履职和学习创新方面的表现非常特殊，政策制定、主动学习能力强，但政策执行能力和管理创新能力得分非常低。结合具体的指标来看，衡水市政府全年发布政策文件数量超过第二类中的廊坊市，与保定接近，但政府机构设置合理性和信息内部共享机制建设方面得分不足 9 座城市均值的一半，政策制定过程中公众参与的有效性较差。政府在激励公务员学习方面比较积极，公务员参加培训次数、公务员每年用于学习提升的时间超过第二类的部分城市，但公务员年度创新建议数量在 9 座城市中最少。这表明，衡水市政府在政策执行环节存在比较严重的问题，决策的科学性、民主性有待提高；虽然主动学习意愿较强，但学习成果并没有转化到实际的管理创新之中。

3. 公共服务能力的聚类

9 个样本城市公共服务能力的聚类采用社会发展和服务提供两个一级指标，具体包括推动社会发展能力、秩序维护能力、保障基本公共服务能力、均等化区域公共服务能力和环境保护能力 5 个二级指标。根据聚类树形图可以把 9 座城市分为四种类型，如图 17 所示。

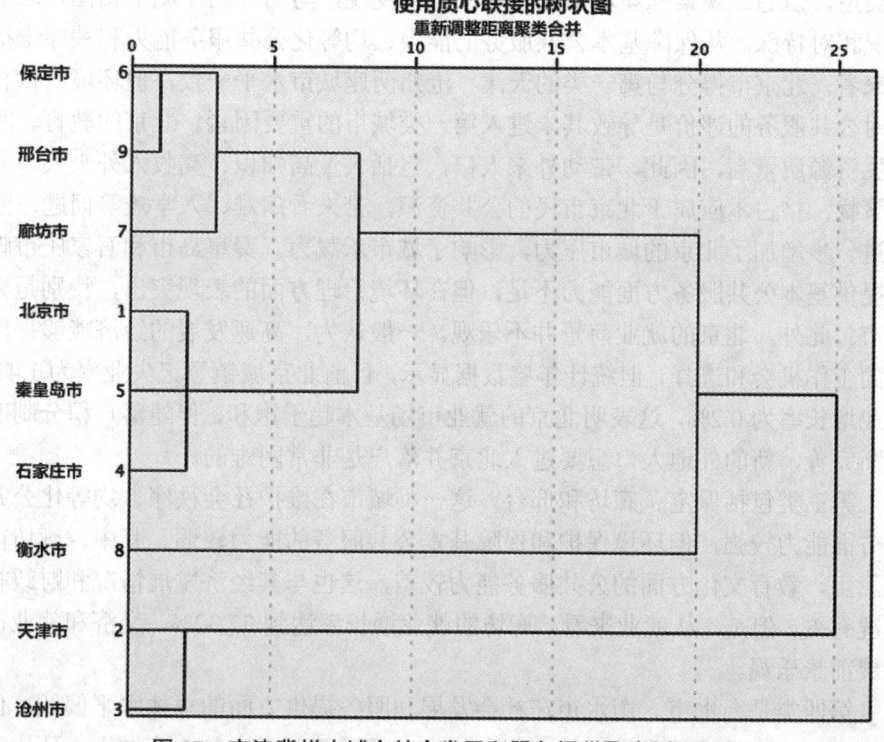

图 17　京津冀样本城市社会发展和服务提供聚类树形图

第一类包括天津市和沧州市。该类型的基本特点为：均等化公共服务的能力、推动社会发展的能力和保障基本公共服务的能力较强。具体表现为：公众参与公共事务的渠道较多，政府能够有效化解社会矛盾，能够为个人提供相对公平的发展机会，就业、养老等公共保障制度和公共服务设施建设相对完善，公共服务设施、教育资源和医疗服务的均等化程度较高，环境治理能力强，水和空气等环境质量较好。天津在社会发展和公共服务方面的得分与市政府在社会发展领域的不懈推进有重要关系。沧州市政府也在着力推动社会发展和公共服务建设方面有较大进步，《沧州市国民经济和社会发展第十三个五年规划纲要》中明确提出：要加强和创新社会治理，优化政务环境，并认定和发展一批"枢纽型"社会组织，发挥社会组织在社会管理和服务中的参与监督作用；在民生方面，列出了"精准扶贫""棚户区改造""教育提升""文化体育强市工程""社会保障能力建设工程"和"劳动人事争议仲裁实体化建设工程"6个民生重点项目，力图完善推进共享发展，与京津实现精准对接。

第二类包括北京、秦皇岛和石家庄。这一类的基本特点是政府推动社会发展、秩序维护和均等化公共服务的能力较强。虽然北京、石家庄和秦皇岛被划分为同一类型，但通过观察三座城市的雷达图可以发现，与另外两座城市相比，北京的情况相对特殊。从保障基本公共服务的能力、均等化公共服务能力和秩序维护能力来看，北京市得分与第一类的天津、沧州两座城市水平一致，但环境质量和公众对公共服务的评价是导致其未进入第一类城市的重要因素。北京的教育、医疗卫生资源质量高，因此，带动外来人口，包括大量高知识、高收入外来人口向北京聚拢，挤占本应属于北京市民的公共资源，带来看病难、入学难等问题，同时也进一步增加了北京的城市压力，影响了城市承载力。秦皇岛市和石家庄市政府在提供基本公共服务方面能力不足，但在环境治理方面的表现突出，特别是秦皇岛市。此外，北京的就业前景并不乐观。一般认为，高速发展的经济能够提供更多的工作机会和选择，但统计年鉴数据显示，目前北京城镇登记失业率为1.41%，就业增长率为0.2%，这表明北京的就业市场基本趋于饱和。伴随落户积分制度的不断完善，新的外地人口想要进入北京并落户是非常困难的。

第三类包括保定、廊坊和邢台。这一类城市在维护社会秩序、均等化公共服务方面能力较强，但环境保护和保障基本公共服务的能力较弱。其中，廊坊在医疗卫生、教育文化方面的公共服务能力较差，这也与其经济发展情况和财政收入情况有关。但是，从就业来看，廊坊的就业增长率达到37.32%，经济和就业市场发展前景乐观。

第四类是衡水市。衡水市在社会发展和服务提供方面的总体水平偏低，但相对而言，政府推动社会发展能力得分较高，超过第三类中的3座城市，环境治理能力得分最低。具体来看，除了城镇登记失业率、城乡居民可支配收入比、千人医疗床位数和小学教育师生比高于平均水平外，其他指标均低于平均水平。

（四）结论与路径探索

角度不同，区域经济社会的发展模式也会不同。结合中国社会发展的大环境，考虑到政府在城市发展中的重要作用，从市场配置、政府保障和公共服务3个方面分析京津冀区域内部不同城市之间的空间布局结构，或许能够打破对京津冀区域"中心—外围"发展模式的传统认知，得出不同结论。新的城市在崛起，老牌的核心城市受到"大城市病"的困扰，亟待疏散非核心功能。全面清晰地审视京津冀区域经济社会发展的空间结构，掌握各城市的优势和短板，对于有的放矢地协同发展、科学合理地调整各自区域定位具有重要意义。

1. 结论："双中心—两极化"钻石形结构

本研究主要使用聚类分析法对京津冀城市群的9个样本城市从市场配置、政府保障和公共服务3个方面的能力进行分类，清楚揭示不同类城市地方政府在3方面的能力结构和发展侧重。根据分类结果显示，天津、沧州市政府的各项核心发展能力总体表现良好。北京经济实力雄厚，经济结构优越，政府各项核心发展能力表现良好，唯独在环境改善和基本公共服务供给方面稍有欠缺，主要原因在于北京的综合承载力已经接近极限，并且已经成为制约其可持续发展的桎梏和短板。与前3座城市相比，石家庄市政府的经济发展能力较弱，但在社会发展、科学履职方面表现突出；保定、秦皇岛、廊坊和邢台，在经济发展、社会发展和服务提供能力等方面相对均衡，经济发展能力仅次于石家庄，发展潜力总体良好；衡水市政府经济发展能力最弱，受到经济情况的影响，在保障基本公共服务和政府决策等方面比较落后，政府发展能力总体较弱。

根据市场配置、政府保障和公共服务3个方面能力的聚类情况，京津冀地区的9座城市可以划分为四个等级：第一等级是北京和天津；第二等级是石家庄、沧州；第三等级包括秦皇岛、保定、邢台和廊坊；第四等级为衡水。总体来看，可以将京津冀协同发展格局归纳为"双中心—两极化"的钻石形结构形态，如图18所示。

京津冀地区以北京和天津两个直辖市为中心，这两座城市具有先天的政治地位优势和先发优势，其政府发展能力总体较强。同时，京津冀地区内各类型城市地方政府发展能力差异明显、差距较大，具体来说，北京、天津平均得分为48，沧州、石家庄的平均得分为45，秦皇岛、邢台、保定和廊坊的平均得分为34，衡水市的得分为27。"双中心—两极化"成为京津冀区域城市地方政府发展能力的主要特征。

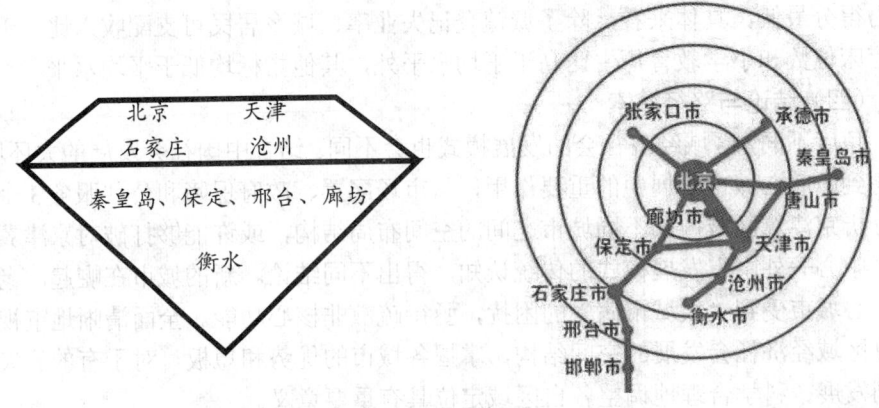

图 18　京津冀区域结构、地理位置示意图

从区域协同发展的角度来看，这种"双中心—两极化"的钻石形空间形态存在双重困境：第一，两个中心互不统属，容易产生较高的协调成本；第二，两极化格局容易给产业衔接和产业转移带来障碍。

2. 京津冀区域协同发展的路径探索

京津冀协同发展战略涉及经济、政治、社会、文化等多个维度，全方位的分析视角是推动京津冀协同发展的前提。单纯从经济一体化的角度分析，容易陷入"要素流动——地区差距扩大——要素流动——地区差距扩大"的怪圈。因此，应当从多个维度分析京津冀各城市地方政府的发展能力结构，综合考量市场配置、政府保障和公共服务 3 个方面的能力，通过促进京津冀各城市地方政府发展能力协同提升的方式推动京津冀协同发展。根据 9 座城市发展能力的纵向分析，京津冀协同发展的推进路径需要遵循以下三个原则：

第一，准确把握京津冀各城市的发展需求和战略定位是协同发展的认知前提。在资源环境收紧、城市群竞争激烈的背景下，京津冀的合作具有重要的战略意义。特别是考虑到北京对于全国经济的带动作用巨大，因此，需要审慎实施产业转移和协同发展步骤，以减少产业转移带来的沉没成本和利益损害。

第二，倡导城市发展多元价值，在协同发展过程中避免行政化推动的产业同构。伴随城市化的高速发展，绩效考核目标的单一带来一个很严重的问题，即城市个性丧失。政府在"政治锦标赛"的推动下，倾向于利用行政手段自上而下地推动经济发展，"京津冀三省市的优势行业重合大多数具有很强的政府投资或行政推动的背景"[1]，导致京津冀城市发展空间的竞争和资源内耗。在京津冀协同发展的背景下，应当通过综合提升各城市地方政府的经济发展能力，加强政府间关

---

[1] 参见周立群，江霈：《京津冀与长三角产业同构成因及特点分析》，载《江海学刊》，2009（1）。

于经济发展的对话机制，打破产业同构的局面，因地制宜地激发各城市自身发展特色，形成新的发展动力。这也是京津冀协同发展向更高阶段演进的必要条件。

第三，弥合地区差距，特别是基础设施方面的差距，推进要素市场一体化是实现京津冀协同发展的重要前提。地区差距决定着要素流动的走向，只要京津冀之间的地区差距还存在，生产要素就会不断地从收益较低的地区流向收益高的地区，进一步扩大区域差距。因此，应当着力提升公共服务提供能力较为薄弱的城市地方政府的能力，以加快这些地区基础设施建设，同时，通过城市地方政府间的政策协同等，以促进区域要素流动机制建设为抓手，推动京津冀协同发展不断深化。

3. 关于提升京津冀区域城市协同发展的建议

（1）北京：疏解首都非核心功能，产业升级，增强外溢效应

在京津冀三方的发展定位方面，需要清楚地认识到，京津冀协同发展是必然趋势，三者的区域关系是互利共赢的。北京市政府在经济发展方面应当以疏解非核心功能为重点，主动通过转移实现产业优化升级，率先推动京津冀协同发展。

要实现北京的可持续发展，地方政府必须直面资源、人口过分集中带来的"大城市病"，并且有觉悟地放弃大而全的经济体系，主动进行产业转移、优化升级，侧重构建以高技术产业、高端服务业和文化创意产业为核心的产业结构。特别需要注意的是，在转型的同时，需要有意识地注重对周边城市的辐射带动作用，培育经济重镇。通过总结几十年的发展经验可以归纳出，北京是政治文化中心，其发展的路径是首先由政治文化因素带动人口聚集，进而衍生出商机。因此，北京的文化创意产业未来仍有较大发展空间，比如教育领域的新东方、互联网行业的百度、电商领域的京东等知名企业。相对而言，北京在基础制造业方面并没有显著优势，而文创产业的产业链并不长，企业之间相互往来比较少，这就导致北京经济的高速发展辐射能力弱，不足以带动周边的经济发展。因此，在新一轮的产业升级过程中，需要有意识地延长文创产业链，增强经济外溢效果，带动天津、河北协同发展。

（2）天津：适当疏散、选择性承接，依托自身特殊优势，实现快速、持续发展

天津的经济发展仅次于北京，城市负担比北京小，政府的经济发展能力强，承载力强。在京津冀协同发展的过程中，天津可以承接一部分来自北京的产业转移，同时，也要积极地与河北省各城市地方政府就经济互补性较强的领域展开对接，实现部分产业向河北省转移。在协同发展的过程中，天津要充分发挥自身优势，抓住国际港口城市建设的契机，以滨海新区为突破点，建成北方的对外开放门户；建立高水平的现代制造业和研发转化基地；巩固远洋运输、航空货运、国际中转为主题的物流枢纽地位，成为北方国际航运和国际物流中心。

(3) 河北：抹平差距，立足实际，主动承接，实现差异化发展

通过从市场配置、政府保障和公共服务3个方面进行发展能力的比较，可以发现，河北省7个样本城市的政府发展能力存在较大的差距。对于提供公共服务能力较低、基础设施建设不完善的城市，比如衡水，需要在上级政府的帮助下利用5—10年的时间集中精力进行基础设施建设，提升政府能力，为承接北京、天津的产业转移做准备。对于各方面得分都属于中等水平的城市，比如廊坊、保定等，虽然不具备全面承接京津产业转移的条件，但是在人口、资源、环境等方面相对有优势，城市承载力较强，可以结合城市自身的发展需要与京津形成产业互补、错位发展的格局。对于经济、社会和政府能力各项指标都位于前列的城市，比如沧州、石家庄，这类城市地方政府的发展能力较强。同时，在北京市的短板，即环境承载力和人口承载力方面优势突出。因此，此类城市地方政府应立足自身现有的产业结构，全面、积极地融入京津冀协同发展中，通过与北京和天津的产业对接，形成鲜明的产业链，进一步提升政府的经济发展能力，以期发展成为新的经济重镇。

四、结论与展望

2017年报告的结构与2016年有所不同，在对样本城市相关数据进行总体分析的基础上，增加了年度热点分析的内容。2017年度选择了京津冀地区的9座样本城市展开分析，并结合京津冀协同发展的背景，对城市地方政府能力的协同发展问题进行探讨。2017年报告的主要结论可以归纳为以下四个方面：

第一，城市地方政府应通过全面提升各种能力，实现总体发展能力提升。从四种类型城市的能力特征可以看出，在城市地方政府发展能力提升的过程中，不同能力维度呈现协同增长的特征。也就是说，在提升城市地方政府发展能力时，不应采取"单兵突进"方式。从不同类型政府的能力比较中可以发现，虽然其经济发展能力差异较大，但总体上各能力维度的增长趋势趋同。其原因与各能力维度之间的相互促进有直接关系，例如，配置资源能力提升将促进经济发展，而发展经济的能力为城市地方政府更好地提供公共服务起到促进作用。因此，在提升城市地方政府发展能力的过程中，应当关注各能力维度的同步提升。

第二，着力提升公共服务提供能力，尤其是均等化区域公共服务的能力。从不同能力维度之间的差异分析可以看出，对于四种不同类型的城市地方政府而言，均等化区域公共服务的能力差异最为明显。应当注意的是，公共服务提供能力不是简单的基础设施建设和维护能力，除了"硬件"之外，更应当注重"软件"的发展，包括公共服务意识的提升、服务方式的创新、服务流程的改进等。

第三,"双中心—两极化"成为京津冀区域城市地方政府发展能力的主要特征。根据市场配置能力、政府保障能力和公共服务能力三个方面的聚类情况,京津冀地区的9座城市可以划分为四个等级:第一等级是北京和天津;第二等级是石家庄、沧州;第三等级包括秦皇岛、保定、邢台和廊坊;第四等级为衡水。总体来看,可以将京津冀协同发展格局归纳为"双中心—两极化"的钻石形结构形态。同时,京津冀地区内各类型城市地方政府的发展能力差异明显、差距较大。

第四,京津冀协同发展战略涉及经济、政治、社会、文化等多个维度,全方位的分析视角是推动京津冀协同发展的前提。单纯从经济一体化的角度分析,容易陷入"要素积累—差距扩大—要素积累—差距进一步扩大"的怪圈。因此,应当从多个维度分析京津冀区域发展结构,综合考量市场配置、政府保障和公共服务3种机制,通过促进京津冀各城市地方政府发展能力协同提升的方式,推动京津冀协同发展。

在连续3年开展中国地方政府发展能力指数研究工作的基础上,2017年,课题组尝试从更多角度对城市地方政府发展能力进行分析。鉴于篇幅原因,相关分析内容无法全部纳入此篇《中国地方政府发展研究报告(2017)》,因此,课题组2018年将独立出版《中国地方政府发展能力报告》,具体内容分为4个部分,即"中国地方政府发展能力研究的理论分析""中国地方政府发展能力评估结果综合分析""不同类型地方政府发展能力评估结果分析"以及"中国地方政府发展能力提升的热点问题",相关分析内容将在该报告中得以呈现。

附 录

附录1 中国政府发展基础数据

（一）政府规模

表1 中国与OECD[①]国家成员国中央政府核心机构（内阁）部门设置情况比较[②]

国家	机构数（个）	国家	机构数（个）	国家	机构数（个）	国家	机构数（个）
澳大利亚	18	法国	18	韩国	15	斯洛文尼亚	14
奥地利	13	德国	14	卢森堡	18	西班牙	12
比利时	13	希腊	16	墨西哥	16	瑞典	11
加拿大	36	匈牙利	10	荷兰	11	瑞士	7
智利	23	冰岛	9	新西兰	20	土耳其	15
捷克	16	爱尔兰	14	挪威	17	英国	24
丹麦	16	以色列	15	波兰	19	美国	15
爱沙尼亚	14	意大利	16	葡萄牙	11	中国	25
芬兰	11	日本	16	斯洛伐克	13		

资料来源：各国政府官方网站、中华人民共和国外交部网站、中国机构编制网。

[①] OECD，即经济合作与发展组织（Organization for Economic Co-operation and Development），简称经合组织（OECD），是由35个市场经济国家组成的政府间国际经济组织，旨在共同应对全球化带来的经济、社会和政府治理等方面的挑战，并把握全球化带来的机遇。其成立于1961年，目前成员国总数35个，总部设在巴黎。

[②] 数据截止到2017年1月，其中，土耳其为2013年底数据。

表 2 中国与 OECD 国家财政供养人员数量占人口比例比较（%）

国家	2002年	2003年	2004年	2005年	2006年	2007年	2008年	平均
中国	3.38%	3.42%	3.45%	3.48%	3.52%	3.77%	3.80%	3.49%
澳大利亚	4.63%	4.77%	5.00%	5.26%	5.41%	5.54%	5.53%	5.13%
奥地利	3.39%	3.49%	2.98%	3.48%	3.38%	3.45%	3.38%	3.41%
比利时	4.36%	4.38%	4.54%	4.64%	4.62%	4.69%	4.54%	4.52%
加拿大	4.38%	4.41%	4.59%	4.60%	4.71%	4.66%	4.79%	4.58%
智利	1.84%	—	—	—	—	—	—	1.84%
捷克	2.98%	2.80%	2.86%	2.87%	3.10%	3.18%	3.20%	2.97%
丹麦	3.59%	3.85%	3.62%	3.64%	3.84%	3.93%	3.07%	3.63%
爱沙尼亚	5.12%	5.16%	5.46%	5.71%	6.18%	6.19%	5.93%	5.56%
芬兰	3.85%	4.11%	4.40%	4.52%	4.56%	4.71%	4.76%	4.25%
法国	—	3.24%	3.29%	3.33%	3.34%	3.47%	3.54%	3.37%
德国	2.98%	2.92%	2.95%	3.03%	3.10%	3.23%	3.37%	2.96%
希腊	3.86%	3.60%	4.09%	4.06%	4.12%	4.18%	4.28%	3.94%
匈牙利	2.58%	2.68%	2.89%	3.05%	2.93%	2.82%	2.90%	2.78%
冰岛	4.41%	3.67%	4.06%	4.09%	4.70%	5.37%	5.39%	4.40%
爱尔兰	7.76%	7.59%	7.94%	7.33%	7.03%	7.15%	7.33%	7.49%
以色列	2.79%	2.72%	2.45%	2.37%	2.55%	2.80%	2.96%	2.69%
意大利	1.26%	1.30%	3.50%	3.42%	3.35%	3.24%	3.20%	2.41%
日本	—	—	—	—	—	—	—	—
韩国	1.20%	1.25%	1.20%	1.19%	1.18%	1.15%	1.12%	1.15%
卢森堡	—	—	—	—	—	—	—	—
墨西哥	0.83%	0.77%	0.79%	0.88%	0.86%	0.86%	0.81%	0.84%
荷兰	6.20%	6.22%	5.16%	4.81%	5.18%	5.37%	5.40%	5.67%
新西兰	6.09%	6.02%	5.96%	6.16%	6.45%	6.70%	7.01%	6.30%
挪威	3.83%	3.72%	3.55%	3.27%	3.13%	2.99%	3.15%	3.48%
波兰	2.09%	2.15%	2.24%	2.26%	2.43%	2.54%	2.61%	2.32%
葡萄牙	3.63%	4.10%	4.37%	4.44%	3.75%	3.25%	3.03%	3.70%
斯洛伐克	1.99%	2.36%	2.56%	2.57%	2.44%	2.38%	2.48%	2.38%
斯洛文尼亚	2.96%	2.71%	2.90%	3.30%	3.04%	2.89%	3.23%	3.06%
西班牙	3.02%	3.05%	3.11%	3.03%	3.26%	3.37%	3.42%	3.15%
瑞典	2.27%	2.33%	2.48%	2.26%	2.42%	2.58%	2.55%	2.36%
瑞士	3.31%	3.39%	3.37%	3.33%	3.43%	3.50%	3.66%	3.36%
土耳其	2.66%	2.76%	2.74%	3.15%	2.92%	2.61%	2.62%	2.77%
英国	6.63%	6.83%	6.91%	7.06%	7.25%	7.25%	7.53%	6.98%
美国	—	6.87%	6.91%	6.92%	7.11%	7.16%	7.25%	7.04%

资料来源：根据 OECD 相关数据库、中华人民共和国国家统计局网站、中华人民共和国财政部网站数据整理计算而成。

（二）预算主要指标

表3 2017年中央一般公共预算收入预算表[①]

项目	2016年执行数（亿元）	2017年预算数（亿元）	预算数为上年执行数的%
一、税收收入	68 449.08	70 412	102.9
国内增值税	26 067.36	26 850	103
国内消费税	10 217.23	10 270	100.5
进口货物增值税、消费税	12 780.71	13 220	103.4
出口货物退增值税、消费税	-12 154.48	-13 000	107
企业所得税	18 715.71	19 565	104.5
个人所得税	6 053.93	6 460	106.7
资源税	31.43	34	108.2
城市维护建设税	153.28	155	101.1
印花税	1 250.55	1 300	104
其中：证券交易印花税	1 250.55	1 300	104
船舶吨税	48	48	100
车辆购置税	2 673.95	2 850	106.6
关税	2 603.29	2 660	102.2
其他税收收入	8.12	—	—
二、非税收入	7 278.18	8 200	112.7
专项收入	719.31	570	79.2
行政事业性收费收入	479.47	420	87.6
罚没收入	66.65	70	105
国有资本经营收入（部分金融机构和中央企业上缴利润）	5 413.17	6 541	120.8

---

① 中央一般公共预算支出大于收入的差额＝支出总量（中央一般公共预算支出＋补充中央预算稳定调节基金）－收入总量（中央一般公共预算收入＋中央财政调入资金）。另，为便于比较，本表对2016年执行数做了部分调整：一是从2017年起，新增建设用地土地有偿使用费等3个项目从政府性基金预算转列一般公共预算，将相关政府性基金2016年执行数584.95亿元调整列入相关收入科目；二是根据全面推开营改增试点、实施调整中央与地方增值税收入划分过渡方案情况，对相关收入科目执行数进行了同口径调整。

续表

项目	2016年执行数（亿元）	2017年预算数（亿元）	预算数为上年执行数的%
国有资源（资产）有偿使用收入	482.15	494	102.5
其他收入	117.43	105	89.4
中央一般公共预算收入	75 727.26	78 612	103.8
中央财政调入资金	1 315.06	1 633	124.2
从中央预算稳定调节基金调入	1000	1350	135
从政府性基金预算调入	69.06	26	37.6
从国有资本经营预算调入	246	257	104.5
支出大于收入的差额	14000	15500	110.7

资料来源：中华人民共和国财政部网站。

表4 2017年中央一般公共预算支出预算表①

项目	2016年执行（亿元）	2017年预算（亿元）	预算数为上年执行数的百分比（%）
一、中央本级支出	27 781.04	29 585.00	106.5
一般公共服务支出	1 209.15	1 260.67	104.3
外交支出	479.73	546.03	113.8
国防支出	9 545.97	10 225.81	107.1
公共安全支出	1 741.91	1 838.55	105.5
教育支出	1 447.85	1 520.00	105.0
科学技术支出	2 686.11	2 841.87	105.8
文化体育与传媒支出	247.95	274.57	110.7
社会保障和就业支出	890.58	991.86	111.4
医疗卫生与计划生育支出	91.16	137.04	150.3
节能环保支出	295.49	297.07	100.5

① （1）为便于比较，本表对2016年执行数做了部分调整：一是从2017年起新增建设用地土地有偿使用费等3个项目从政府性基金预算转列一般公共预算，将相关政府性基金2016年执行数584.95亿元调整列入相关科目；二是根据全面推开营改增试点、实施调整中央与地方增值税收入划分过渡方案情况，对相关支出科目执行数进行了同口径调整；三是按照2017年政府收支分类科目调整情况，对部分科目数据进行了同口径调整；四是根据2017年转移支付清理整合情况，对相关项目按新的口径进行了调整。（2）2017年中央一般公共预算支出预算数为95 745亿元，加上使用以前年度结转资金2 078.99亿元，2017年中央一般公共预算支出为97 823.99亿元。具体情况见中央本级支出、中央对地方税收返还和转移支付预算表及说明。

项目	2016年执行（亿元）	2017年预算（亿元）	预算数为上年执行数的百分比（%）
城乡社区支出	19.76	11.10	56.2
农林水支出	780.70	737.79	94.5
交通运输支出	1 187.53	1 157.60	97.5
资源勘探信息等支出	325.92	331.89	101.8
商业服务业等支出	36.68	23.05	62.8
金融支出	752.22	788.81	104.9
国土海洋气象等支出	313.13	285.80	91.3
住房保障支出	437.44	433.92	99.2
粮油物资储备支出	1 451.98	1 476.03	101.7
债务付息支出	3 374.45	3 749.36	111.1
其他支出	432.17	619.83	143.4
二、中央对地方税收返还和转移支付	62 479.26	65 650.00	105.1
中央对地方转移支付	52 803.91	56 512.00	107.0
一般性转移支付	31 977.35	35 030.49	109.5
专项转移支付	20 856.56	21 481.51	103.1
中央对地方税收返还	9 675.35	9 138.00	94.4
三、中央预备费		500.00	
中央一般公共预算支出	90 260.30	95 745.00	106.1
补充中央预算稳定调节基金	782.02		

资料来源：http://yss.mof.gov.cn/2017zyys/201703/t20170324_2565779.html。

表5　中国与OECD国家政府最终消费支出（以2014年平均汇率结算）　单位：十亿美元

国家	2006	2007	2008	2009	2010	2011	2012	2013
澳大利亚	133.0	141.5	149.2	161.7	166.8	175.9	183.7	空缺
奥地利	55.3	56.9	61.9	64.9	66.0	68.4	70.7	71.2
比利时	81.1	84.1	91.7	98.4	101.1	107.5	112.9	115.8
加拿大	239.8	252.7	268.1	292.7	299.5	307.9	318.4	330.5
智利	25.1	28.4	30.5	34.2	38.4	42.2	45.0	48.8
捷克	49.5	52.0	53.2	58.4	57.9	58.8	59.3	60.3
丹麦	50.8	53.4	58.1	63.6	65.7	66.1	68.1	68.6

续表

国家	2006	2007	2008	2009	2010	2011	2012	2013
爱沙尼亚	4.2	4.8	5.7	5.8	5.7	5.9	6.2	6.5
芬兰	38.8	41.2	45.5	48.2	48.6	50.9	53.2	54.7
法国	467.7	487.5	510.0	544.8	562.4	580.1	597.8	611.0
德国	507.7	522.1	556.8	589.6	611.7	641.6	662.5	680.2
希腊	51.1	55.3	60.3	68.3	58.1	52.3	50.4	48.5
匈牙利	42.4	41.1	44.8	46.4	46.5	47.0	45.8	47.0
冰岛	2.7	2.8	3.1	3.2	3.0	3.1	3.2	3.3
爱尔兰	29.8	33.9	36.2	37.4	36.1	36.1	36.1	空缺
以色列	43.1	45.7	46.6	47.5	50.7	53.9	56.8	空缺
意大利	358.2	371.0	399.8	418.2	419.1	418.5	415.7	412.4
日本	737.8	771.4	796.1	812.7	852.5	894.5	926.0	空缺
韩国	170.5	186.3	199.7	207.2	211.9	221.8	237.6	空缺
卢森堡	5.7	6.0	6.4	7.0	7.2	7.7	8.3	8.7
墨西哥	154.3	163.4	178.6	194.7	202.4	219.5	232.6	空缺
荷兰	156.2	167.7	181.4	195.8	196.6	201.2	206.7	206.2
新西兰	21.2	22.8	25.1	26.3	26.6	27.7	28.5	空缺
挪威	47.4	50.6	55.8	59.5	62.0	66.0	70.8	74.8
波兰	105.2	114.4	127.2	134.0	147.5	150.7	156.5	162.3
葡萄牙	49.9	50.8	53.2	58.9	59.1	54.3	49.8	52.0
斯洛伐克	18.6	19.3	21.9	24.5	24.9	24.4	24.6	25.3
斯洛文尼亚	9.6	9.5	10.7	11.1	11.5	12.0	12.2	12.0
西班牙	241.0	264.8	294.4	316.4	313.0	315.0	303.3	302.2
瑞典	84.3	89.7	95.2	96.8	98.9	104.8	109.9	115.6
瑞士	34.0	36.2	38.0	41.0	41.7	44.7	47.5	空缺
土耳其	110.5	124.7	136.7	154.1	167.5	183.1	203.8	218.4
英国	456.1	457.9	484.8	503.2	486.9	482.9	493.9	496.1
美国	2 089.8	2 209.7	2 368.6	2 442.1	2 522.2	2 526.1	2 548.0	空缺
中国	1 061.1	1 190.4	1 309.4	1 452.6	1 609.2	1 801.6	2 035.5	空缺

资料来源：根据 OECD 数据库相关数据整理而成。

附录 2 2016 年中国政府发展政策法规一览

【法律】

1.《中华人民共和国大气污染防治法》：2015 年 8 月 29 日第十二届全国人民代表大会常务委员会第十六次会议修订，自 2016 年 1 月 1 日起施行。

2.《中华人民共和国反恐怖主义法》：2015 年 12 月 27 日第十二届全国人民代表大会常务委员会第十八次会议通过，2016 年 1 月 1 日起施行。

3.《中华人民共和国种子法》：2015 年 11 月 4 日第十二届全国人民代表大会常务委员会第十七次会议修订，2016 年 1 月 1 日起施行。

4.《中华人民共和国国家勋章和国家荣誉称号法》：2015 年 12 月 27 日第十二届全国人民代表大会常务委员会第十八次会议通过，2016 年 1 月 1 日起施行。

5.《全国人大常委会关于修改〈中华人民共和国人口与计划生育法〉的决定》：2015 年 12 月 27 日第十二届全国人民代表大会常务委员会第十八次会议通过，2016 年 1 月 1 日起施行。

6.《中华人民共和国反家庭暴力法》，2015 年 12 月 27 日第十二届全国人民代表大会常务委员会第十八次会议通过，2016 年 3 月 1 日起施行。

7.《中华人民共和国深海海底区域资源勘探开发法》：2016 年 2 月 26 日第十二届全国人民代表大会常务委员会第十九次会议通过，2016 年 5 月 1 日起施行。

8.《全国人大常委会关于修改〈中华人民共和国教育法〉的决定》：2015 年 12 月 27 日第十二届全国人民代表大会常务委员会第十八次会议通过，2016 年 6 月 1 日起施行。

9.《全国人大常委会关于修改〈中华人民共和国高等教育法〉的决定》：2015 年 12 月 27 日第十二届全国人民代表大会常务委员会第十八次会议通过，2016 年 6 月 1 日起施行。

10. 《中华人民共和国慈善法》：2016年3月16日第十二届全国人民代表大会第四次会议通过，2016年9月1日起施行。

【行政法规】

1. 《居住证暂行条例》：2015年10月21日国务院第109次常务会议通过，2016年1月1日起施行。

2. 《地图管理条例》：2015年11月11日国务院第111次常务会议通过，2016年1月1日起施行。

3. 《国务院关于修改部分行政法规的决定》：2016年1月13日国务院第119次常务会议通过，2016年1月13日起施行。

4. 《全国社会保障基金条例》：2016年2月3日国务院第122次常务会议通过，2016年5月1日起施行。

附录3 2016中国政府大事记

1. 2016年2月17日,中共中央办公厅、国务院办公厅印发《关于全面推进政务公开工作的意见》,部署全面推进各级行政机关政务公开工作。

2. 2016年7月5日,印发《国务院办公厅关于加快推进"五证合一、一照一码"登记制度改革的通知》,深化商事制度改革、优化营商环境。

3. 2016年7月7日,国务院办公厅印发《关于加强和改进行政应诉工作的意见》,部署全面推进各级行政机关改进行政应诉工作。

4. 2016年7月13日,民政部、财政部联合印发《关于中央财政支持开展居家和社区养老服务改革试点工作的通知》,拟选择部分地级市(含直辖市的区)开展居家和社区养老服务试点。

5. 2016年7月20日,国家食药监总局公布修改后的《药品经营质量管理规范》,修改药品经营质量管理规范,明确疫苗配送资质。

6. 2016年7月26日,国务院办公厅印发《关于推动中央企业结构调整与重组的指导意见》,对推动中央企业结构调整与重组工作做出部署。

7. 2016年7月27日,国家网信办、发改委、工信部发布《国家信息化发布战略纲要》,明确强化舆情管理,对所有媒体属性的网络平台进行管理。

8. 2016年7月28日,国务院办公厅印发《关于深化改革推进出租车行业健康发展的指导意见》,提出深化出租车行业改革的目标任务和重大举措。

9. 2016年7月28日,根据《国务院关于同意天津市调整部分行政区划的批复》,撤销蓟县,设立蓟州区,原行政区域和政府所在地不变。

10. 2016年8月5日,国务院印发《关于实施支持农业转移人口市民化若干财政政策的通知》,对建立健全支持农业人口市民化的财政政策体系作出部署。

11. 2016年8月8日,国务院印发《"十三五"国家科技创新规划》,明确提出未来5年国家科技创新的指导思想、总体要求、战略任务和改革举措。

12. 2016年8月12日,《国务院办公厅关于在政务公开工作中进一步做好政务舆情回应的通知》进一步明确政务舆情回应责任。

13. 2016年8月20日，国务院办公厅印发《省级政府安全生产工作考核办法》明确了考核的目的、范围、原则、程序、结果等事项。

14. 2016年8月24日，国务院印发《关于推进中央与地方财政事权和支出责任划分改革的指导意见》，对推进中央与地方财政事权和支出责任划分改革做出总体部署。

15. 2016年8月30日，中央办公厅、国务院办公厅颁发《关于改革社会组织管理制度促进社会之健康有序发展的意见》，国家民间组织管理局更名为国家社会组织管理局。

16. 2016年8月31日，中共中央、国务院决定在辽宁、浙江、河南、湖北、重庆、四川、陕西7省市新设7个自贸试验区。

17. 2016年9月14日，国务院常务会议部署加快推进"互联网＋政务服务"，以深化政府自身改革，更大程度利企便民。

18. 2016年9月27日，中共中央办公厅、国务院办公厅印发《关于深化公安执法规范化建设的意见》，以保障执法质量和执法公信力不断提高。

19. 2016年9月27日，国务院办公厅转发《关于做好农村低保制度与扶贫开发政策有效衔接的指导意见》，部署做好农村最低生活保障制度和扶贫开发政策有效衔接工作。

20. 2016年10月31日，中共中央办公厅、国务院办公厅印发《关于完善农村土地所有权承包权经营权分置办法的意见》。

21. 2016年11月8日，中共中央办公厅、国务院办公厅转发《国务院深化医药卫生体制改革领导小组关于进一步推广深化医药卫生体制改革经验的若干意见》，以进一步巩固和扩大医改成果。

22. 2016年11月14日，国务院办公厅印发《地方性债务风险应急处置预案》，建立健全地方政府性债务风险应急处置工作机制。

23. 2016年11月16日，国务院印发《关于深入推进实施新一轮东北振兴战略加快推动东北地区经济企稳向好若干重要举措的意见》，推动东北地区经济企稳向好。

24. 2016年12月20日，国务院印发《政府核准的投资项目目录（2016年本）》，取消、下放17项核准权限。

25. 2016年12月26日，第十二届全国人大常委会第二十五次会议表决通过了授权国务院在部分地区和部分在京中央机关试行公务员职务与职级并行制度的决定。

附录4 2016年中国政府发展研究概览

（一）2016年中国政府发展研究著作选目（按照作者姓氏拼音首字母排列）

1. 晁毓欣：《政府预算绩效评价TSE模型及应用：基于公共品生命周期的研究》，北京：社会科学文献出版社，2016年。
2. 陈长石：《政府激励与规制波动：机理、影响与治理》，北京：中国社会科学出版社，2016年。
3. 徐勇主编，邓大才等著：《蕉岭创制："四权同步"的基层治理模式》，北京：中国社会科学出版社，2016年。
4. 付金存：《中国城市公用事业公私合作机制与政府规制研究》，北京：中国社会科学出版社，2016年。
5. 管治华：《地方政府融资平台负债：风险与规制》，北京：经济科学出版社，2016年。
6. 胡恒松：《我国地方政府融资体系的构建——基于对政府融资平台的研究》，北京：人民出版社，2016年。
7. 黄再胜：《政府规制视角下国企高管薪酬管理制度改革研究》，上海：格致出版社，2016年。
8. 景怀斌：《政府决策的制度：心理机制》，北京：中国社会科学出版社，2016年。
9. 敬乂嘉：《购买服务与社会治理》，上海：上海人民出版社，2016年。
10. 刘远翔：《科学技术的政府供给：基于公共物品理论的政府绩效研究》，北京：人民出版社，2016年。
11. 龙海波：《信用政府建构及治理能力现代化：社会资本视角的考察》，北京：中国社会科学出版社，2016年。

12. 彭珊：《服务型地方政府与和谐社会体系的构建》，北京：中国社会科学出版社，2016年。

13. 全国政府绩效研究会、兰州大学中国地方政府绩效评价中心：《中国政府绩效管理年鉴（第三卷·2016）》，北京：中国社会科学出版社，2016年。

14. 吴晓求等：《中国资本市场研究报告（2016）——股市危机与政府干预：让历史告诉未来》，北京：中国人民大学出版社，2016年。

15. 谢士强，金碚，叶振宇等：《互联互通战略研究·政府篇》，北京：经济管理出版社，2016年。

16. 徐曙娜：《2016中国财政发展报告：中国政府绩效管理与绩效评价研究》，北京：北京大学出版社，2016年。

17. 杨道玲，王璟璇，童楠楠：《政府网站绩效评估：提升互联网＋时代的政务服务效能》，北京：社会科学文献出版社，2016年。

18. 杨飞虎：《促进中国经济长期持续均衡增长的公共投资问题研究》，北京：人民出版社，2016年。

19. 赵景华：《政府管理评论（2016年第1辑）》，北京：经济管理出版社，2016年。

20. 郑春荣：《中国地方政府债务的规范发展研究》，上海：格致出版社，2016年。

21. 中国政法大学法治政府研究院：《中国法治政府评估报告（2016）》，北京：社会科学文献出版社，2016年。

22. 钟昌标：《区域协调发展中政府与市场的作用研究》，北京：北京大学出版社，2016年。

23. 钟君，刘志昌，吴正昊：《中国城市基本公共服务力评价（2016）》，北京：社会科学文献出版社，2016年。

24. 周松柏，胡晓登，杨婷等：《抗争与秩序：基层政府面对群体性事件的因应之道》，北京：社会科学文献出版社，2016年。

25. 竺乾威，朱春奎：《社会组织视角下的政府购买公共服务》，北京：中国社会科学出版社，2016年。

（二）2016年国家社科基金重大项目和教育部重大课题攻关选目

1. 2016年国家社科基金重大项目立项名单

（1）曹现强，山东大学；朱春奎，复旦大学："中国基本公共服务供给侧改革与获得感提升研究"。

（2）吕冰洋，中国人民大学："现代治理框架中的中国财税体制研究"。

（3）付文林，上海财经大学；孙开，东北财经大学："中国的政府间事权与支出责任划分研究"。

（4）王名，清华大学；徐永祥，华东理工大学："中国特色社会体制改革与社会治理创新研究"。

2. 2016年教育部哲学社会科学研究重大课题攻关项目

（1）沙勇忠，兰州大学："大数据驱动的城市公共安全风险研究"。

（2）王郅强，华南理工大学："我国社会治理体系构建及其运行机制研究"。

（三）2016年政府改革与发展领域重要学术会议综述

1. 第五届政府管制论坛

2016年4月23日，由浙江财经大学中国政府管制研究院、东北财经大学产业组织与企业组织研究中心、《中国工业经济》杂志社等6家单位联合举办的"第五届政府管制论坛"在杭州召开。此次论坛主题是"中国政府监管（管制）体系创新"。来自国务院参事室、国务院发展研究中心、住房和城乡建设部、国家行政学院、中国城市规划设计研究院、山东大学、东南大学、东北财经大学等单位近百位专家、学者参加了论坛，围绕"网络性产业监管体制改革与创新""公用事业公私合作与政府监管""城镇水务行业监管体制改革""食品、环境管制理论与政策"等问题进行了深入研讨。与会专家认为，大数据时代为城镇水务行业监管能力的现代化提供了重要的发展契机；"互联网＋"是中国政府推进简政放权改革进程的重要外部推力，需要转变政府监管方式，即由强制型监管向服务型监管转变，由单一监管方式向互动监管方式转变，由人工监管向智能监管转变；为了降低公用事业公私合作中的机会主义行为，需要健全公用事业公私合作的法律法规体系、提高公私合作合同的完备性、健全公用事业监管机构和明确职能定位，形成有序的公众参与机制等。

2. 第十二届公共管理学术研讨会

2016年4月27日至5月1日作为我国大陆高校与港澳台等地高校建立的学术交流活动，此次学术研讨会在台湾桃园县举行。本次研讨会的主题为"公共治理能力提升：挑战与发展"。与会的近100位学者围绕"廉洁政府建设""协调发展的府际关系""公共服务供给机制与能力的提升""公务员能力建设与能力提升"等议题展开讨论。2005年以来，已先后由中国人民大学、澳门大学、香港城市大学、台湾政治大学、南开大学等高校承办10届，研讨会已成为全国公共管理学界增进彼此了解和深化学术交流的年度盛会。

3. 第十七届国际数字政府研究会议

2016年6月8日至10日，第十七届国际数字政府研究会议在复旦大学召开，主题为"互联网＋政府：解决公共问题的新机遇"，这是该会议首次不在北美而在中国举办。本届会议由国际数字政府学会主办，复旦大学承办，共设置"社会化媒体与政府""数字政府的组织因素""采纳问题及对数字政府的影响""开放政府、开放数据与协作""智慧城市、智慧公民和智慧政府""大数据、物联网与政策信息学""对数字政府研究与实践的反思""互联网＋政府"等多个分论坛。国际数字政府研究会议自2000年起，每年对数字政府、公民参与、技术创新、应用与实践的跨学科研究成果进行讨论和展示。

4. 第八届中美公共管理国际学术研讨会

2016年6月14日至16日，第八届中美公共管理国际学术研讨会在中国人民大学举行。本届研讨会由中国人民大学公共管理学院、美国罗格斯大学纽瓦克分校公共事务与管理学院、中国行政管理学会、美国行政管理学会共同举办。研讨会以"公共治理转型与公共价值：过程、机制与效果"为主题，共有来自中国大陆、美国、俄罗斯、挪威、新加坡、澳大利亚、新西兰、韩国、印度等10多个国家和地区的300多名学者参加。在平行分论坛中，各国学者分为34个小组，围绕"公共服务提供与公共价值创造""公众参与与地方治理""公共政策与治理理论""政府绩效管理""非营利组织管理""社区治理""公共服务动机与人力资源管理""创新驱动与环境治理""公共财政与PPP""城市治理与土地规划""政企关系""协同治理""东欧国家的新公共治理"等专题展开了广泛深入的讨论。与会专家学者普遍认为，20世纪80年代以来，世界各国努力发展新的治理框架以应对全球化的挑战以及各种错综复杂的问题；虽然公共治理的所有框架都强调政府、市场与社会之间的互动与平衡，注重不同部门之间的合作，但由于各国的政治、经济与社会环境不同，国家能力、法治和对政府的问责约束不同，各国治理转型的路径、动力、机制以及效果存在差异性。因此，要注重于推进创造公共价值的治理转型、推进政策学习、政策创新和政策扩散、增进政府间的合作等领域的研究。中美公共管理国际学术研讨会的首届会议于2002年在中国人民大学举办，此后每两年举办一次，已经成为中美两国公共管理学界合作举办的规模最大、层次最高的学术研讨会。

5. "国家治理现代化与公共政策创新"国际学术研讨会

2016年10月22日至23日，由武汉大学政治与公共管理学院、美国公共管理学会、中国行政管理学会联合主办的"武汉大学行政管理专业创办·中国（大陆）公共管理学科高等教育人才培养30周年庆典"暨"国家治理现代化与公共政策创新"国际学术研讨会在武汉大学举行。来自境内外10个国家和地区的300

多位嘉宾和代表围绕国家治理与公共政策创新领域的重大基础性命题和重要前沿问题展开了跨学科、跨领域的深度探讨。主要包括"国家治理的理论探讨""国家治理与政策制定创新""国家治理与政策执行创新""国家治理与政府创新""国家治理与社会治理创新""国家治理与民生服务保障""国家治理与推动政治发展""全球治理与跨域治理"等8个研究主题。与会专家、学者认为,中国国家治理现代化需要从现代公共治理"理论"中汲取有价值的养分,关键是要解决如何理解国家治理体系和治理能力,为何以及如何推进国家治理体系与治理能力现代化的问题;要以公共政策创新和政府创新推进国家治理体系和治理能力现代化;政府创新是推进国家治理现代化的必经之路,要构建开放透明型政府、创新创业型政府和有治理能力的政府;以政策创新和政府创新推动国家治理现代化,其根本落脚点是通过改善社会治理来化解社会矛盾;改善社会治理和保障社会民生,有赖于政策创新和政府创新,而政策创新和政府创新,需要有力的政治支撑和有效的制度保障等。

6. 中国公共管理学学术年会(2016)暨第二届公共管理青年学者论坛

2016年11月10日至11日,主题为"行政改革、组织创新与国家治理体系建设"的"2016年中国公共管理学学术年会"在中山大学举办。会议由中国管理现代化研究会公共管理专业委员会、青年工作委员会主办,中山大学政务学院和中国公共管理研究中心承办。来自北京大学、清华大学、中国人民大学、浙江大学、复旦大学、南京大学、中山大学等国内高校的100多位公共管理学者参加本次会议。专题讨论主题分别为:"新常态下的公共治理转型""创新治理与全球合作""大数据时代的治理工具变革""地方与基层治理变革""公共产品与服务供给""公共管理研究新视野""社会治理与政府职能转变""体制变革与行政改革""政策执行与绩效评估"。

7. "城市发展与公共治理"学术研讨会

2016年11月26日,由华东理工大学社会与公共管理学院主办的"城市发展与公共治理"学术研讨会在徐汇校区举行,来自北京大学、清华大学、复旦大学、上海交通大学、浙江财经大学等全国各高校的40多位学者参加了本次研讨会。会议共设6个分论坛,与会学者分别围绕"智慧城市与政府治理""城市公共安全与风险治理""城市公共服务""城市规划与治理""城市社区与基层治理""城市公共服务""城市规划与治理"等主题展开讨论,分享各自最新研究成果。与会专家学者从公益视角入手,分析了我国的监管体制改革;探讨政社分开的逻辑与困境;介绍基于地级市层面调查数据的政府清廉感知及其差序格局;分享环保约谈对大气污染治理的政策效应评估的最新研究等。与会者一致认为,智慧城市的发展离不开高效、有序的城市公共治理;因此,通过对城市发展与公共治理等多个领域研究，对助推中国智慧城市建设的发展具有重要作用。

8. 第十一届中德公共管理国际研讨会暨"地方治理创新"高端学术论坛

2016年11月27日，第十一届中德公共管理国际研讨会暨"地方治理创新"高端学术论坛在西南财经大学光华校区举行。本次研讨会由西南财经大学公共管理学院、四川省行政管理协会、四川省政治学会、德国柏林经济与政法大学和西南财经大学公共政策创新研究中心联合主办。来自德国柏林经济与政法大学公共管理学院、美国纽约城市大学巴鲁学院公共事务学院、比利时根特大学、中央编译局、四川省发展研究中心、复旦大学、上海交通大学等单位的中外学者出席了此次会议。与会专家的主要观点有：官员在改革过程中需要不断调整地方措施，清楚认识发生的变化，积极构建差别化探索体制，在明晰治理职责划分的情况下，进行合理的资源配置；以政府采购中的腐败性为例，强调了规范性与实际性在地方治理中的重要性；当代中国4个层次的城市群发展规划，标志着一个全方位、立体化、多层次、均衡化的国家整体发展战略格局的初步显现等。本次会议针对地方治理创新中最为关注的难点、热点问题，如地方债务、基础投资、教育公平、治理民主、经济转型、社会组织和公共安全等进行了深入而富有成效的讨论。

9. "政府创新与治理现代化"高端学术论坛

2016年12月17日，北京大学政府管理学院主办的"政府创新与治理现代化"高端学术论坛在京召开。论坛共设治理理论发展、治理多维视点、治理制度创新、地方治理实践和治理研究与学科建设等5个分论坛，全国政治学界和公共管理学界100多人参加了会议。该论坛为契合当今我国"全面深化改革，推进国家治理体系和国家治理能力现代化"重大战略目标的研究和实践需要，划分为"治理理论发展""治理多维视点、治理制度创新""地方治理实践"和"治理研究与学科建设"等5个分论坛，与会专家围绕政府创新、国家治理、社会治理和城市治理等一系列重大现实议题展开讨论。有专家从当下政治学研究的热点问题出发，探讨政治学发展的根源所在，从心态漂移、定力漂移、表达漂移和方法飘移等四个方面分析了中国治理政治学的漂移状态，对政治学的发展做出一定的正轨之言；还有的专家以解放思想为中心，从"中国共产党与西方政党的区别"分析得出目前国家治理的突出问题是制度缺失，其原因有以下三方面：权力本质的善恶属性、冲突假设被利益一致假设取代以及好人假设与坏人假设等。本次高峰论坛其实也是国内关于国家治理的一个高端学术共同体，这个学术共同体有持续发展的强大生命力，必将为进一步推进国家治理的现代化做出政治学者和公共管理学者应有的努力与贡献。

后　记

由南开大学中国政府与政策科研团队撰写的《中国政府发展研究报告（2017）》，是我们入选"教育部哲学社会科学系列发展报告"之后推出的第四辑。此前，作为我们研究团队对策研究工作的"自选动作"，也是为了及时呈现团队对政府发展某一主题系统研究的最新成果，团队与中国人民大学出版社合作，于2008年、2012年和2013年分别就"公务员规模问题与政府机构改革""服务型政府建设""地方政府发展与府际关系"三个专题编辑出版过三辑报告。2014年，按照教育部对"哲学社会科学系列发展报告"的要求，我们对报告的内容和体例重新做了调整。

在报告的内容设计上，也从前三辑分别集中关注中国政府发展的某一重要课题，调整为对当年度政府发展的理论研究成果、实践经验、现实困难与变革趋势等内容，进行系统梳理、重点思考与全面总结，突出年度政府发展的宏观走向，强调阶段性与连续性的统一。但是，对于政府职能转变过程的观察和分析这一报告的聚焦点没有变化。基于这一背景，我们写作和编辑团队，一方面，结合团队自身的研究优势和基本特色，形成了一些相对稳定的常设栏目，具体包括"政府职能转变与公共文化服务体系建设""政府职责体系构建与府际关系""政府治理方式变革与政府机制建设""政府改革热点与地方政府创新"等，以此保障历年年度报告之间的连续性，确保体现鲜明的"年度报告"的特征；另一方面，我们也结合当年度政府发展热点开辟了一些机动栏目，以保障报告内容能够及时反映不断变化着的情况。特别需要提到的是，2015年由课题组撰写的"中国地方政府发展能力指数研究报告"首次发布。在2016年对样本城市相关数据进行总体分析的基础上，2017年的报告增加了年度热点分析的内容，选择了京津冀地区的9座样本城市展开分析，并结合京津冀协同发展的背景，对城市地方政府能力的协同发展问题进行了探讨。今后，每一辑报告都将发布南开大学地方政府发展能力指数研究课题组的最新研究成果，以期为深入研究中国地方政府发展能力相关问题提供更加客观、翔实的一手数据资料。

为保证质量，报告在体例上也做了统一要求，即每一篇专题报告均要求包括"本年度发展现状的描述性分析""本年度专题研究现状综述""专题展望与分析"以及"报告要点"4个部分，所有作者的写作都严格依循所要求的规则和框架。

本报告是研究团队集体认真工作的结果。研究提纲，包括主要研究内容，由主编提出；研究要求和纲目安排，由副主编提出；各位成员分别负责一定研究、写作或翻译任务；最后，由两位副主编对各自负责的部分分别做两轮统稿，并负责落实编辑的主要修改意见；我最后再做一轮统稿，并对部分重点问题做有针对性的修订。报告的部分内容，是在已经发表的成果或是在所提交的工作报告的基础上修订而成的。

这是一份对策性的研究报告。但是，课题组成员毕竟多数是学者，对第一手的情况了解有限，如有不妥之处，请批评指正。需要说明的是，本报告提出的观点和建议均为研究团队各位成员的个人见解，并不代表他们各自所在单位或任何与我们具有工作关系的组织、部门、机构。

本书引用了大量的年鉴类资料、报刊及官方网站上所披露的数据。凡是引用的学术文献，我们尽可能一一注明了出处，并在此表示衷心的感谢！由于篇幅较长，作者较多，倘有遗漏，还望原谅，并请与我联系，以便及时补正。

我作为课题组责任人，对所有成员的辛勤工作和协作态度表示感谢！我和我的搭档宋林霖副主编、王雪丽副主编，向为报告的编辑、出版、发行等工作付出了辛勤劳动的南开大学出版社负责同志，各个工作环节的经办同志，特别是向刘运峰社长和莫建来主任，表示衷心的感谢！

向在申报、管理研究项目工作中付出了辛勤劳动的教育部社科司各位同志，向南开大学社会科学管理研究处和周恩来政府管理学院的负责同志和老师们，表示衷心的感谢！

朱光磊

2017年9月16日